U0926867

民國時期文獻
保護計劃

成果

鋼鐵長城

纪念中国人民解放军建军九十周年
馆藏文献展图录

国家图书馆 编

国家图书馆出版社

图书在版编目（CIP）数据

钢铁长城：纪念中国人民解放军建军九十周年馆藏文献展图录 / 国家图书馆编. -- 北京：国家图书馆出版社, 2017.8
ISBN 978-7-5013-6209-7

Ⅰ. ①钢… Ⅱ. ①国… Ⅲ. ①中国人民解放军军史—史料 Ⅳ. ①E297.4

中国版本图书馆CIP数据核字（2017）第196435号

书　　名　**钢铁长城**
——纪念中国人民解放军建军九十周年馆藏文献展图录
编　　者　国家图书馆　编
责任编辑　王燕来

出　　版　国家图书馆出版社（100034 北京市西城区文津街7号）
（原书目文献出版社　北京图书馆出版社）
发　　行　010-66114536　66126153　66151313　66175620
66121706（传真）　66126156（门市部）
E-mail　nlcpress@nlc.cn（邮购）
Website　www.nlcpress.com（投稿中心）
经　　销　新华书店
印　　装　北京信彩瑞禾印刷有限公司
开　　本　889×1194（毫米）　1/16
印　　张　14.75
版　　次　2017年8月第1版　2017年8月第1次印刷

书　　号　ISBN 978-7-5013-6209-7
定　　价　300.00元

编纂委员会

目　录

前 言

自1927年8月1日南昌起义诞生以来，中国人民解放军已经走过了90年的光辉历程。90年来，在中国共产党的领导下，人民军队与全国人民一起，前仆后继，英勇奋斗，建立了不朽的丰功伟绩。

在新民主主义革命时期，人民军队经过长达22年的革命战争，战胜了国内外强大的敌人，为推翻帝国主义、封建主义和官僚资本主义的反动统治，建立中华人民共和国，作出了伟大贡献。

在社会主义革命和建设时期，人民军队忠实地履行保卫国家安全、维护世界和平的职能，保卫了祖国的安全和社会的稳定，为社会主义建设作出了积极的贡献，自身建设也取得了举世瞩目的成就，革命化、现代化、正规化的水平不断提高。

历史是最好的教科书，文献典籍是记述历史的重要载体。革命历史文献全面记载了中国共产党领导全国各族人民争取民族独立和人民解放的伟大历程，记载了人民军队90年来为国家独立与人民幸福而不懈奋斗的光荣历程，具有十分重要的历史价值、学术价值和现实意义。

国家图书馆历来十分重视革命历史文献的征集、整理、研究与宣传工作。早在抗战时期，国立北平图书馆就通过八路军驻重庆办事处征集到不少陕甘宁边区的出版物。20世纪50年代，北京图书馆创立了新善本专藏，典藏革命文献。时至今日，这些文献已经成为独具特色、内涵丰富、具有一定规模的特藏。

为抢救、保护民国时期珍贵文献，继承和弘扬优秀文化，2011年，国家图书馆联合国内文献收藏单位，策划了“民国时期文献保护计划”项目，得到文化部、财政部大力支持。自2012年项目启动以来，文献普查、海外文献征集、整理出版等各方面工作都取得了重要成果。革命历史文献保护、整理与研究，是“民国时期文献保护计划”的主要内容和工作重点之一。

在顺利实施“民国时期文献保护计划”的基础上，国家图书馆依托馆藏资源优势，积极策划并先后成功举办了“不朽的长城——纪念中国人民抗日战争暨世界反法西斯战争胜利70周年馆藏文献展”“红色记忆——纪念中国共产党成立九十五周年馆藏文献展”等主题展览，社会反响强烈。

习近平同志多次指出，强军目标是实现中华民族伟大复兴中国梦的必然要求，中国梦包含强军梦，强军梦支撑中国梦。值此中国人民解放军成立90周年之际，国家图书馆精选馆藏文献，隆重举办“钢铁长城——纪念中国人民解放军建军九十周年馆藏文献展”，旨在通过大量珍贵文献史料展示人民军队近一个世纪的光辉历程，向为国家独立、民族解放和人民幸福伟大事业作出巨大贡献的人民子弟兵致敬。

中国共产党早期军事活动

19 世纪中叶之后，西方国家多次发动侵略中国的战争，中国被迫签订一系列不平等条约，逐步沦为半殖民地半封建社会，人民生活在水深火热之中。面对空前严重的民族危机，中国迫切需要新的社会力量开辟新的救国救民道路，迫切需要一支强大有力的军队肩负救国救民的历史重任。

1922 年，中国共产党提出中国各革命阶级和政党建立“联合战线”，进行“联合战争”的政治主张，随后开始与国民党磋商建立革命“联合战线”。1924 年 1 月，国民党第一次全国代表大会的召开，标志着国共合作的开始。中国共产党积极参与国民革命军的组建，进行北伐战争，开始了早期的军事活动。中国共产党早期的军事活动，为创建人民军队、进行武装革命做了必要的准备。

清末以来对外战争的失败和民国初年的军阀混战

从 1840 年鸦片战争开始，西方列强通过第二次鸦片战争、中日甲午战争、八国联军侵华战争等强迫清政府签订一系列不平等条约。清末军事失败的主要原因，在于国家制度腐朽僵化，外交处置失当，更在于八旗兵、绿营兵腐败不堪，纪律废弛，装备落后，战术失策，缺乏战斗意志与战斗力。虽然清末编练新军，但未能从根本上扭转局势。

民国初期，北洋军阀皖、直、奉三系混战不休，较大规模的战争有直皖战争、第一次直奉战争、第二次直奉战争等。连年的军阀混战，进一步削弱了国力，加深了人民的苦难。

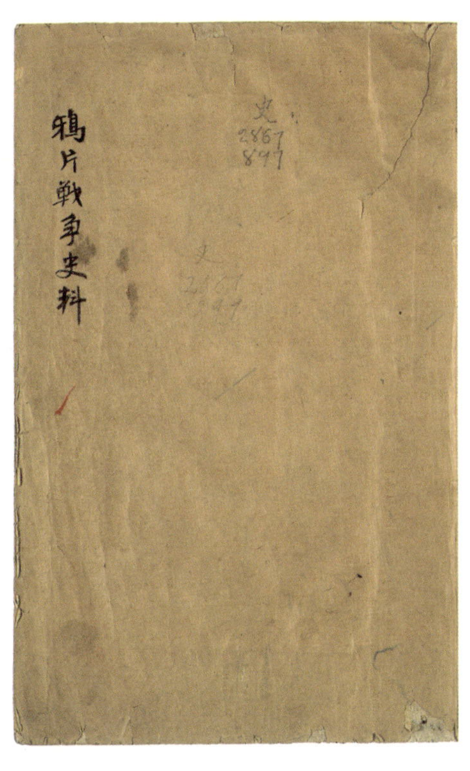
鴉片戰爭史料

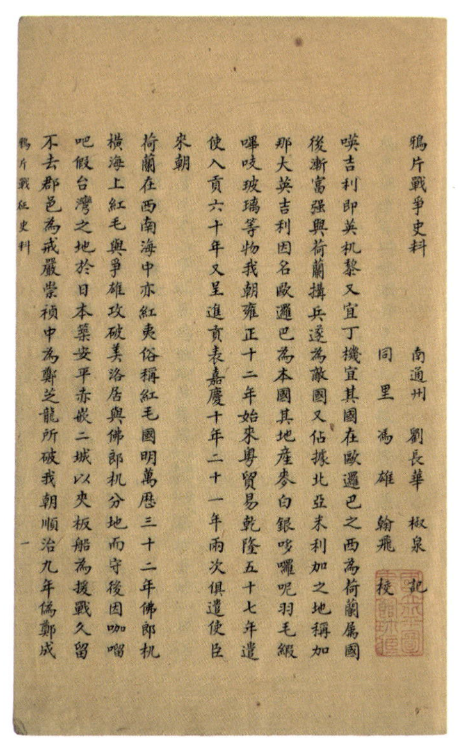
鴉片戰爭史料

南通州　劉長華　椒泉　記

同　里　馮　雄　翰飛　校

暎吉利即英机黎又宜丁機宜其國在歐邏巴之西為荷蘭屬國後漸富强與荷蘭搆兵遂為敵國又佔據北亞未利加之地稱加那大英吉利因名歐邏巴為本國其地產麥白銀哆囉呢羽毛緞嗶吱玻璃等物我朝雍正十二年始來粤貿易乾隆五十七年遣使入貢六十年又呈進貢表嘉慶十年二十一年兩次俱遣使臣來朝

荷蘭在西南海中亦紅夷俗稱紅毛國明萬歷三十二年佛郎机横海上紅毛與爭雄攻破美洛居與佛郎机分地而守後因咖嚁吧假台灣之地於日本築安平赤嵌二城以夹板船為援戰久留不去郡邑為戒嚴崇禎中為鄭芝龍所破我朝順治九年偽鄭成

鴉片戰爭史料　一

鸦片战争史料

（清）刘长华记　民国二十三年（1934）国立北平图书馆抄本

主要记述第一次鸦片战争期间，侵华英军两次北上，攻占福建厦门，浙江定海（今舟山市）、镇海（今属宁波市）、乍浦（今平湖市），及长江门户吴淞口等地，继而进占镇江，直逼南京，最终迫使清廷签约议和的过程。

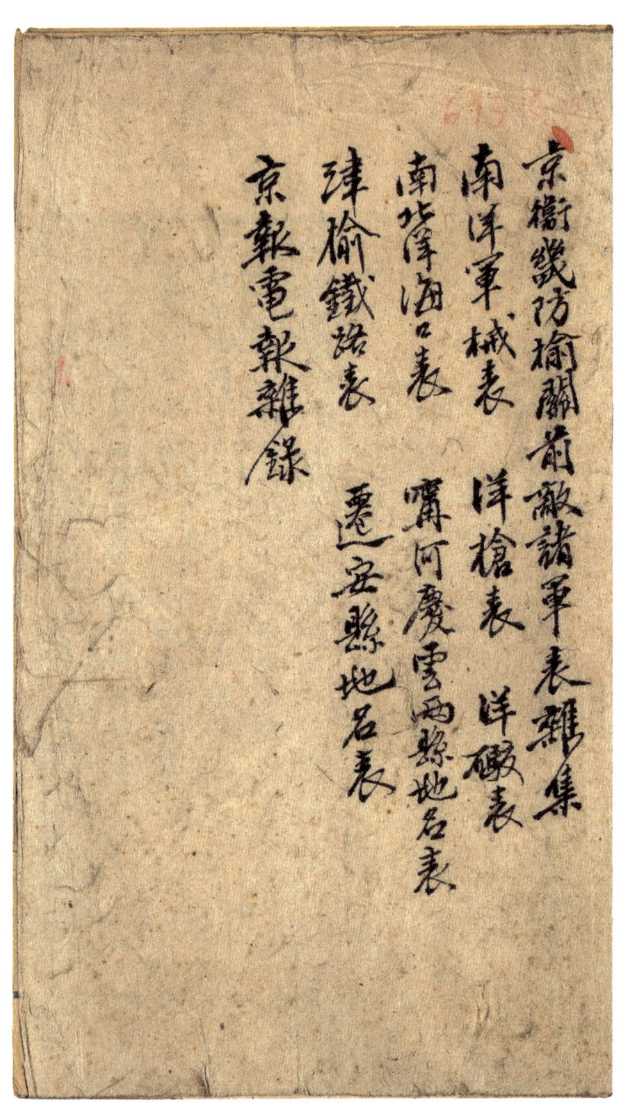
京衛畿防榆關前敵諸軍表雜集
南洋軍械表　洋槍表　洋礮表
南北洋海口表　寧河慶雲兩縣地名表
津榆鐵路表　遷安縣地名表
京報電報雜錄

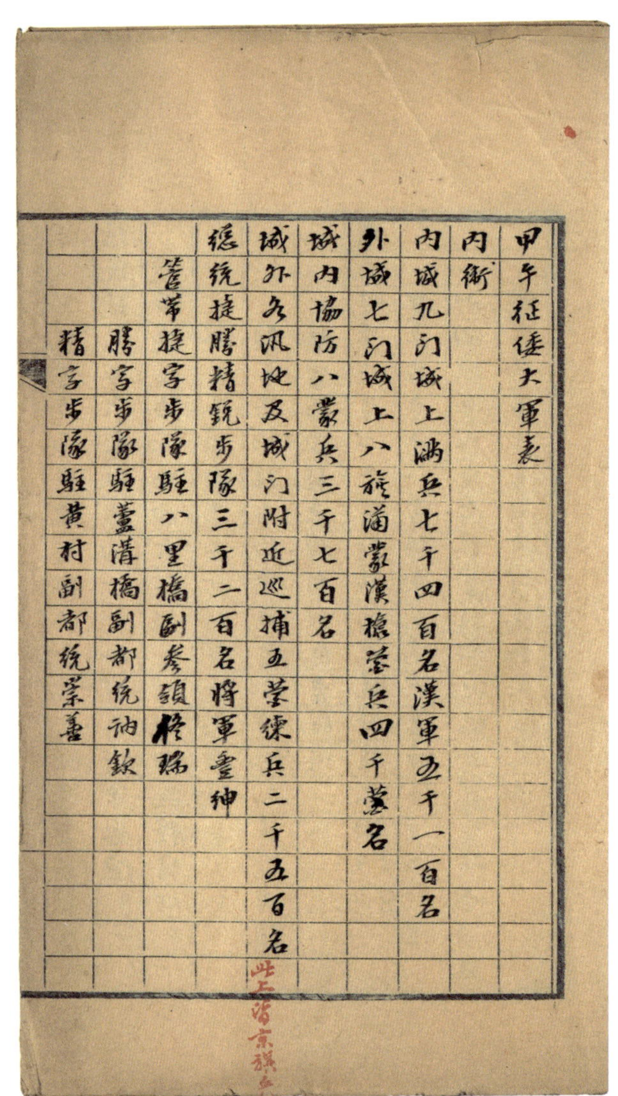
甲午征倭大軍表
內衛
內城九門城上滿兵七千四百名漢軍五千一百名
外城七門城上八旗滿蒙漢綠營兵四千[illegible]名
城內協防八蒙兵三千七百名
城外各汛地及城門附近巡捕五營練兵二千五百名
總統捷勝精銳步隊三千二百名將軍壽紳
管帶捷字步隊駐八里橋副參領[illegible]瑞
勝字步隊駐蘆溝橋副都統祐欽
精字步隊駐黃村副都統崇善

甲午战争有关折奏史料

本书辑录甲午战争相关史料。内容涉及清军防务及兵力部署情况，战败后清廷内部各方反应和饬令查办、奏请抚恤等诸情形，与日本议和时的军机密寄和大臣奏牍，以及奏请慈禧暂缓修建颐和园折，太监寇连才死谏折等内容，其中清军主将吴大澂、魏光焘、唐仁廉和章高元等详述各战役经过的禀呈较具史料价值。

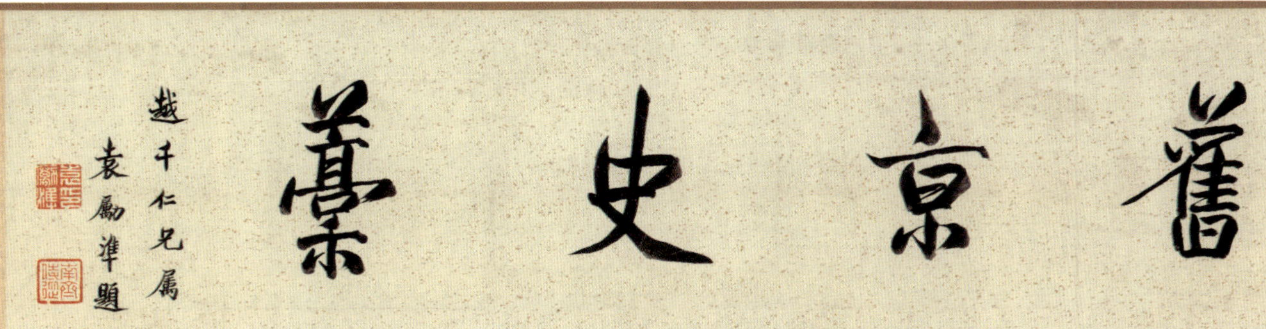

旧京史稿

赵世骏著　稿本　宋荔秋捐赠

赵世骏手书长札，总计5300余字。记叙作者自清光绪二十六年（1900）五月十八日至闰八月十八日四个月间在北京城内的所见所闻，再现了八国联军的种种暴行与清政府的腐败无能。后附高友唐、张伯英、杨钟羲、周肇祥、冯恕、陆和九、陶北溟、邵章、商承祚、徐森玉、宋荔秋、陈邦怀、启功、常任侠等题跋23款，共约4400余字。

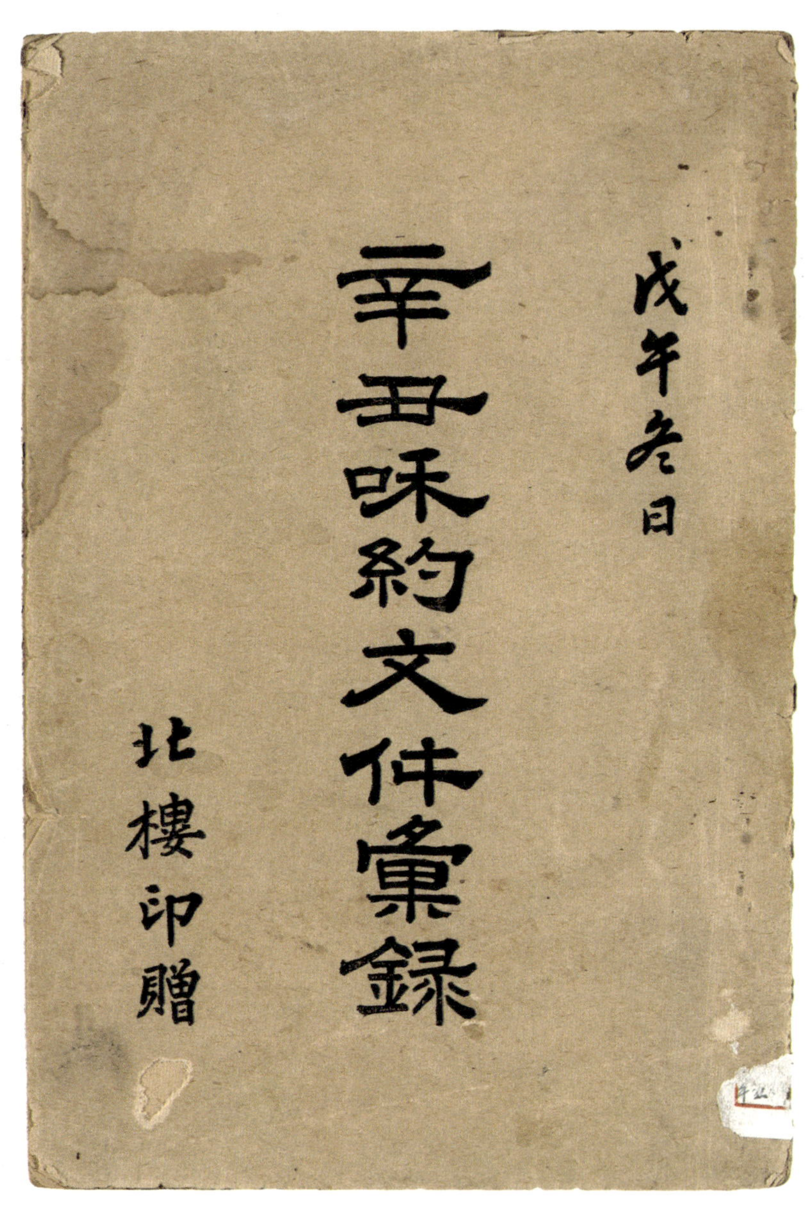

辛丑和约文件汇录

北楼编　1918 年

《辛丑条约》相关文件汇编。包括清光绪二十六年（1900）敕谕全权敕书、和约大纲（附中国全权照会）、和约全文（附件十九件）三个部分。

直奉战争公牍

许耀章等撰　民国间朱丝栏稿本

第二次直奉战争期间许耀章、张显烈等所撰公牍，内容系报告奉军战备、调度、军事会议及东北时局诸情形。3月至9月共34通，收件人不详。

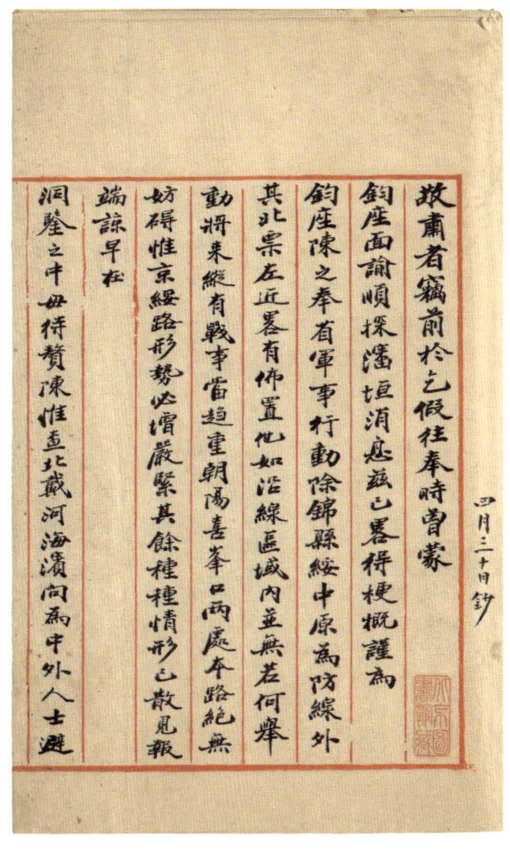
四月二十日鈔
敬肅者竊前於乞假往奉時曾蒙
鈞座面諭順探瀋垣消息茲已略得梗概謹為
鈞座陳之奉省軍事行動除錦縣綏中原為防線外
其北票左近略有佈置他如沿線區域內並無若何舉
動將來縱有戰事當趨重朝陽喜峯口兩處本路絕無
妨礙惟京綏路形勢必甚嚴緊其餘種種情形已散見報
端諒早在
洞鑒之中毋待贅陳惟查北戴河海濱向為中外人士避

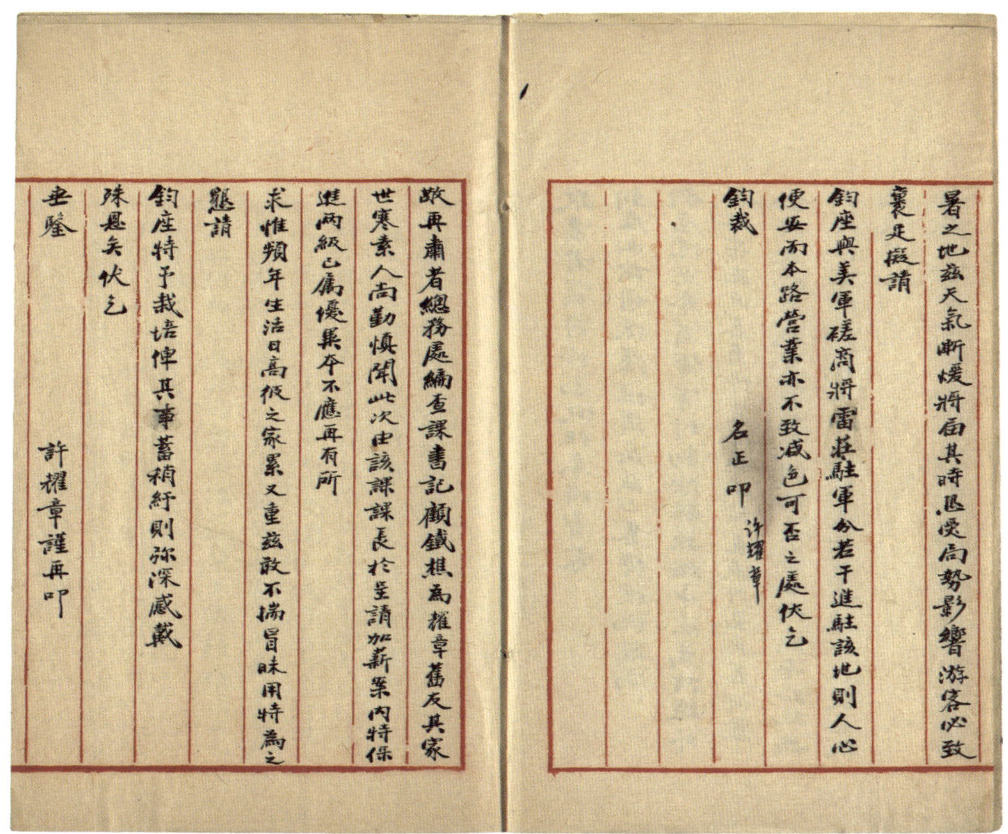
暑之地茲天氣漸暖將屆其時恐受局勢影響游客必致
裹足擬請
鈞座與美軍磋商將雷莊駐軍分若干進駐該地則人心
便安而本路營業亦不致減色可否之處伏乞
鈞裁
名正叩　許耀章

敬再肅者總務處編查課書記顧鐵樵為耀章舊友其家
世寒素人尚勤慎閱此次由該課課長於呈請加薪案內特保
進兩級已屬優異本不應再有所
求惟頻年生活日高加之家累又重茲敢不揣冒昧用特為之
懇請
鈞座特予栽培俾其事蓄稍紓則彌深感戴
殊遇矣伏乞
垂鑒
許耀章謹再叩

国共合作创办黄埔军校

国共合作创建国民革命军，始于创办陆军军官学校，即黄埔军校。1924 年春，军校开始招生，董必武、何叔衡、毛泽东等共产党人受委托代办武汉、长沙、上海等考区的招生工作，50 多名共产党员、青年团员和一些进步青年考入黄埔军校。1924 年 5 月，中共中央提出，中国共产党应当促进国民党注意革命军队的思想政治教育工作。许多共产党员参加国民革命军建军工作，承担了军队的政治建设和政治工作责任。

1924 年 11 月，周恩来出任黄埔军校政治部主任，他力主建立健全政治工作制度，制订政治训练计划。军校内举办政治讨论会，组织了“中国青年军人联合会”，创办了《青年军人》等刊物，团结和教育了一大批进步的青年军人。共产党员鲁易、熊雄、高语罕、萧楚女、聂荣臻、陈赓等数十人先后在校从事政治教学和行政管理工作，最多时达到 160 余人。在共产党人的积极推动下，黄埔军校内形成了民主、进步的政治局面，培育了爱国革命的黄埔精神。

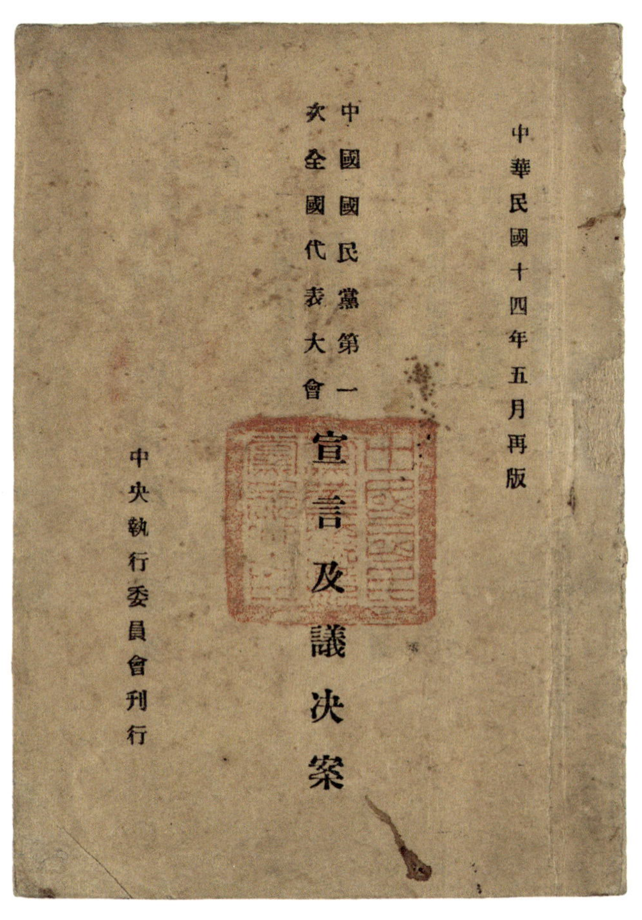
中華民國十四年五月再版

中國國民黨第一次全國代表大會

宣言及議決案

中央執行委員會刊行

中国国民党第一次全国代表大会宣言及议决案

国民党中央执行委员会　1925 年 5 月

1924 年 1 月 20 日至 30 日，中国国民党第一次全国代表大会在广州举行。出席开幕式的 165 名代表中，有共产党员 20 多人。这次会议通过的《中国国民党第一次全国代表大会宣言》草案，对三民主义作了适应时代潮流的新解释，成为国共合作的共同纲领。国民党一大还在事实上确立了联俄、联共、扶助农工的三大政策。

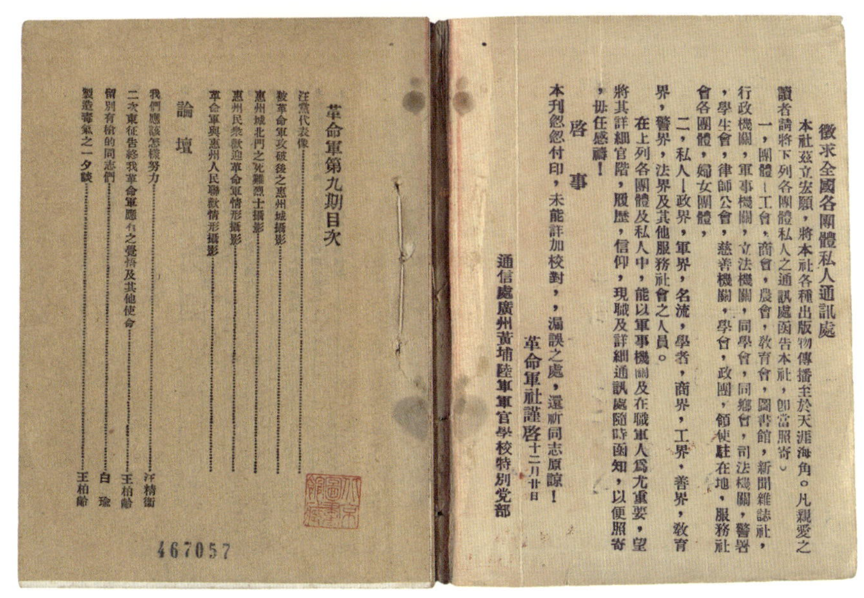

徵求全國各團體私人通訊處

本社茲立宏願，將本社各種出版物傳播至於天涯海角。凡親愛之讀者請將下列各團體私人之通訊處函告本社，即當照寄。

一，團體—工會，商會，農會，教育會，圖書館，新聞雜誌社，行政機關，軍事機關，立法機關，同學會，同鄉會，司法機關，警署，學生會，律師公會，慈善機關，學會，政團，領使駐在地，服務社會各團體，婦女團體，

二，私人—政界，軍界，名流，學者，商界，工界，善界，教育界，警界，法界及其他服務社會之人員。

在上列各團體及私人中，能以軍事機關及在職軍人為尤重要，望將其詳細官階，履歷，信仰，現職及詳細通訊處隨時函知，以便照寄，毋任感禱！

啓事

本刊怱怱付印，未能詳加校對，，漏誤之處，還祈同志原諒！

革命軍社謹啓十二月廿日

通信處廣州黃埔陸軍軍官學校特別党部

革命軍第九期目次

467057

革命军

黄埔军校特别党部革命军社编　1925 年

前身为 1925 年 1 月创刊的《青年军人》，黄埔陆军军官学校特别党部国民党革命军社主编并发行，后改由中央军事政治学校特别党部革命社编印出版。其使命：第一是“要打倒帝国主义破坏中国民族运动四大政策”。第二是“要我们的党员，都能积极进取；同时，要我们的党员都要认清我们的革命途径，站在总理的革命理论上面，厉行三大政策，促成国民革命，完成总理主义”。本册内容包括我们应该怎样努力、二次东征之役忠告我革命军应有之觉悟及其使命、我们的决心、革命的力量与民众的弱点、中央党部对全国及海外全体同志之通告等。

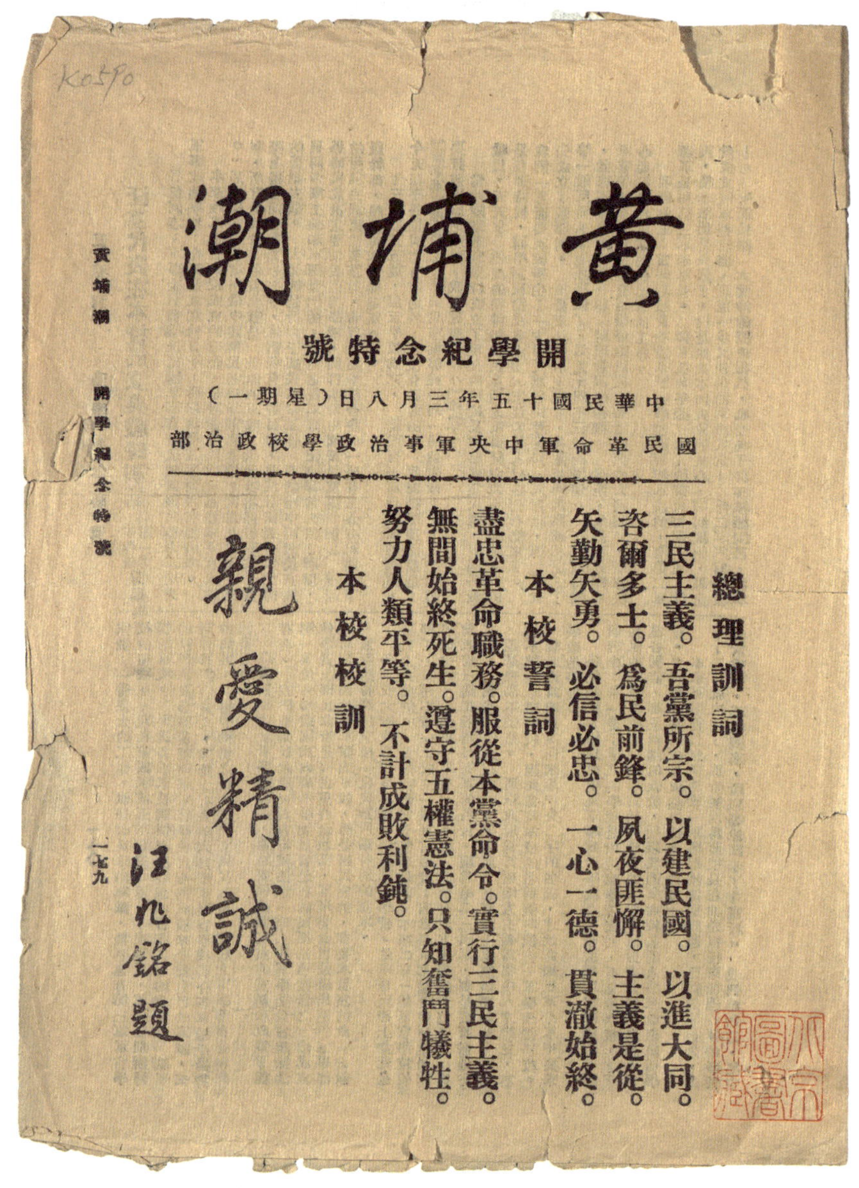

K0590

黃埔潮

開學紀念特號

中華民國十五年三月八日（星期一）

國民革命軍中央軍事政治學校政治部

總理訓詞

三民主義。吾黨所宗。以建民國。以進大同。咨爾多士。為民前鋒。夙夜匪懈。主義是從。矢勤矢勇。必信必忠。一心一德。貫澈始終。

本校誓詞

盡忠革命職務。服從本黨命令。實行三民主義。無間始終死生。遵守五權憲法。只知奮鬥犧牲。努力人類平等。不計成敗利鈍。

本校校訓

親愛精誠

汪兆銘題

黃埔潮　開學紀念特號　一七九

黄埔潮·开学纪念特号

黄埔军校　1926 年 3 月 8 日

1925 年 10 月创刊，半周刊，每星期三、六出版。由中国国民党陆军军官学校（黄埔军校）政治部编印。辟有特载、评论、大事述评、短兵等栏目，以登载政治论文和时评文章为主。

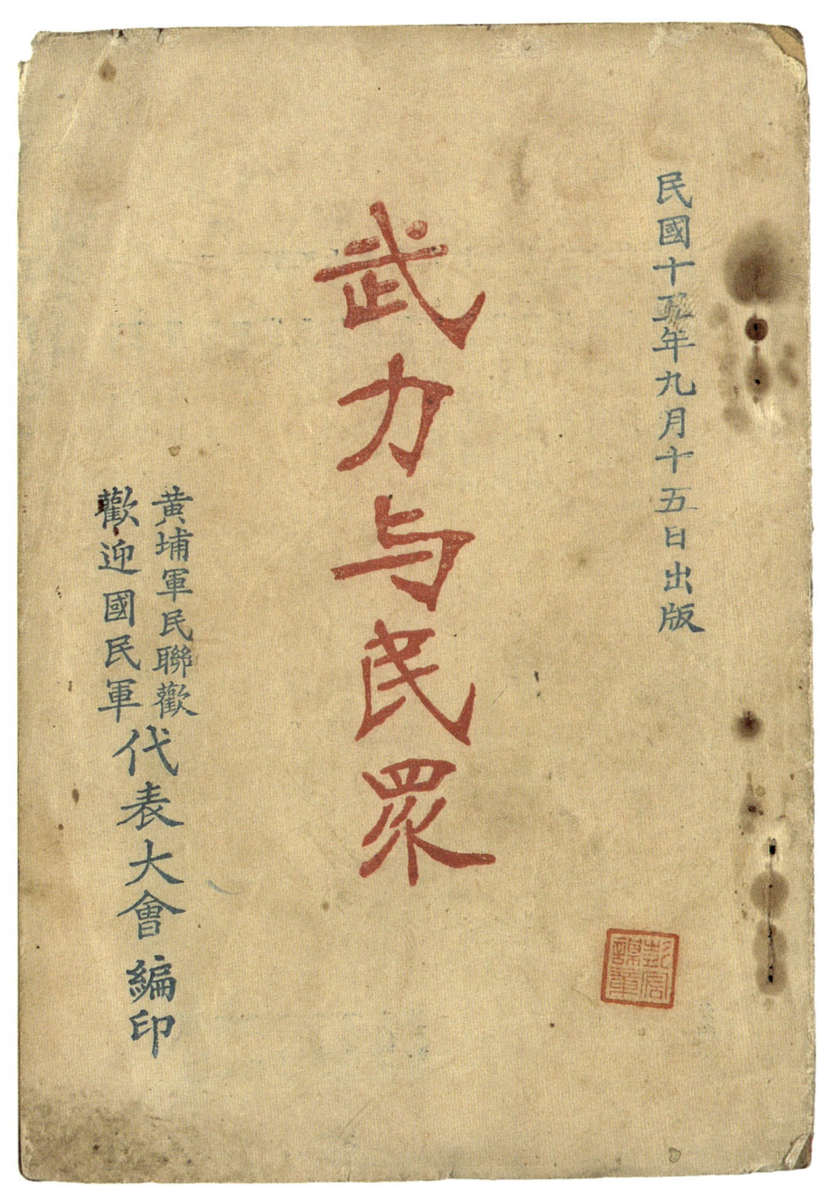

武力与民众

黄埔军民联欢欢迎国民军代表大会编印　1926 年 9 月

1926 年 8 月 30 日在广州黄埔军校大操场举行军民联欢大会的纪念性刊物。书中记载了开会情况及军民各界代表发言。会议由黄埔军校李济深副校长致开会辞，内有苏兆征关于省港罢工与帝国主义斗争情况的演说词。

中央军事政治学校

1926 年 1 月，国民政府军事委员会决定合并黄埔军校和各军军校，改组为国民革命军中央军事政治学校。1927 年 1 月，由黄埔迁来的第五期学生与在武汉招收的政治科学生合并成为中央军事政治学校武汉分校。共产党员董必武、包惠僧担任招考委员，恽代英出任政治总教官，周恩来、李富春、李达、蔡畅等 10 人出任政治教官。1927 年 3 月，武汉分校改为武汉中央军事政治学校，恽代英主持全面工作。5 月，陈毅任中共校党委书记。共产党在学员队伍中建立了组织，努力将学员团结在自己的周围。

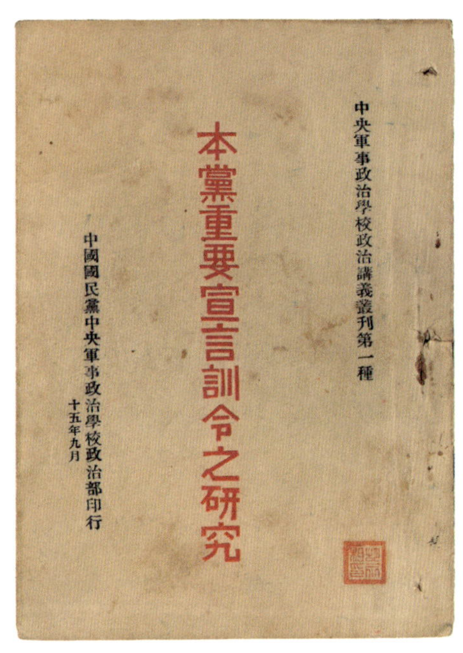

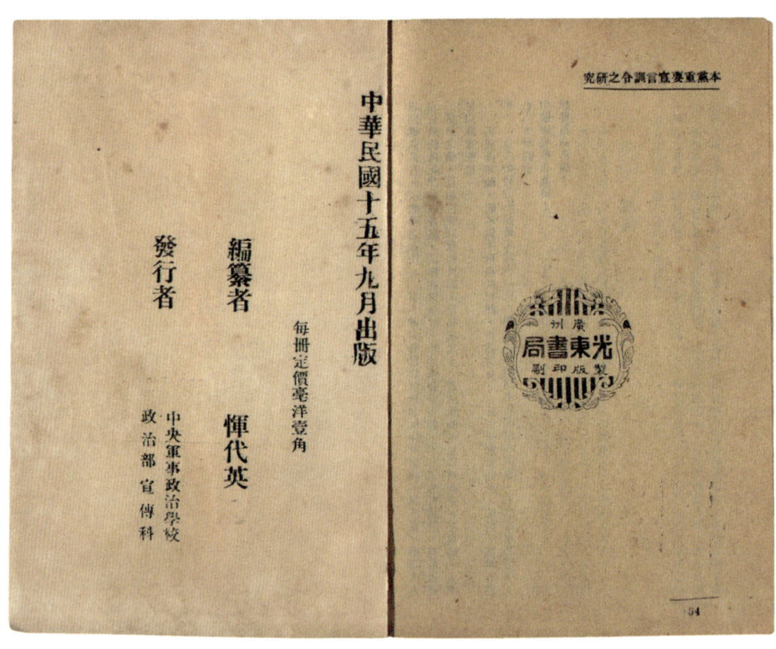

本党重要宣言训令之研究

恽代英编　中国国民党中央军事政治学校政治部宣传科　1926 年 9 月

中央军事政治学校政治讲义丛刊第一种。选收第一次全国代表大会宣言、北上宣言、关于共产党员加入国民党之训令等宣言训令 5 篇。每篇前列有“研究问题”。

帝国主义侵略中国史

萧楚女编　中央军事政治学校政治部　1927 年 2 月

政治讲义第十三种。全书 8 节，上起鸦片战争，下迄“二十一条”交涉及华盛顿会议召开，重点记述各不平等条约的签订。

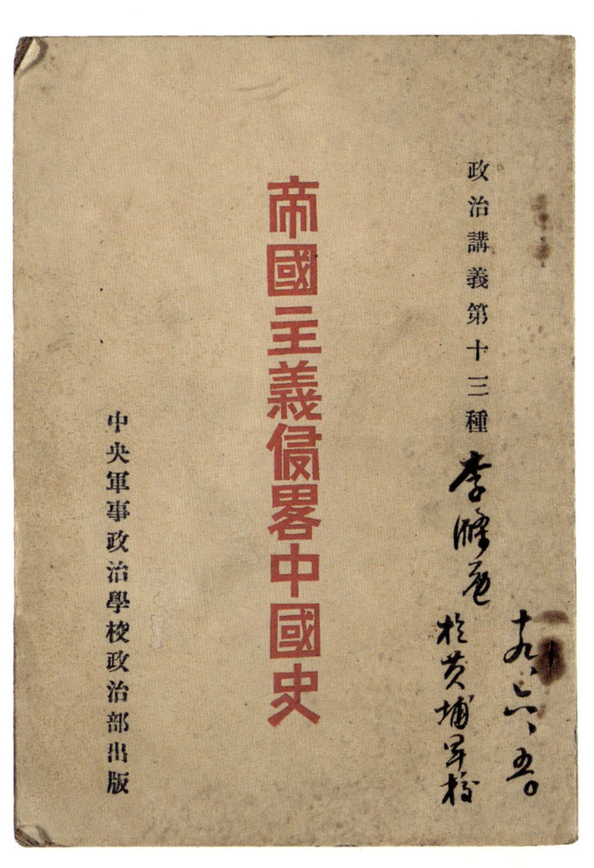

政治講義第十三種

帝國主義侵畧中國史

中央軍事政治學校政治部出版

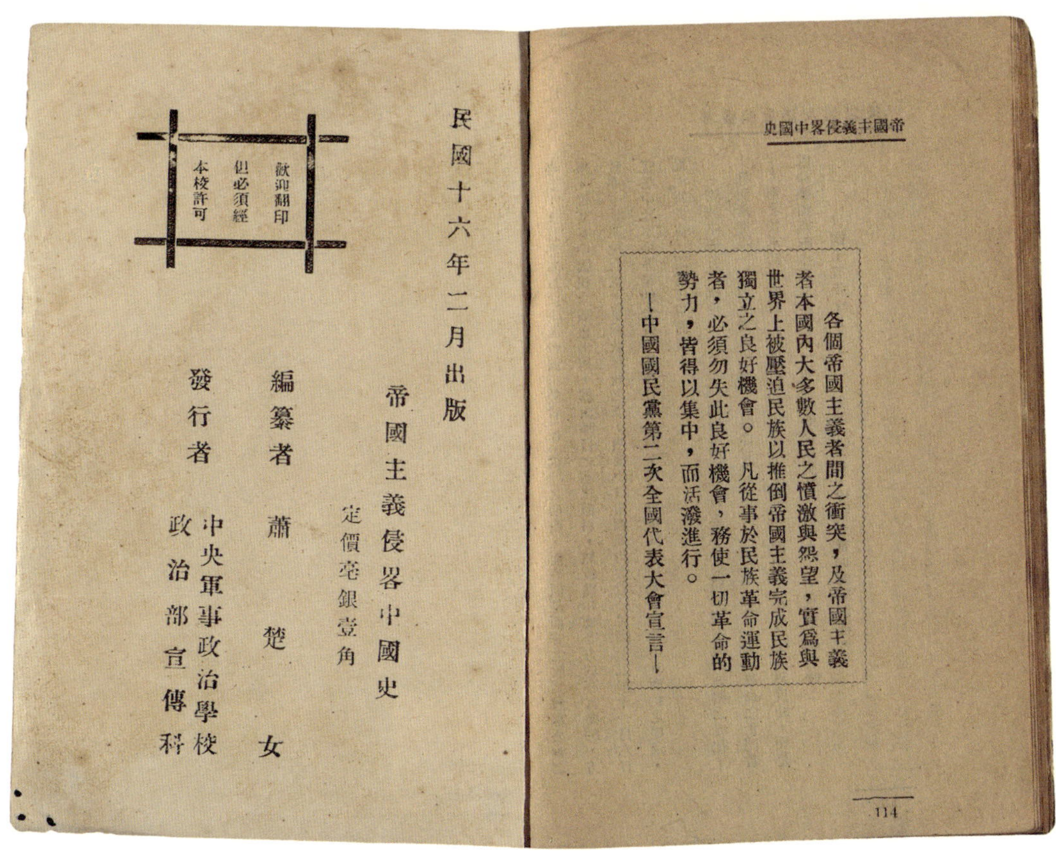

歡迎翻印
但必須經
本校許可

民國十六年二月出版

帝國主義侵畧中國史
定價毫銀壹角

編纂者　蕭楚女

發行者　中央軍事政治學校
政治部宣傳科

帝國主義侵畧中國史

各個帝國主義者間之衝突，及帝國主義者本國內大多數人民之憤激與怨望，實爲與世界上被壓迫民族以推倒帝國主義完成民族獨立之良好機會。凡從事於民族革命運動者，必須勿失此良好機會，務使一切革命的勢力，皆得以集中，而活潑進行。

—中國國民黨第二次全國代表大會宣言—

114

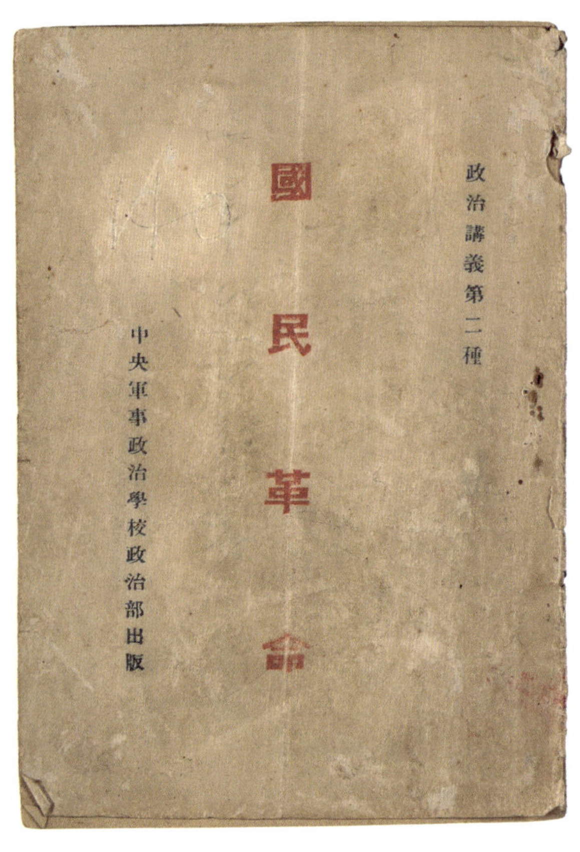

国民革命

恽代英编　中央军事政治学校政治部宣传科　1926年9月

政治讲义第二种。包括革命的意义、中国的革命运动、我们的力量三部分。

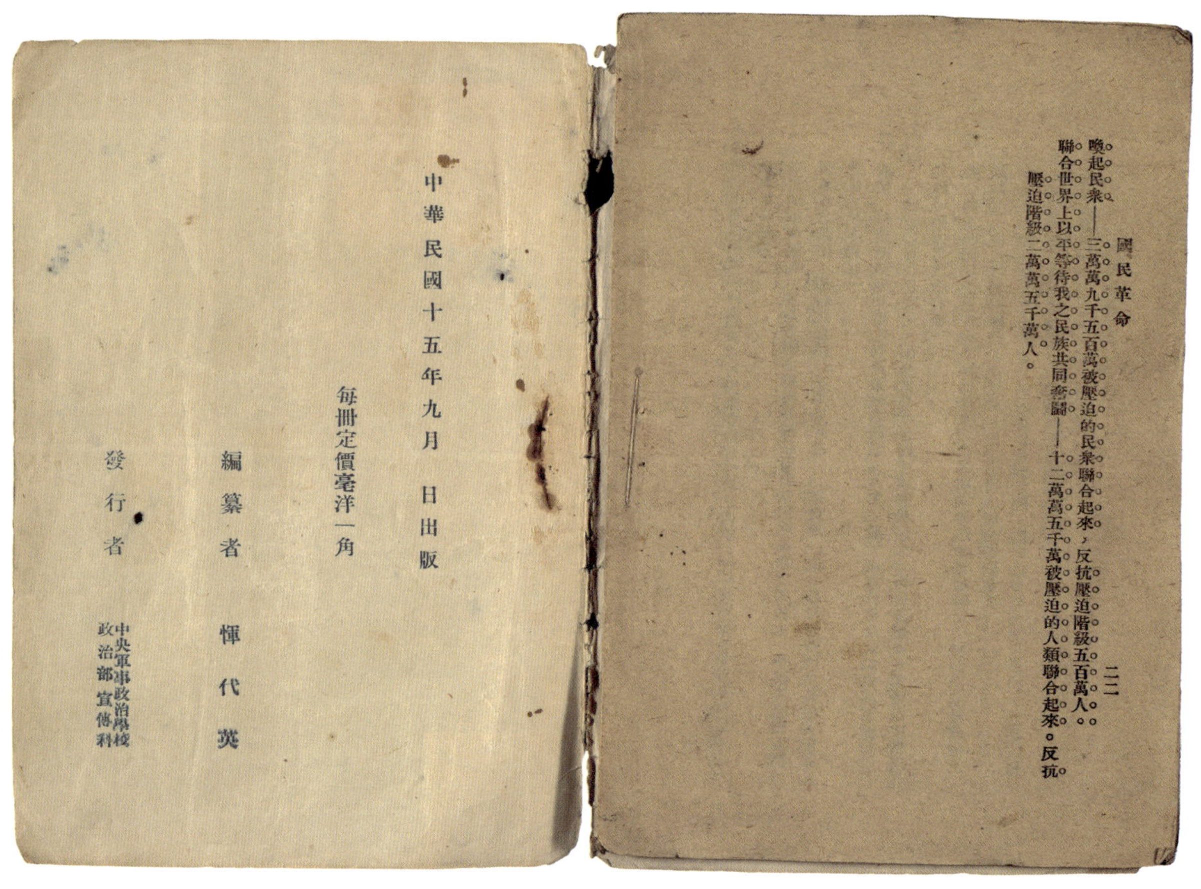

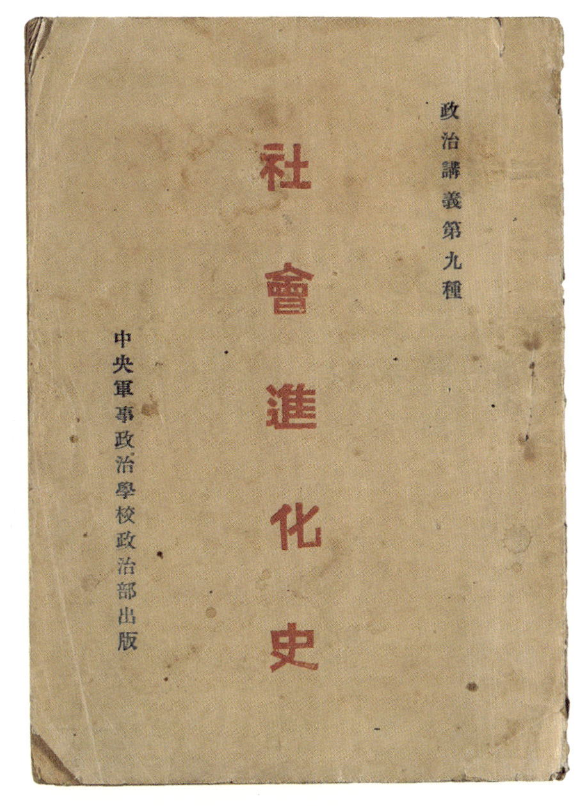

政治講義第九種

社會進化史

中央軍事政治學校政治部出版

社会进化史

廖划平编著　中央军事政治学校政治部宣传科　1927 年

政治讲义第九种。分 8 章论述原始共产主义至共产主义社会的进化过程。

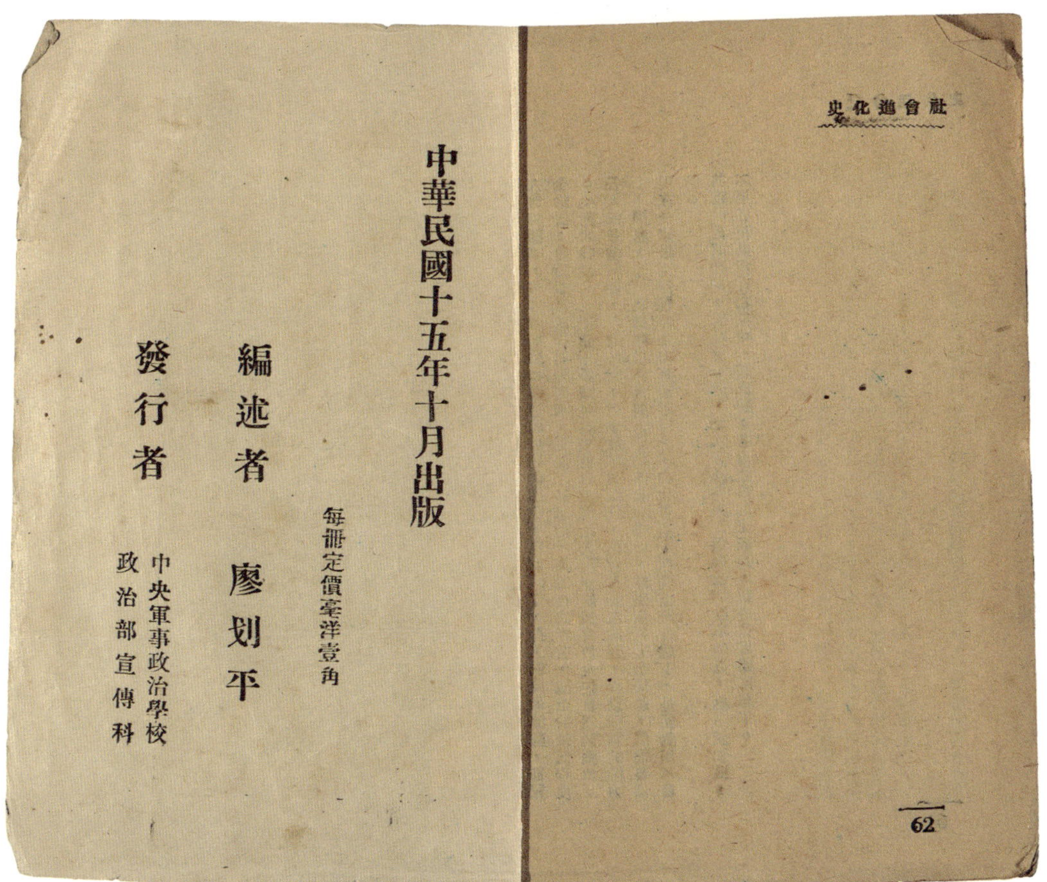

中華民國十五年十月出版

每冊定價毫洋壹角

編述者　廖划平

發行者　中央軍事政治學校政治部宣傳科

社會進化史

62

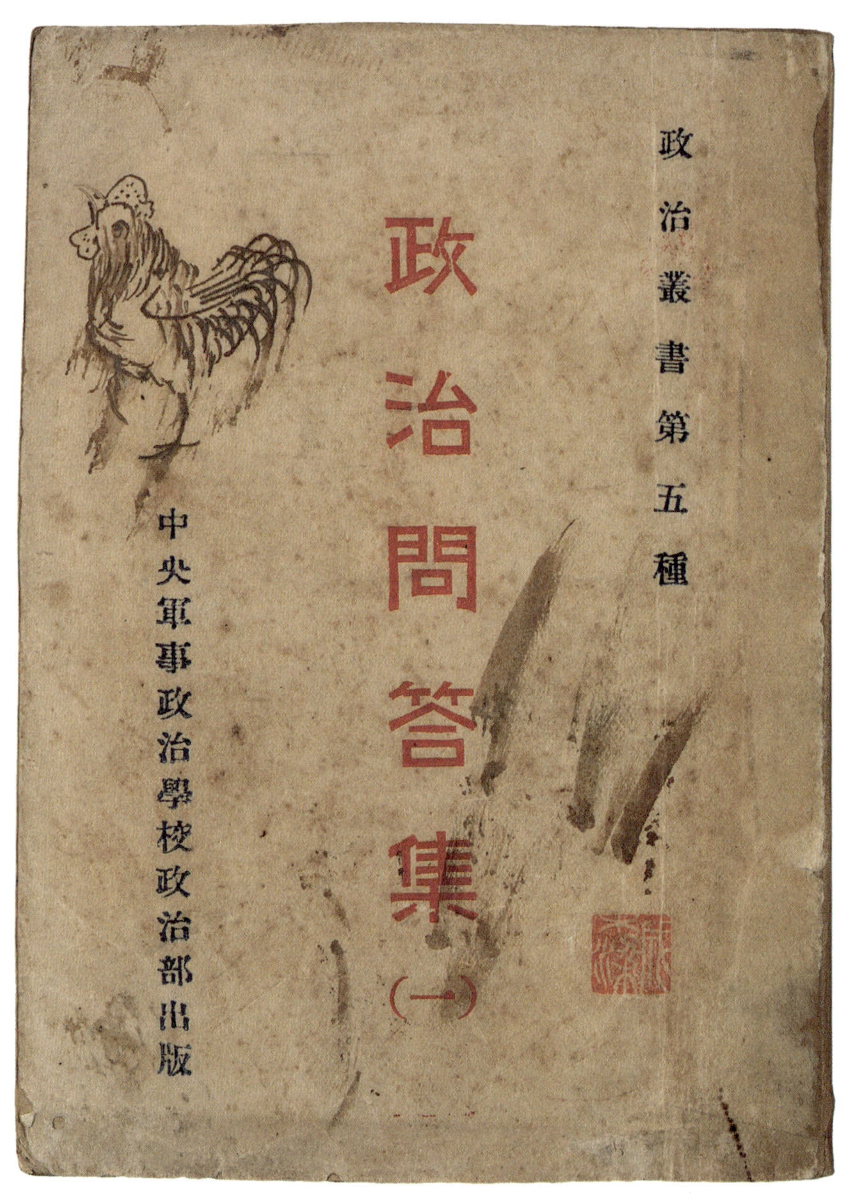

政治问答集（一）

中央军事政治学校政治部编印　1927 年

政治丛书第五种。系 1926 年《黄埔日刊》所载的“政治问答”的辑本，主要是恽代英、萧楚女等答黄埔学生问。

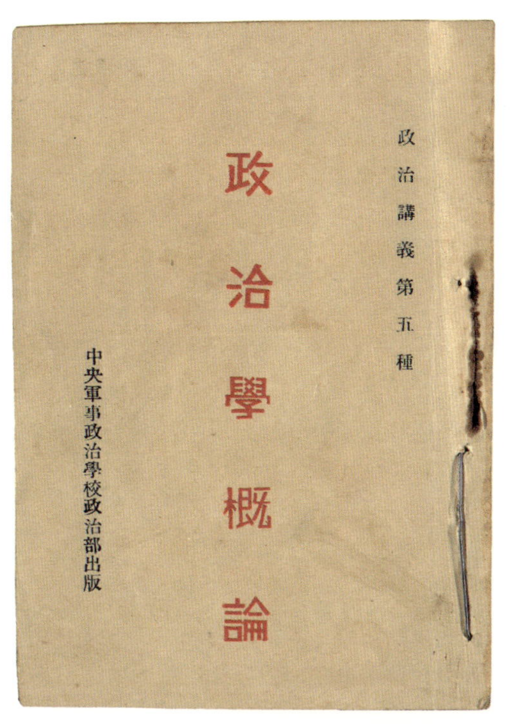

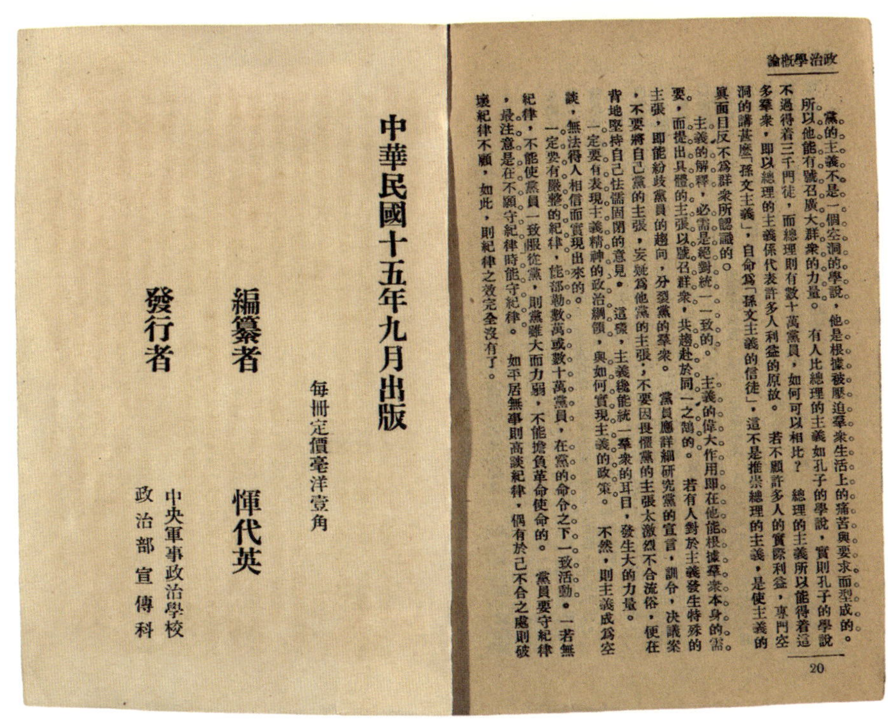

中華民國十五年九月出版

每冊定價毫洋壹角

編纂者　惲代英

發行者　中央軍事政治學校政治部宣傳科

政治學概論

黨的主義不是一個空洞的學說，他是根據被壓迫羣衆生活上的痛苦與要求而型成的。所以他能有號召廣大群衆的力量。　有人比總理的主義如孔子的學說，實則孔子的學說不過得着三千門徒，而總理則有數十萬黨員，如何可以相比？　總理的主義所以能得着這多羣衆，即以總理的主義係代表許多人利益的原故。　若不顧許多人的實際利益，專門空洞的講甚麽「孫文主義」，自命爲「孫文主義的信徒」，這不是推崇總理的主義，是使主義的眞面目反不爲群衆所認識的。

主義的解釋，必需是絕對統一一致的。　主義的偉大作用即在他能根據羣衆本身的需要，而提出具體的主張以號召群衆，共趨赴於同一之鵠的。　若有人對於主義發生特殊的主張，即能紛歧黨員的趨向，分裂黨的羣衆。　黨員應詳細研究黨的宣言，訓令，決議案，不要將自己黨的主張，妄疑爲他黨的主張；不要因畏懼黨的主張太激烈不合流俗，便在背地堅持自己怯懦固閉的意見。　這樣，主義纔能統一羣衆的耳目，發生大的力量。

一定要有表現主義精神的政治綱領，與如何實現主義的政策。　不然，則主義成爲空談，無法得人相信而實現出來的。

一定要有嚴整的紀律，能部勒數萬或數十萬黨員，在黨的命令之下一致活動。　一若無紀律，不能使黨員一致服從黨，則黨雖大而力弱，不能擔負革命使命的。　黨員要守紀律，最注意是在不願守紀律時能守紀律。　如平居無事則高談紀律，偶有於己不合之處則破壞紀律不顧，如此，則紀律之效完全沒有了。

20

政治学概论

惲代英编　中央军事政治学校政治部　1926 年 9 月

政治讲义第五种。包括 5 讲：政治、国家；国体、中央集权与地方分权；政体、人民参政的方式；人民的权利；党。

中国共产党在国民革命军中的工作

中国共产党人参与了国民革命军的政治工作制度建设，并以国民党员身份担负了国民革命军的绝大部分政治工作。1924 年 10 月，国民党组建教导第 1 团，共产党员胡公冕、蒋先云、许继慎等人分别担任营、连党代表。1925 年 9 月中旬，周恩来任国民革命军第 1 军第 1 师党代表，后任第 1 军副党代表；鲁易任第 1 军第 3 师党代表；蒋先云、严凤仪、王逸常等 7 人分别担任团党代表。更多的共产党员在军、师政治部工作，或在团、营、连任政治指导员、党代表。

至 1926 年 3 月，国民革命军第 1 军中身份公开的共产党员达 250 多人；李富春、朱克靖、罗汉、林伯渠还分别担任第 2、第 3、第 4、第 6 军副党代表，黄日葵、彭泽湘分别担任第 7、第 8 军政治部主任，孙炳文任总政治部秘书长，张其雄任前敌政治部副主任，李六如、方维夏、萧劲光分别担任第 2 军第 4、第 5、第 6 师党代表。至 1926 年 10 月，在国民革命军工作的共产党员已达 1500 多人，占全党总人数的 8.5%。

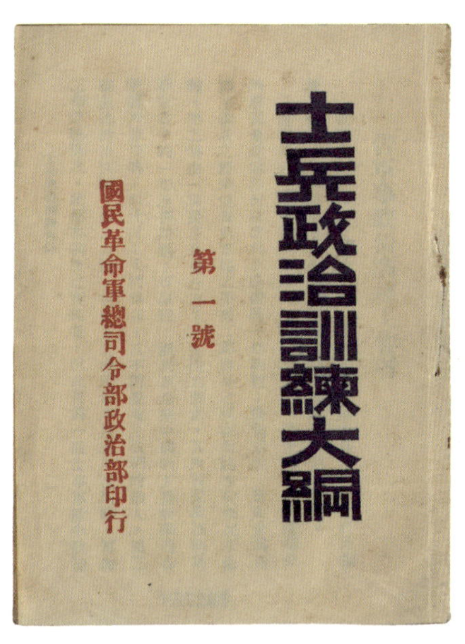

士兵政治訓練大綱

第一號

國民革命軍總司令部政治部印行

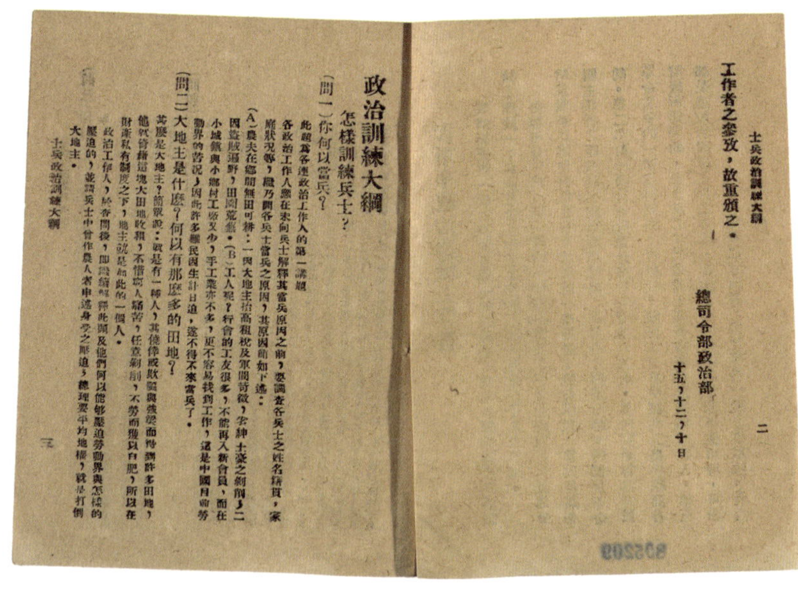

士兵政治訓練大綱

工作者之參攷，故重頒之。

總司令部政治部

十五，十二，十日

二

政治訓練大綱

怎樣訓練兵士？

（問一）你何以當兵？

此題為各連政治工作人的第一講題

各政治工作人應在未向兵士解釋其當兵原因之前，要調查各兵士之姓名籍貫，家庭狀況等，繼乃問各兵士當兵之原因，其原因約如下述：

（A）農夫在鄉間無田可耕：一因大地主抬高租稅及軍閥苛徵，劣紳土豪之剝削；二因盜賊遍野，田園荒蕪。（B）工人呢？行會的工友很多，不能再入新會員，而在小城鎮與小鄉村工廠又少，手工業亦不多，更不容易找到工作，這是中國目前勞動界的苦況；因此許多離民因生計日迫，遂不得不來當兵了。

（問二）大地主是什麼？何以有那麼多的田地？

甚麼是大地主？簡單說：就是有一種人，其僥倖或欺騙與強暴而得到許多田地，他就倚藉這塊大田地收租，不惜窮人痛苦，任意剝削，不勞而獲以自肥，所以在財產私有制度之下，地主就是如此的一個人。

政治工作人，於各問後，即須解釋此輩及他們何以能夠壓迫勞動界與怎樣的壓迫的，並謂兵士中曾作農人者申述身受之壓迫，總理要平均地權，就是打倒大地主。

士兵政治訓練大綱

三

士兵政治训练大纲（第一号）

国民革命军总司令部政治部编印　1926 年 12 月

本书以《告军事、政治训练工作者》作为前言，叙述编纂目的，正文以 36 个问答形式，向士兵说明什么是国民革命的方法。

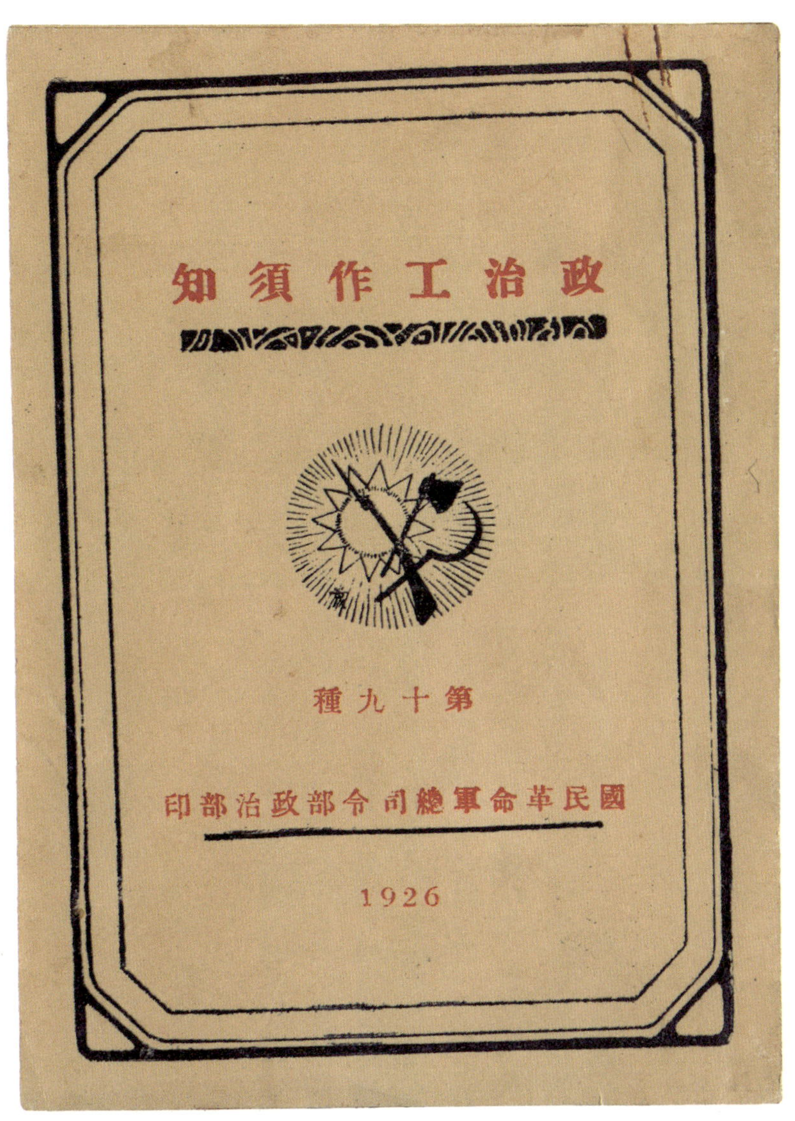

政治工作须知（第十九种）

国民革命军总司令部政治部编印　1926 年

本书为周恩来在黄埔军校第三期开学典礼上演讲词的一部分，是中国共产党人最早论述军队建设和革命政治工作的文章之一。作者以历史唯物主义的观点和马克思主义的阶级分析方法，深刻地阐述了 4 个问题：军队不是阶级，是一种工具；军队既可作为压迫阶级的工具，也可作为被压迫阶级的工具；革命军队的组织对于革命政党有重大的意义，是实现革命理论的先锋；军队有种种集成的方式，依社会环境各时代的生产方式而变迁。1926 年由国民革命军总司令部政治部出版单行本。

各级政治指导员工作条例

国民革命军总司令部政治部编印　1927 年 2 月

本书由后方留守主任孙炳文作序，条例由总则、宣传及训练共 24 条构成，主要就政治工作的宣传和训练方法作出详细的规定，颁发各政治部。

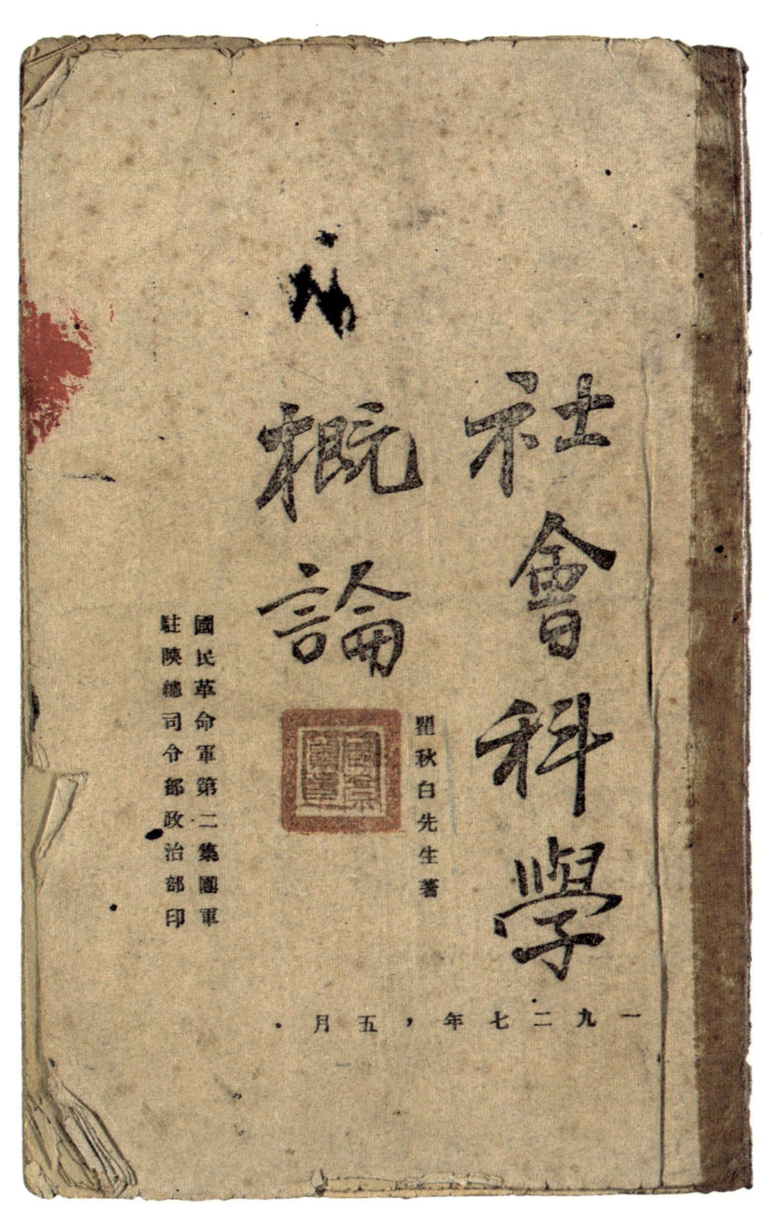

社会科学概论

瞿秋白著　国民革命军第二集团军驻陕总司令部政治部印　1927 年 5 月

1924 年暑期，瞿秋白在上海夏令讲学会上作了《社会科学概论》的演讲，分 12 章论述了马克思主义关于人类社会及其历史联系，关于社会科学及其研究对象，关于社会的经济、政治、法律、道德、宗教、风俗、艺术、哲学、科学等方面的基本观点。

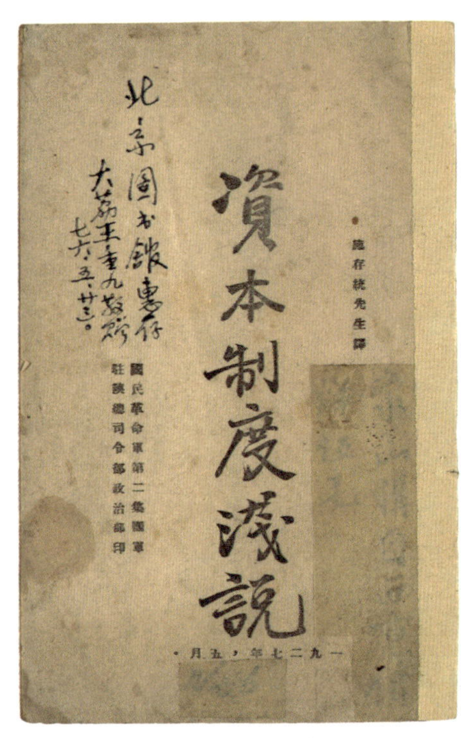

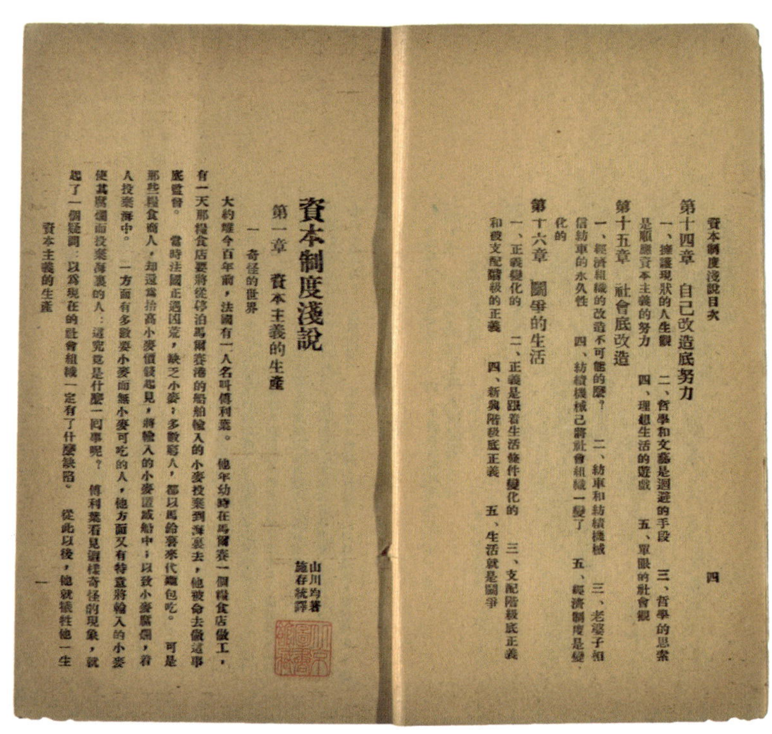

资本制度浅说

（日）山川均著　施存统译　国民革命军第二集团军驻陕总司令部政治部印　1927 年 5 月

施存统（1898—1970），又名复亮，中国共产党早期领导人。1926 年 9 月赴广州，在中山大学、黄埔军校、广州农民运动讲习所讲授政治经济学。1927 年任武昌中央军事政治学校教官、政治部主任。本书论述了资本主义制度的由来、本质、矛盾和趋势，并着重批判资本制度生产与消费的矛盾、生产力与私有制的冲突，指出改造旧制度建立新制度的斗争方向。

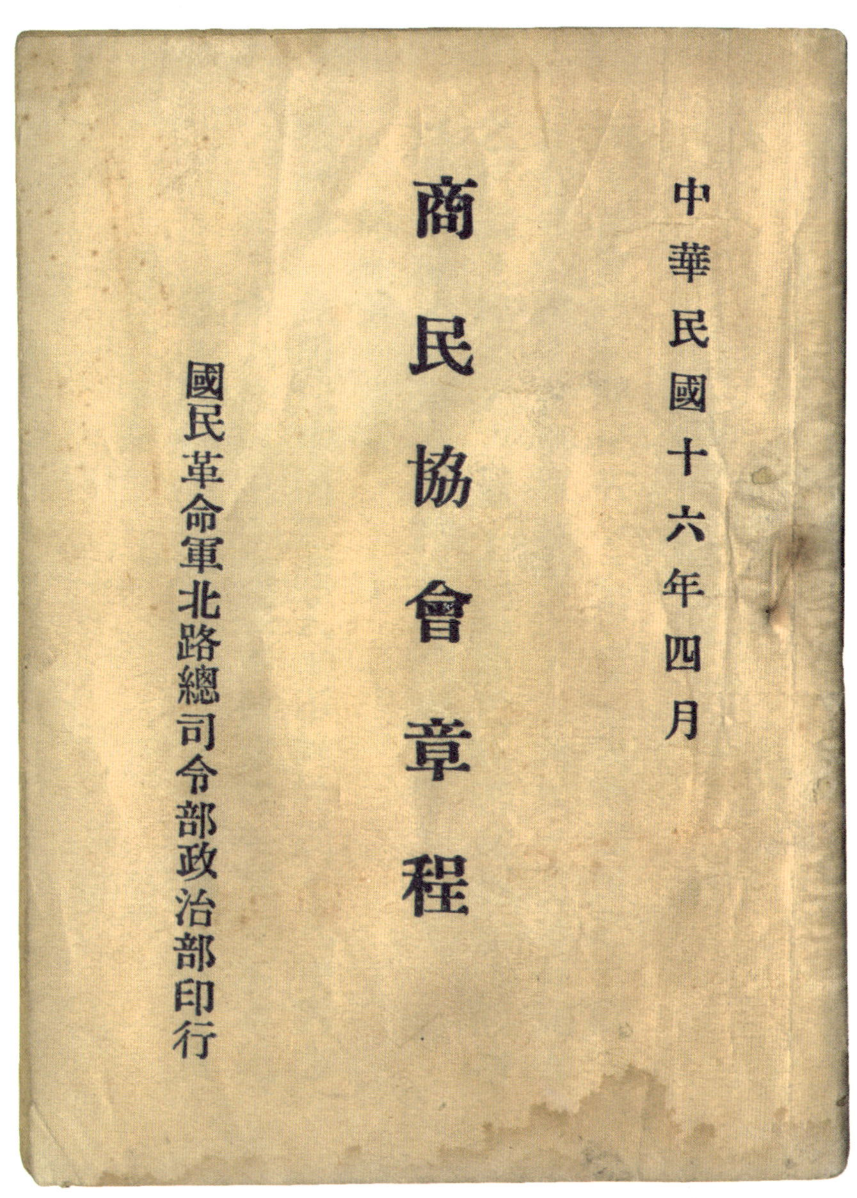

商民协会章程

国民革命军北路总司令部政治部编印　1927 年 4 月

商民协会是在国共合作领导下成立的推动国民革命的群众政治动员组织，对促进北伐的胜利和国民革命的迅速发展曾作出重要贡献。商民运动是国共合作的结晶，是中国民众运动的重要组成部分。该章程是指导商民运动的纲领性文献。

北伐战争的胜利与国民革命的失败

1925 年，国共合作进行两次东征，打败了广东军阀陈炯明，统一并巩固了广东革命根据地。1926 年夏至 1927 年春，国共合作进行北伐战争，打败北洋军阀吴佩孚集团、孙传芳集团，占领了湖南、湖北、江西、福建、浙江、河南、安徽、江苏等地区。中国共产党领导了北伐军的政治工作，广泛发动组织工农群众，对北伐战争的迅速取胜起了重要作用。

中国共产党在北伐战争中也掌握了一部分军队。第二次东征后在孙中山大元帅府铁甲车队基础上成立的国民革命军第四军独立团，以共产党员叶挺任团长。该团以勇猛善战、屡克强敌，为第四军赢得了“铁军”称号。

在国共合作的革命与战争继续发展的紧要关头，国民党相继发动“四一二”反革命政变、“七一五”反革命政变，国共两党的合作关系彻底破裂。国民革命没有达到预期的“打倒列强除军阀”的政治目的，最终失败。

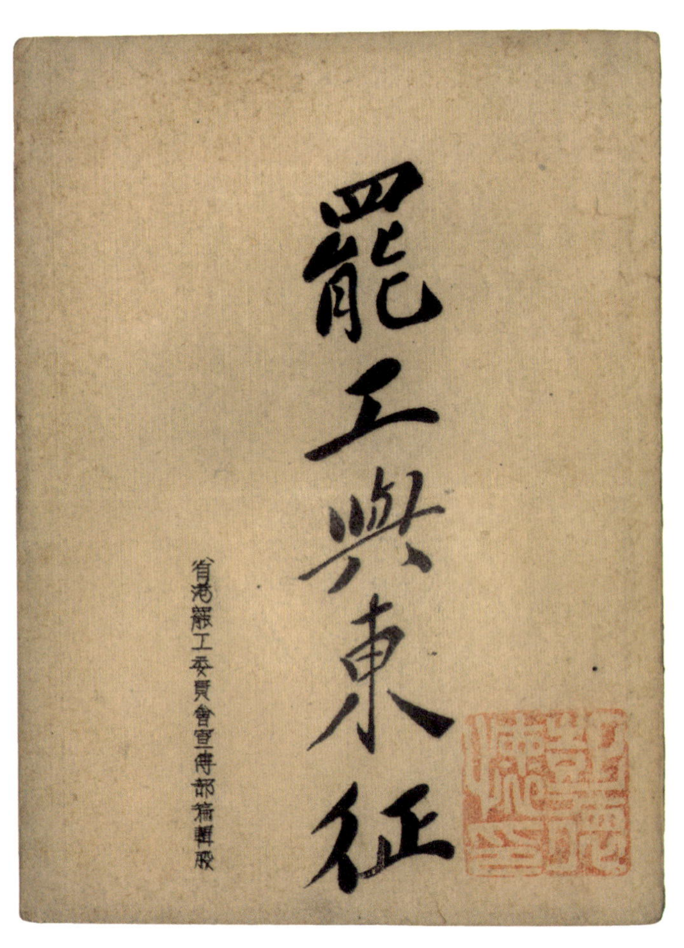

罢工与东征

邓中夏等著　省港罢工委员会宣传部编辑股编　1925 年

1925 年，国共合作进行两次东征，打败了广东军阀陈炯明，统一并巩固了广东革命根据地。内收邓中夏《香港最后之一政策》、谭平山《东征的意义及其结果》、鲍罗庭《和平的广东与衰落的香港》等 6 篇。

北伐专号

中国国民党中央军人部编印

孙中山先生遗言

孙中山著　上海书店编辑　上海书店　1925 年 3 月

本书内收《为商团事件对外宣言》《为驻粤英领的哀的美敦书向麦克唐纳尔政府抗议电》《北伐宣言》《北上宣言》《在上海招待新闻记者演说》《遗嘱》和《致苏联遗书》等 7 篇孙中山著作。

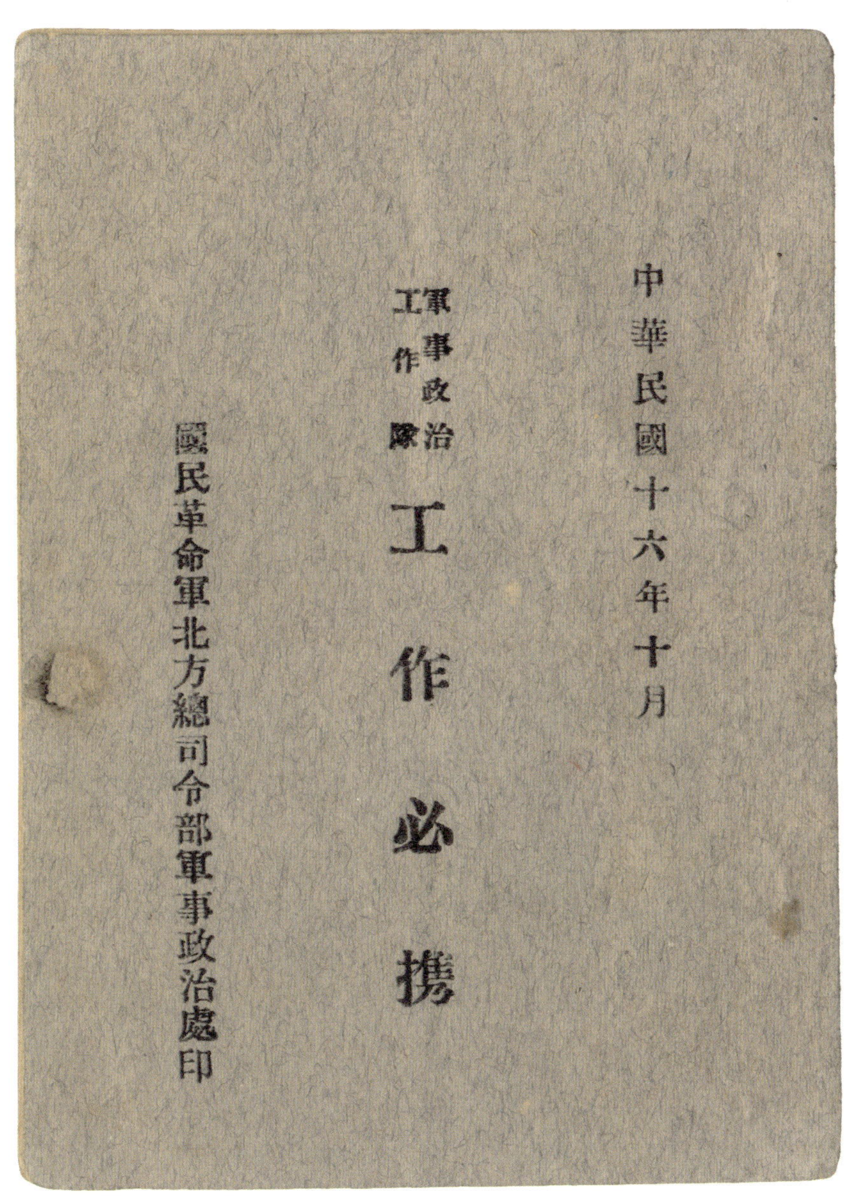

军事政治工作队工作必携

国民革命军北方总司令部军事政治处编印　1927 年 10 月

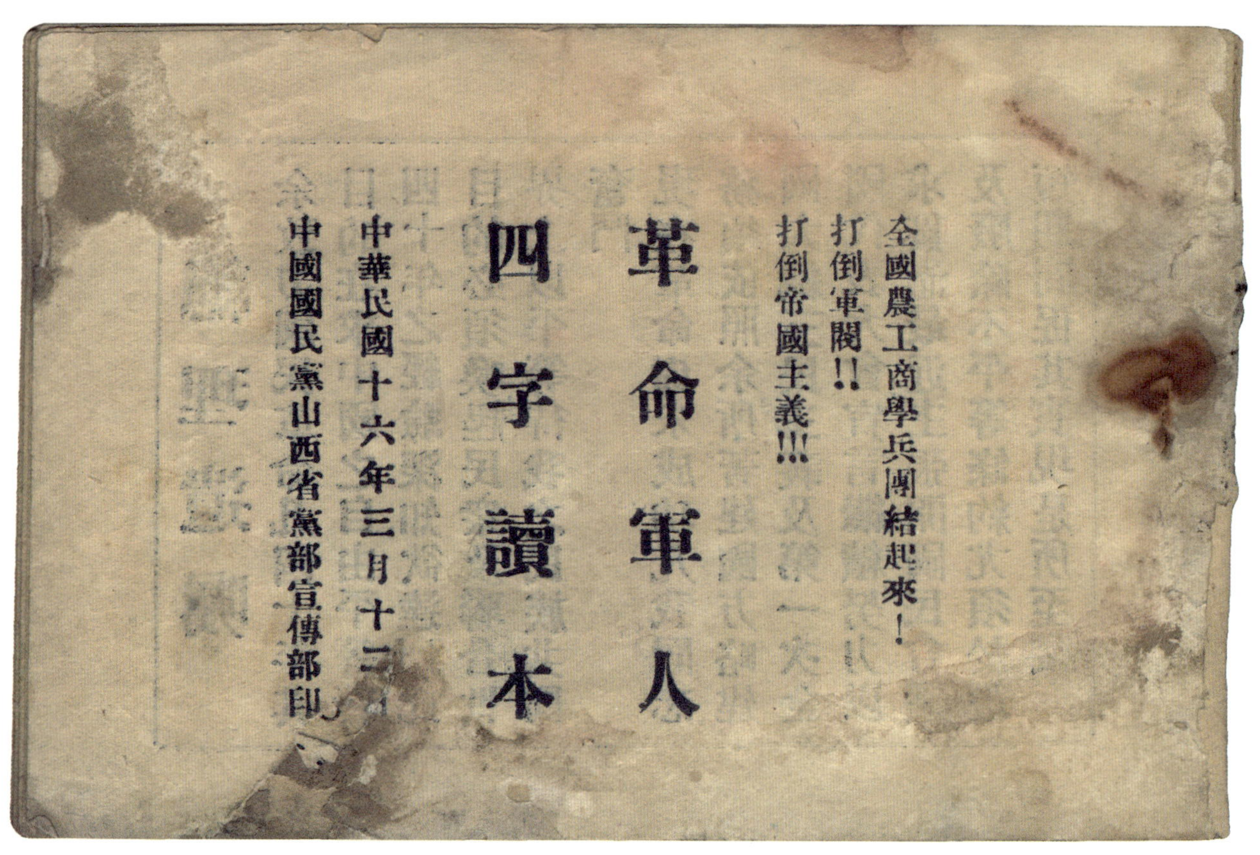
全國農工商學兵團結起來！
打倒軍閥!!
打倒帝國主義!!!
革命軍人
四字讀本
中華民國十六年三月十二
中國國民黨山西省黨部宣傳部印

革命军人四字读本

中国国民党山西省党部宣传部编印　1927 年 3 月

国民革命军北伐歌谣。

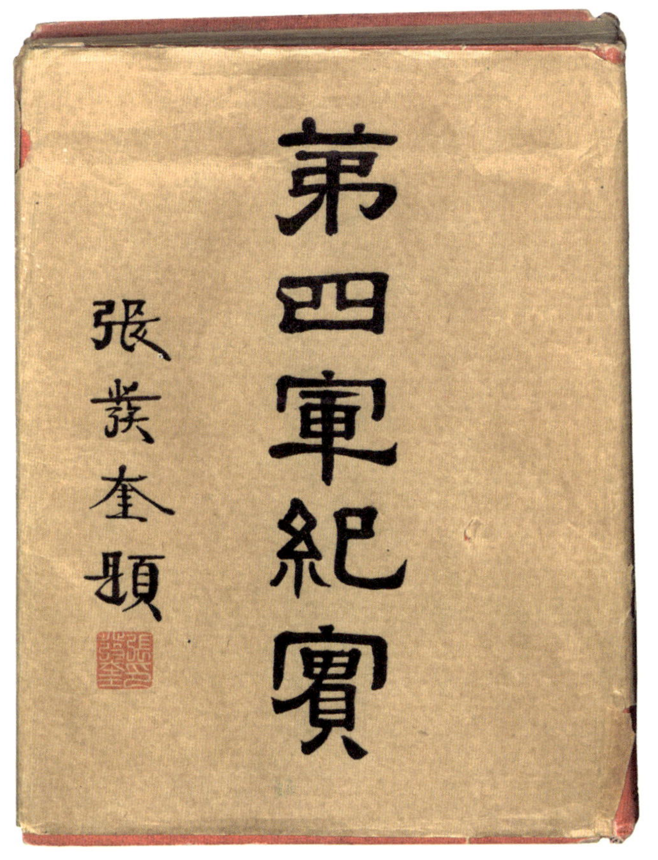

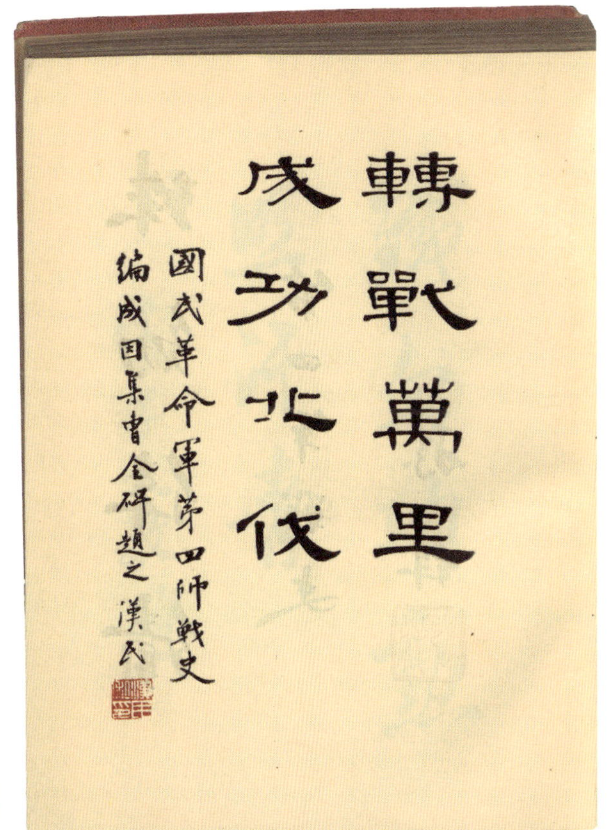

第四军纪实

第四军纪实编纂委员会编纂　怀远文化事业服务社　1949 年 3 月　阮益谦、黄一心捐赠

全书分为 10 章：第四军之肇基、国民革命军第四军之成立、第一期北伐、第二期北伐、分共及回粤、第一次护党、第三期北伐、奉命入鄂、第二次护党、援黑离桂。书后附录《中华民国成立后与本书所记有关史实年表》。

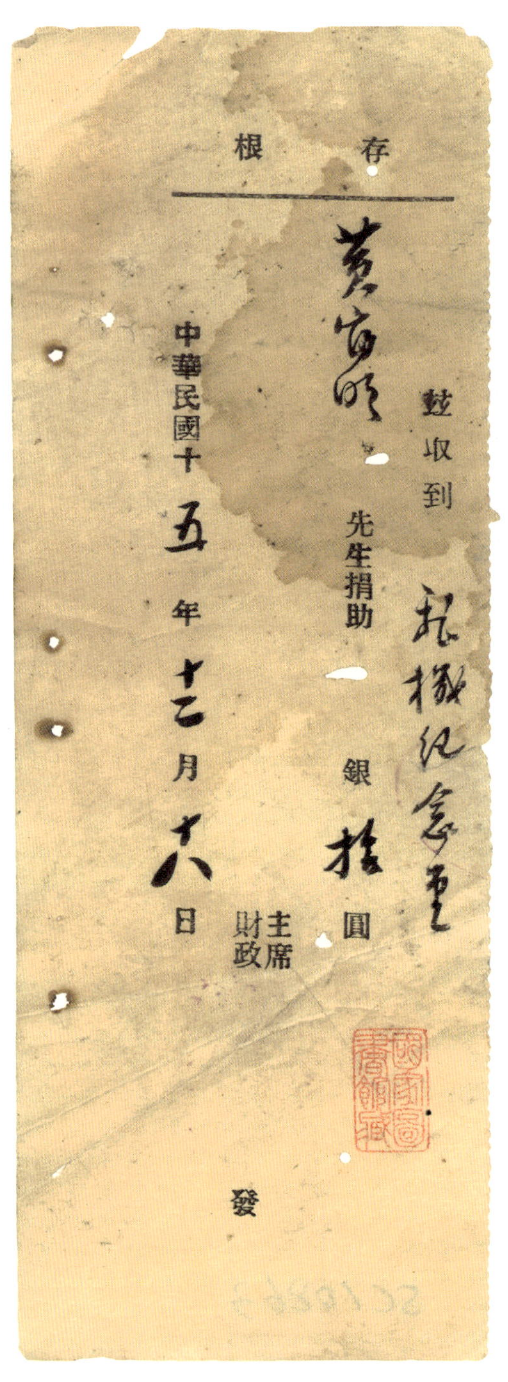
存根

茲收到黃宣明先生捐助飛機紀念費銀拾圓

主席
財政

中華民國十五年十二月十八日

發

捐助飞机纪念收据存根

陈灿培、陈李碧清捐赠

此件为 1926 年 12 月 18 日中国国民党秘鲁支部为北伐军建造飞机募款而发给捐款人的收据存根。

中国共产党早期军事工作成果

中国共产党通过早期的军事活动，取得了创建军队、开展革命战争和组织民众进行革命斗争的初步经验，培养了一批能带兵打仗、会做政治工作、懂得发动和组织领导群众的骨干，并且掌握了一部分军队。至 1927 年 7 月，中国共产党在国民革命军中掌握的军队主要有：在叶挺独立团基础上扩编而成的第 11 军第 24 师，第 4 军第 25 师第 73、75 团和第 10 师第 30 团，第二方面军总指挥部警卫团，国民党中央军事政治学校学员队。贺龙率领的第 20 军也与共产党保持着密切关系。此外，还有湖南平江、浏阳等县部分农民自卫军组成的工农义勇队。这些骨干和部队，是中国共产党创建人民军队的基础和种子。

人民军队创建和在土地革命战争中成长

在大革命失败的形势下，中国共产党于 1927 年 8 月 7 日在湖北汉口召开紧急会议（即八七会议），毛泽东在这次会议上提出了“须知政权是由枪杆子中取得的”重要论断，会议确立了实行土地革命和武装起义的方针。在此前后，中国共产党领导了南昌起义、秋收起义、广州起义，建立了人民军队，此外在湖北、广东、江西、陕西、河南、河北等省也发动了多次武装起义。

这一系列起义中创建和保留下来的部队，转进到敌人统治力量比较薄弱的山区和农村地区，开展游击战争，创建苏区。在艰苦的革命斗争中，人民军队发展壮大，游击战的作战原则逐步形成，政治建设也取得了重要成就。

由于内外多重困境，中央苏区第五次反“围剿”斗争遭到失败，中央红军主力被迫长征，其他红军主力也先后被迫长征。1936 年 10 月，各路红军会师陕甘。长征的胜利表明，中国共产党及其所领导的红军具有战胜任何困难的无比顽强的生命力，是一支不可战胜的力量。

南昌起义：创建人民军队的开端

1927 年 7 月 24 日，中共中央批准南昌起义计划，决定由周恩来、李立三、恽代英、彭湃组成中共中央前敌委员会，周恩来任书记，领导南昌起义。8 月 1 日凌晨，周恩来、贺龙、叶挺、朱德、刘伯承等率领党所掌握和影响的军队在南昌举行起义。起义军经过 4 个多小时的激战，控制了南昌城。8 月 3 日，起义军为执行中共中央关于南下广东、重建广东革命根据地的战略计划，撤离南昌，南下作战，后在潮汕地区遭到失败。1928 年 4 月中旬，朱德、陈毅率起义军余部与毛泽东率领的秋收起义余部在井冈山地区会师。南昌起义标志着中国共产党独立领导革命战争、武装夺取政权的开始，标志着人民军队的诞生。8 月 1 日后来被确定为人民军队的建军节。

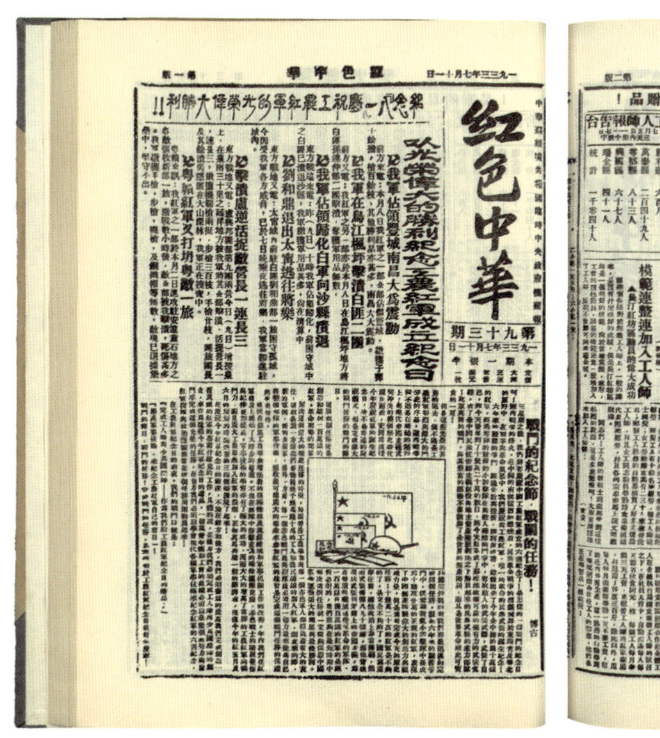

第一版　紅色中華　一九三三年七月十一日

紀念"八一"慶祝工農紅軍的光榮偉大勝利!!

紅色中華

第九十三期

一九三三年七月十一日

我軍佔領豐城南昌大爲震動

我軍在烏江楓坪擊潰白匪二團

我軍佔領歸化白軍向沙縣潰退

劉和鼎退出太寧逃往將樂

擊潰盧逆活捉敵營長一連長三

粵福紅軍又打坍粵敵一旅

戰鬥的紀念節，戰鬥的任務！

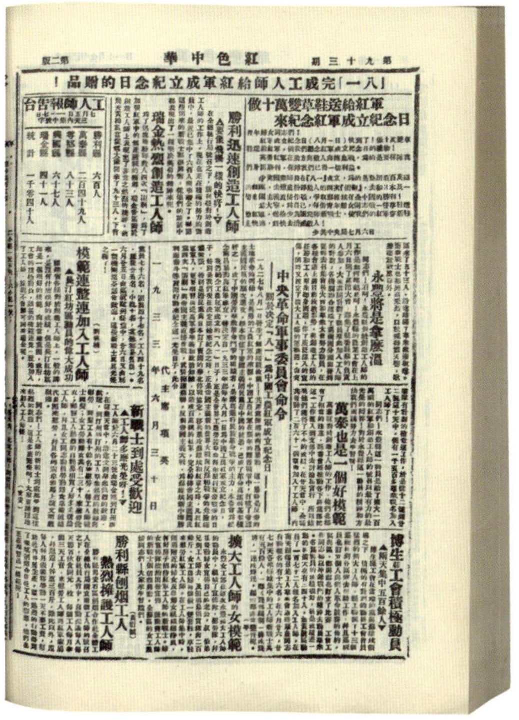

第九十三期　紅色中華　第二版

"八一"完成工人師給紅軍成立紀念日的贈品！

做十萬雙草鞋送給紅軍來紀念紅軍成立紀念日

勝利迅速創造工人師

瑞金熱烈創造工人師

工人師報告台

中央革命軍事委員會命令

模範連整連加入工人師

永豐將是拿麼溫

萬泰也是一個好模範

新戰士到處受歡迎

擴大工人師女模範

中央革命军事委员会命令——关于决定"八一"为中国工农红军成立纪念日

红色中华　1933 年 7 月 11 日　影印本

1933 年 7 月 11 日，中华苏维埃共和国临时中央政府根据中央革命军事委员会 6 月 30 日的建议，决定将 8 月 1 日作为中国工农红军成立的纪念日。从此，"八一"成为中国工农红军和后来的中国人民解放军的建军节。

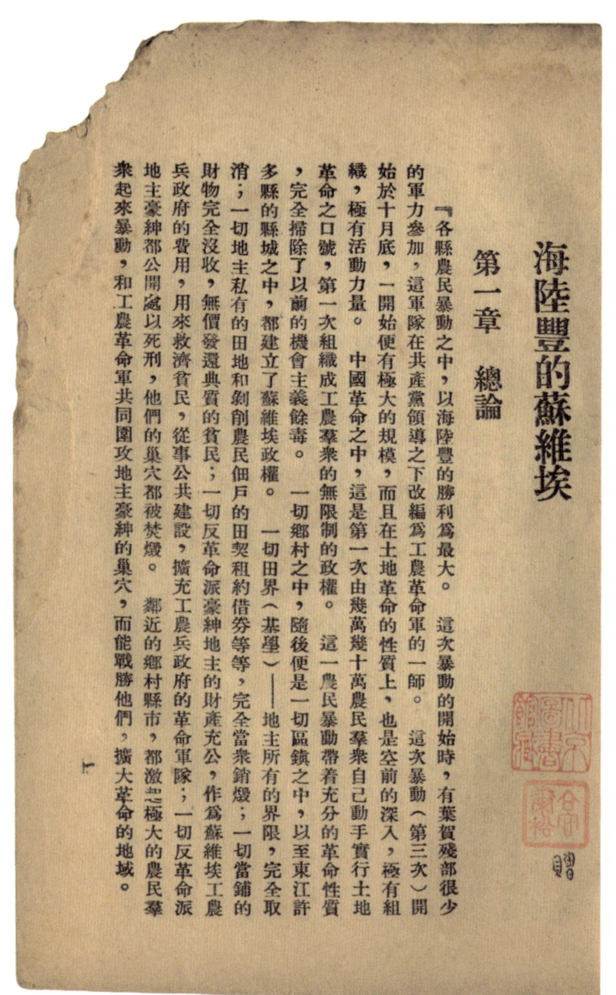

海陸豐的蘇維埃

第一章　總論

『各縣農民暴動之中，以海陸豐的勝利爲最大。　這次暴動的開始時，有葉賀殘部很少的軍力參加，這軍隊在共產黨領導之下改編爲工農革命軍的一師。　這次暴動（第三次）開始於十月底，一開始便有極大的規模，而且在土地革命的性質上，也是空前的深入，極有組織，極有活動力量。　中國革命之中，這是第一次由幾萬幾十萬農民羣衆自己動手實行土地革命之口號，第一次組織成工農羣衆的無限制的政權。　這一農民暴動帶着充分的革命性質，完全掃除了以前的機會主義餘毒。　一切鄉村之中，隨後便是一切區鎮之中，以至東江許多縣的縣城之中，都建立了蘇維埃政權。　一切田界（基壆）——地主所有的界限，完全取消；一切地主私有的田地和剝削農民佃戶的田契租約借劵等等，完全當衆銷燬；一切當鋪的財物完全沒收，無價發還典質的貧民；一切反革命派豪紳地主的財產充公，作爲蘇維埃工農兵政府的費用，用來救濟貧民，從事公共建設，擴充工農兵政府的革命軍隊；一切反革命派地主豪紳都公開處以死刑，他們的巢穴都被焚燬。　鄰近的鄉村縣市，都激起極大的農民羣衆起來暴動，和工農革命軍共同圍攻地主豪紳的巢穴，而能戰勝他們，擴大革命的地域。

一

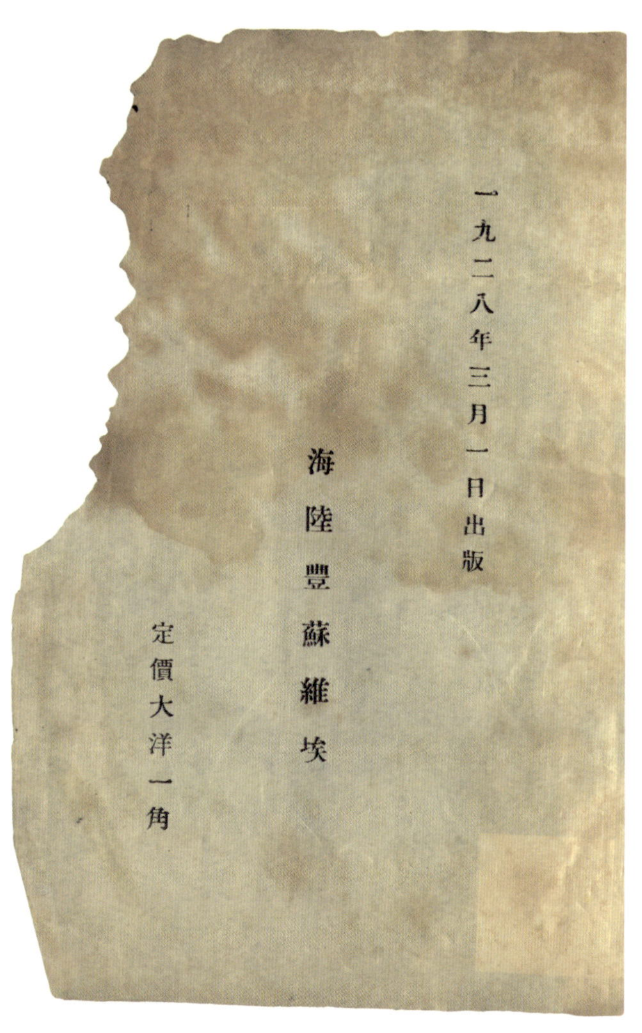

一九二八年三月一日出版

海陸豐蘇維埃

定價大洋一角

海陆丰的苏维埃

1928 年 3 月

本书记述了海陆丰农民暴动经过，包括农民运动的进程，第一、二、三次暴动，最后取得胜利等情况。内有《南昌起义军于海陆丰》一篇。

國民政府建國大綱

上海三民學社出版

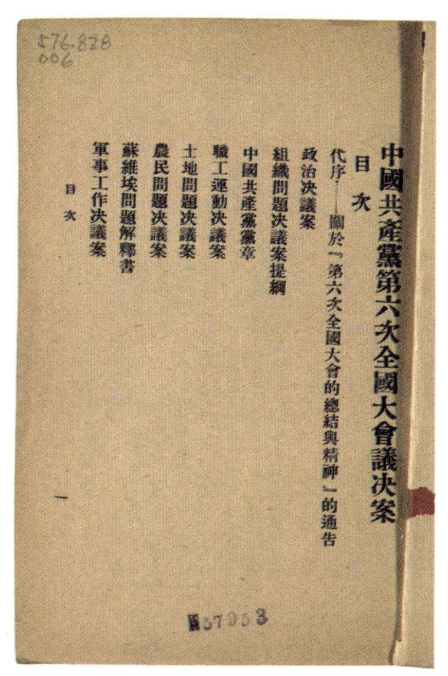

中國共產黨第六次全國大會議決案

目次

代序——關於「第六次全國大會的總結與精神」的通告

政治決議案

組織問題決議案提綱

中國共產黨黨章

職工運動決議案

土地問題決議案

農民問題決議案

蘇維埃問題解釋書

軍事工作決議案

目次

一

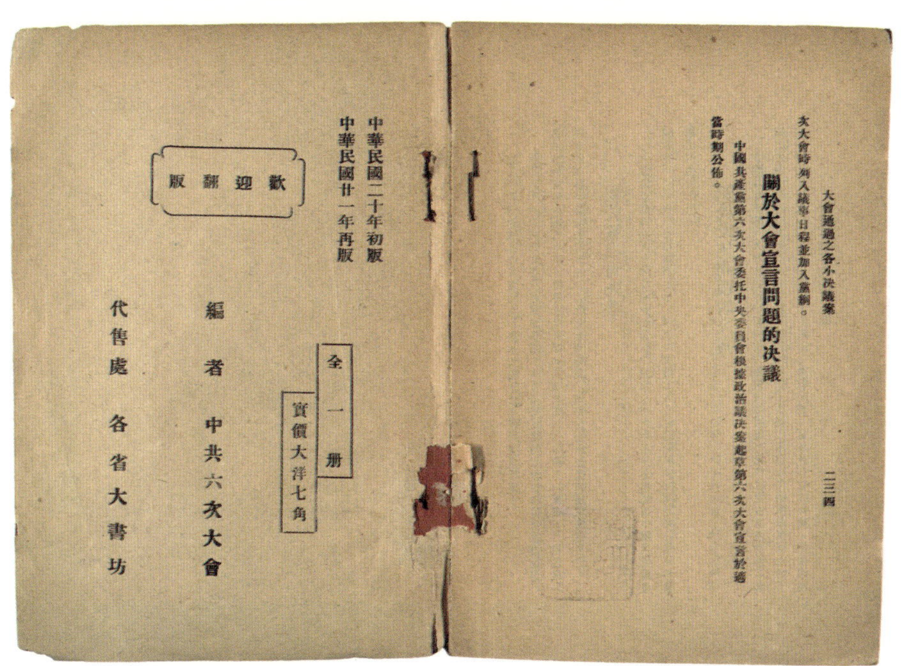

中華民國二十年初版

中華民國廿一年再版

歡迎翻版

全一冊

實價大洋七角

編者 中共六次大會

代售處 各省大書坊

二二四

大會通過之各小決議案

次大會時列入議事日程並加入黨綱。

關於大會宣言問題的決議

中國共產黨第六次大會委托中央委員會根據政治議決案起草第六次大會宣言於適當時期公佈。

国民政府建国大纲（伪装本）

上海三民学社　1932 年

1928 年 6 月 18 日至 7 月 11 日，中国共产党第六次全国代表大会在苏联莫斯科召开。大会通过了关于政治、军事、组织、苏维埃政权、农民、土地、职工、宣传、民族、妇女、青年团等问题的决议。本书系《中国共产党第六次全国大会议决案》伪装本，托名“国民政府建国大纲”，伪托“上海三民学社出版”出版。

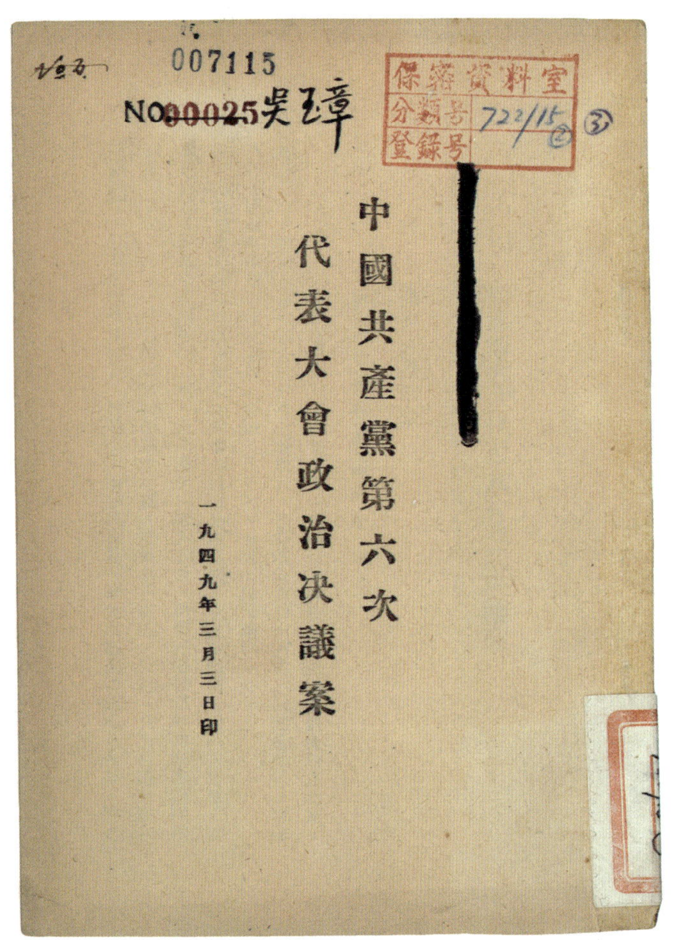

中國共產黨第六次代表大會政治決議案

一九四九年三月三日印

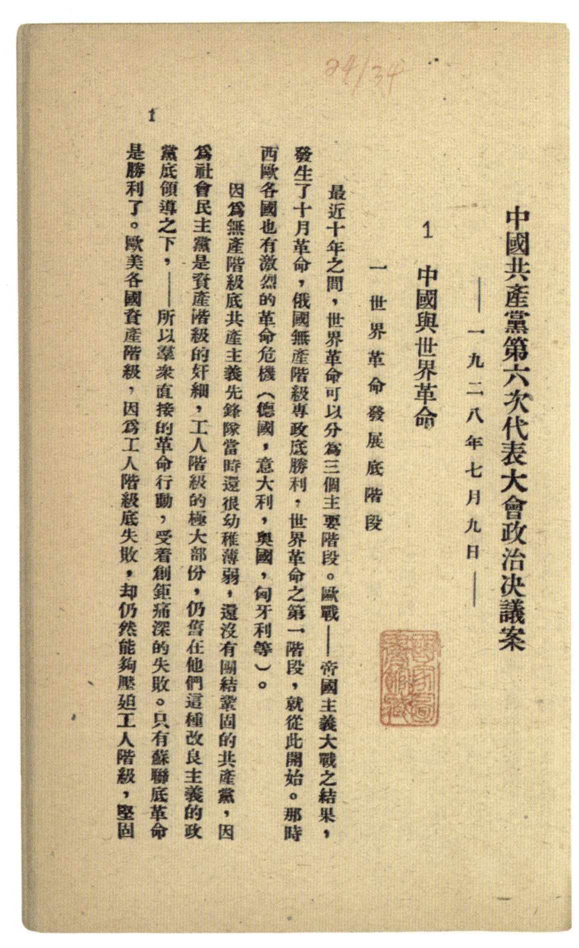

中國共產黨第六次代表大會政治決議案

——一九二八年七月九日——

1 中國與世界革命

一 世界革命發展底階段

最近十年之間，世界革命可以分爲三個主要階段。歐戰——帝國主義大戰之結果，發生了十月革命，俄國無產階級專政底勝利，世界革命之第一階段，就從此開始。那時西歐各國也有激烈的革命危機（德國，意大利，奧國，匈牙利等）。

因爲無產階級底共產主義先鋒隊當時還很幼稚薄弱，還沒有團結鞏固的共產黨，因爲社會民主黨是資產階級的奸細，工人階級的極大部份，仍舊在他們這種改良主義的政黨底領導之下，——所以羣衆直接的革命行動，受着創鉅痛深的失敗。只有蘇聯底革命是勝利了。歐美各國資產階級，因爲工人階級底失敗，却仍然能夠壓迫工人階級，堅固

1

中国共产党第六次代表大会政治决议案

1949 年 3 月

中国共产党第六次全国代表大会通过。在提及南昌、秋收及广州武装起义的意义时，“认为南昌武装起义，秋收武装起义，尤其是广州武装起义，在政策上决非盲动主义的政策。南昌武装起义是反对国民党中央的军事行动，这一行动是对的。南昌武装起义失败的原因，客观上是敌人的力量过于强大”，指导机关策略上的错误则是失败的主观原因。

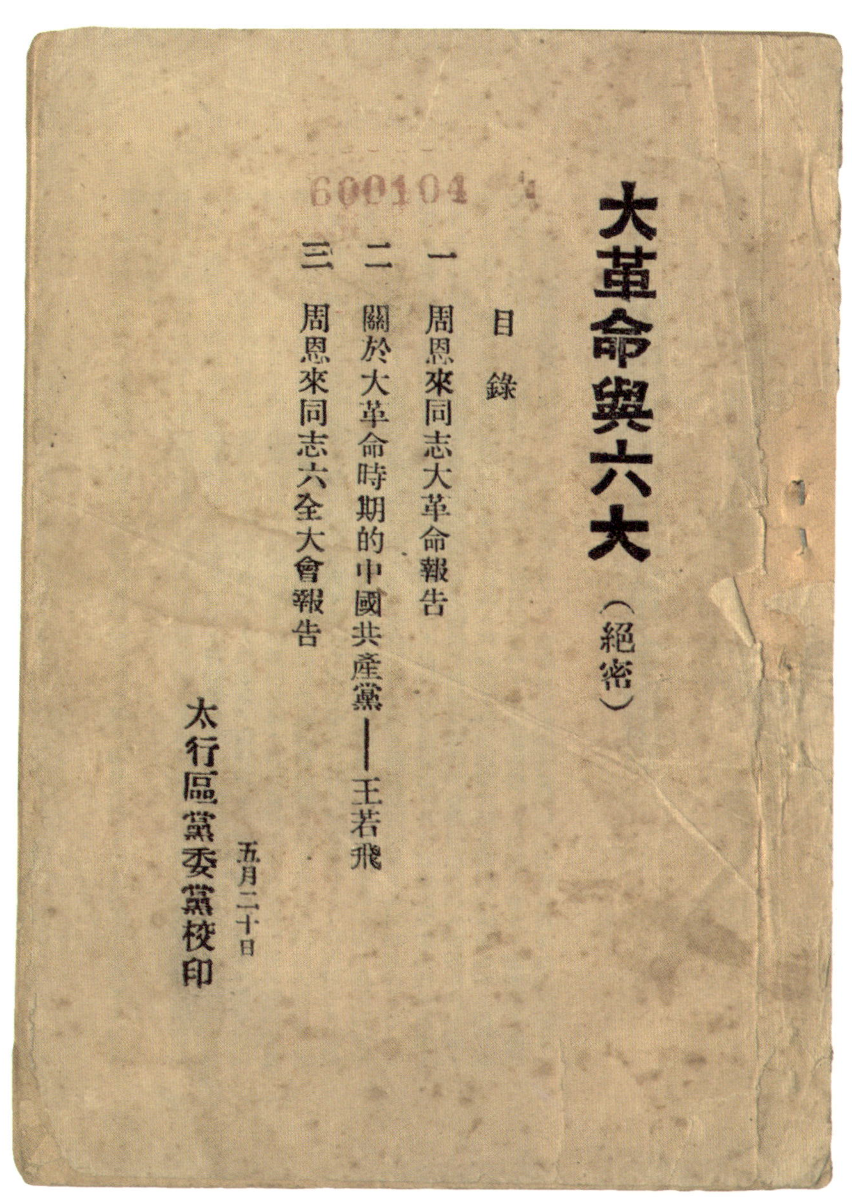

600104

大革命與六大

（絕密）

目錄

一 周恩來同志大革命報告

二 關於大革命時期的中國共產黨——王若飛

三 周恩來同志六全大會報告

五月二十日

太行區黨委黨校印

大革命与六大

太行区党委党校编印　1943 年 5 月

书中收入周恩来、王若飞回顾大革命和中共六大的文章 3 篇。封面有“绝密”字样。

秋收起义：建立工农革命根据地

1927年8月3日，中共中央颁布《关于湘鄂粤赣四省农民秋收暴动大纲》，决定在湖南、湖北、广东、江西四省发动秋收起义，开展土地革命。中共中央派毛泽东为中央特派员，负责组织发动湘赣边界秋收起义。

9月9日，湘赣边界秋收起义按计划爆发。工农革命军各团在向长沙推进时先后受挫。毛泽东率领起义部队向罗霄山脉转移，以保存革命力量。10月下旬，转进到井冈山。

毛泽东抓住国民党军阀内部矛盾激化的有利时机，率领工农革命军在井冈山地区打击地方反动武装，分兵发动群众，实行“工农武装割据”，创建革命根据地。人民军队从此有了一个战略基地，开辟了“农村包围城市”的正确革命道路。

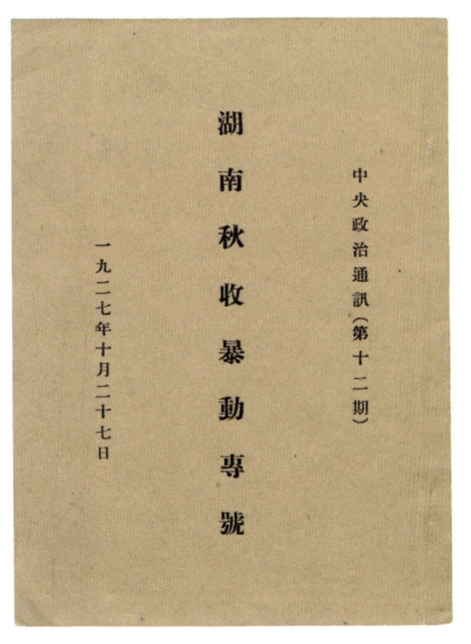

中央政治通訊（第十二期）

湖南秋收暴動專號

一九二七年十月二十七日

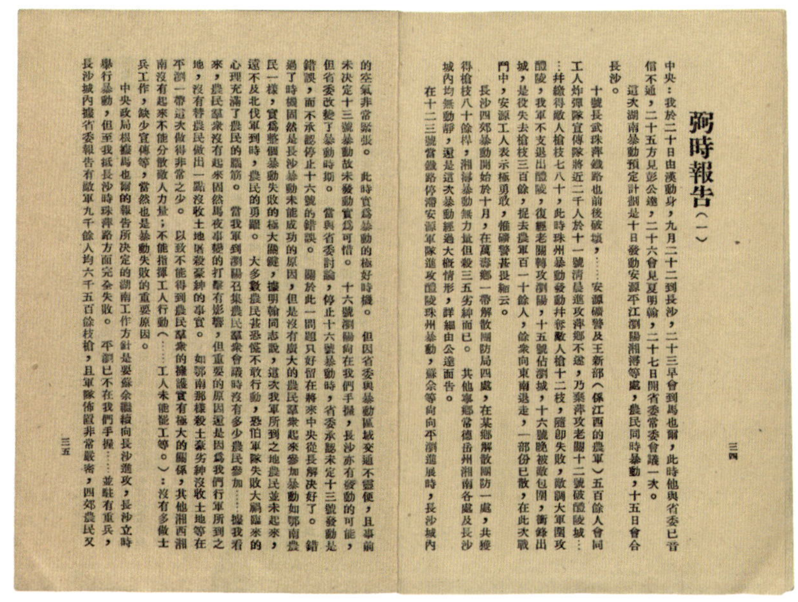

弼時報告（一）

中央：我於二十日由漢動身，九月二十二到長沙，二十三早會到馬也爾，此時他與省委已音信不通，二十五方見彭公達，二十六會見夏明翰，二十七日開省委常委會議一次。

這次湖南暴動預定計劃是十日發動安源平江瀏陽湘潭等處，農民同時暴動，十五日會合長沙。

十號長武珠萍鐵路也前後破壞，……安源礦警及王新部（係江西的農軍）五百餘人會同工人炸彈隊宣傳隊將近二千人於十一號清晨進攻萍鄉不遂，乃棄萍攻老關十二號破醴陵城……并繳得敵人槍枝七八十，此時珠州暴動發動并奪敵人槍十二枝，隨即失敗，敵調大軍圍攻醴陵，我軍不支退出醴陵，復經老關轉攻瀏陽，十五號佔瀏城，十六號晚被敵包圍，衝鋒出城，是役失去槍枝三百餘，捉去農軍百一十餘人，餘衆向東南退走，一部份已散，在此次戰鬥中，安源工人表示極勇敢，惟礦警甚畏縮云。

長沙四郊暴動開始於十月，在萬壽鄉一帶解散團防局四處，在某鄉解散團防一處，共獲得槍枝八十餘桿，湘潭暴動無力量但殺三五劣紳而已。 其他寧鄉常德岳州湘南各處及長沙城內均無動靜，這是這次暴動經過大概情形，詳細由公達面告。

三四

在十二三號當鐵路停滯安源軍隊進攻醴陵珠州暴動，蘇余等向向平瀏進展時，長沙城內的空氣非常緊張。 此時實為暴動的極好時機。 但因省委與暴動區域交通不靈便，且事前未決定十三號暴動故未發動實為可惜。 十六號瀏陽尚在我們手握，長沙亦有發動的可能，但省委改變了暴動時期。 當與省委討論，停止十六號暴動時，省委承認未定十三號發動是錯誤，而不承認停止十六號的錯誤。 關於此一問題只好留在將來中央從長解決好了。 錯過了時機固然是長沙暴動未能成功的原因，但是沒有廣大的農民羣衆起來參加暴動如鄂南農民一樣，實為整個暴動失敗的極大關鍵，據明翰同志說，這次我軍所到之地農民並未起來，還不及北伐軍到時，農民的勇躍。 大多數農民甚恐慌不敢行動，恐怕軍隊失敗大禍臨來的心理充滿了農民的腦筋。 當我軍到瀏陽召集農民羣衆會議時沒有多少農民參加……據我看來，農民羣衆沒有起來固然馬夜事變的打擊有影響，但重要的原因還是因為我們行軍所到之地，沒有替農民做出一點沒收土地屠殺豪紳的事實。 如鄂南那樣殺土豪劣紳沒收土地等在平瀏一帶這次做得非常之少。 以致不能得到農民羣衆的擁護實有極大的關係，其他湘西湘南沒有起來不能分散敵人力量；不能指揮工人行動（……工人未能罷工等。）；沒有多做士兵工作，缺少宣傳等，當然也是暴動失敗的重要原因。

中央政局根據馬也爾的報告所決定的湖南工作方針是要蘇余繼續向長沙進攻，長沙立時舉行暴動，但至我抵長沙時珠萍路方面完全失敗。 平瀏已不在我們手握……並駐有重兵，長沙城內據省委報告有敵軍九千餘人約六千五百餘枝槍，且軍隊佈置非常嚴密，四郊農民又

三五

中央政治通讯（第十二期）

亦称《中央通讯》《中央通信》等。1926年9月在武汉创刊，1927年11月迁上海出版，八七会议后改为党内公开刊物，1928年7月停刊，共出30期。此期为1927年10月的湖南秋收暴动专号。

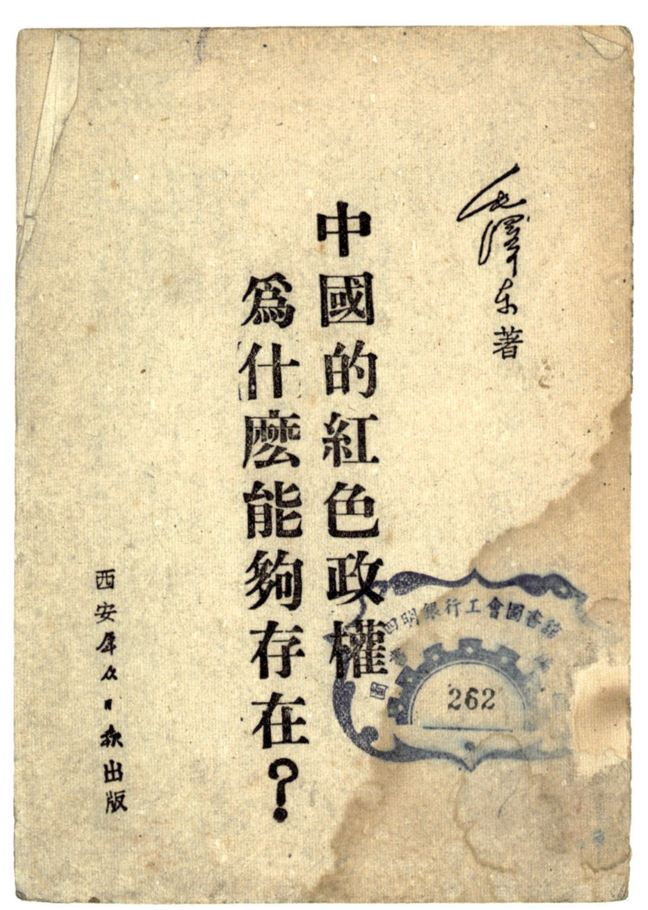

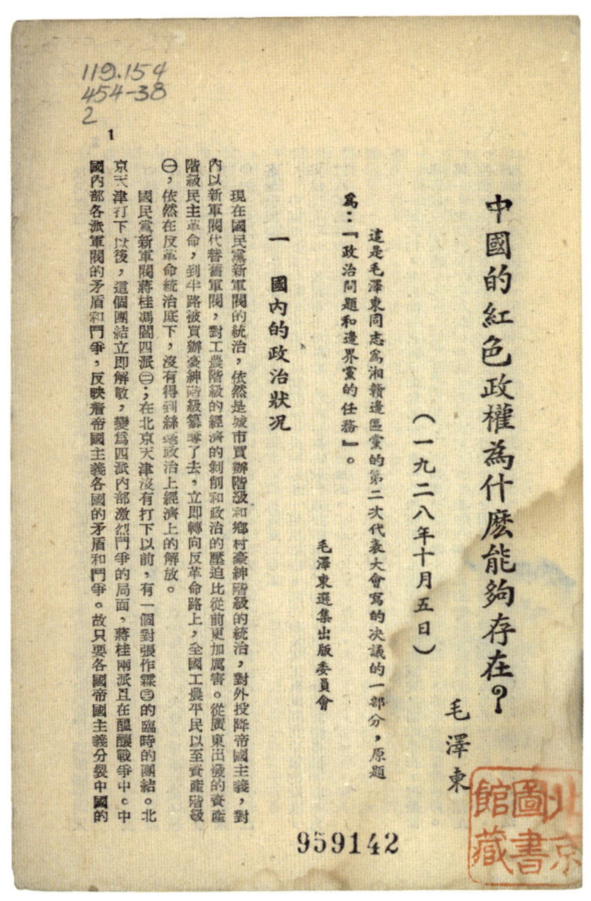

1

中國的紅色政權爲什麼能夠存在？

毛澤東

（一九二八年十月五日）

這是毛澤東同志爲湘贛邊區黨的第二次代表大會寫的決議的一部分，原題爲：『政治問題和邊界黨的任務』。

毛澤東選集出版委員會

一　國内的政治狀況

現在國民黨新軍閥的統治，依然是城市買辦階級和鄉村豪紳階級的統治，對外投降帝國主義，對內以新軍閥代替舊軍閥，對工農階級的經濟的剝削和政治的壓迫比從前更加厲害。從廣東出發的資產階級民主革命，到半路被買辦豪紳階級篡奪了去，立即轉向反革命路上，全國工農平民以至資產階級㈠，依然在反革命統治底下，沒有得到絲毫政治上經濟上的解放。

國民黨新軍閥蔣桂馮閻四派㈡，在北京天津沒有打下以前，有一個對張作霖㈢的臨時的團結。北京天津打下以後，這個團結立即解散，變爲四派內部激烈鬥爭的局面，蔣桂兩派且在醞釀戰爭中。中國內部各派軍閥的矛盾和鬥爭，反映着帝國主義各國的矛盾和鬥爭。故只要各國帝國主義分裂中國的

959142

中国的红色政权为什么能够存在？

毛泽东著　西安群众日报社

1928年，毛泽东在《中国的红色政权为什么能够存在？》一文中，阐明了在反动政权的包围中，农村革命根据地能够建立和发展的原因和条件。这篇文章是毛泽东“工农武装割据”思想的雏形，这一思想为农村包围城市，最后夺取全国胜利的道路奠定了重要的理论基础。

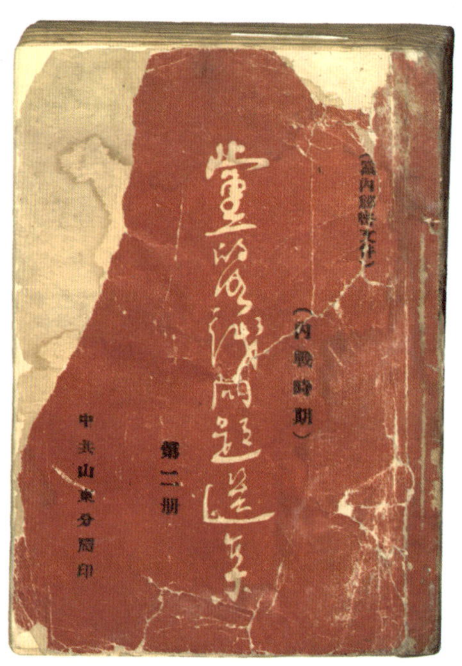

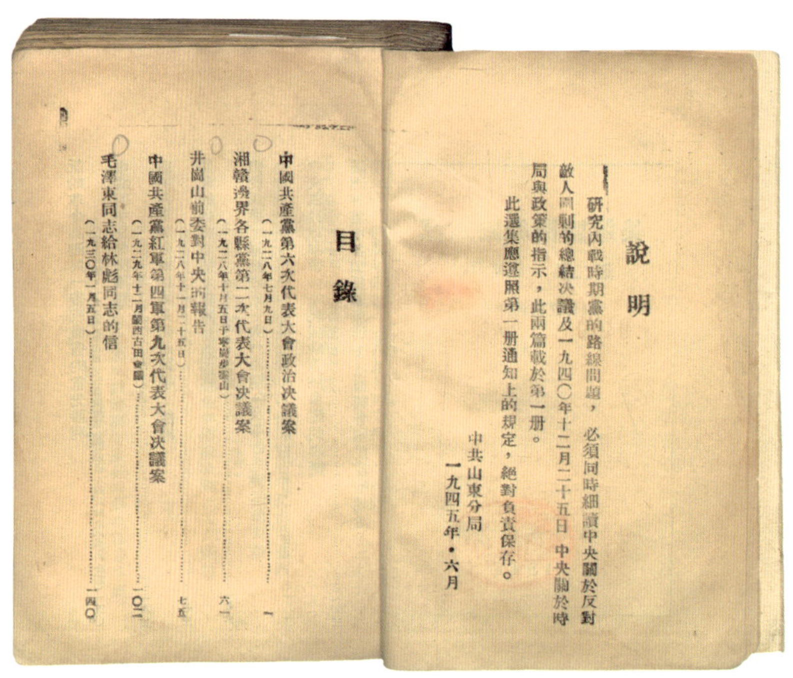

說明

研究內戰時期黨的路線問題，必須同時細讀中央關於反對敵人圍剿的總結決議及一九四〇年十二月二十五日中央關於時局與政策的指示，此兩篇載於第一冊。

此選集應遵照第一冊通知上的規定，絕對負責保存。

中共山東分局
一九四五年·六月

目錄

党的路线问题选集（第二册）

中共山东分局编　中共中央北方局　1945 年 6 月

本书为第一次国内革命战争时期党内秘密文件汇编，收入《中国共产党第六次代表大会政治决议案》《湘赣边界各县党第二次代表大会决议案》《井冈山前委对中央的报告》《中国共产党红军第四军第九次代表大会决议案》《毛泽东同志给林彪同志的信》等文献 34 篇。

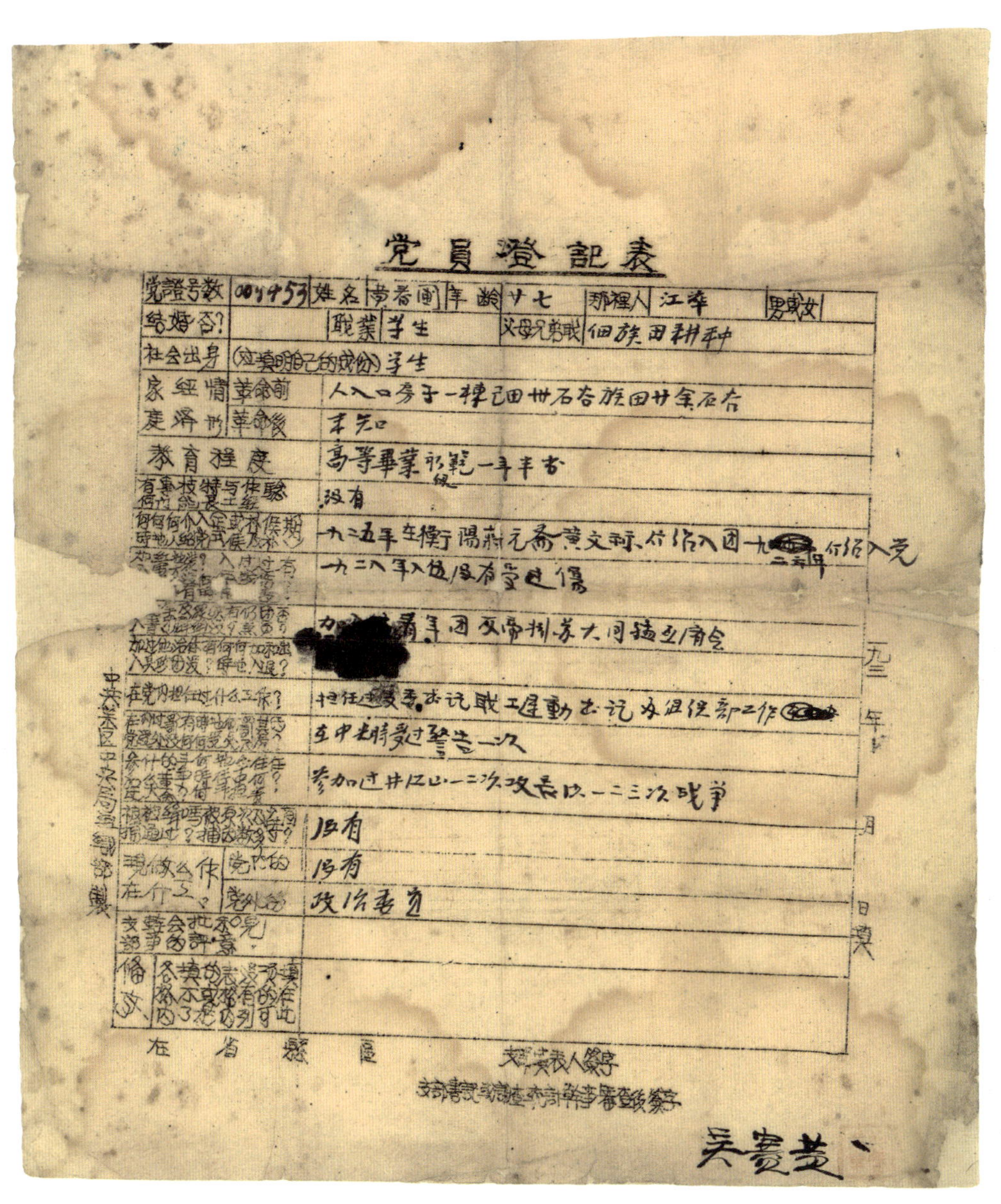

党員登記表

党證号数	[illegible]453	姓名	黄春圃	年龄	廿七	那裡人	江華
結婚否?		職業	学生	父母兄弟職	佃族田耕种	男或女	
社会出身	（应填明自己的成份）学生						
家經情况 革命前	人入口房子一栋已田卅石谷族田廿余石谷						
家經情况 革命後	未知						
教育程度	高等毕業 [illegible] 一年半者						
有無技能与經驗	没有						
何時何人介紹入党	一九二五年在衡阳蒋元斋黄文琛介绍入团 一九二六年 介绍入党						
[illegible]	一九二八年入伍 没有受过伤						
[illegible]	加入过青年团 反帝拥苏大同盟 互济会						
在党内担任过什么工作?	担任过支委书记 职工运动书记 组织部工作						
[illegible]	在中央时受过警告一次						
参加过什么斗争	参加过井冈山一二次 攻吉安一二三次战争						
[illegible]	没有						
現做什么工作 党内的	没有						
現做什么工作 党外的	政治委员						
支部会批示意見							
備考							

中央苏区中央局组织部製

一九三　年　月　日填

在　省　縣　區

支部代表人簽字

支部書記 [illegible] 簽字

吴寰若

党员登记表

中央苏区中央局组织部印　1934 年　黎小弟捐赠

江华（1907–1999），湖南省江华县人。原名虞上聪，曾用名黄琳、黄春圃。1925 年 10 月加入共产主义青年团，1926 年转入中国共产党。1928 年 5 月，调红军工作，前往井冈山，并初次见到毛泽东。先后担任红四军前委秘书、红四军政治部秘书长，是红军初创时期在毛泽东直接领导下的军队政治工作领导人之一。

广州起义

八七会议后，中共中央决定张太雷任中共广东省委书记，负责领导全省的武装起义。1927 年 12 月 11 日，在张太雷、叶挺、恽代英、叶剑英、杨殷、周文雍、聂荣臻等领导下，广州起义爆发。叶挺任工农红军总司令，徐光英为总参谋。当天，广州苏维埃政府宣告成立。叶挺提出在国民党军大举反扑前主动撤出市区，以保存革命力量，因共产国际代表诺伊曼反对，建议未被采纳。13 日，国民党军重占广州，起义失败。

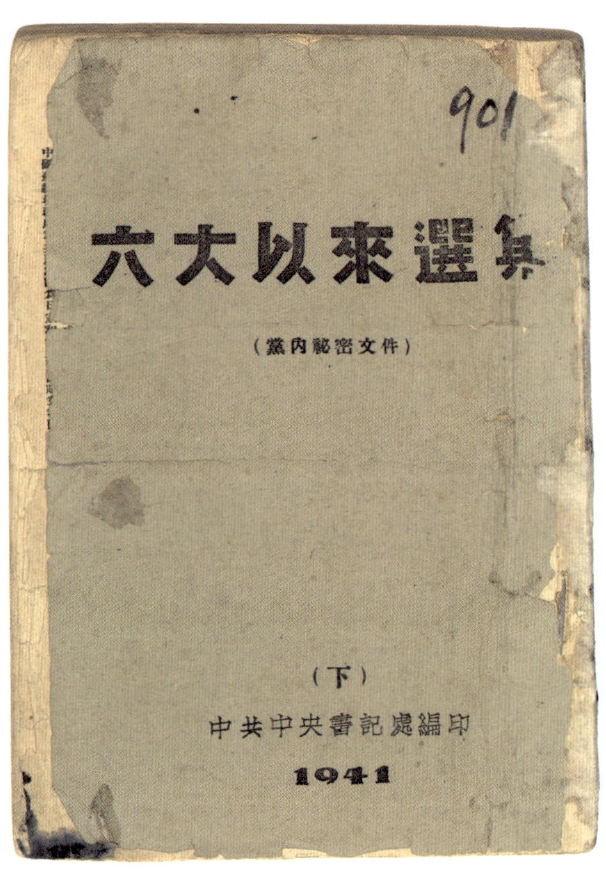

901

六大以來選集

（黨內秘密文件）

（下）

中共中央書記處編印

1941

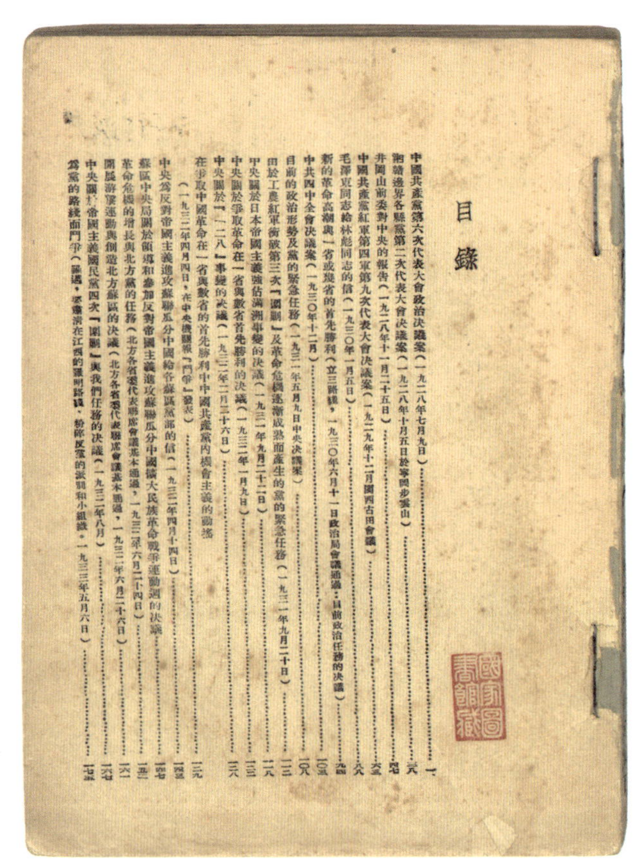

目錄

六大以来选集（上、下）

中共中央书记处编印　1941 年

本书汇集了 1928 年 6 月党的第六次代表大会到 1941 年 11 月期间党的重要历史文献 86 篇，是我党最早的和比较系统的历史文献汇集，被称为三大“党书”之一。印数较少，仅限党的高级干部阅读，逐一编号登记分发。

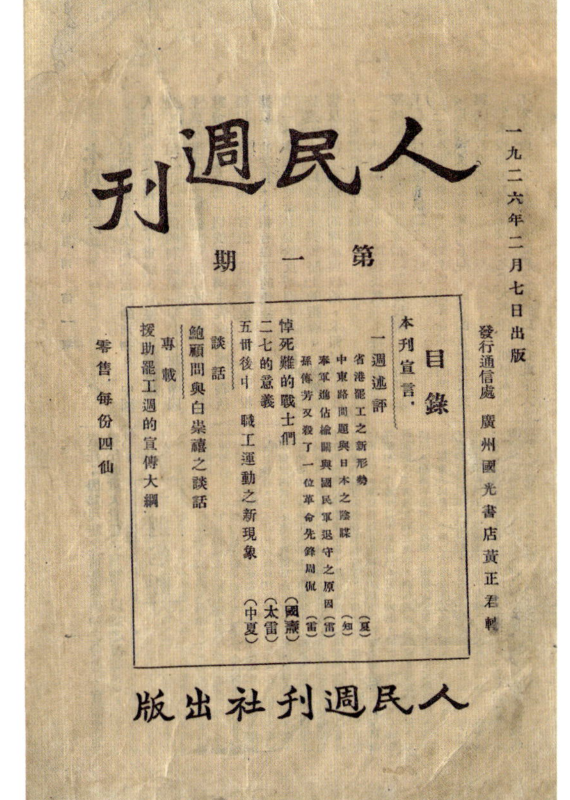

一九二六年二月七日出版

人民週刊

第一期

發行通信處 廣州國光書店黃正君轉

目錄

本刊宣言

一週述評

省港罷工之新形勢（夏）

中東路問題與日本之陰謀（知）

奉軍攜佔榆關與國民軍退守之原因（雷）

孫傳芳又殺了一位革命先鋒周佩（雷）

悼死難的戰士們（國燾）

二七的意義（太雷）

五卅後中國職工運動之新現象（中夏）

談話

鮑顧問與白崇禧之談話

專載

援助罷工週的宣傳大綱

零售 每份四仙

人民週刊社出版

人民周刊

中国共产党广东区委编　人民周刊社　1926 年

第一次国内革命战争时期中国共产党广东区委的机关刊物。1926 年 2 月 7 日在广州创刊。张太雷任主编。主要撰稿人有张太雷、邓中夏、恽代英、彭湃、陈独秀、张国焘等。

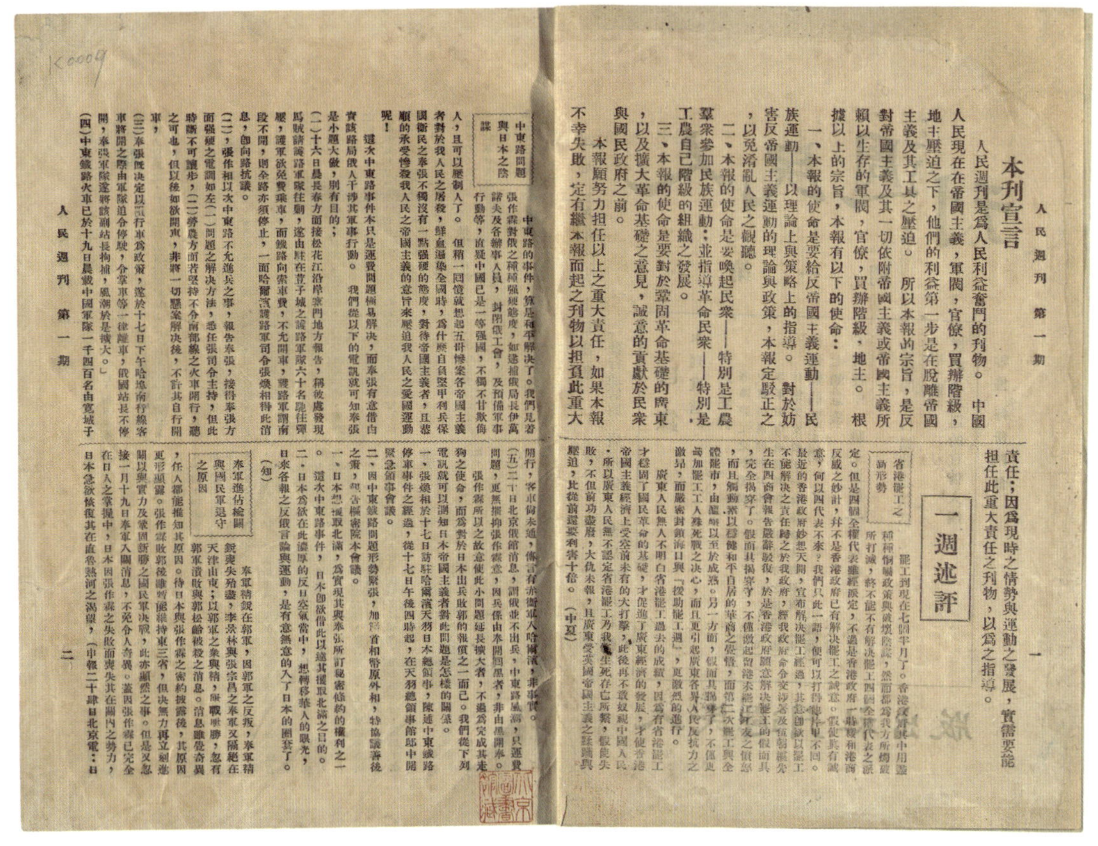

人民週刊 第一期

本刊宣言

人民週刊是爲人民利益奮鬥的刊物。中國人民現在在帝國主義，軍閥，官僚，買辦階級，地主壓迫之下，他們的利益第一步是在脫離帝國主義及其工具之壓迫。所以本報的宗旨，是反對帝國主義及其一切依附帝國主義或帝國主義所賴以生存的軍閥，官僚，買辦階級，地主。根據以上的宗旨，本報有以下的使命：

一、本報的使命是要給反帝國主義運動——民族運動——以理論上與策略上的指導。對於妨害反帝國主義運動的理論與政策，本報定駁正之，以免淆亂人民之觀聽。

二、本報的使命是要喚起民衆——特別是工農羣衆參加民族運動；並指導革命民衆——特別是工農自己階級的組織之發展。

三、本報的使命是要對於鞏固革命基礎的廣東，以及擴大革命基礎之意見，誠意的貢獻於民衆與國民政府之前。

本報願努力担任以上之重大責任，如果本報不幸失敗，定有繼本報而起之刊物以担負此重大責任；因爲現時之情勢與運動之發展，實需要能担任此重大責任之刊物，以爲之指導。

一週述評

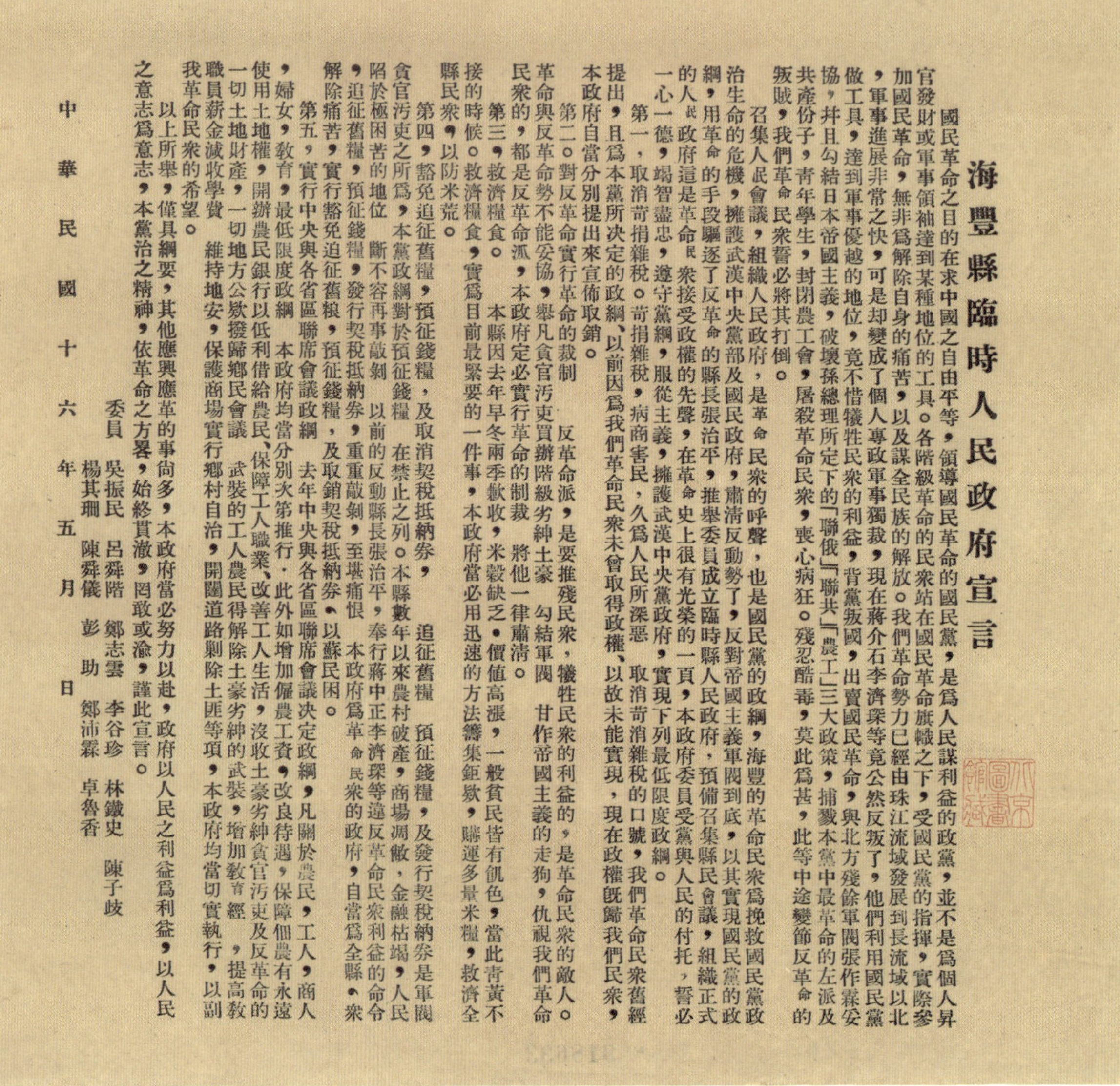

海豐縣臨時人民政府宣言

國民革命之目的在求中國之自由平等，領導國民革命的國民黨，是爲人民謀利益的政黨，並不是爲個人昇官發財或軍事領袖達到某種地位的工具。各階級革命的民衆站在國民革命旗幟之下，受國民黨的指揮，實際參加國民革命，無非爲解除自身的痛苦，以及謀全民族的解放。我們革命勢力已經由珠江流域發展到長流域以北，軍事進展非常之快，可是却變成了個人專政軍事獨裁，現在蔣介石李濟琛等竟公然反叛了，他們利用國民黨做工具，達到軍事優越的地位，竟不惜犧牲民衆的利益，背黨叛國，出賣國民革命，與北方殘餘軍閥張作霖妥協，并且勾結日本帝國主義，破壞孫總理所定下的「聯俄」「聯共」「農工」三大政策，捕戮本黨中最革命的左派及共產份子，青年學生，封閉農工會，屠殺革命民衆，喪心病狂。殘忍酷毒，莫此爲甚，此等中途變節反革命的叛賊，我們革命民衆誓必將其打倒。

召集人民會議，組織人民政府，是革命民衆的呼聲，也是國民黨的政綱，海豐的革命民衆爲挽救國民黨政治生命的危機，擁護武漢中央黨部及國民政府，肅清反動勢了，反對帝國主義軍閥到底，以其實現國民黨的政綱，用革命的手段驅逐了反革命的縣長張治平，推舉委員成立臨時縣人民政府，預備召集縣民會議，組織正式的人民政府這是革命民衆接受政權的先聲，在革命史上很有光榮的一頁，本政府委員受黨與人民的付托，誓必一心一德，竭智盡忠，遵守黨綱，服從主義，擁護武漢中央黨政府，實現下列最低限度政綱。

第一，取消苛捐雜稅。苛捐雜稅，病商害民，久爲人民所深惡 取消苛消雜稅的口號，我們革命民衆舊經提出，且爲本黨所决定的政綱、以前因爲我們革命民衆未會取得政權、以故未能實現，現在政權既歸我們民衆，本政府自當分別提出來宣佈取銷。

第二。對反革命實行革命的裁制 反革命派，是要推殘民衆，犧牲民衆的利益的，是革命民衆的敵人。革命與反革命勢不能妥協，舉凡貪官污吏買辦階級劣紳土豪 勾結軍閥 甘作帝國主義的走狗，仇視我們革命民衆的，都是反革命派，本政府定必實行革命的制裁 將他一律肅清。

第三，救濟糧食。 本縣因去年旱冬兩季歉收，米穀缺乏·價値高漲，一般貧民皆有飢色，當此青黃不接的時候。救濟糧食，實爲目前最緊要的一件事，本政府當必用迅速的方法籌集鉅欵，購運多量米糧，救濟全縣民衆，以防米荒。

第四，豁免追征舊糧，預征錢糧，及取消契稅抵納券， 追征舊糧 預征錢糧，及發行契稅納券是軍閥貪官污吏之所爲，本黨政綱對於預征錢糧 在禁止之列。本縣數年以來農村破產，商場凋敝，金融枯竭，人民陷於極困苦的地位 斷不容再事敲剝 以前的反動縣長張治平，奉行蔣中正李濟琛等違反革命民衆利益的命令，追征舊糧，預征錢糧，發行契稅抵納券，重重敲剝，至堪痛恨 本政府爲革命民衆的政府，自當爲全縣、衆解除痛苦，實行豁免追征舊粮，預征錢糧，及取銷契稅抵納券、以蘇民困。

第五，實行中央與各省區聯席會議政綱 去年中央與各省區聯席會議决定政綱，凡關於農民，工人，商人，婦女，教育，最低限度政綱 本政府均當分別次第推行·此外如增加傭農工資，改良待遇，保障佃農有永遠使用土地權，開辦農民銀行以低利借給農民、保障工人職業、改善工人生活，沒收土豪劣紳貪官污吏及反革命的一切土地財產，一切地方公欵撥歸鄉民會議 武裝的工人農民得解除土豪劣紳的武裝，增加教育經 ，提高教職員薪金減收學費 維持地安，保護商場實行鄉村自治，開闢道路剿除土匪等項，本政府均當切實執行，以副我革命民衆的希望。

以上所舉，僅具綱要，其他應興應革的事尚多，本政府當必努力以赴，政府以人民之利益爲利益，以人民之意志爲意志，本黨治之精神，依革命之方畧，始終貫澈，罔敢或渝，謹此宣言。

委員 吳振民 呂舜階 鄭志雲 李谷珍 林鐵史 陳子岐 楊其珊 陳舜儀 彭 助 鄭沛霖 卓魯香

中華民國十六年五月日

海丰县临时人民政府宣言

海丰县临时人民政府　1927 月 5 月

1927 年 5 月 1 日，中共东江特委领导发动了海陆丰第一次武装起义，夺取了海丰县城，当天成立了海丰县临时人民政府，由吴振民、吕舜阶、郑志云等 11 名委员组成，发表了这篇宣言，提出了一系列施政措施。

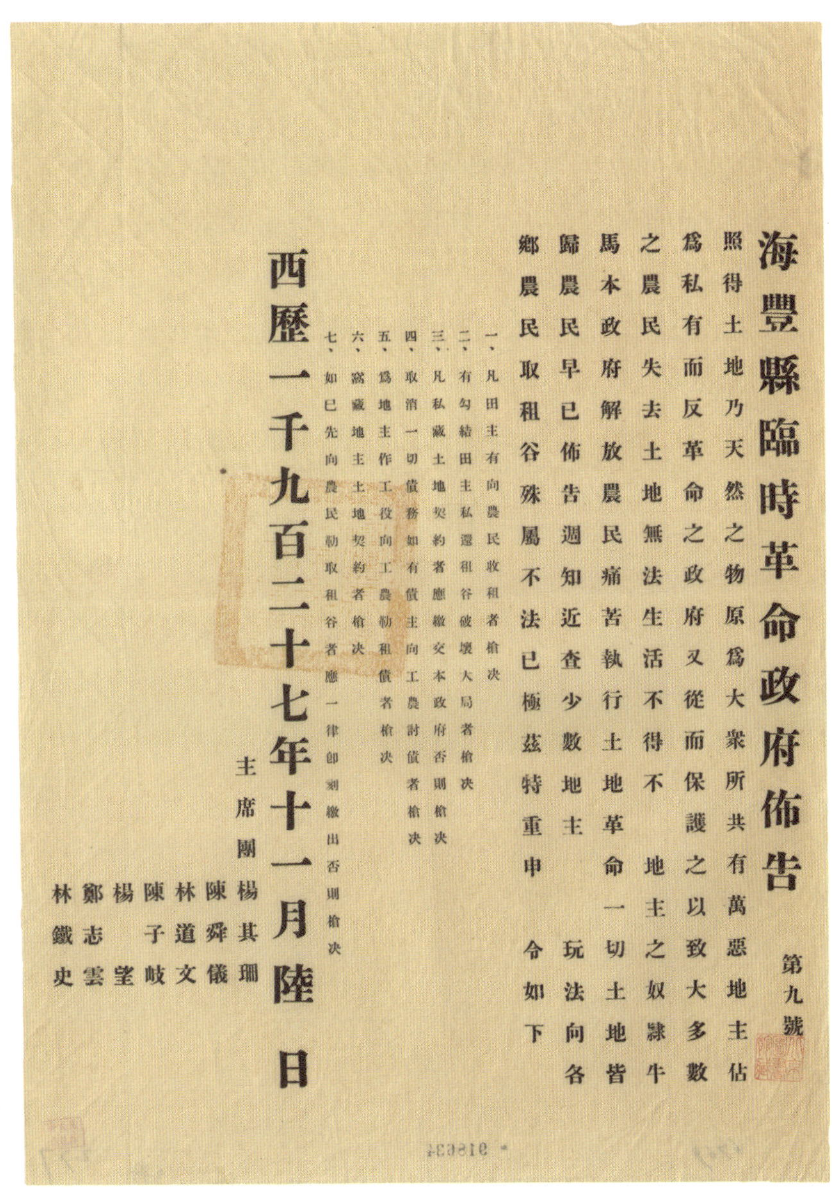

海豐縣臨時革命政府佈告 第九號

照得土地乃天然之物原爲大衆所共有萬惡地主佔爲私有而反革命之政府又從而保護之以致大多數之農民失去土地無法生活不得不地主之奴隷牛馬本政府解放農民痛苦執行土地革命一切土地皆歸農民早已佈告週知近查少數地主玩法向各鄉農民取租谷殊屬不法已極茲特重申令如下

一、凡田主有向農民收租者槍決

二、有勾結田主私還租谷破壞大局者槍決

三、凡私藏土地契約者應繳交本政府否則槍決

四、取消一切債務如有債主向工農討債者槍決

五、爲地主作工役向工農勒租債者槍決

六、窩藏地主土地契約者槍決

七、如已先向農民勒取租谷者應一律卽刻繳出否則槍決

主席團 楊其珊 陳舜儀 林道文 陳子岐 楊望 鄭志雲 林鐵史

西歷一千九百二十七年十一月陸日

海丰县临时革命政府布告（第九号）

1927 年 11 月 6 日　复制件

1927 年 9 月，在中共海丰县委领导下，举行第二次武装起义，于 17 日光复海丰县城，成立海丰县临时革命政府，杨其珊、陈舜仪、林道文等 7 人发表了本布告。

各省的其他起义

从1927年秋到1928年夏，湖南、湖北、广东、江西、福建、浙江、江苏、安徽、河南、陕西、河北、山东等省的共产党组织，相继领导举行了250多次武装起义。比较重要的有：彭德怀、滕代远领导平江起义，建立红5军；中共湖北省委领导的黄麻农民起义，改编为工农革命军第7军；海南岛农民起义，建立琼崖工农革命军；弋横农民起义，后来建立赣东北红军；赣西、赣南农民起义，建立江西红军独立第2团、第4团；贺龙等领导桑植起义，建立湘西北工农革命军第4军；唐澍、谢子长领导清涧起义，建立西北工农革命军游击支队；刘志丹、唐澍领导渭华起义，建立西北工农革命军。这些起义虽然大都失败了，但其中部分建立起来的工农革命军或游击队，后来发展为红军的主力或一部。

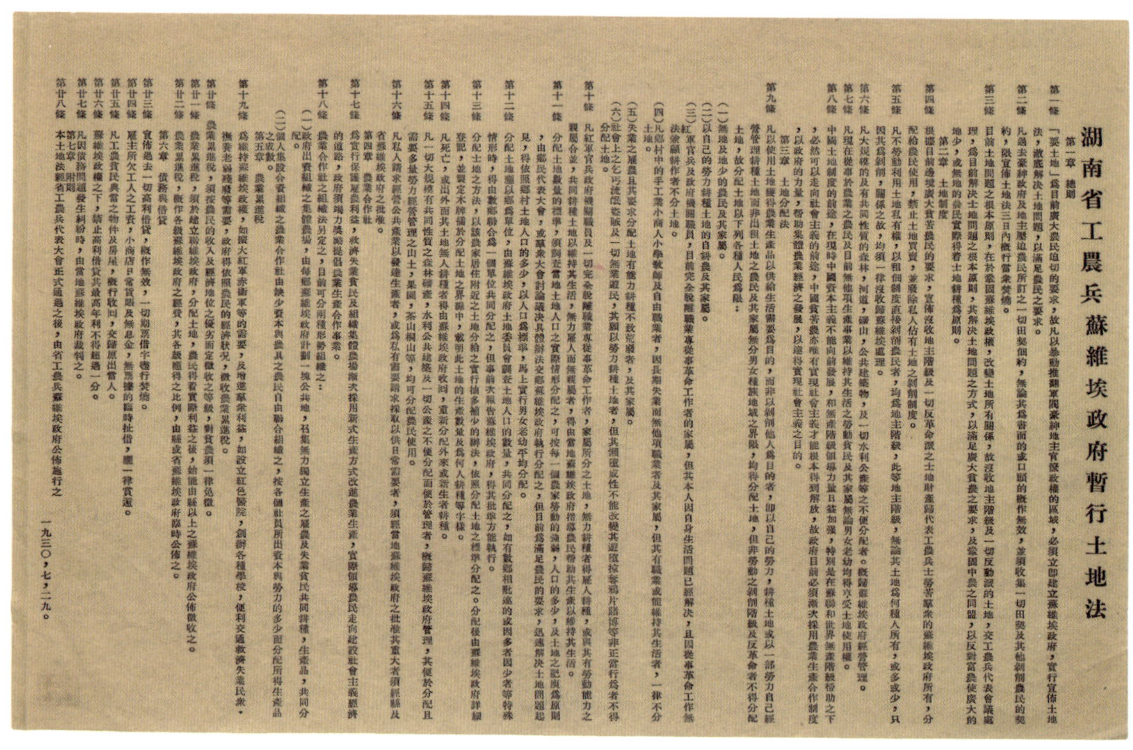

湖南省工農兵蘇維埃政府暫行土地法

第一章 總則

第一條 「要土地」爲目前廣大農民迫切的要求，故凡以暴動推翻軍閥豪紳地主官僚政權的區域，必須立即建立蘇維埃政府，實行宣佈土地法，徹底解決土地問題，以滿足農民之要求。

第二條 凡爲去豪紳政府及地主壓迫農民所訂之一切田契佃約，無論其爲書面的或口頭的概作無效，並須收集一切田契及其他剝削農民的契約，限宣佈土地法三日內概行當衆焚燬。

第三條 目前土地問題之根本原則，在於鞏固蘇維埃政權，改變土地所有關係，故沒收地主階級及一切反動派的土地，交工農兵代表會議處理，爲目前解決土地問題之根本原則，其解決土地問題之方式，以滿足廣大貧農之要求，及鞏固中農之同盟，以反對富農使廣大的地少，或無地的農民實際得着土地耕種爲原則。

第二章 土地制度

第四條 根據目前廣大貧苦農民的要求，宣佈沒收地主階級及一切反革命派之土地財產歸代表工農兵士勞苦羣衆的蘇維埃政府所有，分配給農民使用，禁止土地買賣，並廢除私人佔有土地之剝削制度。

第五條 凡不勞動利用土地私有權，以租佃制度直接剝削農民者，均爲地主階級，此等地主階級，無論其土地爲何種人所有，或多或少，只因其爲剝削，關係之故，均須一律沒收歸蘇維埃處理。

第六條 凡大規模的及有共同性質的森林，河道，礦山，公共建築物，及一切水利公益等之不便分配者。概歸蘇維埃政府經營管理。

第七條 凡現在從事於農業之農民及目前無他項生產事業以維持其生活之勞動貧民及其家屬無論男女老幼均得享受土地使用權。

第八條 中國土地制度的前途，在現時中國資本主義不能向前發展，和無產階級領導力量日益加强，特別是在蘇聯和世界無產階級幫助之下，必然可以走向社會主義的前途，中國貧苦農亦唯有實現社會主義才能根本得到解放，故政府目前必須漸次採用農業生產合作制度，以政府的力量，幫助集體農業經濟之發展，以達得實現社會主義之目的。

第三章 土地分配法

第九條 凡以使用土地獲得農業生產品以供給生活需要爲目的，而非以剝削他人爲目的者，即以自己的勞力，耕種土地或以一部勞力自己經營管理耕種土地而非出租土地之農民及其家屬無分男女種族地域之界限，均得分配土地，但非勞動之剝削階級及反革命者不得分配土地，故分配土地以下列各種人民爲限：

(一)無地及地少的農民及其家屬。

(二)以自己的勞力耕種土地的自耕農及其家屬。

(三)紅軍官兵及政府機關職員，目前完全脫離職業專從事革命工作者的家屬，但其本人因自身生活問題已經解決，且因從事革命工作無法兼顧耕作者不分土地。

(四)凡鄉村中的手工業小商人小學教師及自由職業者，因長期失業而無他項職業者及其家屬，但其有職業或能維持其生活者，一律不分土地。

(五)失業之雇農且其要求分配土地有能力耕種不致荒廢者，及其家屬。

(六)社會上之乞丐流氓盜賊及一切無業遊民，其願以勞力耕種土地者，但其個體反性不能改變其遊蕩掠奪鴉片賭博等非正當行爲者不得分配土地。

第十條 凡紅軍官兵政府機關職員及一切完全脫離職業專從事革命工作者，家屬所分之土地，無力耕種者得雇人耕種，或與其有勞動能力之親屬合並，共同耕種土地以維持其生活，無力雇人而無親屬者，得由當地蘇維埃政府指導農民幫助其生產以維持其生活。

第十一條 分配土地數量的標準，須調查當地土地人口之實際情形分配之，可按每一個農家勞動的強弱，人口的多少，及土地之肥瘦爲原則，由鄉民代表大會，或羣衆大會討論議決具體辦法交鄉蘇維埃政府執行分配之，但目前爲滿足農民的要求，迅速解決土地問題起見，得依照鄉村土地人口的多少，以人口爲標準，馬上實行男女老幼平均分配。

第十二條 分配土地應以鄉爲單位，由縣蘇維埃政府土地委員會調查土地人口的數量，共同分配之，如有數鄉相毗連的或因多者因少者等特殊情形時，得由數鄉聯合爲一個單位共同分配之，但事前須報告縣蘇維埃政府，得其批准方能執行。

第十三條 分配土地之方法，以該農家居住附近之土地分給之實行抽多補少的辦法，依照分配土地之標準分配之。分配後由縣蘇維埃政府詳細登記，並製定木牌插於分配土地之界線中，載明此土地的生產數量及爲何人耕種等字樣。

第十四條 凡死亡，或出外而其土地無人耕種者得由縣蘇維埃政府收回，重新分配外來或新生者耕種。

第十五條 凡一切大規模有共同性質之森林礦產，水利公共建築及一切公產之不便分配而便於管理者，概歸蘇維埃政府管理，其便於分配且需要多量勞力經營管理之山土，果園，茶山桐山等，均可分配農民使用。

第十六條 凡私人請求經營公共產業以發達生產者，或爲私有需要請求採取以供日常需要者，須經當地蘇維埃政府之批准其重大者須經縣及省蘇維埃政府之批准。

第四章 農業合作社

第十七條 爲實行保護雇農利益，救濟失業貧民及組織集體農場漸次採用新式生產方式改進農業生產，實際領導農民走向建設社會主義經濟的道路，政府須竭力獎勵提倡農業生產合作事業。

第十八條 農業合作社之組織法另定之，目前可分兩種形勢組織之：

(一)政府出資組織之集體農場，由每鄉蘇維埃政府計劃一塊公共地，召集無力獨立生產之雇農及失業貧民共同耕種，生產品，共同分配。

(二)個人集股合資組織之農業合作社由缺少資本與農具之農民自由聯合組織之，按各個社員所出資本與勞力的多少而分配所得生產品之成數。

第五章 農業累進稅

第十九條 爲維持蘇維埃政權，如擴大紅軍赤衞軍等的需要，及增進羣衆利益，如設立紅色醫院，創辦各種學校，便利交通救濟失業民衆，撫養老弱殘廢等需要，政府得依照農民的經濟狀況，徵收農業累進稅。

第廿條 農業累進稅，須按農民的收入及經濟地位之優劣而定徵收之等級，對貧農須一律免徵。

第廿一條 農業累進稅，須於建立蘇維埃政府，分配土地，農民得着實際利益之後，始能由縣以上之蘇維埃政府公佈徵收之。

第廿二條 農業累進稅，概作各級蘇維埃政府之經費，其各級應得之比例，由縣或省蘇維埃政府臨時公佈之。

第六章 債務與借貸

第廿三條 宣佈過去一切高利借貸，概作無效，一切期票借字盡行焚燬。

第廿四條 雇主所欠工人之工資，小商店日常買賣及無息金，無票據的臨時扯借，應一律償還。

第廿五條 凡工農貧民典當之物件及房屋，概行收回，交歸原出當人。

第廿六條 蘇維埃政權之下，禁止高利借貸其最高年利不得超過一分。

第廿七條 凡因債務問題發生糾紛時，由當地蘇維埃政府裁判之。

第七章 附則

第廿八條 本土地法經省工農兵代表大會正式通過之後，由省工農兵蘇維埃政府公佈施行之

一九三〇，七，二九。

湖南省工农兵苏维埃政府暂行土地法

湖南省工农兵苏维埃政府　1930年7月29日　复制件

湖南省工农兵苏维埃政府颁布，共有六章，分别是：总则；土地制度；土地分配法；农业合作社；农业累进税；债务与借贷。

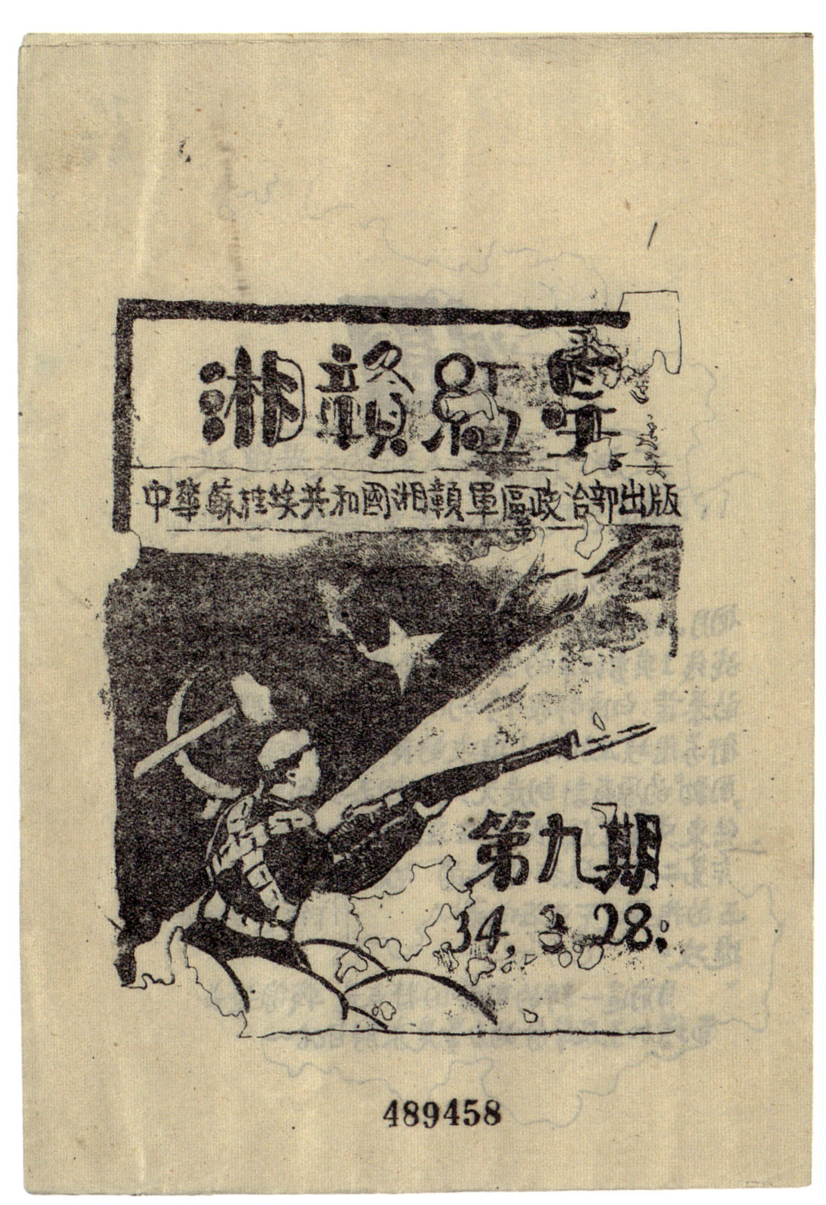

湘赣红星

中华苏维埃共和国湘赣军区政治部　1934 年

本刊由中华苏维埃共和国湘赣省军区政治部主办，1932 年创刊，辟有军事常识、军事测验等栏目，面向全省红军部队、地方武装发行。

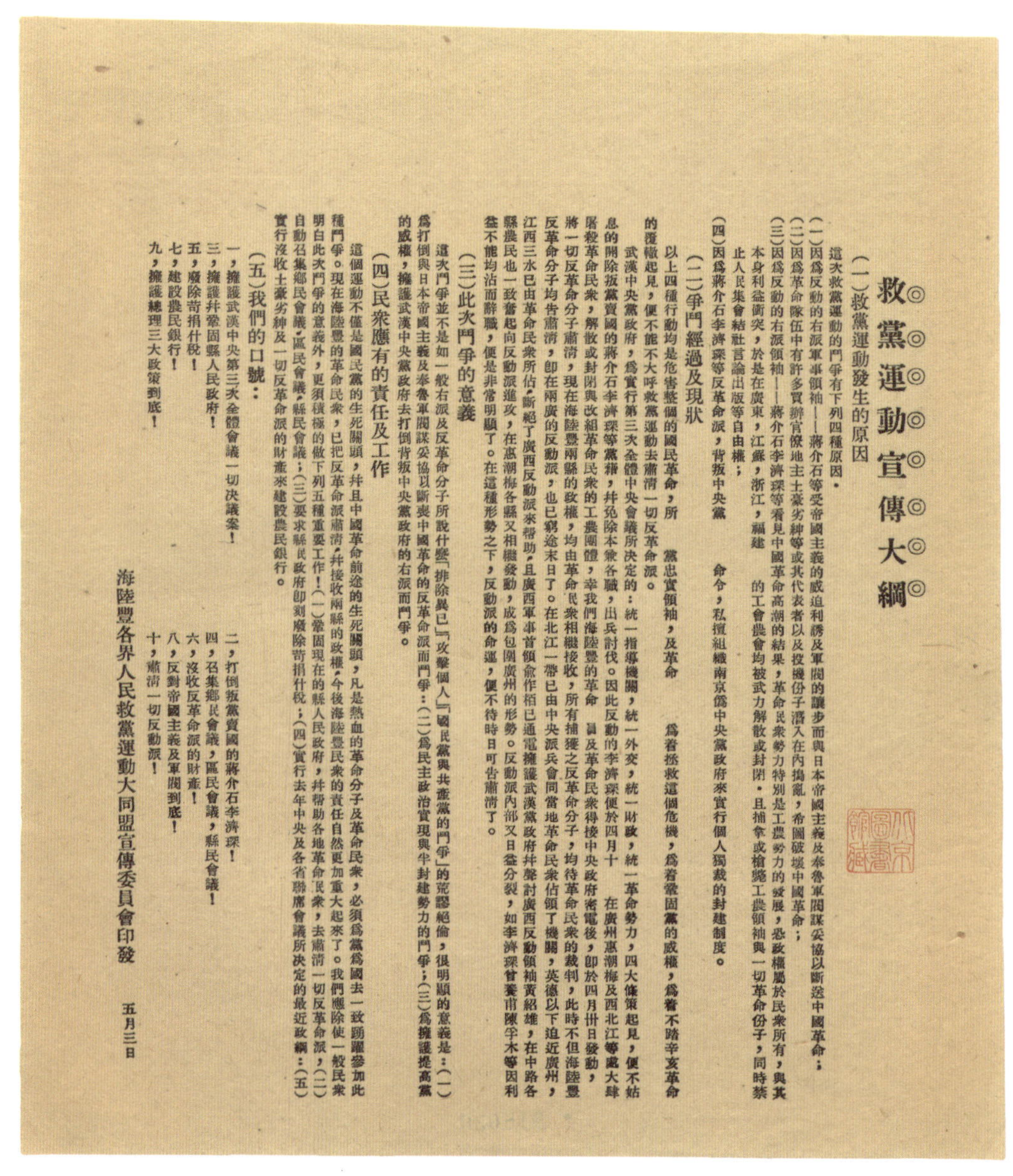

救黨運動宣傳大綱

(一)救黨運動發生的原因

這次救黨運動的鬥爭有下列四種原因。

(一)因爲反動的右派軍事領袖——蔣介石等受帝國主義的威迫利誘及軍閥的讓步而與日本帝國主義及奉魯軍閥謀妥協以斷送中國革命；

(二)因爲革命隊伍中有許多買辦官僚地主土豪劣紳等或其代表者以及投機份子潛入在內搗亂，希圖破壞中國革命；

(三)因爲反動的右派領袖——蔣介石李濟琛等看見中國革命高潮的結果，革命民衆勢力特別是工農勢力的發展，恐政權屬於民衆所有，與其本身利益衝突，於是在廣東，江蘇，浙江，福建 的工會農會均被武力解散或封閉。且捕拿或槍斃工農領袖與一切革命份子，同時禁止人民集會結社言論出版等自由權；

(四)因爲蔣介石李濟琛等反革命派，背叛中央黨 命令，私擅組織南京僞中央黨政府來實行個人獨裁的封建制度。

(二)爭鬥經過及現狀

以上四種行動均是危害整個的國民革命，所 黨忠實領袖，及革命 爲着拯救這個危機，爲着鞏固黨的威權，爲着不踏辛亥革命的覆轍起見，便不能不大呼救黨運動去肅清一切反革命派。

武漢中央黨政府，爲實行第三次全體中央會議所決定的：統一指導機關，統一外交，統一財政，統一革命勢力，四大條策起見，便不姑息的開除叛黨賣國的蔣介石李濟琛等黨籍，幷免除本兼各職，出兵討伐。因此反動的李濟琛便於四月十 在廣州惠潮梅及西北江等處大肆屠殺革命民衆，解散或封閉與改組革命民衆的工農團體，幸我們海陸豐的革命 員及革命民衆得接中央政府齊電後，即於四月卄日發動，將一切反革命分子肅清，現在海陸豐兩縣的政權，均由革命民衆相繼接收，所有捕獲之反革命分子，均待革命民衆的裁判，此時不但海陸豐反革命分子均告肅清，即在兩廣的反動派，也已窮途末日了。在北江一帶已由中央派兵會同當地革命民衆佔領了機關，英德以下迫近廣州，江西三水已由革命民衆所佔，斷絕了廣西反動派來幫助，且廣西軍事首領俞作栢已通電擁護武漢黨政府幷聲討廣西反動領袖黃紹雄，在中路各縣農民也一致奮起向反動派進攻，在惠潮梅各縣又相繼發動，成爲包圍廣州的形勢。反動派內部又日益分裂，如李濟琛曾養甫陳孚木等因利益不能均沾而辭職，便是非常明顯了。在這種形勢之下，反動派的命運，便不待時日可告肅清了。

(三)此次鬥爭的意義

這次鬥爭並不是如一般右派及反革命分子所說什麼「排除異已」「攻擊個人」「國民黨與共產黨的鬥爭」的荒謬絕倫，很明顯的意義是：(一)爲打倒與日本帝國主義及奉魯軍閥謀妥協以斷喪中國革命的反革命派而鬥爭；(二)爲民主政治實現與半封建勢力的鬥爭；(三)爲擁護提高黨的威權，擁護武漢中央黨政府去打倒背叛中央黨政府的右派而鬥爭。

(四)民衆應有的責任及工作

這個運動不僅是國民黨的生死關頭，幷且中國革命前途的生死關頭，凡是熱血的革命分子及革命民衆，必須爲黨爲國去一致踴躍參加此種鬥爭。現在海陸豐的革命民衆，已把反革命派肅清，幷接收兩縣的政權，今後海陸豐民衆的責任自然更加重大起來了。我們應除使一般民衆明白此次鬥爭的意義外，更須積極的做下列五種重要工作！(一)鞏固現在的縣人民政府，幷幫助各地革命民衆，去肅清一切反革命派，(二)自動召集鄉民會議，區民會議，縣民會議；(三)要求縣民政府即刻廢除苛捐什稅；(四)實行去年中央及各省聯席會議所決定的最近政綱：(五)實行沒收土豪劣紳及一切反革命派的財產來建設農民銀行。

(五)我們的口號：

一，擁護武漢中央第三次全體會議一切決議案！
二，打倒叛黨賣國的蔣介石李濟琛！
三，擁護幷鞏固縣人民政府！
四，召集鄉民會議，區民會議，縣民會議！
五，廢除苛捐什稅！
六，沒收反革命派的財產！
七，建設農民銀行！
八，反對帝國主義及軍閥到底！
九，擁護總理三大政策到底！
十，肅清一切反動派！

海陸豐各界人民救黨運動大同盟宣傳委員會印發　五月三日

救党运动宣传大纲

海陆丰各界人民救党运动大同盟宣传委员会编印　1927 年 5 月 3 日　复制件

1927 年 5 月 3 日，海陆丰救党运动大同盟发出《救党运动宣传大纲》，包括救党运动发生的原因、斗争经过及现状、此次斗争的意义、民众应有的责任与工作、我们的口号五方面内容，批判蒋介石集团背叛国民革命的反革命罪行，号召在“中国革命前途的生死关头，凡是热血的革命分子及革命民众，必须为党为国去一致踊跃参加此种斗争”。

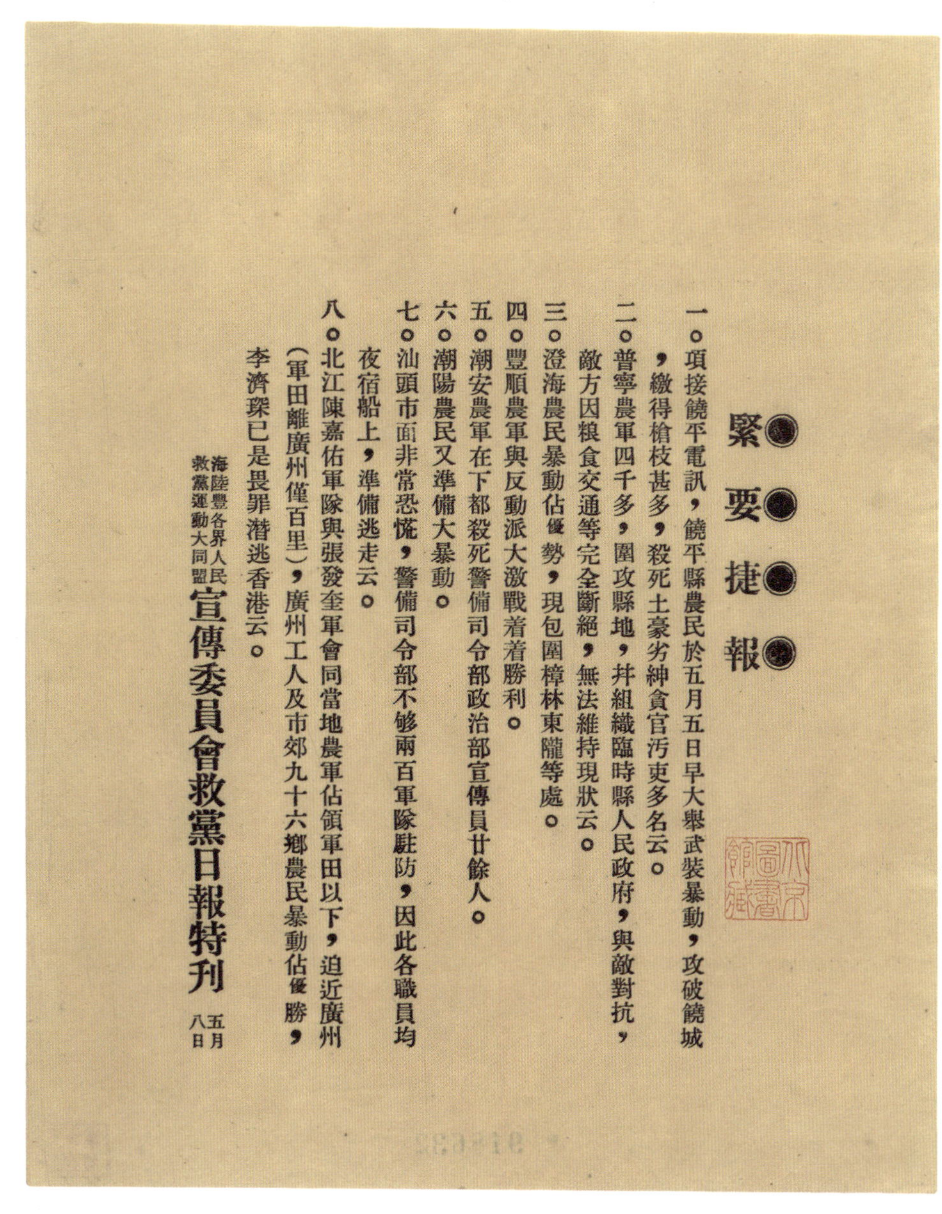

●緊●要●捷●報●

一○項接饒平電訊，饒平縣農民於五月五日早大舉武裝暴動，攻破饒城，繳得槍枝甚多，殺死土豪劣紳貪官污吏多名云。

二○普寧農軍四千多，圍攻縣地，并組織臨時縣人民政府，與敵對抗，敵方因粮食交通等完全斷絕，無法維持現狀云。

三○澄海農民暴動佔優勢，現包圍樟林東隴等處。

四○豐順農軍與反動派大激戰着着勝利。

五○潮安農軍在下都殺死警備司令部政治部宣傳員廿餘人。

六○潮陽農民又準備大暴動。

七○汕頭市面非常恐慌，警備司令部不够兩百軍隊駐防，因此各職員均夜宿船上，準備逃走云。

八○北江陳嘉佑軍隊與張發奎軍會同當地農軍佔領軍田以下，迫近廣州（軍田離廣州僅百里），廣州工人及市郊九十六鄉農民暴動佔優勝，李濟琛已是畏罪潛逃香港云。

海陸豐各界人民救黨運動大同盟宣傳委員會救黨日報特刊 五月八日

紧要捷报

《救党日报》特刊　复制件

本件系1927年5月8日海陆丰各界人民救党运动大同盟宣传委员会、救党日报社印制的特刊。

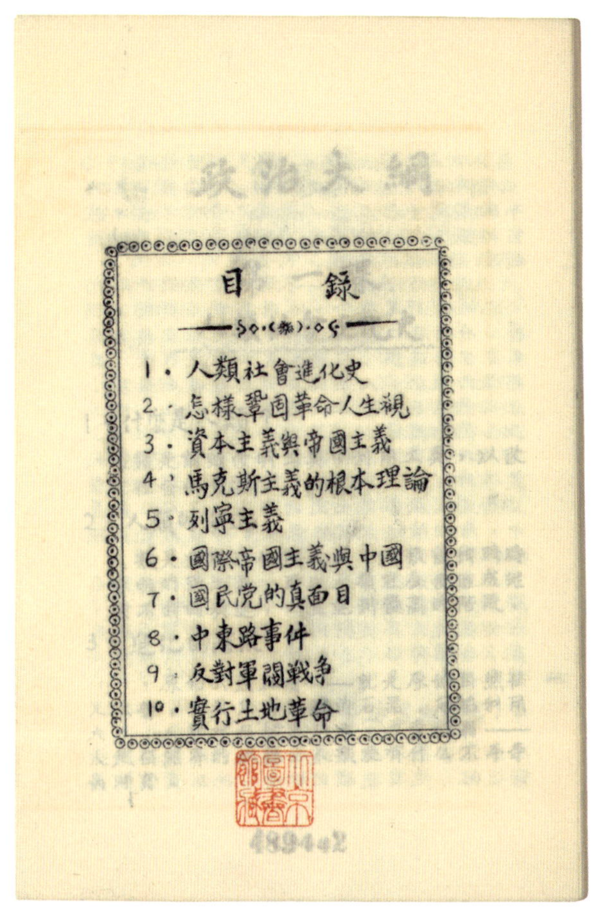

目錄

1. 人類社會進化史
2. 怎樣掌固革命人生視
3. 資本主義與帝國主義
4. 馬克斯主義的根本理論
5. 列寧主義
6. 國際帝國主義與中國
7. 國民党的真面目
8. 中東路事件
9. 反對軍閥戰争
10. 實行土地革命

政治大纲（其二）

琼崖红军军事政治学校　1929 年 12 月 10 日　复制件

琼崖红军军政干部学校位于母瑞山根据地，重点培养红军基层干部，每期三个月。本书为琼崖红军军事政治学校使用的教材。

琼崖红旗

中国共产党琼崖特别委员会编印　复制件

1927年10月，琼崖（即海南岛）特委杨善集、王文明等领导安定、琼山、万宁、乐会（今属琼海）等地农民起义，创建了工农革命军和琼崖革命根据地。本刊为中共琼崖特别委员会宣传部主办的特委机关报。

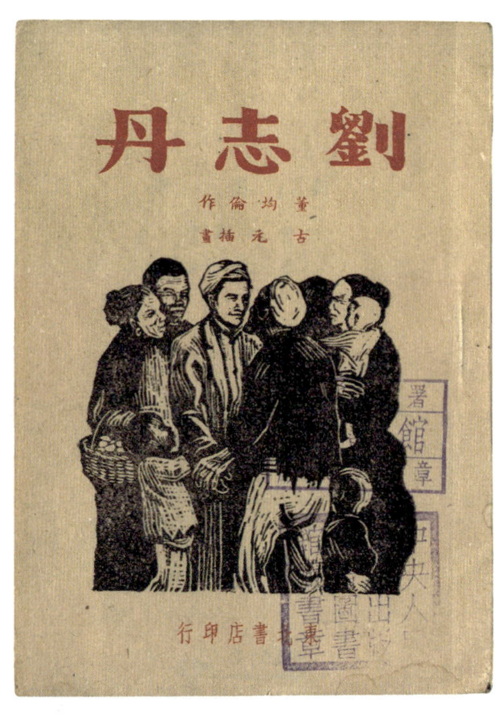

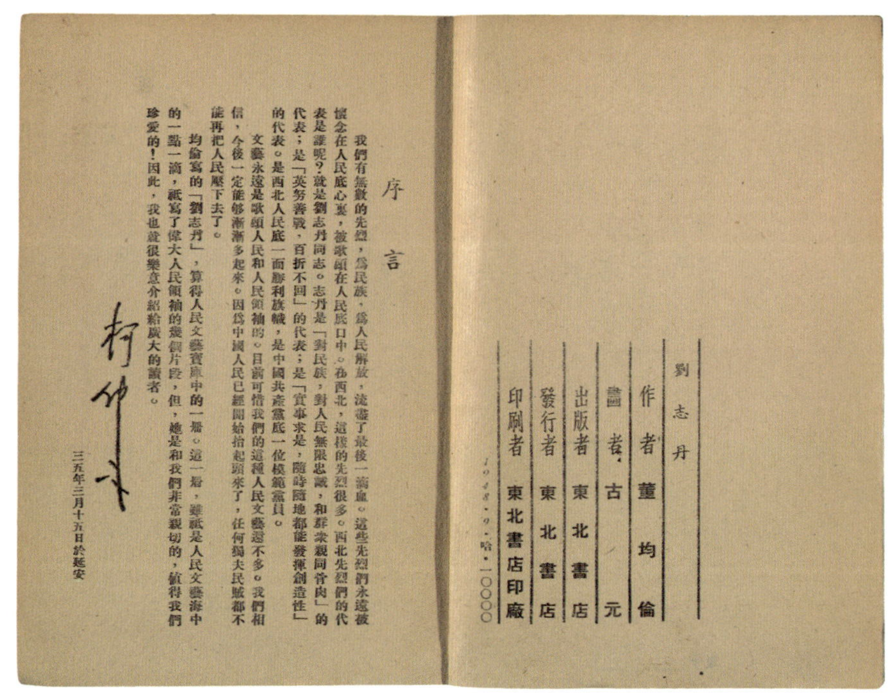

序言

我們有無數的先烈，爲民族，爲人民解放，流盡了最後一滴血。這些先烈們永遠被懷念在人民底心裏，被歌頌在人民底口中。在西北，這樣的先烈很多。西北先烈們的代表是誰呢？就是劉志丹同志。志丹是「對民族，對人民無限忠誠，和群衆親同骨肉」的代表；是「英勞善戰，百折不回」的代表；是「實事求是，隨時隨地都能發揮創造性」的代表。是西北人民底一面勝利旗幟，是中國共產黨底一位模範黨員。

文藝永遠是歌頌人民和人民領袖的。目前可惜我們的這種人民文藝還不多。我們相信，今後一定能夠漸漸多起來。因爲中國人民已經開始抬起頭來了，任何獨夫民賊都不能再把人民壓下去了。

均倫寫的「劉志丹」，算得人民文藝寶庫中的一篇。這一篇，雖祇是人民文藝海中的一點一滴，祇寫了偉大人民領袖的幾個片段，但，她是和我們非常親切的，值得我們珍愛的！因此，我也就很樂意介紹給廣大的讀者。

柯仲平

三五年三月十五日於延安

劉志丹
作者 董均倫
畫者 古元
出版者 東北書店
發行者 東北書店
印刷者 東北書店印廠
1948·9·哈·一〇〇〇〇

刘志丹

董均伦著　古元插画　东北书店　1948 年 9 月

本书记述刘志丹同志的革命事迹，包括刘志丹来了、兰田的失败、刘志丹和小鬼、宿营、刘志丹卖碗、打李家塔寨等 12 篇故事。著名版画家古元插画。

三湾改编与古田会议

1927 年 9 月底，秋收起义的部队到达江西永新三湾村。毛泽东主持召开前敌委员会会议，对部队进行整顿，缩编为 1 个团。改编的关键是加强党对部队的领导，在部队各级建立党组织：支部建在连上，班、排建立小组，营、团建立党委，党的前敌委员会统一领导全军。同时实行官兵平等的民主制度，连以上各级建立士兵委员会。三湾改编是中国共产党建设新型人民军队的重要开端。

1929 年 12 月下旬，红四军第九次党代表大会在福建上杭古田召开，史称古田会议。会议决议规定了红军的性质、宗旨和任务，规定了中国共产党对红军绝对领导的原则，规定了红军中政治机关和政治工作的地位，规定了红军处理内外关系的准则。古田会议决议的基本原则，集中体现了着重从思想上建设党的道路，确立了红军建设的根本原则，解决了怎样将红军建设成为一支新型人民军队的根本问题。

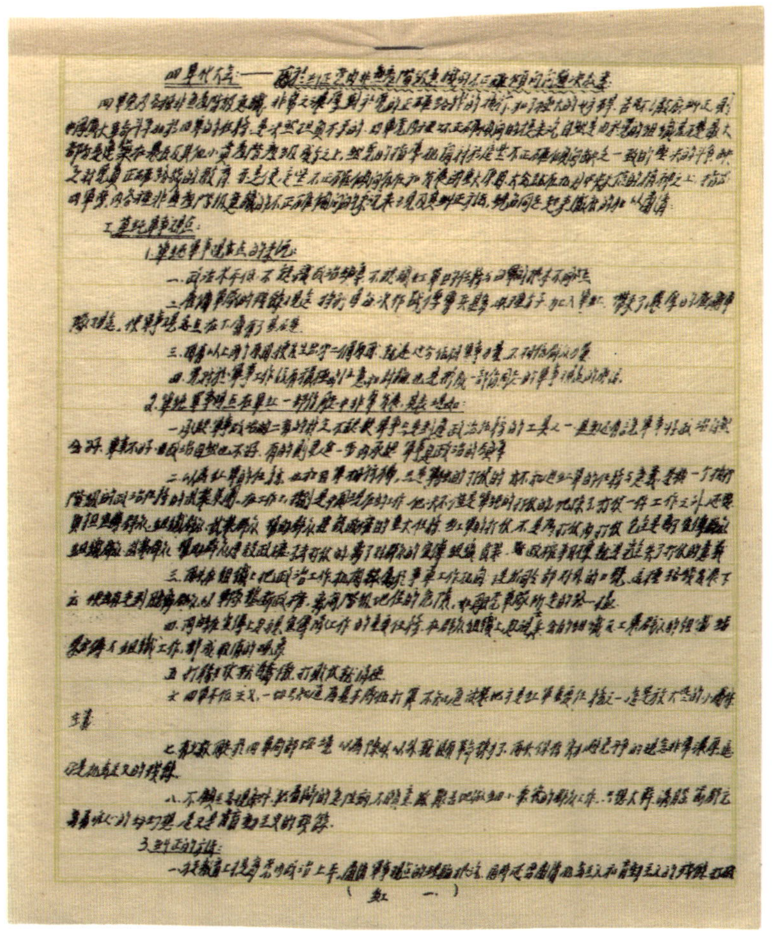

关于纠正党内非无产阶级意识的不正确倾向问题决议案

红军第四军代表大会通过　1929 年 12 月　复制件

这是毛泽东为中国共产党红军第四军第九次代表大会所起草的一个决议案，是对白色政权包围下红色根据地建党、建军实践的系统总结，是古田会议的主体部分。建国后经毛泽东修改，以《关于纠正党内的错误思想》为题，收入《毛泽东选集》第 1 卷。

中国共产党红军第四军第九次代表大会决议案

华东新华书店　1948年9月

又称古田会议决议，1929年12月在福建上杭县古田中国共产党红军第四军第九次代表大会上通过。决议案是毛泽东根据中央九月来信（即1929年9月28日中共中央给红军第四军前委的指示信）的精神，结合红四军的实际情况，总结南昌起义以来红军的建设经验，在调查研究的基础上撰写而成。

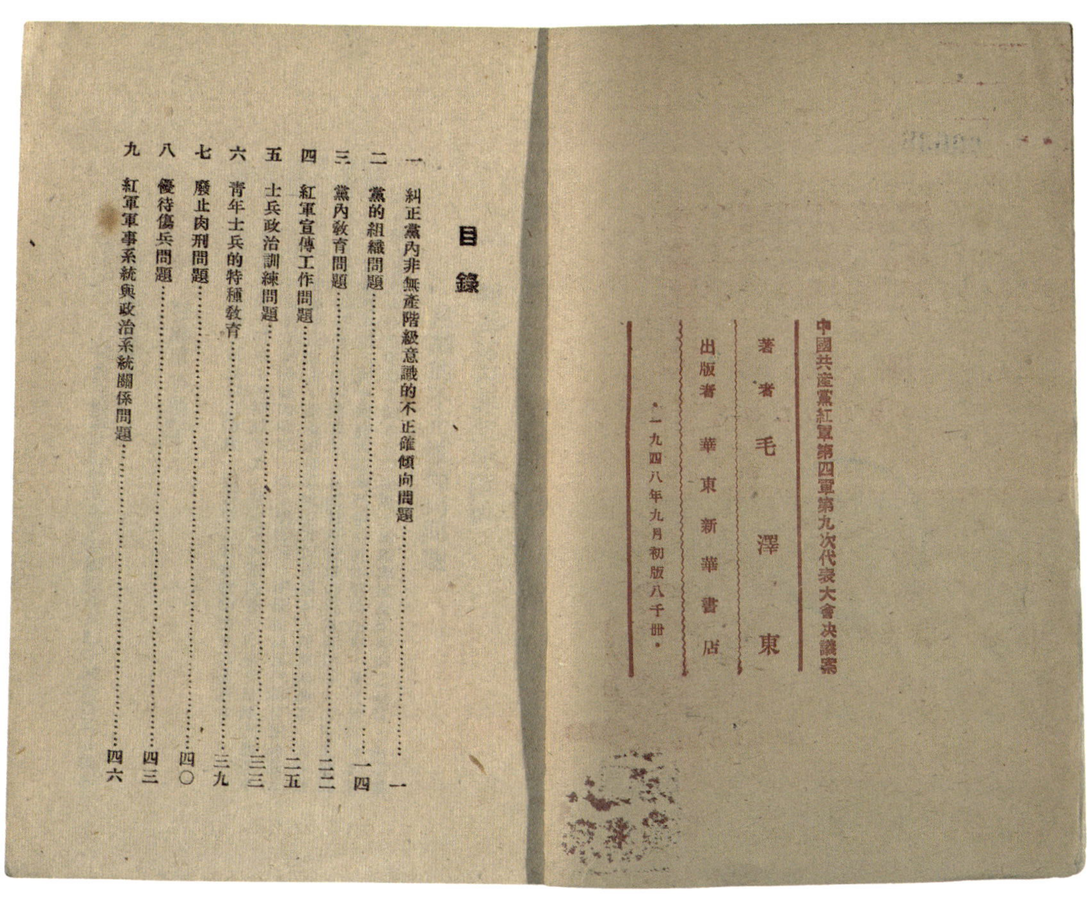

目錄

中國共產黨紅軍第四軍第九次代表大會決議案
著者　毛澤東
出版者　華東新華書店
一九四八年九月初版八千冊

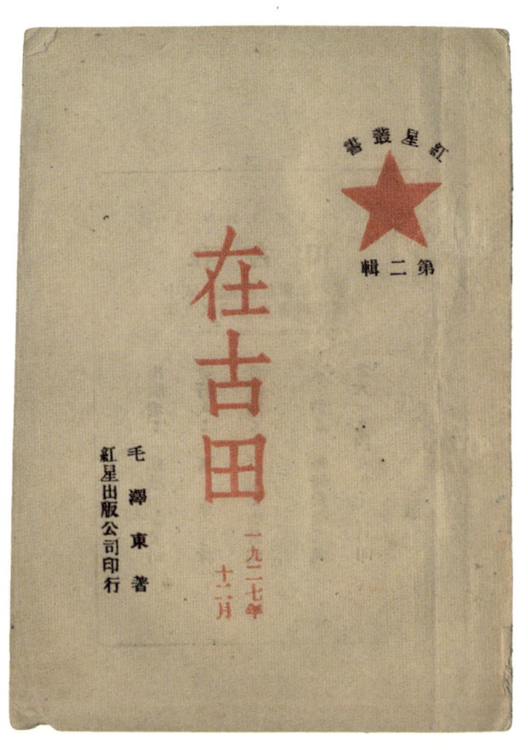

紅星叢書
第二輯
在古田
一九二七年十二月
毛澤東著
紅星出版公司印行

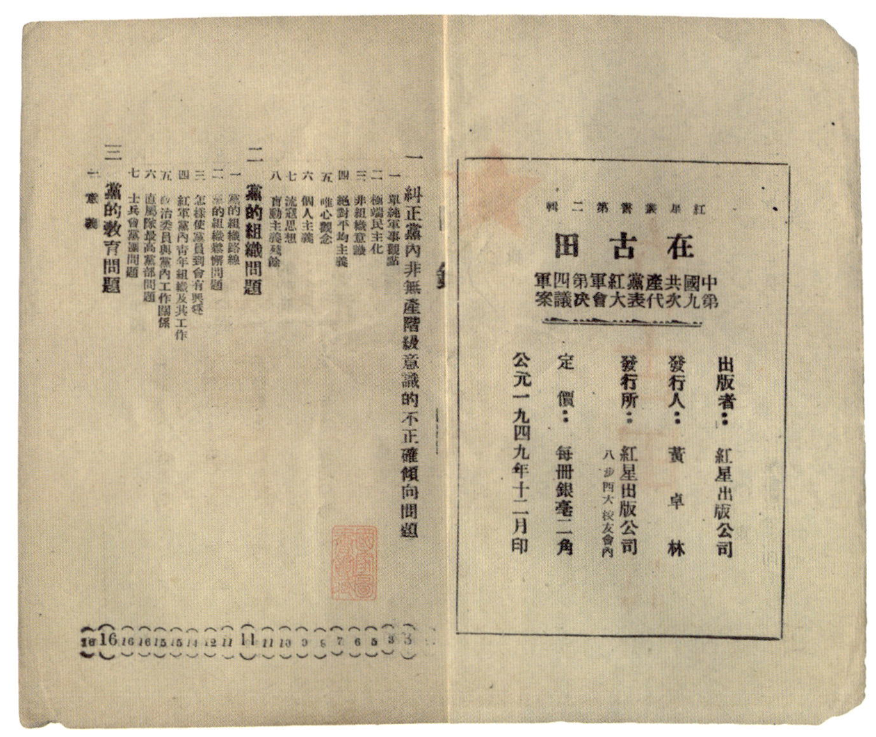

紅星叢書第二輯
在古田
中國共產黨紅軍第四軍第九次代表大會決議案
出版者：紅星出版公司
發行人：黃卓林
發行所：紅星出版公司 八步西大校友會內
定價：每冊銀毫二角
公元一九四九年十二月印

在古田

毛泽东著　红星出版公司　1949 年

本书即《中国共产党红军第四军第九次代表大会决议案》。

三条纪律八项注意

井冈山斗争时期，毛泽东为部队规定了三条纪律六项注意，稍后又发展成三条纪律八项注意。三条纪律内容是：不拿工人、农民、小商人一点东西；打土豪要归公；一切行动听指挥。八项注意是：一、上门板；二、捆禾草；三、讲话和气；四、买卖公平；五、借东西要还；六、坏东西要赔；七、不得胡乱屙屎；八、不搜敌兵腰包。此后，红军对三条纪律八项注意又作了进一步修改，但基本内容、基本精神没有改变。

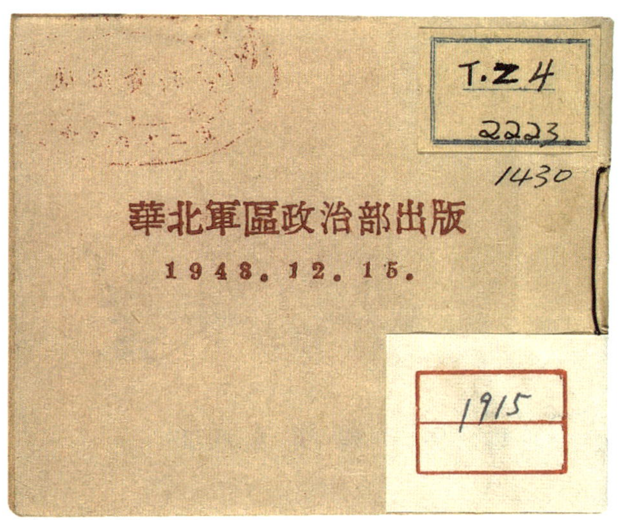

三大纪律八项注意

华北军区政治部　1948 年 12 月

“三大纪律八项注意”均有绘图说明。书前有朱德“寄南征诸将”诗。

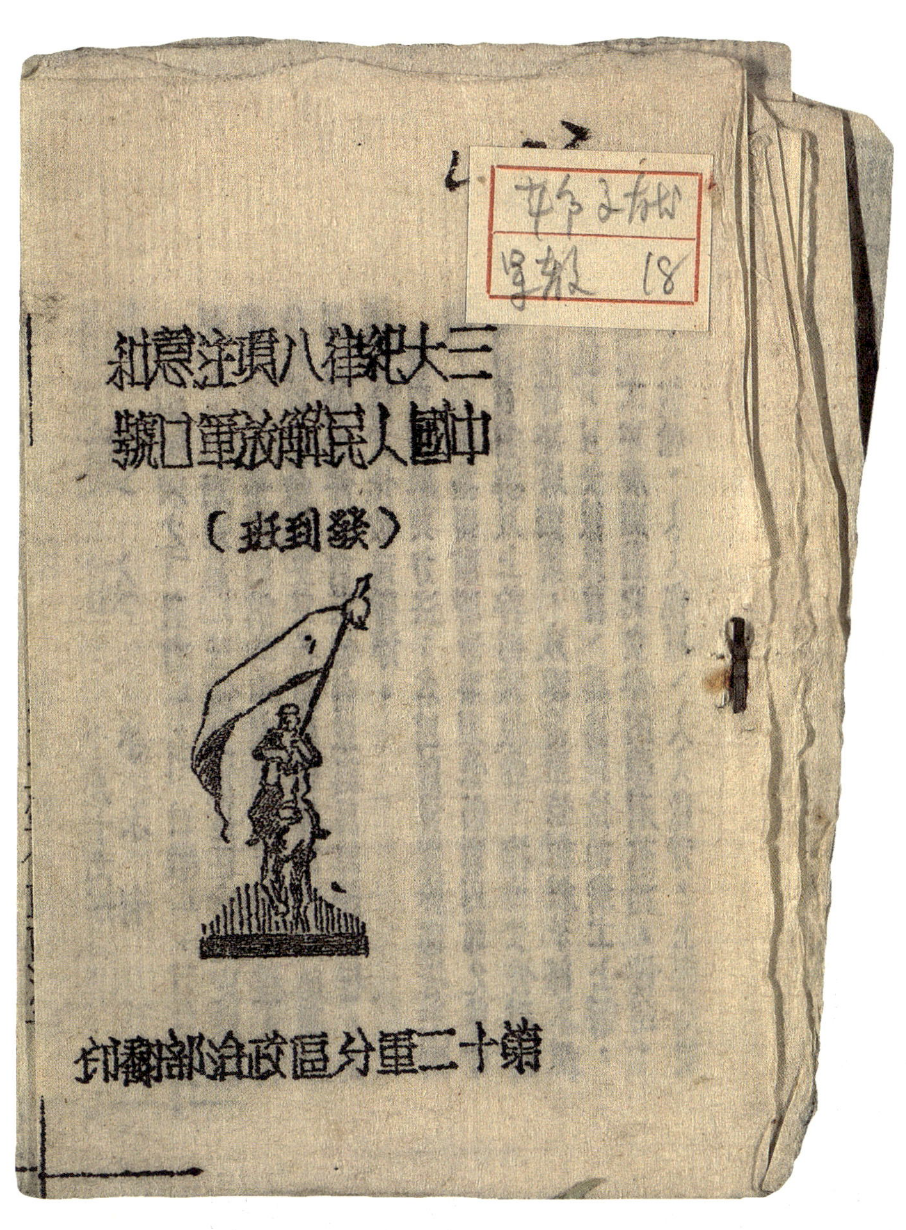

三大纪律八项注意和中国人民解放军口号

第十二军分区政治部翻印　1947 年 10 月

中国人民解放军的三大纪律八项注意

渤海新华书店　1948 年 9 月

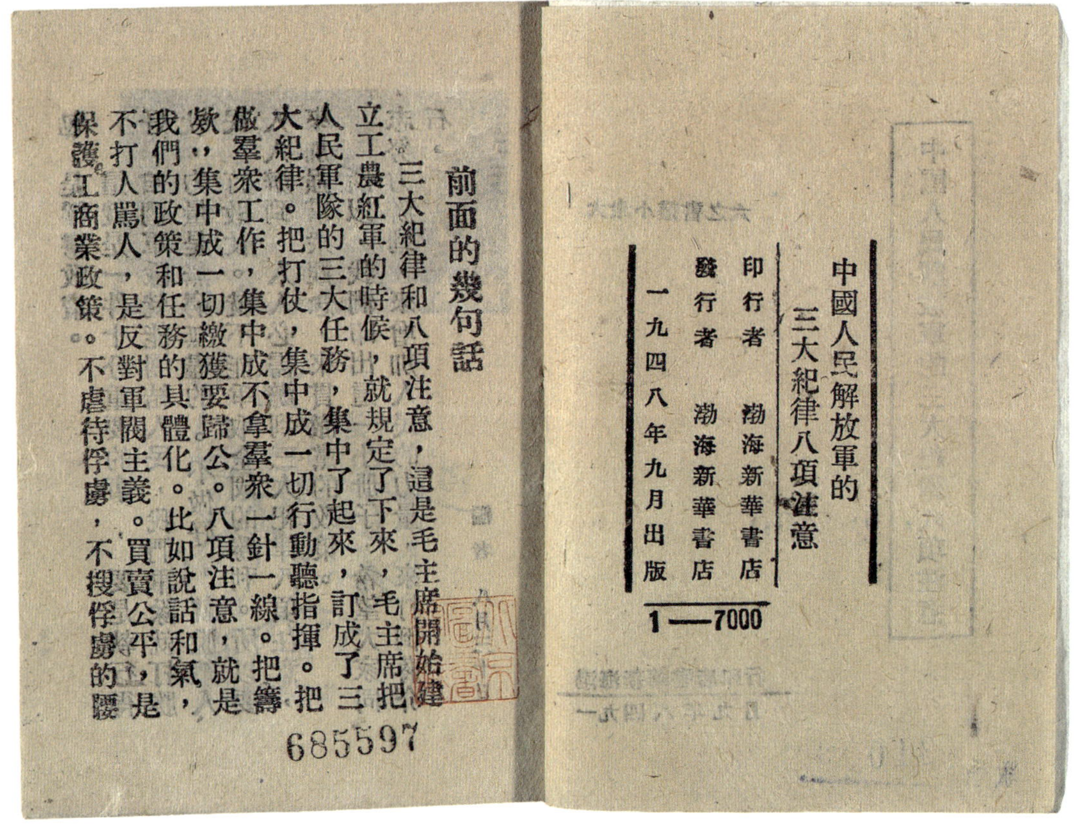

前面的幾句話

三大紀律和八項注意，這是毛主席開始建立工農紅軍的時候，就規定了下來，毛主席把人民軍隊的三大任務，集中了起來，訂成了三大紀律。把打仗，集中成一切行動聽指揮。把做羣衆工作，集中成不拿羣衆一針一線。把籌款，集中成一切繳獲要歸公。八項注意，就是我們的政策和任務的具體化。比如說話和氣，不打人罵人，是反對軍閥主義。買賣公平，是保護工商業政策。不虐待俘虜，不搜俘虜的腰

685597

中國人民解放軍的
三大紀律八項注意

印行者　渤海新華書店
發行者　渤海新華書店
一九四八年九月出版

1—7000

游击战作战原则

井冈山斗争期间，毛泽东、朱德总结游击战争的经验提出了“敌进我退，敌驻我扰，敌疲我打，敌退我追”的“十六字诀”，成为红军游击战的基本原则。这一作战原则，是红军在敌强我弱、敌大我小的条件下，保存自己，消灭敌人，能动地夺取作战胜利的指导方针。

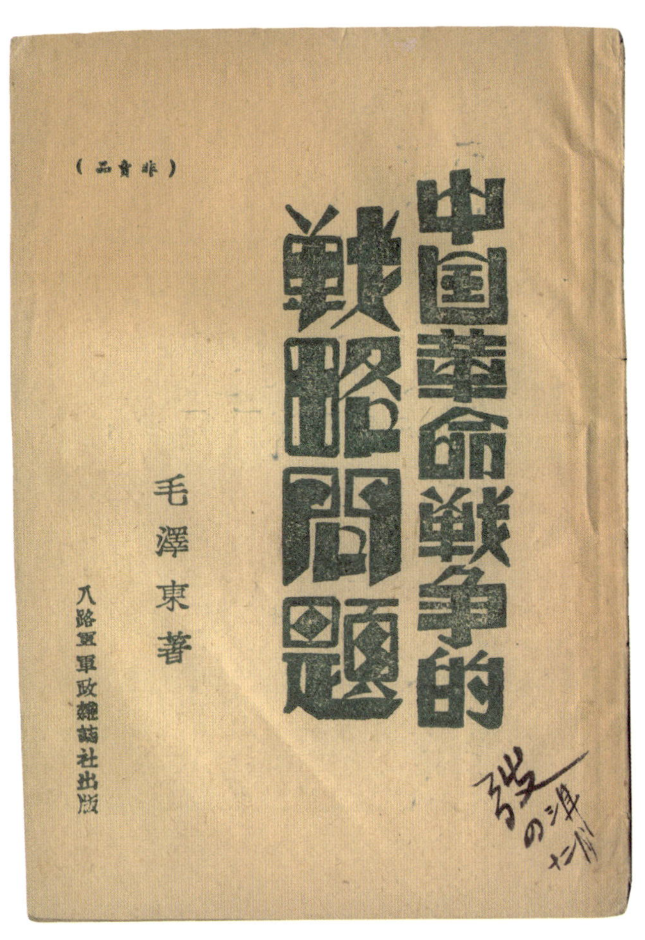

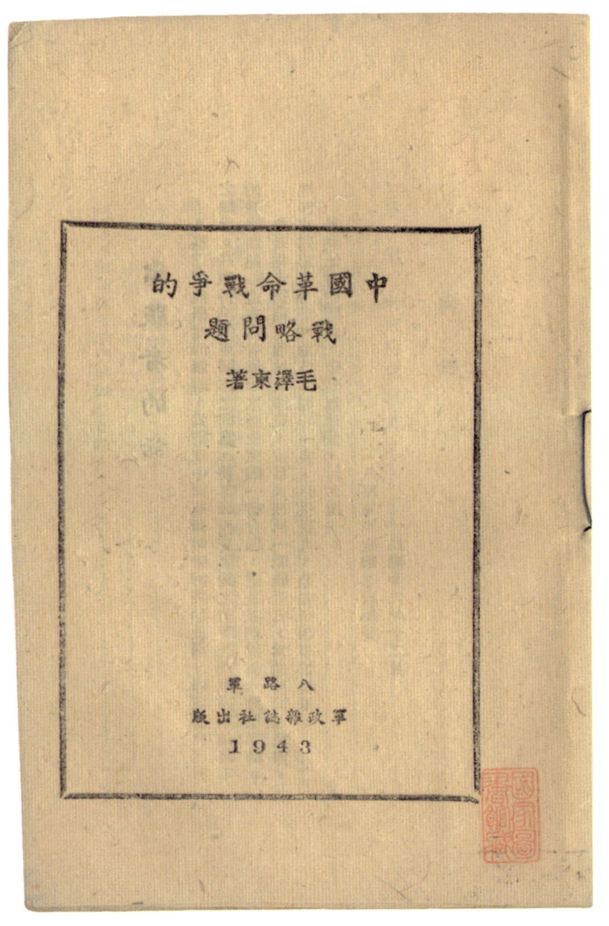

中国革命战争的战略问题

毛泽东著　八路军军政杂志社　1943 年

全书分 5 章：如何研究战争、中国共产党和中国革命战争、中国革命战争的特点、“围剿”和反“围剿”——中国内战的主要形式、战略防御。本书是毛泽东为总结第二次国内革命战争的经验而撰写的一部著作，从 1936 年 10 月至 12 月西安事变前，毛泽东曾以此为教材在红军大学作讲演。

中国革命战争的战略问题

毛泽东著　渤海新华书店　1945 年 12 月

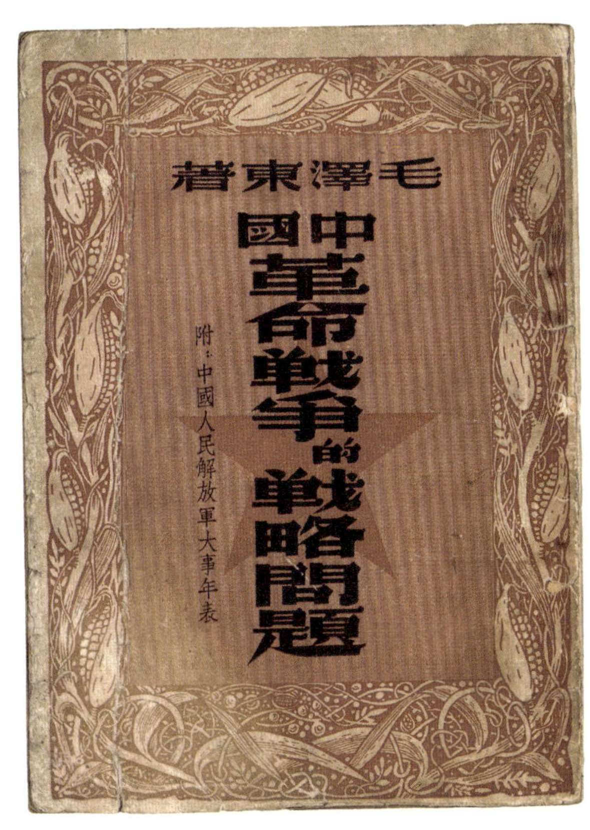

中国革命战争的战略问题

毛泽东著　新民主出版社　1949年6月

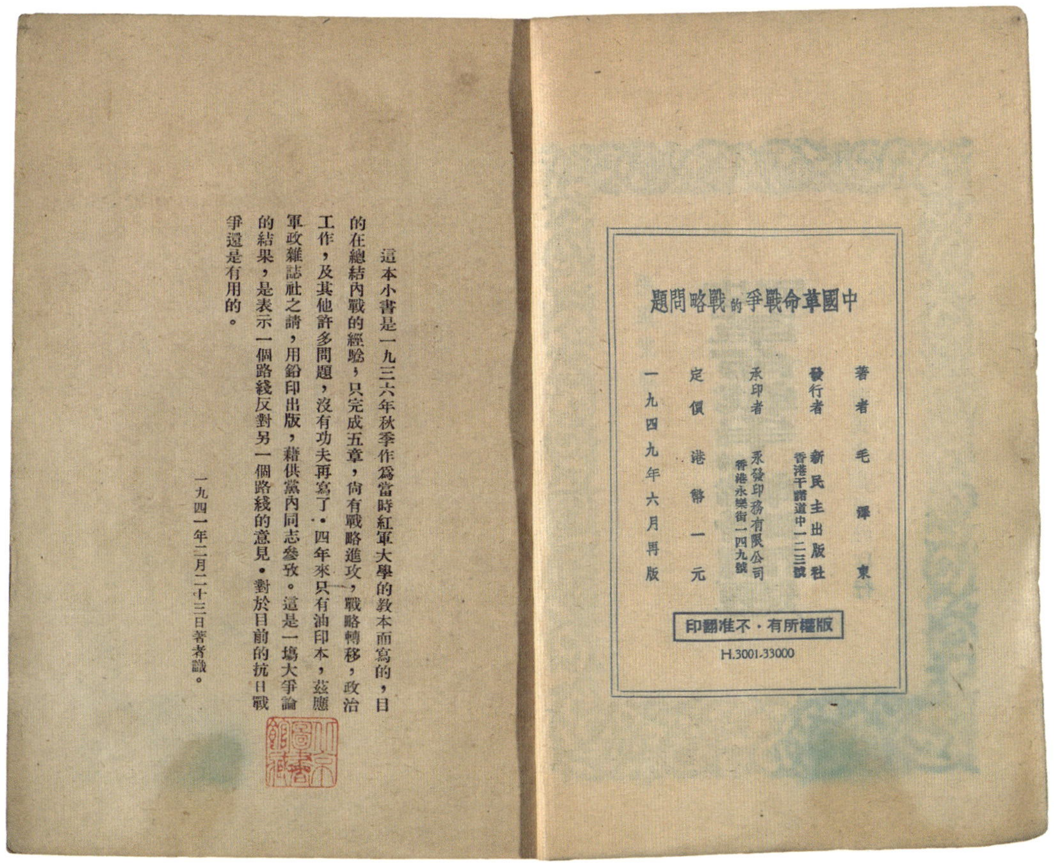

這本小書是一九三六年秋季作爲當時紅軍大學的教本而寫的，目的在總結內戰的經驗，只完成五章，倘有戰略進攻，戰略轉移，政治工作，及其他許多問題，沒有功夫再寫了。四年來只有油印本，茲應軍政雜誌社之請，用鉛印出版，藉供黨內同志參攷。這是一場大爭論的結果，是表示一個路綫反對另一個路綫的意見。對於目前的抗日戰爭還是有用的。

一九四一年二月二十三日著者識。

中國革命戰爭的戰略問題

著者　毛澤東

發行者　新民主出版社　香港干諾道中一二三號

承印者　永發印務有限公司　香港永樂街一四九號

定價　港幣一元

一九四九年六月再版

版權所有・不准翻印

H.3001-33000

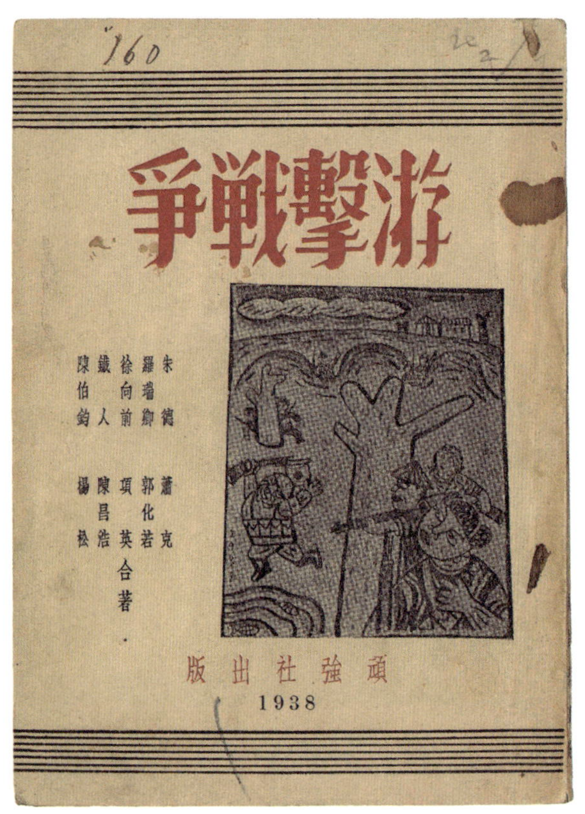

游击战争

朱德、肖克、罗瑞卿等著　汉口顽强社　1938 年 8 月

本书分总论、政治工作、游击战术、经验教训 4 个部分，收录《抗日游击战争》（朱德）、《抗日游击战争战术上的基本方针》（郭化若）、《展开河北的游击战争》（徐向前）、《论平地游击战》（肖克）等文章 11 篇。

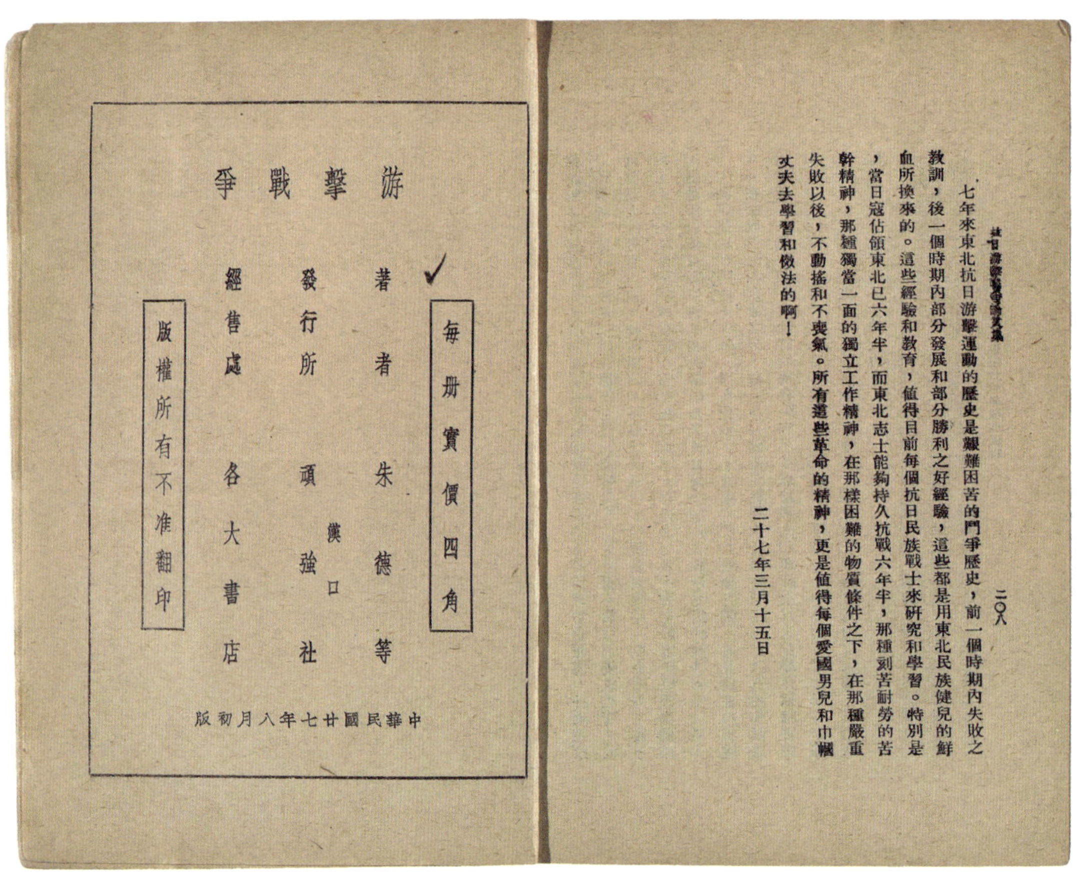

游擊戰爭

每冊實價四角

著者　朱德等

發行所　漢口頑強社

經售處　各大書店

版權所有不准翻印

中華民國廿七年八月初版

二〇八

七年來東北抗日游擊運動的歷史是艱難困苦的鬥爭歷史，前一個時期內失敗之教訓，後一個時期內部分發展和部分勝利之好經驗，這些都是用東北民族健兒的鮮血所換來的。這些經驗和教育，值得目前每個抗日民族戰士來研究和學習。特別是，當日寇佔領東北已六年半，而東北志士能夠持久抗戰六年半，那種刻苦耐勞的苦幹精神，那種獨當一面的獨立工作精神，在那樣困難的物質條件之下，在那種嚴重失敗以後，不動搖和不喪氣。所有這些革命的精神，更是值得每個愛國男兒和巾幗丈夫去學習和倣法的啊！

二十七年三月十五日

游击战术与游击活动

彭德怀等著　战时出版社

战时小丛刊之五十七。分上、下两部分。上部收文 17 篇：彭德怀《论游击战争》、李公朴《游击战与持久战》、任启珊《游击战与游击队》、徐雪寒《赶快建立东战场的游击区》、夏康秃夫《中国须实行游击战》等；下部收文 14 篇：《关于游击战争》（新华日报）、汤兴喜《满洲的游击运动》、佚名《北平西山游击队》、孙永祥《山西的游击队》、徐迟《太湖的游击战》等。

红军与革命根据地的发展

党的六大以后，各地党组织抓住国民党新军阀混战的有利时机，发动农民起义，开展游击战争，建立革命政权，实行土地革命，红军和根据地不断巩固和扩大。到1930年夏，全国已建立大小十几块农村革命根据地，红军发展到约7万人，分布在湖南、湖北、江西、福建、广东、广西、河南、安徽、江苏、浙江、四川等十多个省，农村革命根据地成为积蓄和壮大人民革命力量的主要战略基地。

1931年11月7日，中华苏维埃共和国临时中央政府宣告成立。11月25日，中国工农红军的最高领导机关——中华苏维埃共和国中央革命军事委员会（简称中革军委）成立。中革军委下设总参谋部、总政治部、总经理部、军医处等机构及中央军事政治学校，后又增设中国工农红军最高军事裁判所、抚恤委员会等机构。

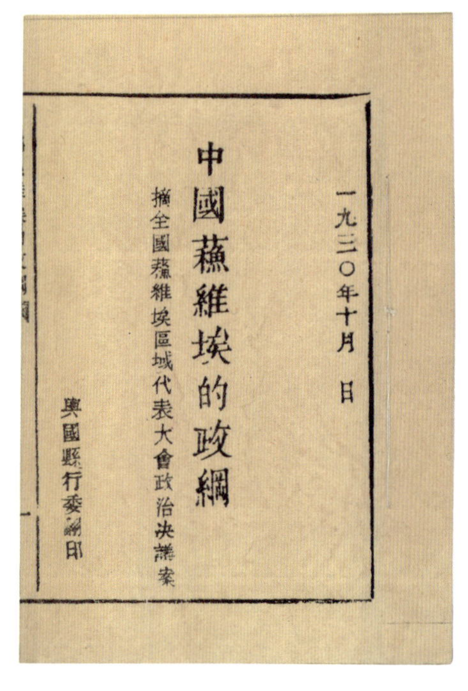

一九三〇年十月　日

中國蘇維埃的政綱

摘全國蘇維埃區域代表大會政治決議案

興國縣行委翻印

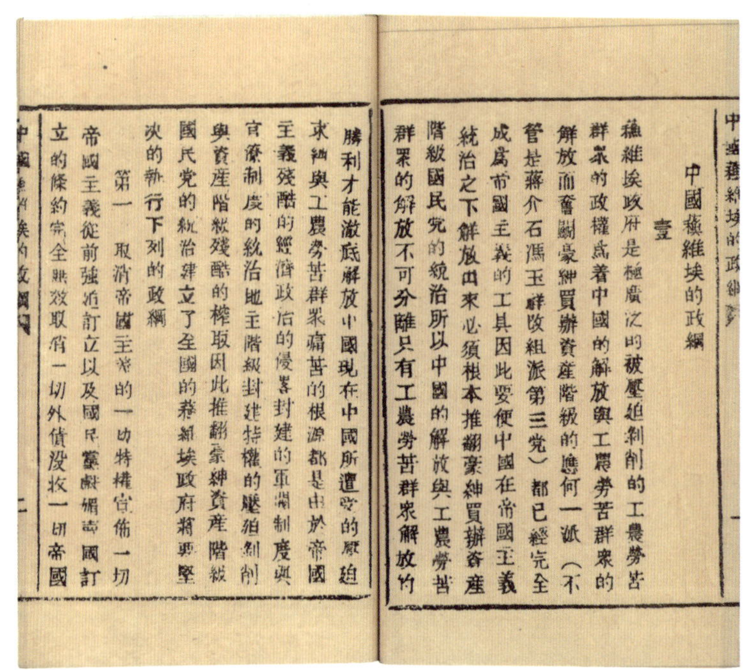

中國蘇維埃的政綱

壹

蘇維埃政府是極廣泛的被壓迫剝削的工農勞苦群眾的政權為着中國的解放與工農勞苦群眾的解放而奮鬥豪紳買辦資產階級的任何一派（不管是蔣介石馮玉祥改組派第三党）都已經完全成為帝國主義的工具因此要使中國在帝國主義統治之下解放出來必須根本推翻豪紳買辦資產階級國民党的統治所以中國的解放與工農勞苦群眾的解放不可分離只有工農勞苦群眾解放的勝利才能澈底解放中國現在中國所遭受的壓迫束縛與工農勞苦群眾痛苦的根源都是由於帝國主義殘酷的經濟政治的侵略封建的軍閥制度與官僚制度的統治地主階級封建特權的壓迫剝削與資產階級殘酷的榨取因此推翻豪紳資產階級國民党的統治建立了全國的蘇維埃政府將要堅決的執行下列的政綱

第一　取消帝國主義的一切特權宣佈一切帝國主義從前強迫訂立以及國民黨與帝國訂立的條約宣佈無效取消一切外債沒收一切帝國

中国苏维埃的政纲

兴国县行委翻印　1930年10月　复制件

1930年5月，中共中央和中华全国总工会中央执行委员会在上海主持召开第一次全国苏维埃区域代表大会，讨论红军的组织和苏区建设等问题，并通过《政治决议案》《土地暂行法》等文件。本书摘自全国苏维埃区域代表大会政治决议案。

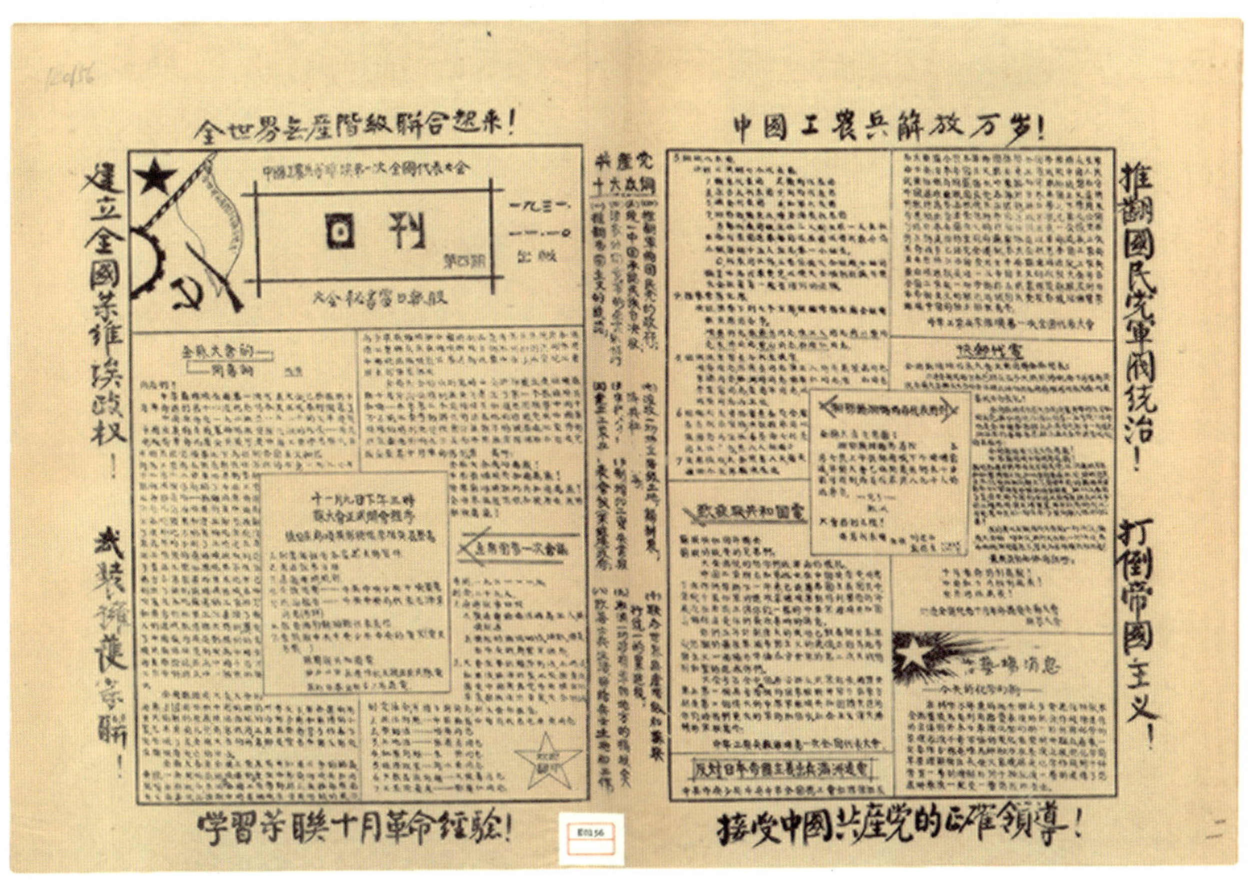

全世界無產階級聯合起來！

中國工農兵蘇維埃第一次全國代表大會

日刊

第四期

一九三一

一一.一〇

出版

大會秘書處日報股

建立全國蘇維埃政權！

武裝擁護蘇聯！

共產黨十大政綱

中國工農兵解放万岁！

推翻國民党軍閥統治！

打倒帝國主义！

學習蘇聯十月革命經驗！

接受中國共產党的正確領導！

中国工农兵苏维埃第一次全国代表大会日刊

第一次全苏大会秘书处日报股编辑出版　1931 年 11 月 10 日

1931 年 11 月 7 日创刊于瑞金叶坪，是大会会刊。主要刊登大会消息和大会通过的各项法案。1931 年 11 月 20 日停刊，前后共出 14 期。

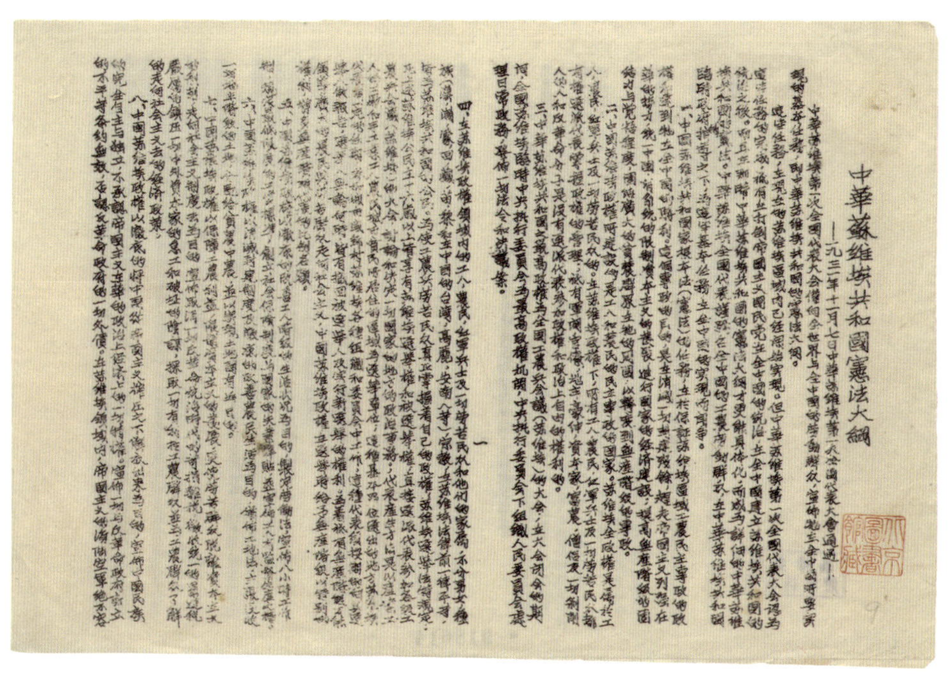
中華蘇維埃共和國憲法大綱

一

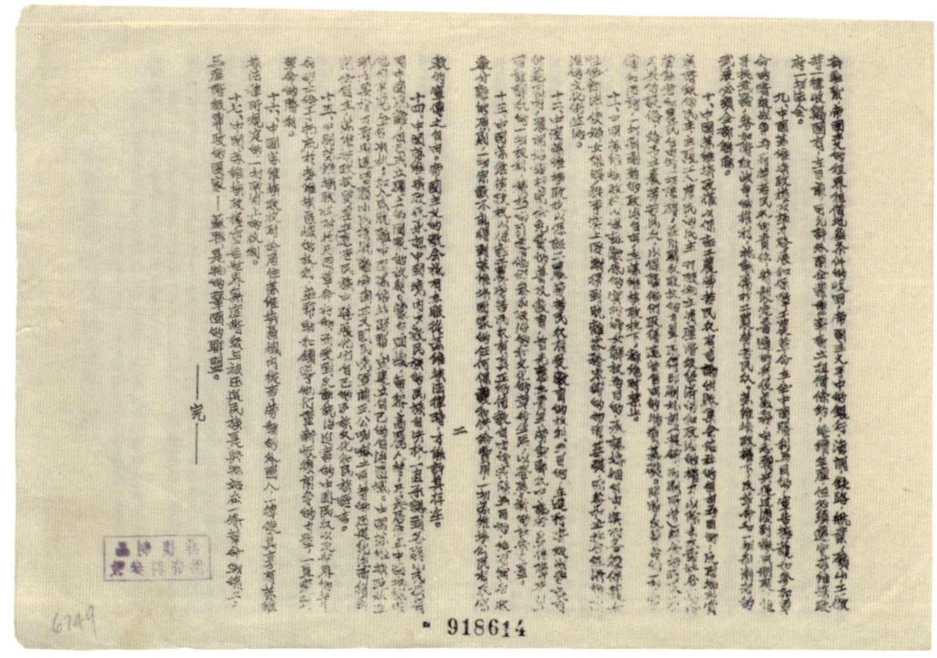
二

——完——

中华苏维埃共和国宪法大纲

中华苏维埃第一次全国代表大会通过　1931年　复制件

本法案是中国第二次国内革命战争时期工农民主政权的根本法，是中国历史上由人民代表机关正式通过并公布实施的宪法性质文件，体现了中国人民反帝反封建的革命意志和争取民主自由的愿望，为以后的民主建设和制宪工作提供了宝贵的历史经验。

中華蘇維埃共和國土地法

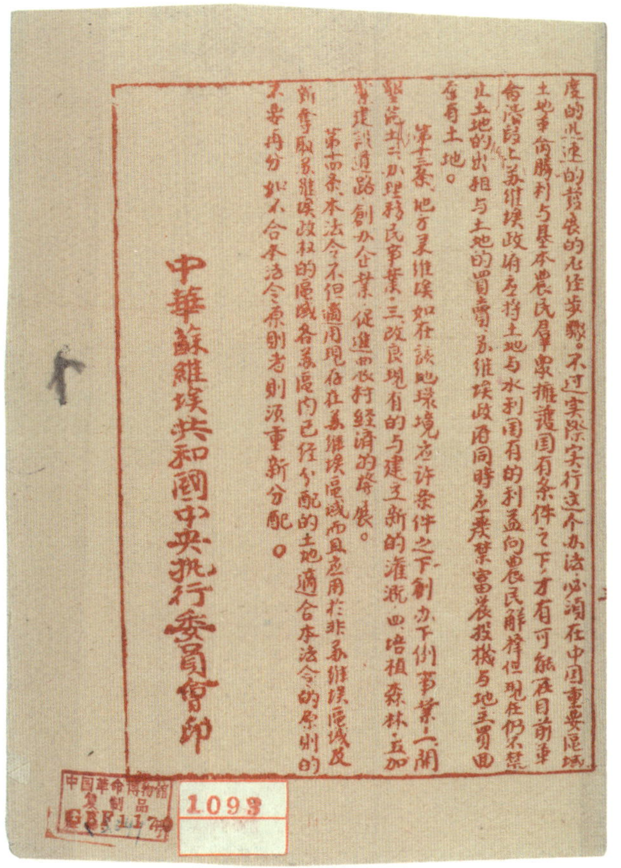

度的迅速的發展的必經步驟。不過实際实行这个办法，必須在中国重要區域土地革命勝利与基本農民群衆擁護国有条件之下，才有可能。在目前革命階段上，苏維埃政府应将土地与水利国有的利益向農民解釋，但現在仍不禁止土地的出租与土地的買賣。苏維埃政府同時应禁禁富農投機与地主買回原有土地。

第十三条，地方苏維埃如在該地環境应許条件之下，創办下例事業：一、開墾荒地；二、办理移民事業；三、改良現有的与建立新的灌溉；四、培植森林；五、加紧建設道路，創办企業，促進农村經濟的發展。

第十四条，本法令不但適用現在在苏維埃區域，而且应用於非苏維埃區域及新奪取苏維埃政权的區域。各區域內已經分配的土地適合本法令的原則的，不要再分，如不合本法令原則者，則須重新分配。

中華蘇維埃共和國中央執行委員會印

中华苏维埃共和国土地法

中华苏维埃共和国中央执行委员会　1931 年　复制件

1931 年 11 月中华工农兵苏维埃第一次全国代表大会通过，1931 年 12 月 1 日公布实施。这是土地革命后期影响最大，实施地区最广，适用时间最长的土地法。

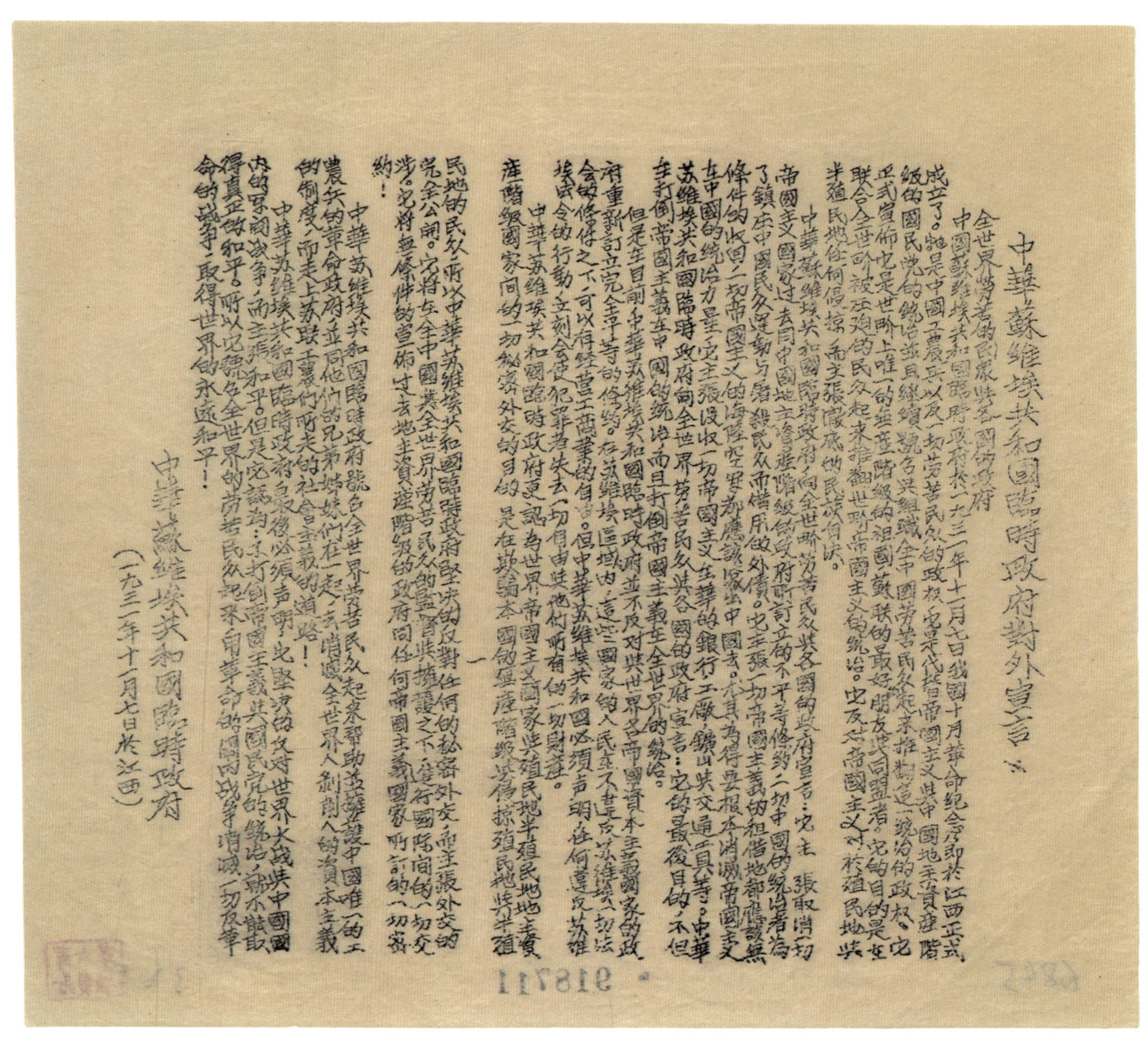

中華蘇維埃共和國臨時政府對外宣言

全世界勞苦的民眾與各國的政府

中國蘇維埃共和國臨時政府於一九三一年十一月七日我國十月革命紀念節即於江西正式成立了。她是中國工農兵以及一切勞苦民眾的政權，它是代替帝國主義與中國地主資產階級的國民黨的統治並且繼續號召與組織全中國勞苦民眾起來推翻這一統治的政權。它正式宣佈它是世界上唯一的無產階級的祖國蘇聯的最好朋友與同盟者。它的目的是在聯合全世界被壓迫的民眾起來推翻世界帝國主義的統治。它反對帝國主義對於殖民地與半殖民地任何侵掠，而主張徹底的民族自決。

中華蘇維埃共和國臨時政府，向全世界勞苦民眾與各國的政府宣言：它主張取消一切帝國主義國家過去同中國地主資產階級的政府所訂立的不平等條約，一切中國的統治者為了鎮壓中國民眾運動與屠殺民眾而借所做外債。它主張一切帝國主義的租借地都應該無條件的收回，一切帝國主義的海陸空軍都應該撤出中國去。不其為得要根本消滅帝國主義在中國的統治力量，它主張沒收一切帝國主義在華的銀行、工廠、礦山與交通工具等。中華蘇維埃共和國臨時政府向全世界勞苦民眾與各國的政府宣言：它的最後目的，不但在打倒帝國主義在中國的統治，而且打倒帝國主義在全世界的統治。

但是在目前中華蘇維埃共和國臨時政府並不反對與世界各帝國資本主義國家的政府重新訂立完全平等的條約。在蘇維埃區域內，這些國家的人民在不違反蘇維埃一切法令的條件之下，可以有經營工商業的自由。但中華蘇維埃共和國必須声明任何違反蘇維埃法令的行動，立刻會使犯罪者失去一切自由與他們所有的一切財產。

中華蘇維埃共和國臨時政府更認為世界帝國主義國家與殖民地半殖民地地主資產階級國家間的一切秘密外交的目的，是在欺騙本國的無產階級與侵掠殖民地與半殖民地的民眾，所以中華蘇維埃共和國臨時政府堅決的反對任何的秘密外交，而主張外交的完全公開。它將在全中國與全世界勞苦民眾的監督與擁護之下，進行國際間的一切交涉。它將無條件的宣佈過去地主資產階級的政府同任何帝國主義國家所訂的一切密約！

中華蘇維埃共和國臨時政府號召全世界勞苦民眾起來幫助並擁護中國唯一的工農兵的革命政府，並同他們的兄弟姊妹們在一起，去消滅全世界人剝削人的資本主義的制度，而走上蘇聯工農們所走的社會主義的道路！

中華蘇維埃共和國臨時政府最後必須声明，它堅決的反對世界大戰與中國國內的軍閥戰爭，而主張和平。但是它認為：不打倒帝國主義與國民黨的統治，就不能取得真正的和平。所以它號召全世界的勞苦民眾起來用革命的國內戰爭消滅一切反革命的戰爭，取得世界的永遠和平！

中華蘇維埃共和國臨時政府

（一九三一年十一月七日於江西）

中华苏维埃共和国临时政府对外宣言

中华苏维埃共和国临时政府　1931 年 11 月 7 日　复制件

1931 年 11 月 7 日，新生的中华苏维埃共和国临时政府发布对外宣言，宣布中华苏维埃共和国临时政府是“中国工农兵以及一切劳苦民众的政权”，主张废除一切不平等条约，根本消灭帝国主义在中国的统治，但不反对与世界各国政府重新订立完全平等的条约。

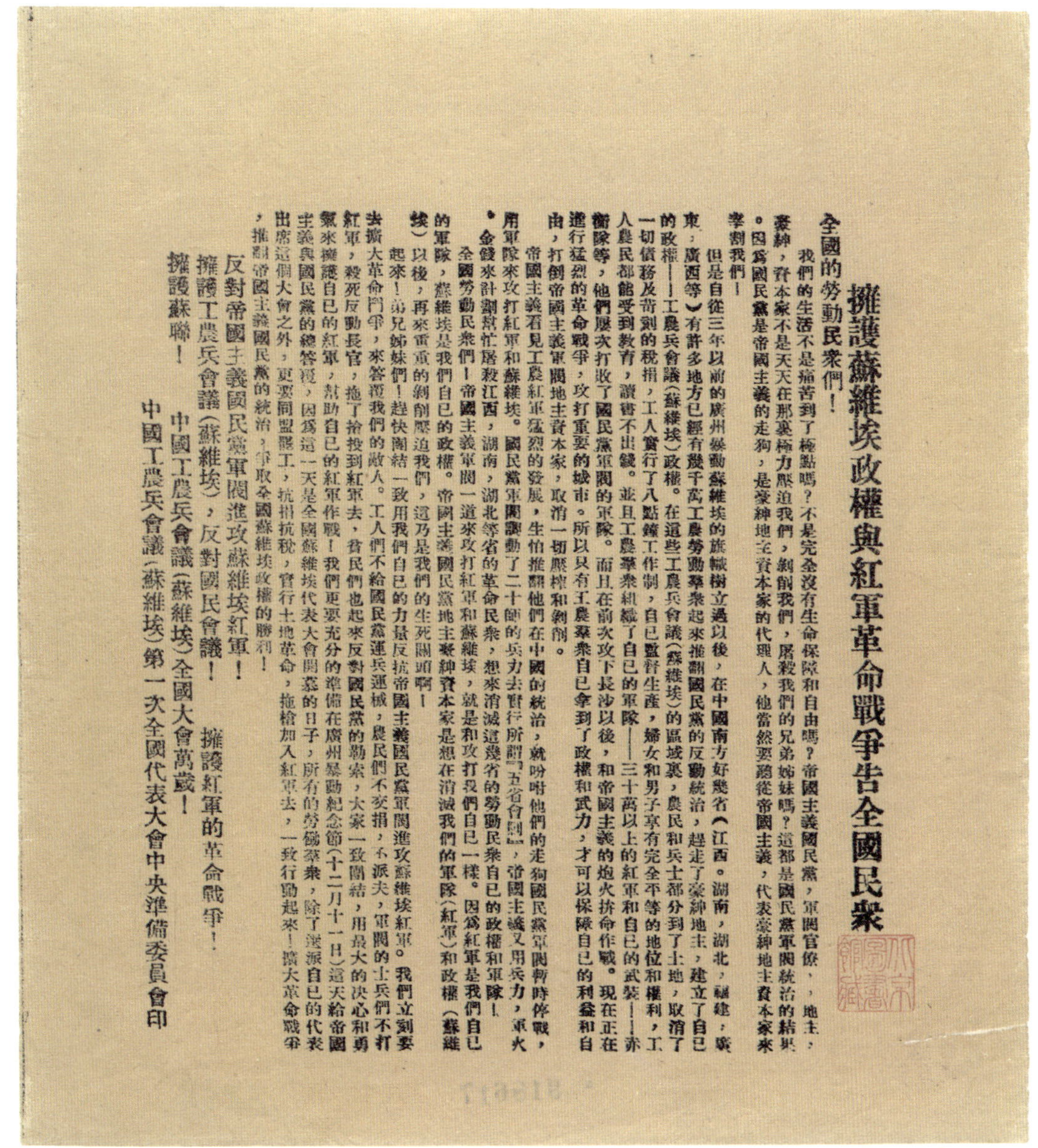

擁護蘇維埃政權與紅軍革命戰爭告全國民衆

全國的勞動民衆們！

我們的生活不是痛苦到了極點嗎？不是完全沒有生命保障和自由嗎？帝國主義國民黨，軍閥官僚，，地主，豪紳，資本家不是天天在那裏極力壓迫我們，剝削我們，屠殺我們的兄弟姊妹嗎？這都是國民黨軍閥統治的結果。因爲國民黨是帝國主義的走狗，是豪紳地主資本家的代理人，他當然要聽從帝國主義，代表豪紳地主資本家來宰割我們！

但是自從三年以前的廣州暴動蘇維埃的旗幟樹立過以後，在中國南方好幾省（江西，湖南，湖北，福建，廣東，廣西等）有許多地方已經有幾千萬工農勞動群衆起來推翻國民黨的反動統治，趕走了豪紳地主，建立了自己的政權——工農兵會議（蘇維埃）政權。在這些工農兵會議（蘇維埃）的區域裏，農民和兵士都分到了土地，取消了一切債務及苛刻的稅捐，工人實行了八點鐘工作制，自己監督生產，婦女和男子享有完全平等的地位和權利，工人農民都能受到教育，讀書不出錢。並且工農群衆組織了自己的軍隊——三十萬以上的紅軍和自己的武裝——赤衞隊等，他們屢次打敗了國民黨軍閥的軍隊。而且在前次攻下長沙以後，和帝國主義的炮火拚命作戰。現在正在進行猛烈的革命戰爭，攻打重要的城市。所以只有工農群衆自己拿到了政權和武力，才可以保障自己的利益和自由，打倒帝國主義軍閥地主資本家，取消一切壓榨和剝削。

帝國主義看見工農紅軍猛烈的發展，生怕推翻他們在中國的統治，就吩咐他們的走狗國民黨軍閥暫時停戰，用軍隊來攻打紅軍和蘇維埃。國民黨軍閥調動了二十師的兵力去實行所謂『五省會剿』，帝國主義又用兵力，軍火，金錢來計劃幫忙屠殺江西，湖南，湖北等省的革命民衆，想來消滅這幾省的勞動民衆自己的政權和軍隊！全國勞動民衆們！帝國主義軍閥一道來攻打紅軍和蘇維埃，就是和攻打我們自己一樣。因爲紅軍是我們自己的軍隊，蘇維埃是我們自己的政權。帝國主義國民黨地主豪紳資本家是想在消滅我們的軍隊（紅軍）和政權（蘇維埃）以後，再來重重的剝削壓迫我們，這乃是我們的生死關頭啊！

起來！弟兄姊妹們！趕快團結一致用我們自己的力量反抗帝國主義國民黨軍閥進攻蘇維埃紅軍。我們立刻要去擴大革命鬥爭，來答復我們的敵人。工人們不給國民黨運兵運械，農民們不交捐，不派夫，軍閥的士兵們不打紅軍，殺死反動長官，拖了槍投到紅軍去，貧民們也起來反對國民黨的勒索，大家一致團結，用最大的決心和勇氣來擁護自己的紅軍，幫助自己的紅軍作戰！我們更要充分的準備在廣州暴動紀念節（十二月十一日）這天給帝國主義與國民黨的總答復，因爲這一天是全國蘇維埃代表大會開幕的日子，所有的勞働群衆，除了選派自己的代表出席這個大會之外，更要同盟罷工，抗捐抗稅，實行土地革命，拖槍加入紅軍去，一致行動起來！擴大革命戰爭，推翻帝國主義國民黨的統治，爭取全國蘇維埃政權的勝利！

反對帝國主義國民黨軍閥進攻蘇維埃紅軍！

擁護工農兵會議（蘇維埃），反對國民會議！

擁護蘇聯！

擁護紅軍的革命戰爭！

中國工農兵會議（蘇維埃）全國大會萬歲！

中國工農兵會議（蘇維埃）第一次全國代表大會中央準備委員會印

拥护苏维埃政权与红军革命战争告全国民众

中国工农兵会议（苏维埃）第一次全国代表大会中央准备委员会发布　1931 年　影印本

本件系纪念全国苏维埃第一次代表大会开幕而印发的传单。

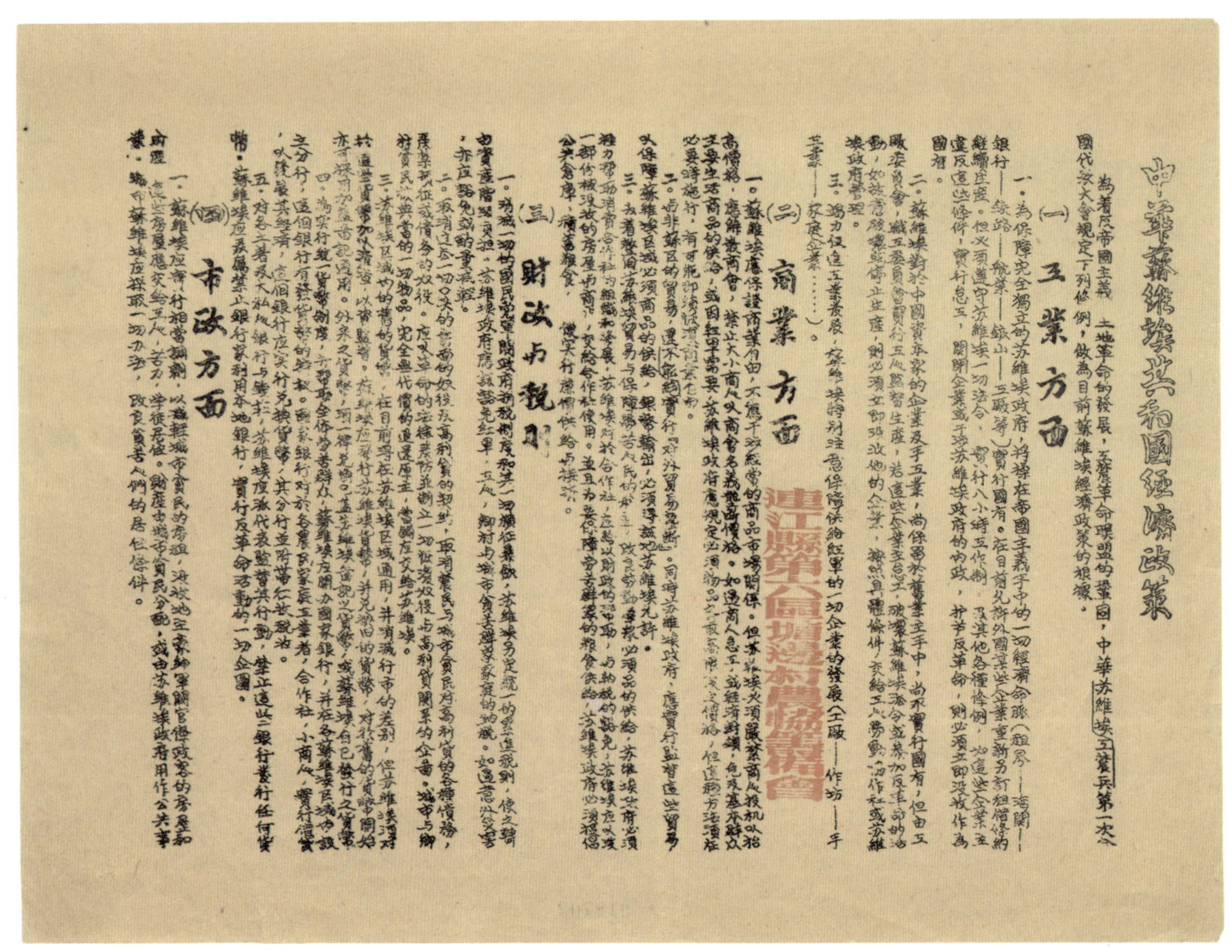

中華蘇維埃共和國經濟政策

為着反帝國主義土地革命的發展，鞏固工農革命聯盟的基礎，中華苏維埃工農兵第一次全國代表大會規定下列條例，做為目前蘇維埃經濟政策的根據。

(一)工業方面

一、為保障完全獨立的苏維埃政府，將操在帝國主義手中的一切經濟命脈（租界——海關——銀行——鐵路——航業——礦山——工廠等）實行國有。在目前允許外國企業重新另訂租借條約繼續生產。但必須遵守苏維埃一切法令，實行八小時工作制，及其他各種條例。如這些企業主違反這些條件，實行怠工，關閉企業或干涉苏維埃政府的內政，扶助反革命，則必須立即沒收作為國有。

二、蘇維埃對於中國資本家的企業及手工業，尚保留於舊業主手中，尚不實行國有，但由工廠委員會，職工委員會實行工人監督生產，若這些企業主怠工，破壞蘇維埃法令或參加反革命的活動，如故意破壞或停止生產，則必須立即沒收他的企業，按照具體條件，交給工人勞動協作社或苏維埃政府管理。

三、竭力促進工業發展，苏維埃特別注意保障供給紅軍的一切企業的發展（工廠——作坊——手工業——家庭企業……）。

(二)商業方面

一、蘇維埃應保證商業自由，不應干涉經常的商品市場關係。但苏維埃必須嚴禁商人投機以抬高價格，應解散商會，禁止大小商人以商會名義壟斷價格。如遇商人怠工，或經濟封鎖，危及基本群眾主要生活商品的供給，或因紅軍需要，苏維埃政府應規定必須物品的最高價格，但這種方法須在必要時施行，有可能即須取消價格限制。

二、與非蘇區的貿易，還不能實行對外貿易壟斷。同時苏維埃政府，應實行監督這些貿易以保障蘇維埃區域必須商品的供給，銀幣輸出，必須得苏維埃允許。

三、為着發展苏維埃貿易與保障勞苦人民的利益，改良勞動群眾必須品的供給，苏維埃政府必須竭力幫助消費合作社的組織和發展，苏維埃對於合作社，應給以財政的幫助，與納稅的豁免，苏維埃應以沒收一部份被沒收的房屋與商店，交給合作社使用。並且為要保障勞苦群眾的糧食供給，苏維埃政府必須設公共倉庫，積蓄糧食，確實行廉價供給與接濟。

建江縣第六區塘邊村農協籌備會

(三)財政與稅則

一、為取消一切國民黨軍閥政府的稅捐制度和其一切橫征暴斂，苏維埃另定統一的累進稅則，使之轉由資產階級負擔。苏維埃政府應豁免紅軍、工人，鄉村與城市貧苦群眾家庭的納稅。如遇意外災害，亦應豁免或酌量減輕。

二、取消過去一切口頭的書面的奴役及高利貸的契約，取消農民與城市貧民對高利貸的各種債務，廢除苛捐雜稅或債務的奴役。應以革命的法律來防止並禁止一切奴役及高利貸關係的企圖。城市與鄉村貧民以典當的一切物品，完全無代價的退還原主，當鋪應交給苏維埃。

三、苏維埃區域內的舊的貨幣，在目前得在苏維埃區域通用，并消滅行市的差別，但苏維埃須對於這些貨幣加以清查，以資監督。蘇維埃應發行苏維埃貨幣，對於舊的貨幣開始亦可採用辦法兌換。外來之貨幣，須一律兌換。蓋苏維埃自己發行之貨幣，或蘇維埃區域內政府之分行，這個銀行有發行貨幣的特權。

四、為實行統一貨幣制度，并幫助全體勞苦群眾，蘇維埃應開辦國家銀行，并在各蘇維埃區域內設分行，這個銀行應實行兌換貨幣，其分行並附帶征收稅收。國家銀行對於各農民家庭工業者，合作社，小商人，實行借貸，以發展其經濟。

五、對各大舊及大私人銀行與錢莊，苏維埃應派代表監督其行動，禁止這些銀行發行任何貨幣。蘇維埃應嚴厲禁止銀行家利用本地銀行，實行反革命活動的一切企圖。

(四)市政方面

一、蘇維埃應實行相當調劑，以減輕城市貧民的房租，沒收地主豪紳軍閥官僚政客的房屋和財產，這些房屋應交給工人、苦力、學徒居住。財產由城市貧民分配，或由苏維埃政府用作公共事業。城市蘇維埃應採取一切辦法，改良貧苦人們的居住條件。

中华苏维埃共和国经济政策

中华工农兵苏维埃第一次全国代表大会制定　油印本　复制件

中华工农兵苏维埃第一次全国代表大会制定并通过了这个文件，12月1日由毛泽东、项英、张国焘、周以栗、曾山、张鼎丞、陈正人、朱德、邓发联名发布。

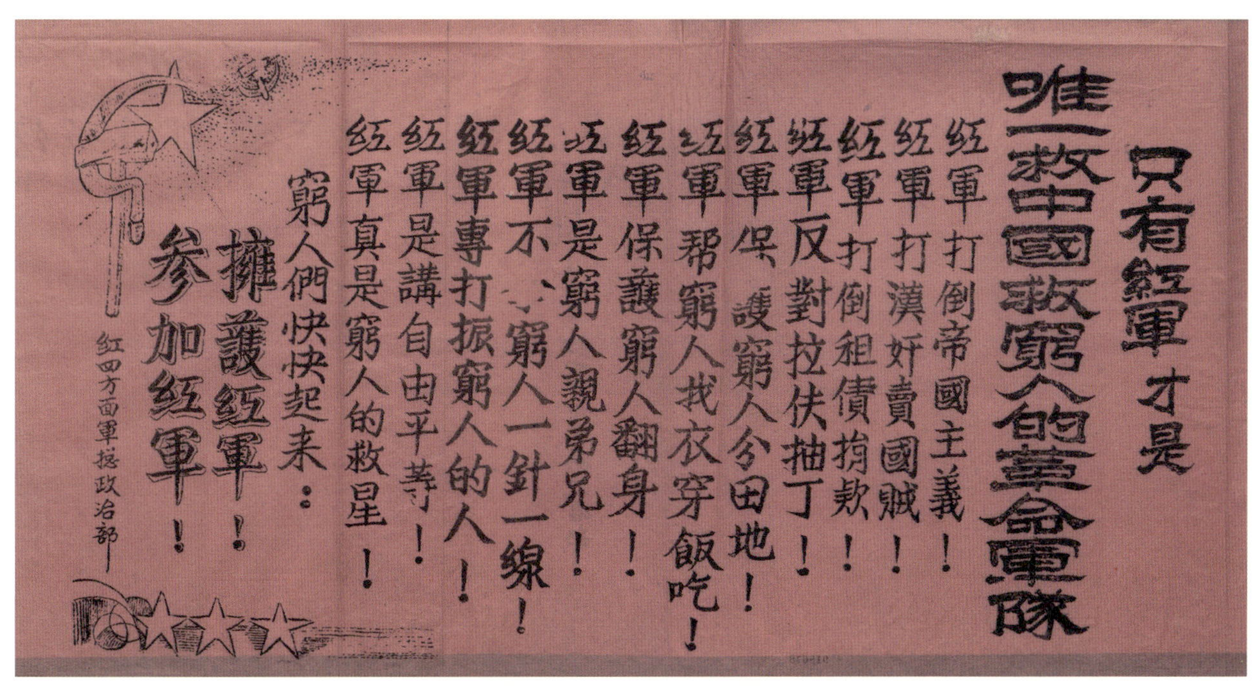

只有红军才是唯一救中国救穷人的革命军队

红四方面军总政治部　1928 年　复制件

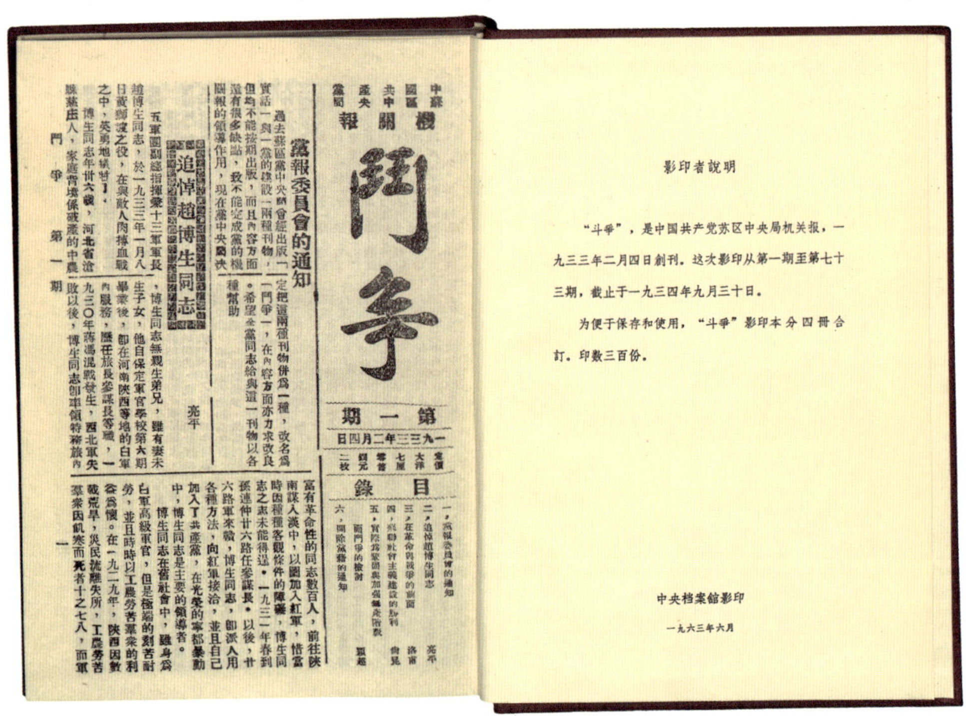

中國共產黨蘇區中央局機關報

鬥爭

第一期

一九三三年二月四日

定價大洋七厘 零售銅元二枚

目錄

一，黨報委員會的通知
二，追悼趙博生同志 亮平
三，在革命與戰爭的前面 洛甫
四，[illegible]
五，[illegible]
六，開除黨籍的通知

黨報委員會的通知

過去蘇區黨中央局曾經出版「實話」與「黨的建設」兩種刊物，但均不能按期出版，而且內容方面還有很多缺點，致不能完成黨的機關報的領導作用，現在黨中央局決定把這兩種刊物併為一種，改名為「鬥爭」，在內容方面亦力求改良。希望全黨同志給與這一刊物以各種幫助。

追悼趙博生同志

亮平

五軍團副總指揮兼十三軍軍長趙博生同志，於一九三三年一月八日黃獅渡之役，在與敵人肉搏血戰之中，英勇地犧牲了。

博生同志年卅六歲，河北省滄縣蒸莊人，家庭背境係破產的中農，博生同志無親生弟兄，雖有妻未生子女，他自保定軍官學校第六期畢業後，即在河南陝西等地的白軍內服務，歷任旅長參謀長等職，一九三〇年蔣馮混戰發生，西北軍失敗以後，博生同志即率領特務旅內富有革命性的同志數百人，前往陝南謀入漢中，以圖加入紅軍，惜當時因種種客觀條件的障礙，博生同志之志未能得逞。一九三一年春到孫連仲廿六路任參謀長。以後，廿六路軍來贛，博生同志，即派人用各種方法，向紅軍接洽，並且自己加入了共產黨，在光榮的寧都暴動中，博生同志是主要的領導者。

博生同志在舊社會中，雖身為白軍高級軍官，但是極端的刻苦耐勞，並且時時以工農勞苦羣衆的利益為懷。在一九二九年，陝西因數載荒旱，災民流離失所，工農勞苦羣衆因飢寒而死者十之七八，而軍

鬥爭 第一期 一

影印者說明

"斗爭"，是中国共产党苏区中央局机关报，一九三三年二月四日創刊。这次影印从第一期至第七十三期，截止于一九三四年九月三十日。

为便于保存和使用，"斗爭"影印本分四册合訂。印数三百份。

中央档案館影印

一九六三年六月

斗争

中央档案馆影印　1963 年

1933 年 2 月 4 日在江西瑞金创刊，作为中共苏区中央局的机关报。主编张闻天。每 10 日出版一期，铅印。1934 年 9 月 30 日休刊，共出版 73 期。

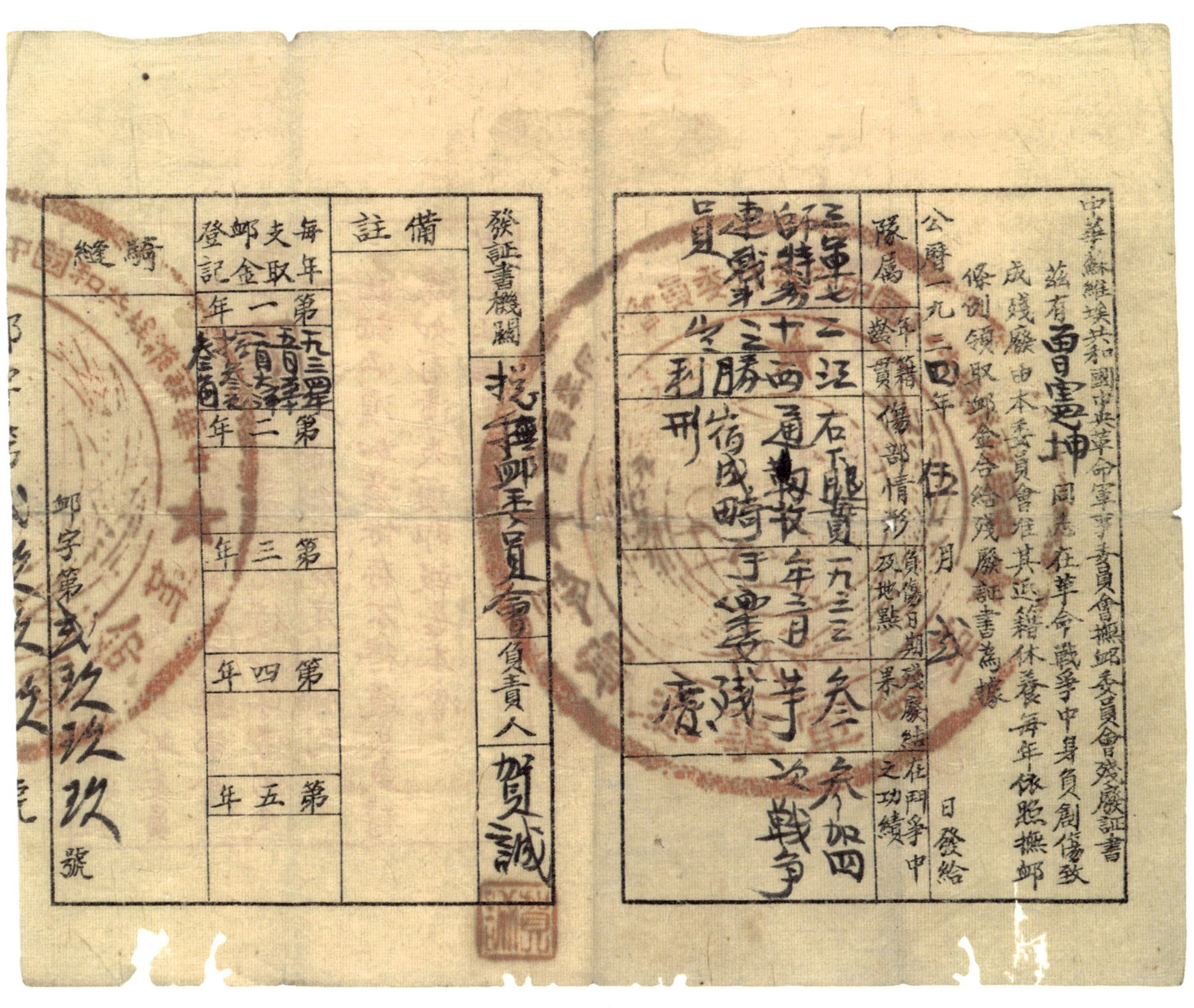

中華蘇維埃共和國中央革命軍事委員會撫卹委員會殘廢証書

茲有曾憲坤同志在革命戰爭中身負創傷致成殘廢由本委員會准其近籍休養每年依照撫卹條例領取卹金合給殘廢証書為據

公曆一九三四年伍月　日發給

隊屬

籍貫

傷部情形

負傷日期及地點

殘廢結果

在鬥爭中之功績

發証書機關　撫卹委員會

負責人　賀誠

備註

每年支取卹金登記

第一年

第二年

第三年

第四年

第五年

騎縫

卹字第玖玖玖號

中华苏维埃共和国中央革命军事委员会抚恤委员会残废证书

中华苏维埃共和国中央革命军事委员会抚恤委员会颁发　1934 年

中华苏维埃共和国中央革命军事委员会抚恤委员会主任贺诚签发给红军战士曾宪坤的残废证书，钤有中央革命军事委员会阳文朱印。

五次反“围剿”

从 1930 年到 1933 年，国民党当局向中央苏区接连发动了四次大规模的“围剿”。在毛泽东、朱德等人的正确指挥下，反“围剿”斗争取得了巨大的胜利。1933 年 9 月，国民党当局纠集 50 万军队，发动对中央苏区的第五次“围剿”。当时，中国共产党主要负责人博古和共产国际军事顾问李德取得了中央的最高领导权。在他们错误的指挥下，外加多种不利因素，中央苏区第五次反“围剿”失败。

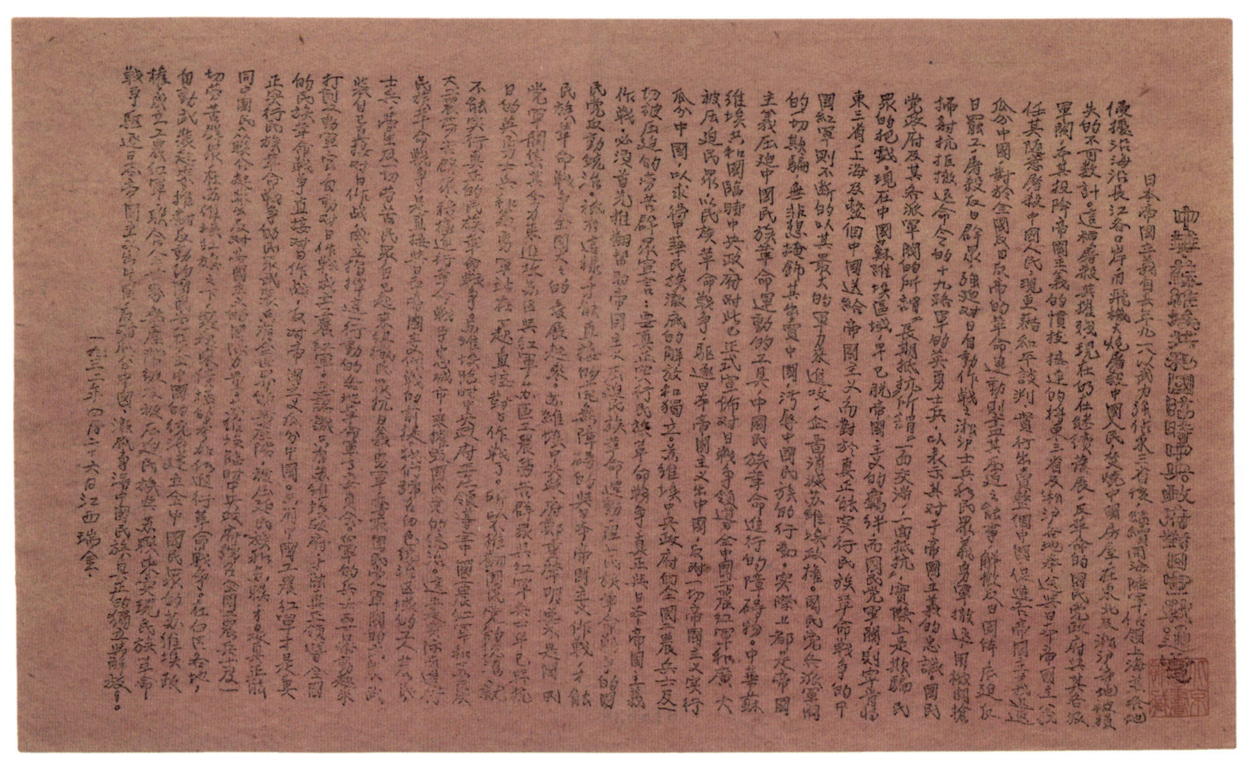

中华苏维埃共和国临时中央政府对日宣战通电

中华苏维埃共和国临时中央政府　1932 年 4 月 26 日　复制件

即“对日战争宣言”。1932 年 4 月 15 日以中华苏维埃临时中央政府主席毛泽东的名义发布。宣言号召全中国民众必须坚决地组织起来、团结起来、武装起来，打倒投降帝国主义的国民党，建立工农民众自己的政权，创造出工农自己的武装力量，同日本帝国主义举行民族的战争，争取中国的独立和统一。

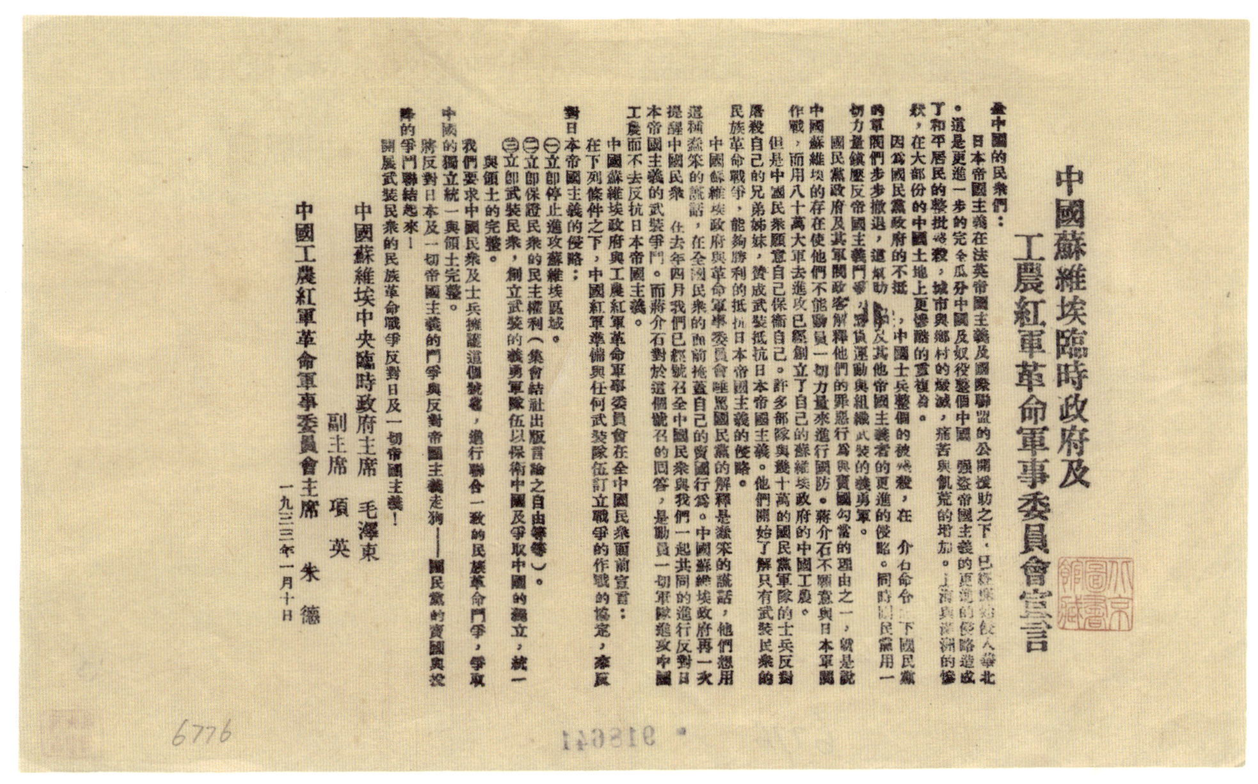

中國蘇維埃臨時政府及工農紅軍革命軍事委員會宣言

全中國的民衆們：

日本帝國主義在法英帝國主義及國際聯盟的公開援助之下，已經開始侵入華北。這是更進一步的完全瓜分中國及奴役整個中國。强盜帝國主義的更進的侵略造成了和平居民的整批屠殺，城市與鄉村的毀滅，痛苦與飢荒的增加。上海與滿洲的慘狀，在大部份的中國土地上更慘酷的重複着。

因為國民黨政府的不抵抗，中國士兵整個的被屠殺，在蔣介石命令之下國民黨的軍閥們步步撤退，還幫助日本及其他帝國主義者的更進的侵略。同時國民黨用一切力量鎮壓反帝國主義鬥爭，壓迫運動與組織武裝的義勇軍。

國民黨政府及其軍閥政客解釋他們的罪惡行為與賣國勾當的理由之一，就是說中國蘇維埃的存在使他們不能動員一切力量來進行國防。蔣介石不願意與日本軍閥作戰，而用八十萬大軍去進攻已經創立了自己的蘇維埃政府的中國工農。

但是中國民衆願意自己保衛自己。許多部隊與幾十萬的國民黨軍隊的士兵反對屠殺自己的兄弟姊妹，贊成武裝抵抗日本帝國主義。他們開始了解只有武裝民衆的民族革命戰爭，能夠勝利的抵抗日本帝國主義的侵略。

中國蘇維埃政府與革命軍事委員會唾罵國民黨的解釋是蠢笨的謊話，他們想用這種蠢笨的謊話，在全國民衆的面前掩蓋自己的賣國行為。中國蘇維埃政府再一次提醒中國民衆 在去年四月我們已經號召全中國民衆與我們一起共同的進行反對日本帝國主義的武裝鬥爭。而蔣介石對於這個號召的回答，是動員一切軍隊進攻中國工農而不去反抗日本帝國主義。

中國蘇維埃政府與工農紅軍革命軍事委員會在全中國民衆面前宣言：在下列條件之下，中國紅軍準備與任何武裝隊伍訂立戰爭的作戰的協定，來反對日本帝國主義的侵略：

㈠立即停止進攻蘇維埃區域。

㈡立即保證民衆的民主權利（集會結社出版言論之自由等等）。

㈢立即武裝民衆，創立武裝的義勇軍隊伍以保衛中國及爭取中國的獨立，統一與領土的完整。

我們要求中國民衆及士兵擁護這個號召，進行聯合一致的民族革命鬥爭，爭取中國的獨立統一與領土完整。將反對日本及一切帝國主義的鬥爭與反對帝國主義走狗——國民黨的賣國與投降的鬥爭聯結起來！

開展武裝民衆的民族革命戰爭反對日及一切帝國主義！

中國蘇維埃中央臨時政府主席 毛澤東

副主席 項 英

中國工農紅軍革命軍事委員會主席 朱 德

一九三三年一月十日

中国苏维埃临时政府及工农红军革命军事委员会宣言

毛泽东、项英、朱德起草　中国苏维埃临时政府、中国工农红军革命军事委员会发布　1933 年 1 月 10 日　复制件

此宣言由中国苏维埃中央临时政府主席毛泽东、副主席项英、中国工农红军革命军事委员会主席朱德起草。宣言指出日本帝国主义已侵占东北、进攻上海，进而企图占领全华北、瓜分全中国，而蒋介石国民党非但不抵抗，反而用重兵进攻苏区。号召中国民众与中国工农红军一起共同进行反对日本帝国主义的武装斗争。

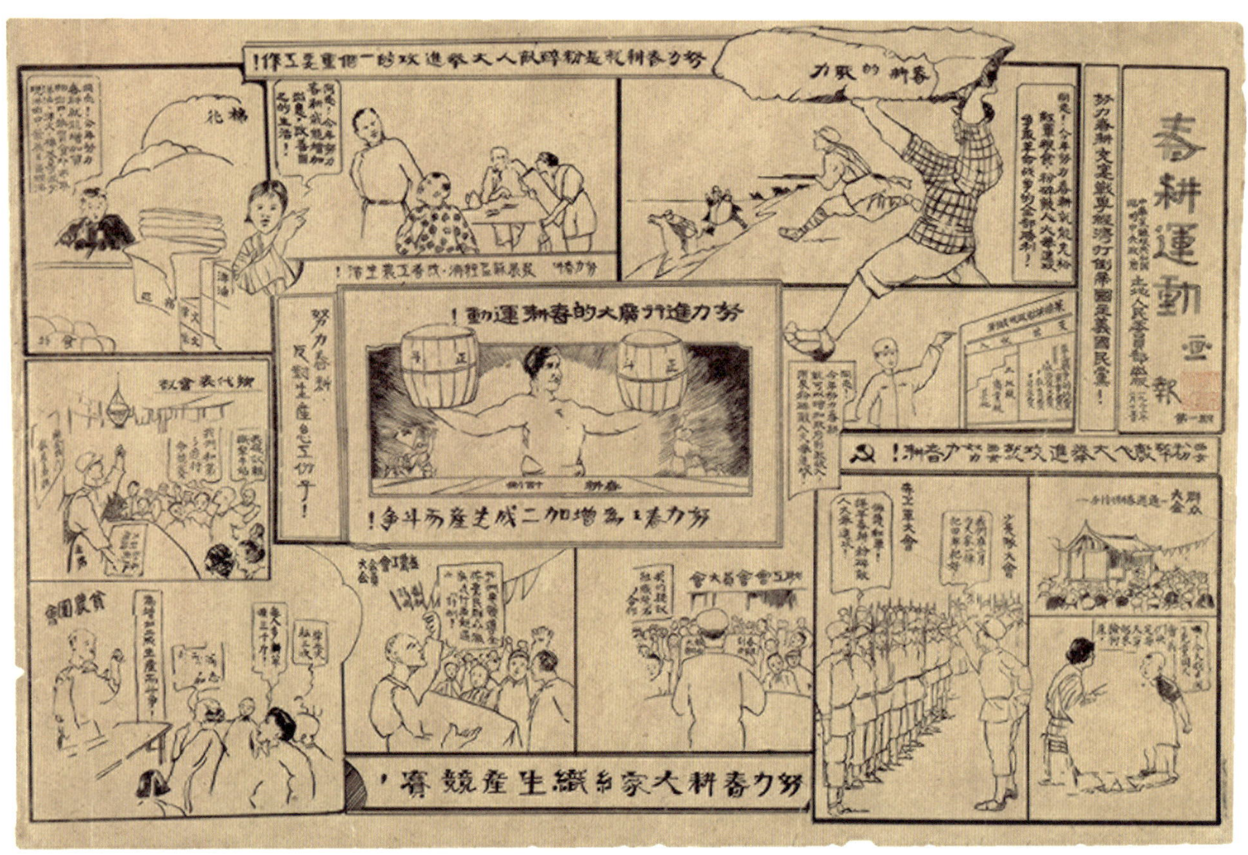

春耕运动画报

中华苏维埃共和国临时中央政府土地人民委员部编印　1933 年　复制件

中华苏维埃共和国临时中央政府土地人民委员部为粉碎国民党军队对中央苏区的第四次军事“围剿”，以及在经济上的封锁，发动广大人民群众自力更生、生产自救而进行宣传的画报。画中写明了各种表现“努力发展生产”主题的口号。

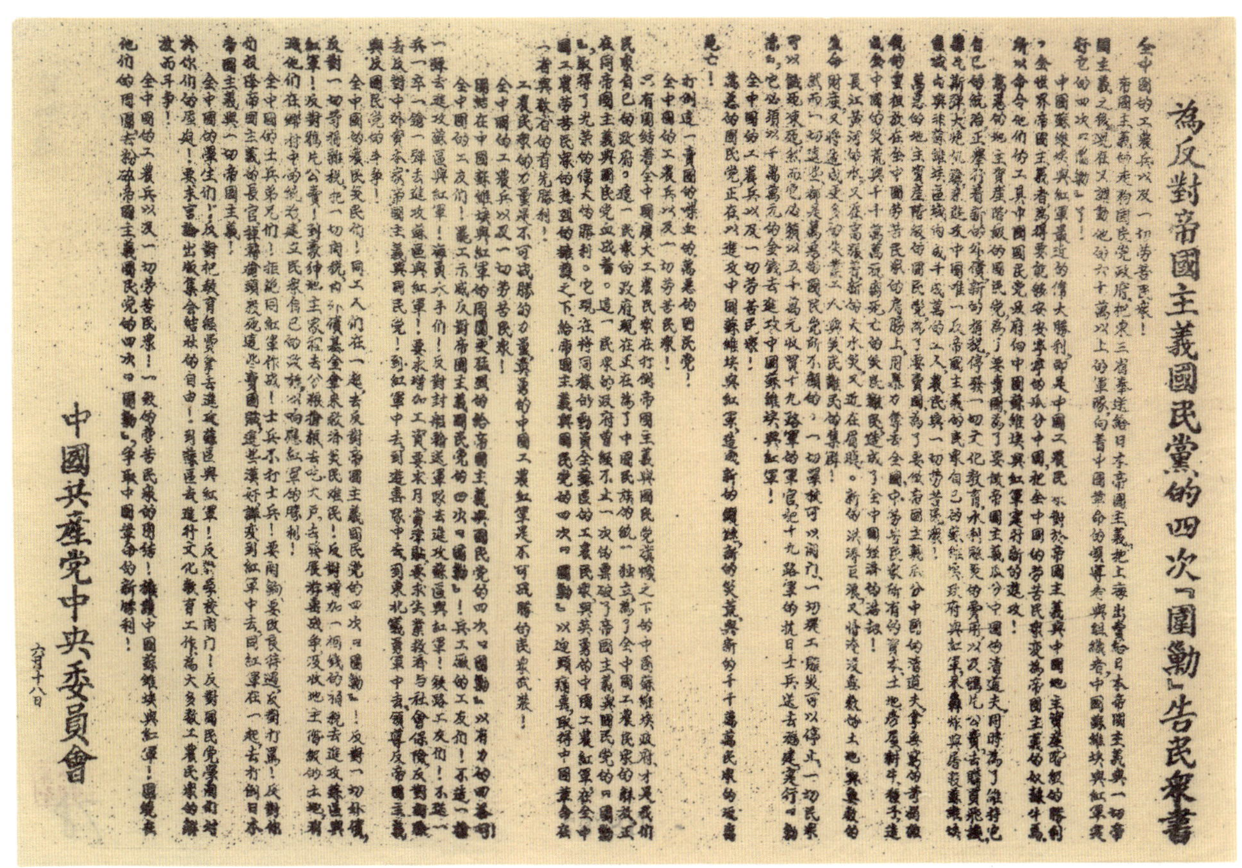

為反對帝國主義國民黨的四次『圍勦』告民衆書

全中國的工農兵以及一切勞苦民衆！

帝國主義的走狗國民党政府，把東三省奉送給日本帝國主義，把上海出賣給日本帝國主義與一切帝國主義之後，現在又調動他的六十萬以上的軍隊，向着中國革命的領導者與組織者，中國蘇維埃與紅軍実行它的四次"圍勦"了！

中國蘇維埃與紅軍最近的偉大勝利，即是中國工農民衆對於帝國主義與中國地主資產階級的勝利，全世界帝國主義者為得要能够安安寧寧的瓜分中國，把全中國的勞苦民衆變為帝國主義的奴隸牛馬，所以命令他們的工具中國國民党政府向中國蘇維埃與紅軍実行新的進攻！

萬惡的地主資產階級的國民党，為了要識帝國主義瓜分中國的清道夫，同時為了維持他自己的統治，正厲行着新的外債，新的捐稅，停發一切文化教育，水利賑災的費用，以及鴉片公賣，去購買飛機毒氣斯彈大炮，飛機，來進攻中國唯一反帝國主義的民衆自己的蘇維埃政府與紅軍，來轟炸與屠殺蘇維埃區域內與非蘇維埃區域內成千成萬的工人，農民與一切勞苦民衆！

萬惡的地主資產階級的國民党，為了要貢國，為了要做帝國主義瓜分中國的清道夫，拿去無窮的苛捐雜稅的重担放在全中國勞苦民衆的肩膀上，用暴力奪去全國中勞苦民衆所有的資本，土地房屋，耕牛，種子，造成全中國的災荒與千千萬萬流離死亡的失業難民，造成了全中國經濟的崩潰！長江黃河的水，又在高漲着，新的大水災又迫在眉睫。新的洪濤巨浪又將淹沒無數的土地與無數的生命財產，又將造成更多的失業工人與災民難民的集群！

然而，一切這些，都是萬惡國民党所不顧的，一切災禍可以聽其發生，一切建設工程可以停止，一切民衆可以餓死凍死，然而它必須以五千萬元收買十九路軍的軍官，把十九路軍的抗日士兵送去為建實行"勦共"，它必須以千萬萬元的金錢去進攻中國蘇維埃與紅軍！

全中國的工農兵以及一切勞苦民衆！

萬惡的國民党正在以進攻中國蘇維埃與紅軍，造成新的饑荒，新的災荒與新的千千萬萬民衆的流離死亡！

打倒這一賣國的喋血的萬惡的國民党！

全中國的工農兵以及一切勞苦民衆！

只有團結着全中國廣大工農民衆在打倒帝國主義與國民党統治之下的中國蘇維埃政府，才是我們民衆自己的政府。這一民衆的政府現在正在為了中國民族的統一獨立，為了全中國工農民衆的解放正在同帝國主義與國民党血戰着。這一民衆的政府曾經不止一次的粉碎了帝國主義與國民党的"圍勦"，取得了光榮的偉大的勝利。它現在將同樣的動員全蘇區的工農民衆與英勇的中國工農紅軍在全中國工農勞苦民衆的熱烈的擁護之下，給帝國主義與國民党的四次"圍勦"以迎頭痛擊，取得中國革命在一省與數省的首先勝利！

工農民衆的力量是不可戰勝的，英勇的中國工農紅軍是不可戰勝的民衆武裝！

全中國的工農兵以及一切勞苦民衆！

團結在中國蘇維埃與紅軍的周圍，更猛烈的給帝國主義與國民党的四次"圍勦"以有力的回答吧！

全中國的工友們！罷工示威反對帝國主義國民党的四次"圍勦"！兵工廠的工友們！不造一槍一彈去進攻蘇區與紅軍！海員兵手們！反對封鎖輸送軍隊去進攻蘇區與紅軍！鐵路工友們！不運一兵一卒一槍一彈去進攻蘇區與紅軍！要求增加工資要求月賞津貼要求失業救濟與社會保險反對壓迫去反對中外資本家帝國主義與國民党！到紅軍中去到游擊隊中去到東北義勇軍中去領導反帝國主義與反國民党的斗爭！

全中國的農民兵民們！同工人們在一起，去反對帝國主義國民党的四次"圍勦"！反對一切苛捐，反對一切苛捐雜稅，把一切田稅，內外債基金拿來救濟災民難民！反對增加一個錢的捐稅去進攻蘇區與紅軍！反對鴉片公賣！到豪紳地主家裡去分糧食搶去吃大戶，去發展游擊戰爭沒收地主階級的土地，組織他們在鄉村中的統治，建立民衆自己的政權，以响應紅軍的勝利！

全中國的士兵弟兄們！拒絕同紅軍作戰！士兵不打士兵！要餉，要改良待遇，反對打罵！反對你們的投降帝國主義的長官，槍斃他們，殺死這些賣國賊，這些漢奸，譁變到紅軍中去，同紅軍在一起，去打倒日本帝國主義與一切帝國主義！

全中國的學生們！反對把教育經費拿去進攻蘇區與紅軍！反對學校關門！反對國民党學閥對於你們的壓迫！要求言論出版集會結社的自由！到蘇區去進行文化教育工作，為大多數工農民衆的解放而斗爭！

全中國的工農兵以及一切勞苦民衆！一致的勞苦民衆的團結！擁護中國蘇維埃與紅軍！團結在他們的周圍去粉碎帝國主義國民党的四次"圍勦"，爭取中國革命的新勝利！

中國共產党中央委員會

六月十八日

为反对帝国主义国民党的四次“围剿”告民众书

中国共产党中央委员会　1932 年 6 月 18 日

1932 年 6 月间，蒋介石调集 40 万重兵，对苏区和红军发动了第四次大规模“围剿”。为做好反“围剿”战争的动员工作，中共中央于 1932 年 6 月 18 日发布了这篇宣言。

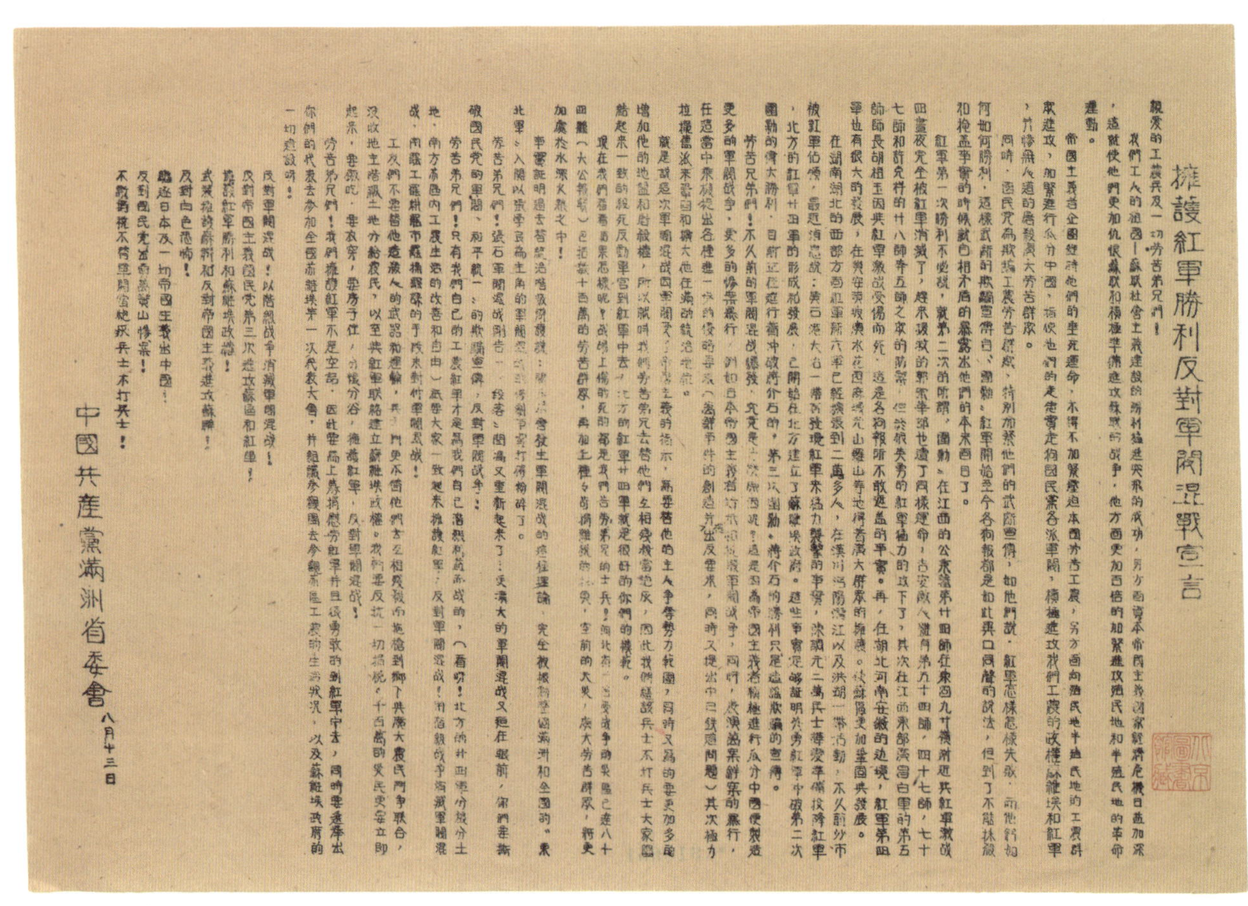

擁護紅軍勝利反對軍閥混戰宣言

親愛的工農兵及一切勞苦弟兄們！

我們工人的祖國——蘇聯社會主義建設的勝利猛進與飛躍的成功，另方面資本帝國主義國家經濟危機日益加深，這就使他們更加仇恨蘇聯和積極準備進攻蘇聯的戰爭，他方面更加百倍的加緊壓迫殖民地和半殖民地的革命運動。

帝國主義者企圖延長他們的垂死運命，不得不加緊壓迫本國勞苦工農，另方面向殖民地半殖民地的工農群眾進攻，加緊進行瓜分中國，極使他們的走狗國民黨各派軍閥，積極進攻我們工農的政權蘇維埃和紅軍，并慘無人道的屠殺廣大勞苦群眾。

同時，國民黨為欺騙工農勞苦群眾，特別加緊他們的武斷宣傳，如他們說：紅軍怎樣怎樣失敗，而他們如何如何勝利，這樣武斷的欺騙宣傳自從「圍剿」紅軍開始至今各狗報都是如此異口同聲的說法，但到了不能抹殺和掩蓋事實的時候就自相矛盾的暴露出他們的本來面目了。

紅軍第一次勝利不必說，就第二次的所謂「圍剿」，在江西的公秉藩第廿四師在東固九寸嶺附近共紅軍激戰四晝夜完全被紅軍消滅了，趕來援救的郭華宗部也遭了同樣運命，吉安敵人雖有第五十四師，四十七師，七十七師和許克祥的廿八師等五師之眾的防禦，但終被英勇的紅軍猛力的攻下了，其次在江西東部滿溜白軍的第五師師長胡祖玉因與紅軍激戰受傷而死，這是各狗報所不敢遮蓋的事實。再，在湖北河南安徽的邊境，紅軍第四軍也有很大的發展，在黃安黃坡黃水花園麻城光山羅山等地得著廣大群眾的擁護。使蘇區更加鞏固與發展。

在湖南湖北的西部方面紅軍第六軍已經擴張到二萬多人，在漢川沔陽潛江以及洪湖一帶活動，不久前沙市被紅軍佔領，最近消息說：黃石港大冶一帶有發現紅軍來猛力襲擊的事實，沫調元二萬兵士等變準備投降紅軍，北方的紅軍廿四軍的形成和發展，已開始在北方建立了蘇維埃政府。這些事實足夠證明英勇紅軍中破第二次圍剿的偉大勝利。目前正在進行衝破蔣介石的第三次圍剿。蔣介石的勝利只是造謠欺騙的宣傳。

勞苦兄弟們！不久前的軍閥混戰爆發，究竟是怎樣爆發的呢？這是因為帝國主義者積極進行瓜分中國便製造更多的軍閥戰爭，更多的慘無人道的暴行，例如日本帝國主義者[illegible]軍閥戰爭，同時，在滿洲萬寶山案件的暴行，在這當中乘機提出各種進一步的侵略要求（萬寶山事件的創造并提出反要求，同時又提出中日鐵路問題）其次極力拉攏蔣逆來鞏固和擴大他在滿洲的統治。

就是說是次軍閥混戰因為[illegible]帝國主義的指示，需要替他的主人爭奪勢力範圍，同時又為的要更加多的增加他的地盤和剝削權，所以就叫我們勞苦弟兄去替他們互相殘殺害他反，因此我們號召兵士不打兵士大家團結起來一致的殺死反動軍官到紅軍中去！北方的紅軍廿四軍就是很好的你們的模範。

現在我們看看結果怎樣呢？戰場上傷的死的都是我們當兵的弟兄的士兵！河北省一帶受戰爭的災難已達八十四縣（大公報載）已超出十萬的勞苦群眾，再加上種種苛捐雜稅的剝奪，空前的大災，廣大勞苦群眾，將更加處於水深火熱之中！

事實證明過去若統治階級所說：「[illegible]不會發生軍閥混戰」的狂妄理論，完全被擊碎[illegible]滿洲和全國的。「東北軍」入關以張學良為主角的軍閥混戰的事實打得粉碎了。

勞苦弟兄們！張石軍閥混戰剛告一段落，閻馮又重新起來了；更廣大的軍閥混戰又迫在眼前，你們要撕破國民黨的軍閥「和平統一」的欺騙宣傳，反對軍閥戰爭！

勞苦弟兄們！只有我們自己的工農紅軍才是為我們自己階級利益而戰的，（看呀！北方的廿四軍分散分土地，南方蘇區內工農生活的改善和自由）我們大家一致起來擁護紅軍！反對軍閥混戰！消滅階級戰爭消滅軍閥混戰，南滿工人礦工[illegible]罷工[illegible]的手段來對付軍閥混戰！

工友們不要替他造殺人的武器和運輸，兵士們更不要替他們去互相殘殺而施槍到鄉下共廣大農民們爭取聯合，沒收地主階級土地分給農民，以至與紅軍聯絡建立蘇維埃政權。我們要反抗一切捐稅，千百萬的農民更要立即起來，要飯吃，要衣穿，要房子住，[illegible]分谷，擁護紅軍，反對軍閥混戰！

勞苦弟兄們！我們擁護紅軍不是空話，因此要馬上募捐慰勞紅軍并且很勇敢的到紅軍中去，同時要選舉出你們的代表去參加全國蘇維埃第一次代表大會，并組織參觀團去參觀蘇區工農的生活狀況，以及蘇維埃政府的一切建設呀！

反對軍閥混戰！以階級戰爭消滅軍閥混戰！

反對帝國主義國民黨第三次進攻蘇區和紅軍！

擁護紅軍勝利和蘇維埃政權！

武裝擁護蘇聯和反對帝國主義進攻蘇聯！

反對白色恐怖！

驅逐日本及一切帝國主義出中國！

反對國民黨屠殺萬寶山慘案！

不繳捐稅不替軍閥當炮灰兵士不打兵士！

中國共產黨滿洲省委會 八月十三日

拥护红军胜利反对军阀混战宣言

中国共产党满洲省委会　1931 年 8 月 13 日　复制件

中国共产党满洲省委会针对 1931 年 7 月蒋介石所发动的国民党军队对中央苏区的第三次围剿，动员广大群众拥护红军反对军阀混战而进行的宣传。

红军长征

由于红军在中央苏区第五次反“围剿”斗争中遭到空前严重的失败，主力被迫进行长征。1934 年 10 月初，国民党军队推进到中央根据地的腹地，红一方面军开始长征。历经艰难险阻，冲破围追堵截，于 1935 年 10 月到达陕甘苏区的吴起镇。1936 年 10 月，红四、红二方面军先后与红一方面军会师，中国工农红军长征胜利结束。

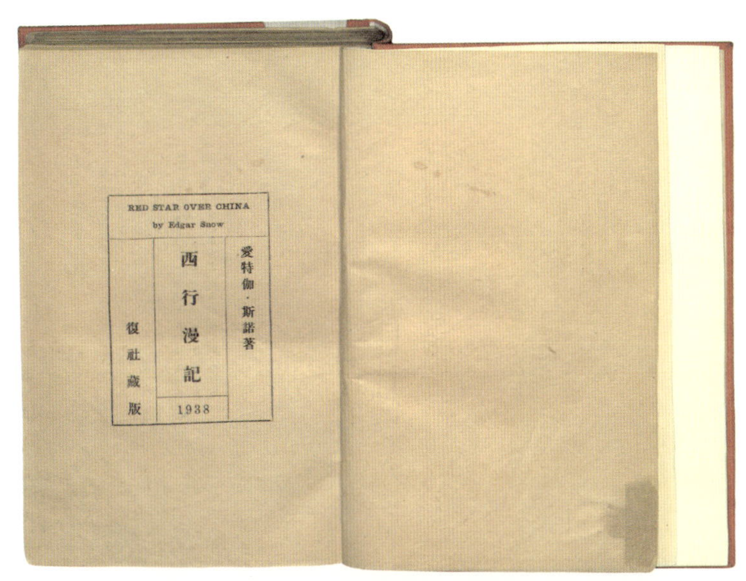
RED STAR OVER CHINA
by Edgar Snow
西行漫記
愛特伽·斯諾著
復社藏版
1938

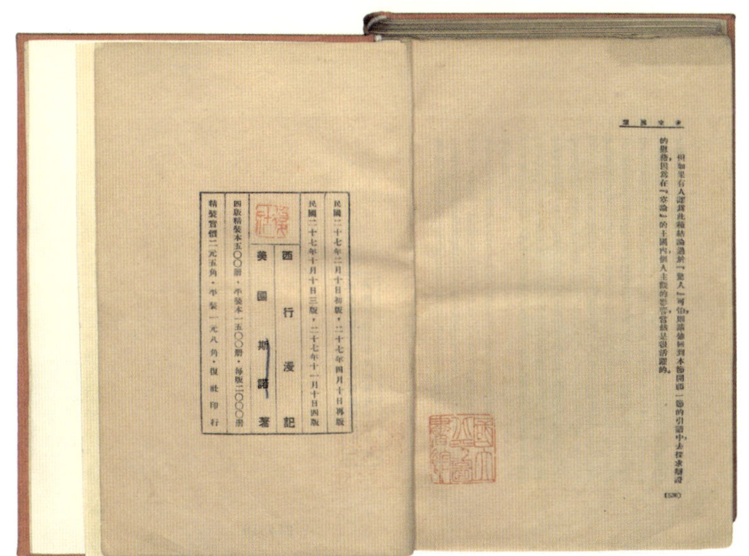
民國二十七年二月十日初版·二十七年四月十日再版
民國二十七年十月十日三版·二十七年十一月十日四版
西行漫記
美國 斯諾 著
四版精裝本五〇〇冊·平裝本一五〇〇冊·每版二〇〇〇冊
精裝實價二元五角·平裝一元八角·復社印行

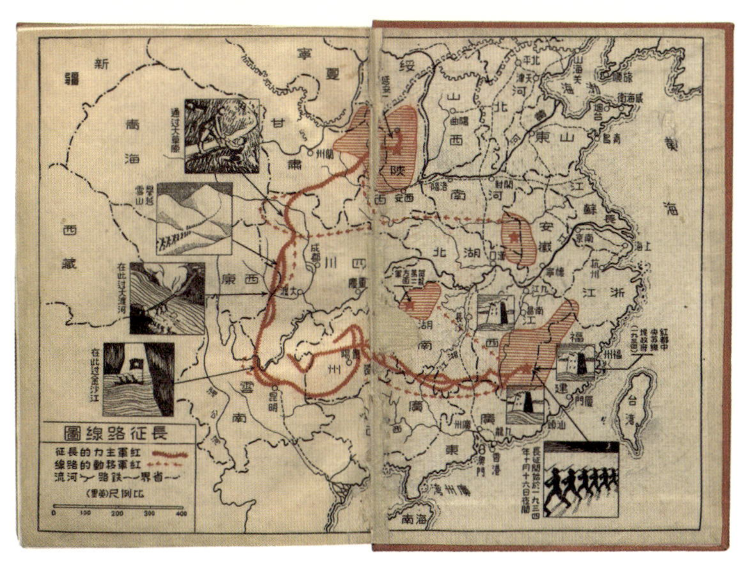

西行漫记

（美）斯诺著　上海复社　1938 年 11 月

原名《红星照耀中国》（*Red Star Over China*），是美国著名记者埃德加·斯诺的名著，向西方读者描述了还处于游击状态的陌生的中国共产党。书中有作者 1938 年 1 月于上海写的“序”及译者“附记”，照片 51 幅。

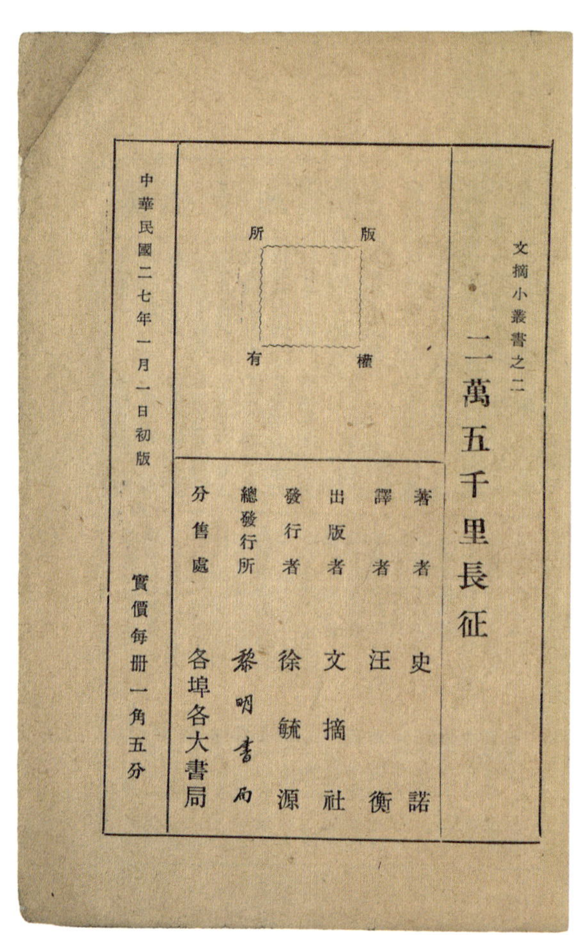

文摘小叢書之二
二萬五千里長征

著者 史諾
譯者 汪衡
出版者 文摘社
發行者 徐毓源
總發行所 黎明書局
分售處 各埠各大書局

版權所有

中華民國二七年一月一日初版
實價每冊一角五分

二万五千里长征

（美）斯诺著　汪衡译　上海文摘社　1938 年 1 月

本书译自斯诺发表在英文《亚细亚》杂志上的系列报道，内容为：《写在前面》《在长征以前》《从江西到贵州边境》《从黔边到遵义》《从遵义到扬子江》《从会理到四川》《到达了新的根据地》。附红军第一军团西征中经过地点及里程一览表。

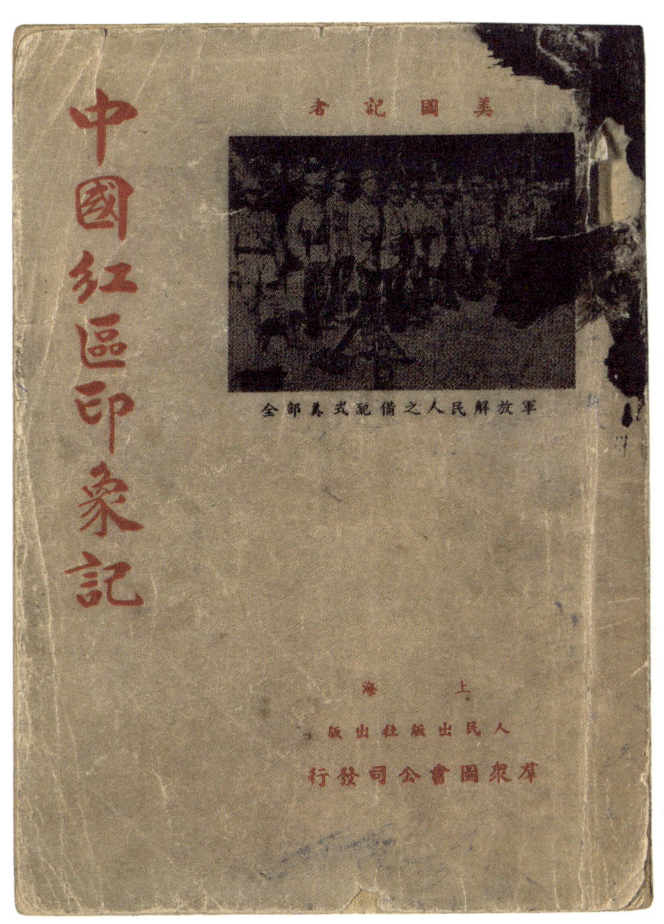

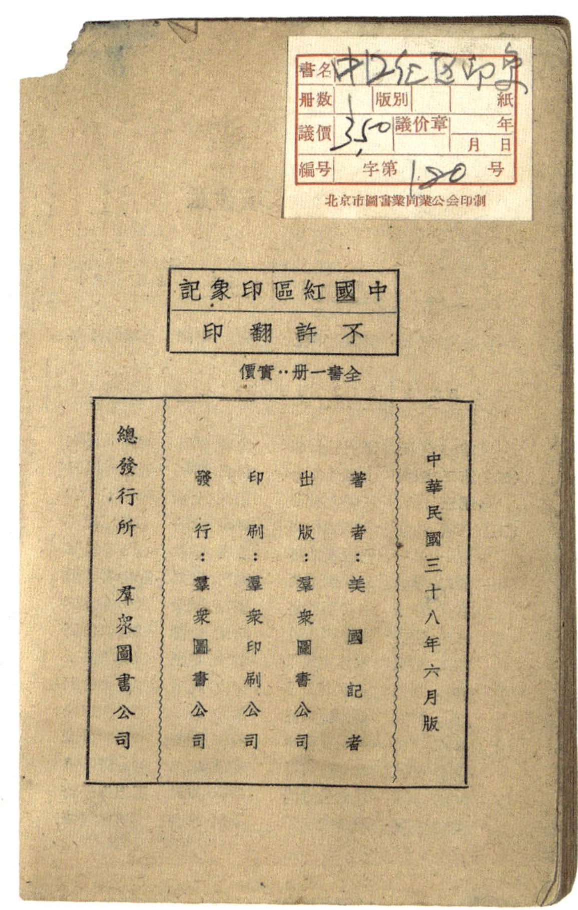

書名 册数 版别 紙 議價 議价章 年 月 日 編号 字第 号
北京市圖書業商業公会印制

中國紅區印象記
不許翻印
全書一册：實價

中華民國三十八年六月版

著者：美國記者
出版：羣衆圖書公司
印刷：羣衆印刷公司
發行：羣衆圖書公司

總發行所 羣衆圖書公司

中国红区印象记

（美）斯诺等著　上海人民出版社　1949 年 6 月

本书由斯诺等人对红色根据地的纪实报道汇辑而成，分别为：《毛施会见记》《共党与西北》《红旗下的中国》《中国红军》《中国红军怎样建立苏区》《在中国红区里》《中日问题与西安事变——毛泽东与某外国记者谈话》。其中前 3 篇为斯诺所作，后 3 篇为诺曼·韩威尔所作。书中补白处收入《红军歌》《渡金沙江》等 10 首革命歌曲。

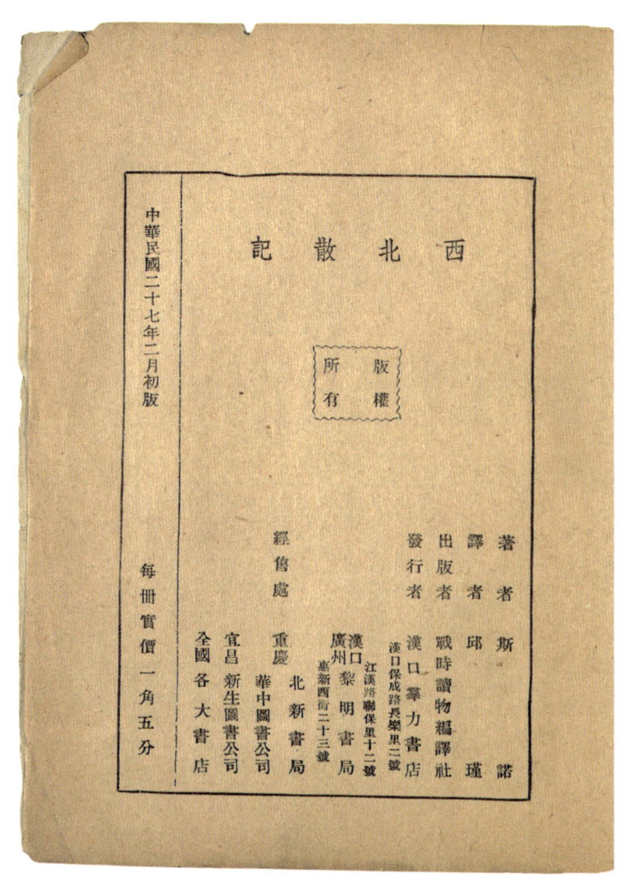

西北散記

版權所有

著者 斯諾
譯者 邱瑾
出版者 戰時讀物編譯社
發行者 漢口羣力書店 漢口保成路長樂里二號
經售處 漢口 江漢路聯保里十二號 廣州 惠新西街二十三號 黎明書局
重慶 北新書局 華中圖書公司
宜昌 新生圖書公司
全國各大書店

每冊實價一角五分

中華民國二十七年二月初版

西北散记

（美）斯诺著　邱瑾译　汉口战时读物编译社　1938 年 2 月

本书译自斯诺的系列报道，内容包括：《抗日大学参观记》《人民抗日剧社的演剧》《“小鬼”——少年先锋队》《红军战斗员的生活》《保安生活散记》《红军唯一的外国顾问》。其中《红军战斗员的生活》一章，讲述了作者亲眼所见红军战士的日常生活情况，以及他们与中国其他军队的不同之处，澄清了某些歪曲事实的污蔑之词。

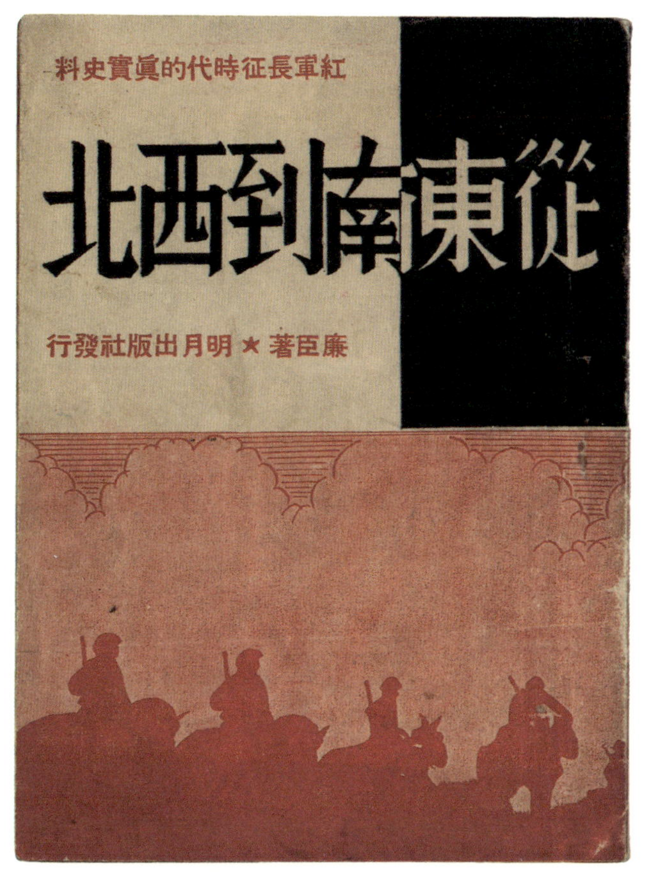

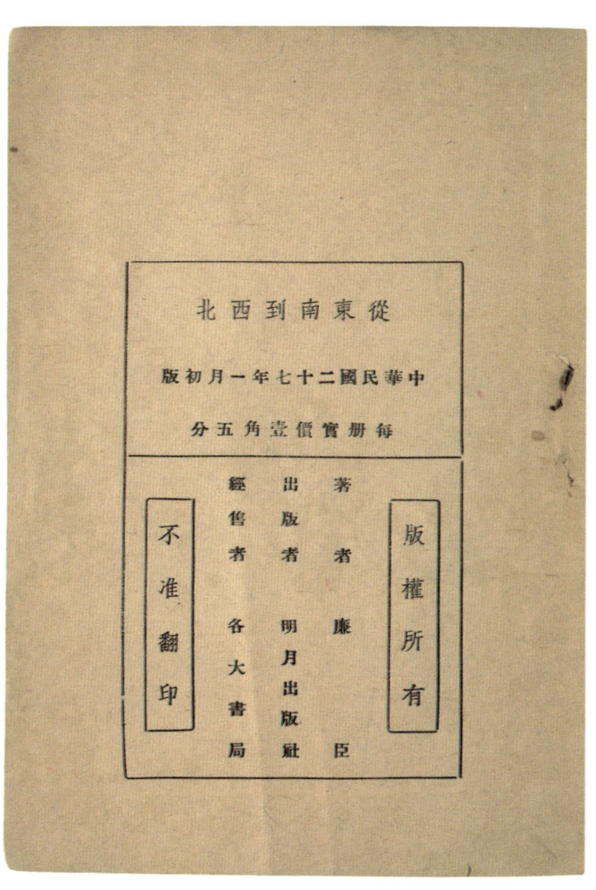

從東南到西北

中華民國二十七年一月初版

每冊實價壹角五分

版權所有

著者 廉臣

出版者 明月出版社

經售者 各大書局

不准翻印

从东南到西北：红军长征时代的真实史料

廉臣著　明月出版社　1938 年 1 月

本书是《随军西行见闻录》的重要版本之一，全书共分为 21 节，编者为各节增加了小标题。

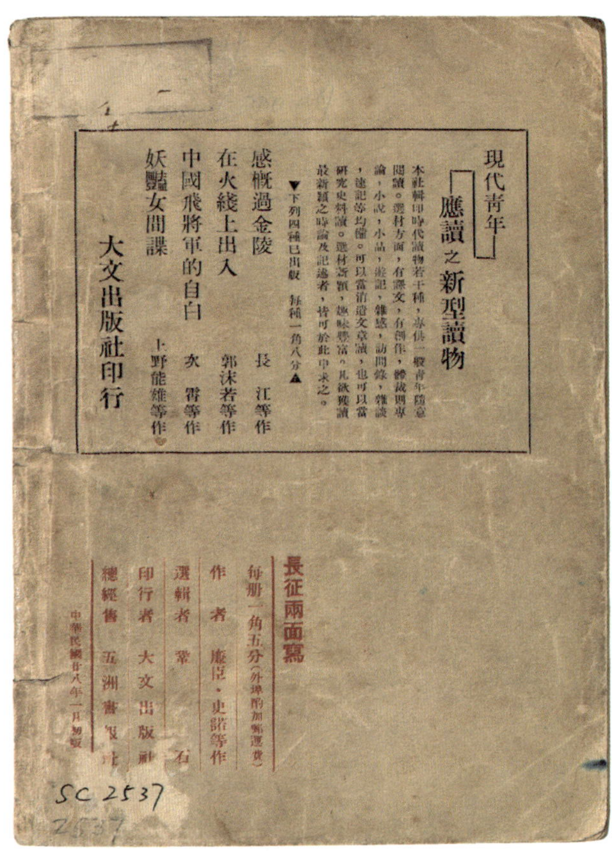

长征两面写

大文出版社　1939 年 1 月

本书包括陈云著《随军西行见闻录》，三大纪律八项注意、新送大哥等红军歌曲，以及斯诺著《两万五千里长征》三部分内容。

雪山草地行军记

杨定华著　东北书店　1948年11月

由前言中可知，作者原在国民党十八师张辉赞部任无线电台机务员，在红军第一次反“围剿”龙岗战役中被俘，后参加红军。长征时在中央红军总司令部无线电队第六分队任机务主任。长征到达陕北后，在养病期间，读到廉臣的《随军西行见闻录》，萌发了把“记忆最深的雪山草地行军一段事情写下来作为投稿”的欲望。

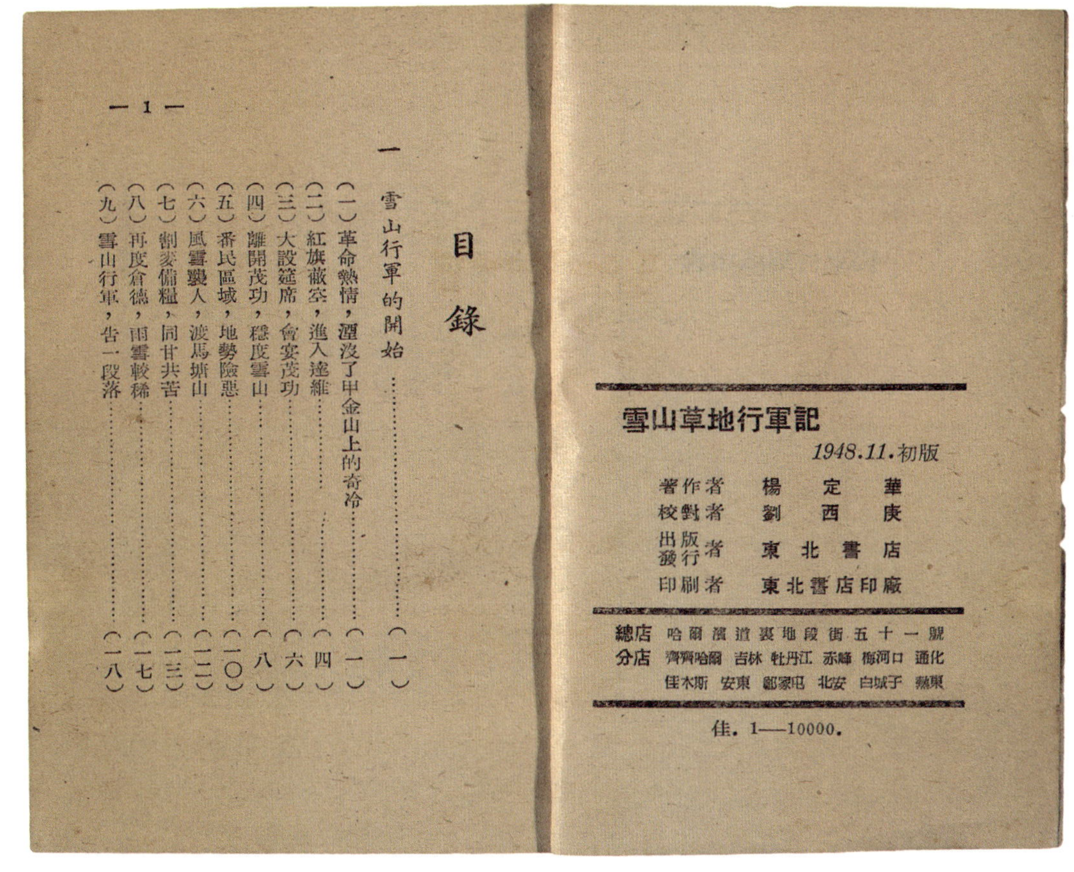

— 1 —

目錄

雪山草地行軍記
1948.11.初版
著作者　楊　定　華
校對者　劉　西　庚
出版發行者　東　北　書　店
印刷者　東北書店印廠
總店　哈爾濱道裏地段街五十一號
分店　齊齊哈爾　吉林　牡丹江　赤峰　梅河口　通化
佳木斯　安東　鄭家屯　北安　白城子　遼東
佳．1—10000．

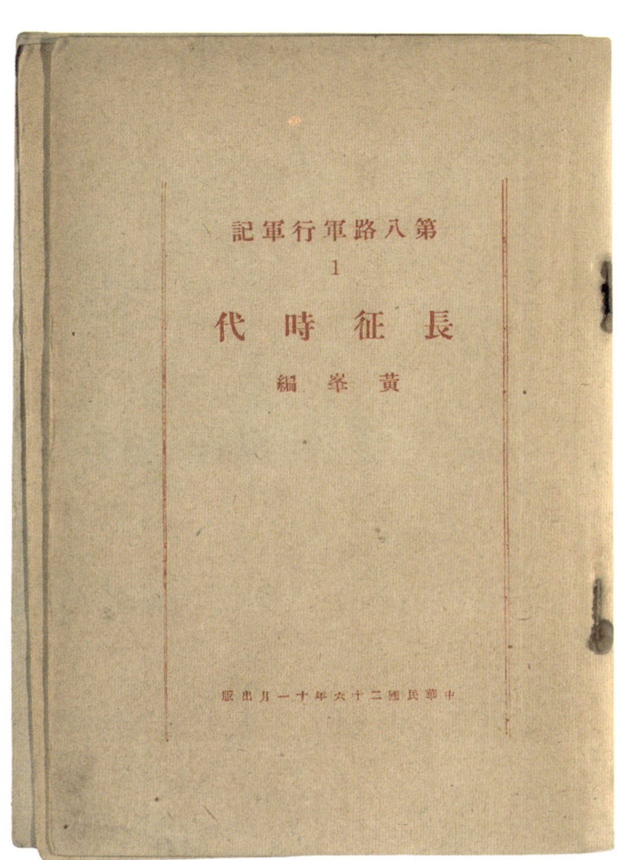

第八路军行军记（1）长征时代

黄峰编　上海光明书局　1937 年 11 月

编者认为，没有长征就没有抗战，为此特意收集资料纪念长征，并反映陕甘宁边区的风貌。本书包括长征结束后一些记者对陕北根据地的采访纪实等，有部分是当时红军亲历纪实，因此文笔生动。如幽谷所写的《二万五千里长征记》，长江的《解放了的劳动》，白华译的《红军小史》，红军回忆录《抢桥》《雪山行军的插话》等。

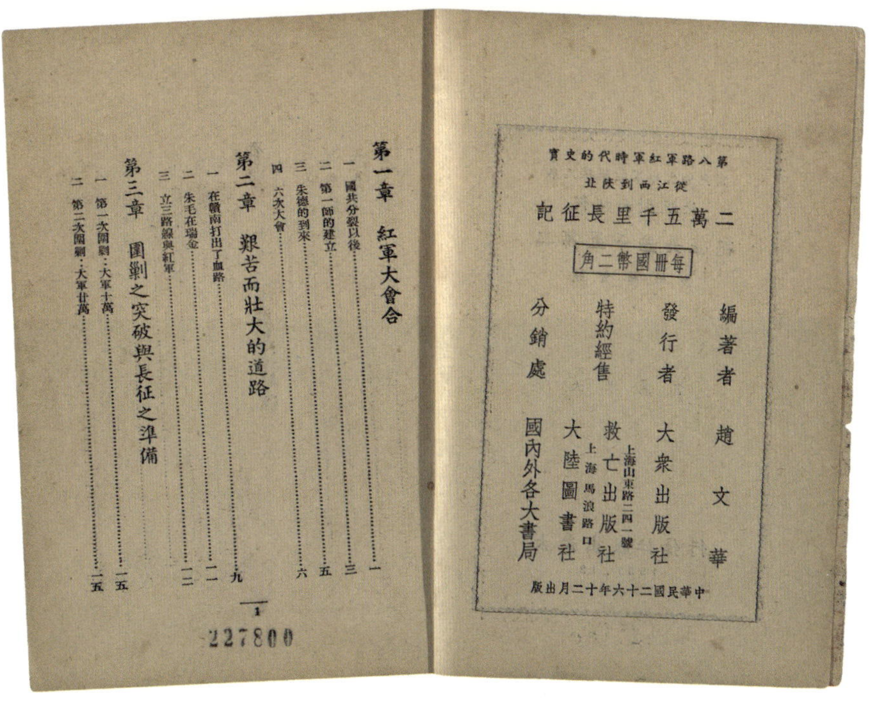

第一章　紅軍大會合

一　國共分裂以後……一
二　第一師的建立……三
三　朱德的到來……五
四　六次大會……六

第二章　艱苦而壯大的道路

一　在贛南打出了血路……九
二　朱毛在瑞金……一一
三　立三路線與紅軍……一三

第三章　圍剿之突破與長征之準備

一　第一次圍剿·大軍十萬……一五
二　第二次圍剿·大軍廿萬……一五

1

227800

第八路軍紅軍時代的史實
從江西到陝北
二萬五千里長征記

每冊國幣二角

編著者　趙文華
發行者　大衆出版社　上海山東路二四一號
特約經售　救亡出版社　上海馬浪路口
　　　　　大陸圖書社
分銷處　國內外各大書局

中華民國二十六年十二月出版

从江西到陕北二万五千里长征记：第八路军红军时代的史实

赵文华编著　上海大众出版社　1937 年 12 月

本书包括《红军大会合》《艰苦而壮大的道路》《围剿之突破与长征之准备》《二万五千里长征纪程》《抢桥》《长征闲话》《特载》《红军第一军团西行中经过地点及里程一览表》等内容。

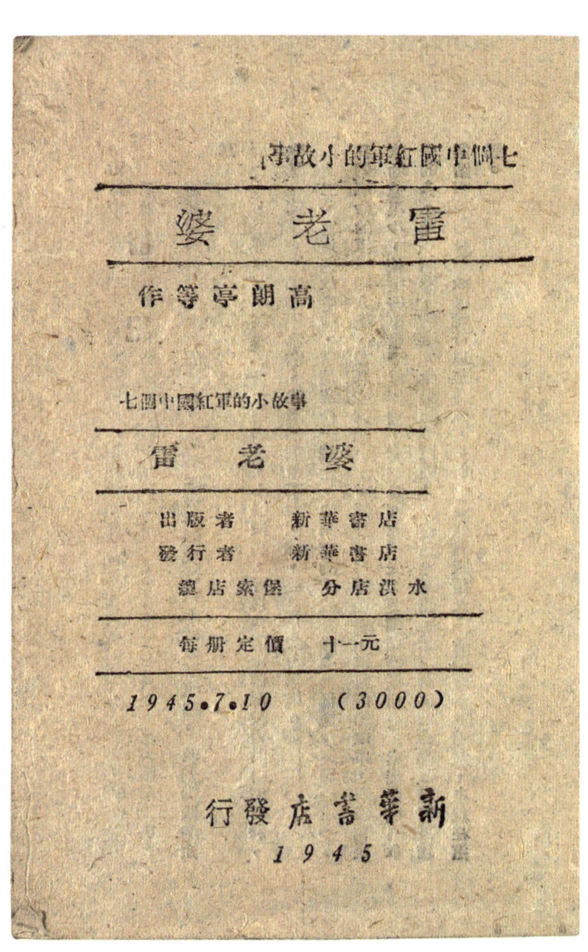

七個中國紅軍的小故事

雷老婆

高朗亭等作

七個中國紅軍的小故事

雷老婆

出版者　新華書店
發行者　新華書店
總店索保　分店淇水

每册定價　十一元

1945·7·10　(3000)

新華書店發行
1945

雷老婆：七个中国红军的小故事

高朗亭等著　新华书店　1945 年 7 月

本书内容包括：《忆过草地》（黄玉山著）、《过雪山》（李立著）、《渡金沙江》（李立著）、《重逢》（刘振江著）、《一个掉队的小鬼》（林间著）、《怀义湾》（高朗亭著）、《雷老婆》（高朗亭著）。

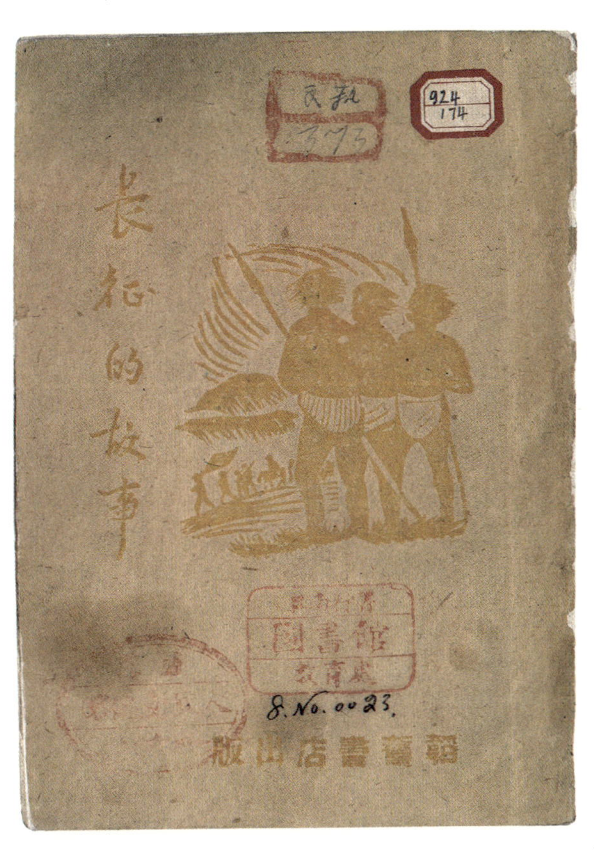

长征的故事

韬奋书店编印　1945 年 10 月

内容包括五个部分：《冲过乌江天险巧计夺取金沙江》《经过猓猓区》《大渡河是我们的生命线》《爬雪山过草地》《突破天险腊子口》。

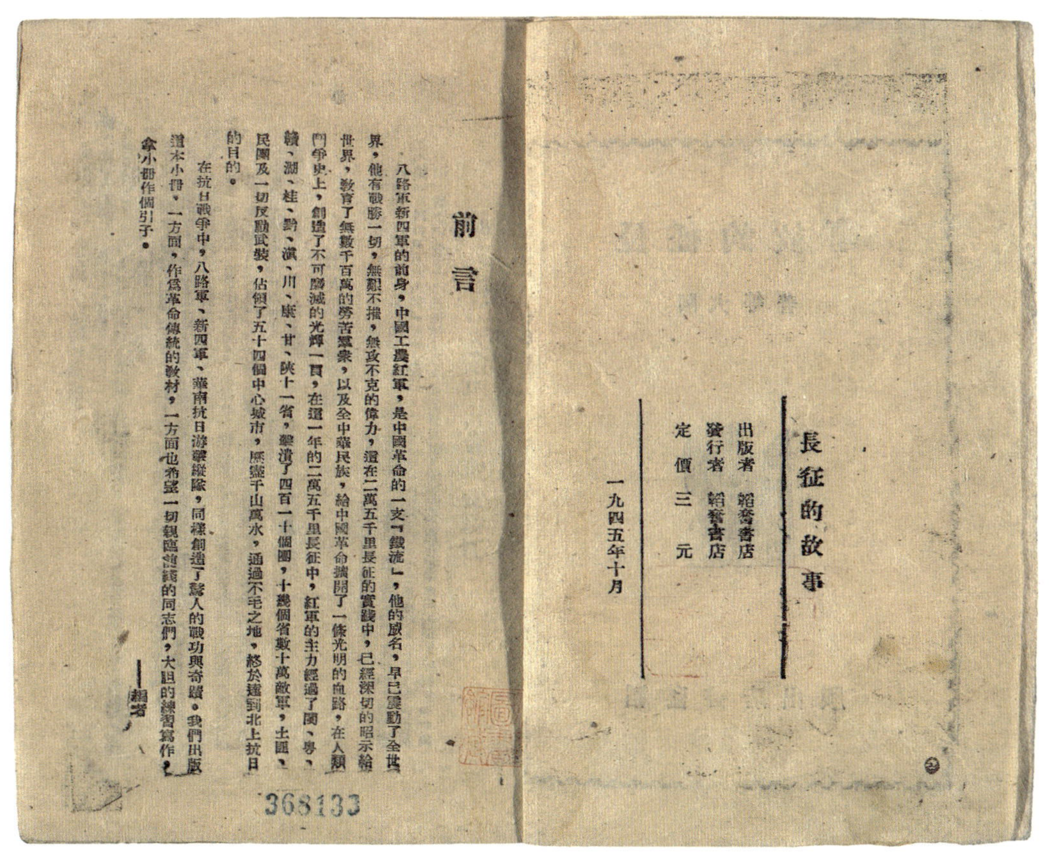

前言

八路軍新四軍的前身，中國工農紅軍，是中國革命的一支「鐵流」，他的威名，早已震動了全世界，他有戰勝一切，無堅不摧，無攻不克的偉力，還在二萬五千里長征的實踐中，已經深切的昭示給世界，教育了無數千百萬的勞苦羣衆，以及全中華民族，給中國革命擴開了一條光明的血路，在人類鬥爭史上，創造了不可磨滅的光輝一頁，在這一年的二萬五千里長征中，紅軍的主力經過了閩、粵、贛、湘、桂、黔、滇、川、康、甘、陝十一省，擊潰了四百一十個團，十幾個省數十萬敵軍，土匪、民團及一切反動武裝，佔領了五十四個中心城市，There歷盡千山萬水，通過不毛之地，終於達到北上抗日的目的。

在抗日戰爭中，八路軍、新四軍、華南抗日游擊縱隊，同樣創造了驚人的戰功與奇蹟。我們出版這本小冊，一方面，作爲革命傳統的教材，一方面也希望一切親臨前綫的同志們，大胆的練習寫作，拿小冊作個引子。

——編者

長征的故事

出版者　韜奮書店
發行者　韜奮書店
定價　三　元

一九四五年十月

长征的回忆

陆定一等著　冀南书店

内容包括:《老山界》(定一)、《五一前夜》(莫文驿)、《我们怎样过的雪山和草地》(潘自力)、《草地》(蔡前)、《红军的炊事员老路》(袁血辛)。

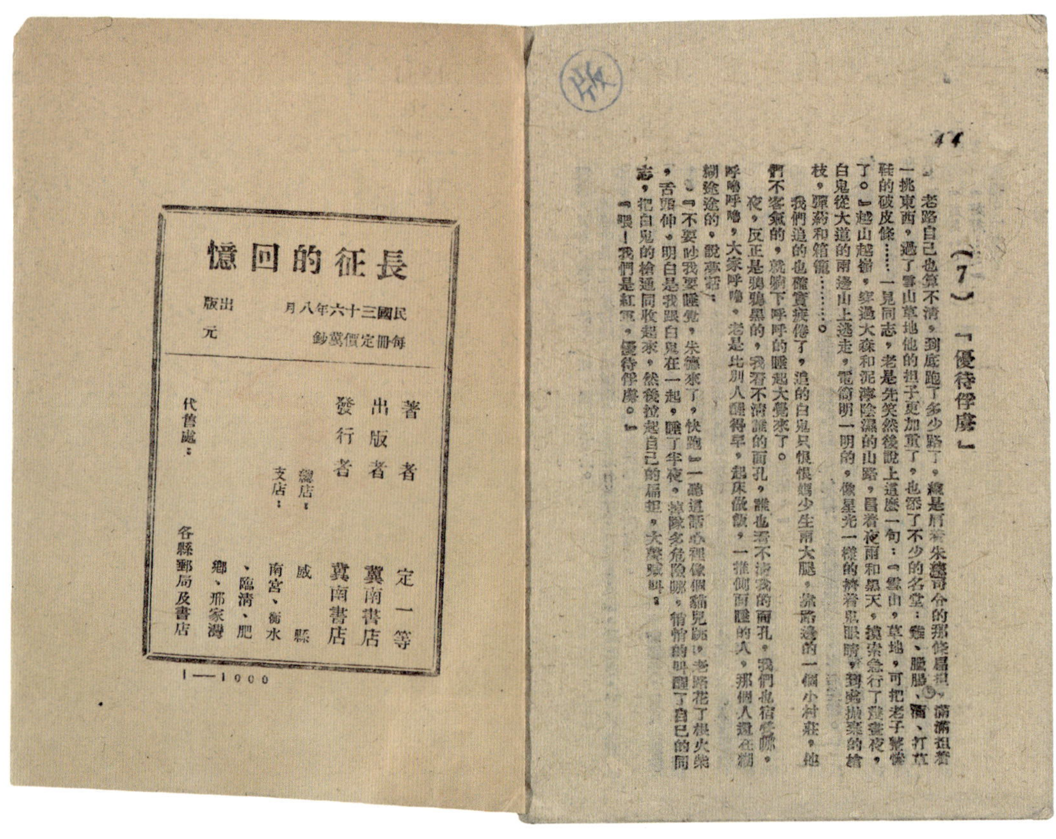

中国红军长征的故事

阿大等著　晋察冀边区西北印刷局　1947 年 8 月

本书内容包括：《冲过乌江天险巧计夺取金沙江》、《大渡河是我们的生命线》（华元）、《爬雪山过草地》（白刃）、《突破天险腊子口》（肖华）。前言中说：“八路军新四军的前身，中国工农红军，是中国革命的一支铁流，他的威名，早已震动了全世界……我们一方面作为革命传统的教材，一方面也希望一切亲临前线的同志们，大胆的练习写作，拿小册子作个引子。”

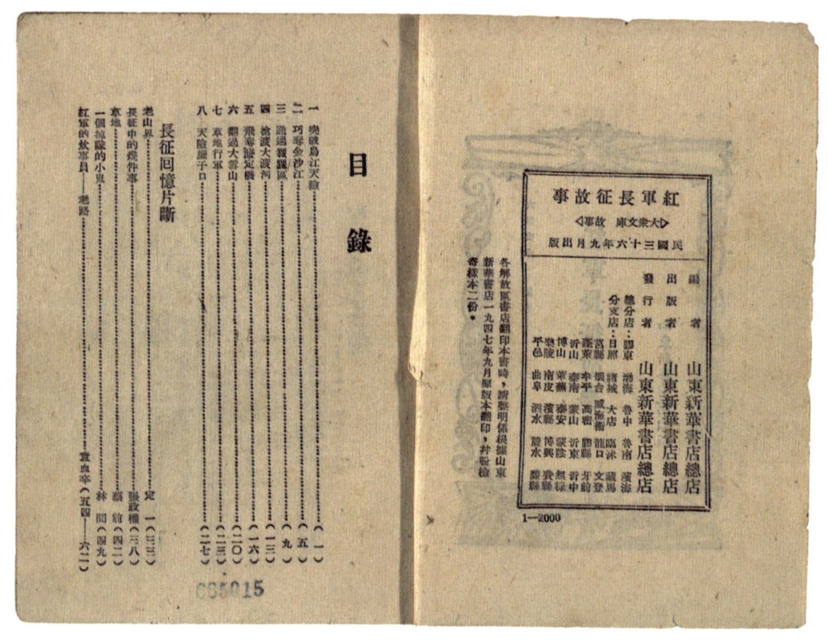

紅軍長征故事

〈大衆文庫 故事〉

民國三十六年九月出版

編者 山東新華書店總店

出版者 山東新華書店總店

發行者 山東新華書店總店

總分店：膠東 渤海 魯中 魯南 濱海

分支店：日照 諸城 大店 臨沭 藏馬 莒縣 烟台 威海衛 龍口 文登 蓬萊 牟平 高密 膠縣 牙前 沂山 泰南 蒙山 沂東 沂中 博山 萊蕪 泰安 蒙陰 無棣 樂陵 南皮 濱縣 博興 費縣 平邑 曲阜 泗水 [illegible] 滕縣

各解放區書店翻印本書時，請聲明係根據山東新華書店一九四七年九月原版本翻印，并盼檢寄樣本二份。

1—2000

目錄

红军长征故事

山东新华书店总店编印　1947 年 9 月

本书分为两大部分，第一部分是纪实描写，收入 8 篇文章：《突破乌江天险》《巧夺金沙江》《通过猓猓区》《抢渡大渡河》《飞夺泸定桥》《翻过大雪山》《草地行军》《天险腊子口》。第二部分是“长征片段回忆”，收入 5 篇回忆文章：《老山界》《长征中的几件事》《草地》《一个掉队的小鬼》《红军的炊事员——老路》。本书为通俗教育读物，流传较广。

二万五千里

长征英雄集体执笔　冀南书店　1947 年 10 月

本书是 1942 年八路军总政治部宣传部印发的《二万五千里》（即《红军长征记》）一书的选辑本，共收入董必武《出发前》、李富春《夜行军》、陆定一《老山界》、李一氓《从金沙江到大渡河》等回忆长征的文章 32 篇，另收入 7 首《长征歌》《红军入川歌》等红军歌曲。书前有毛泽东诗词《长征》《选辑者的话》和《红军长征记要》（附长征图）。

西行漫画

萧华作　黄镇绘　上海风雨书屋　1938 年 10 月

书前有钱杏邨所作“题记”及“二万五千里行程图”。共收入黄镇在长征途中所创作的反映红军二万五千里长征题材的漫画 25 幅。关于本书的书名，阿英后来说是受了《西行漫记》书名的启发，因为当时的环境不宜直接用“二万五千里长征”字样。此书初版精印 2000 册，当时主要在上海和新四军辖区流传。

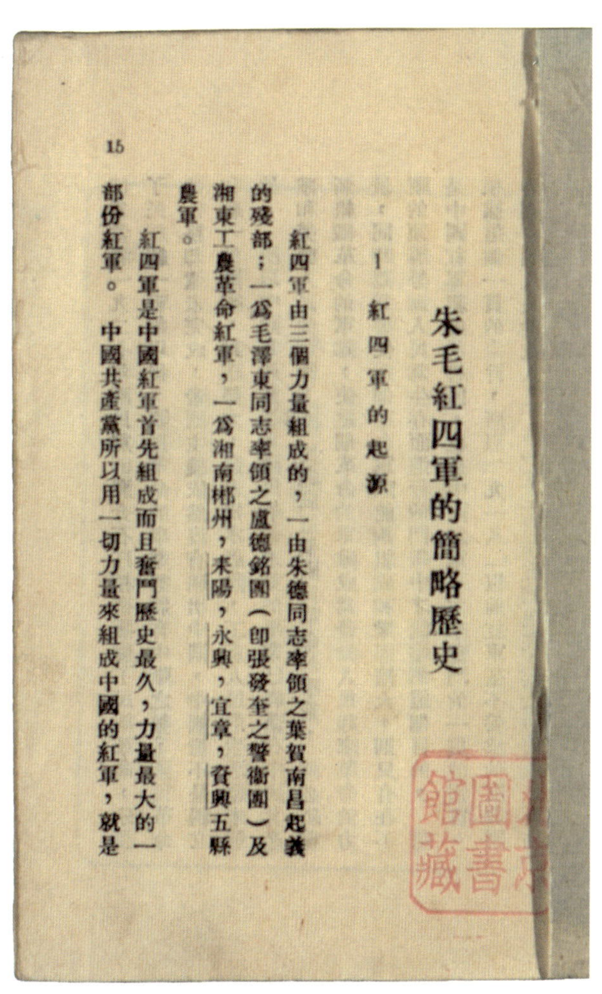

15

朱毛紅四軍的簡略歷史

一 紅四軍的起源

紅四軍由三個力量組成的，一由朱德同志率領之葉賀南昌起義的殘部；一爲毛澤東同志率領之盧德銘團（即張發奎之警衛團）及湘東工農革命紅軍，一爲湘南郴州，耒陽，永興，宜章，資興五縣農軍。

紅四軍是中國紅軍首先組成而且奮鬥歷史最久，力量最大的一部份紅軍。中國共產黨所以用一切力量來組成中國的紅軍，就是

中国新军队

李光著　莫斯科外国工人出版社　1937 年

本书共 13 章，详细介绍了中国工农红军的发展历史，红军历次反“围剿”的经过。在第 13 章还具体描述了中国工农红军的生活状况。本书作者自称原系红军第三军团人员，他希望通过自己的这本小册子使读者对红军有较全面的了解。

红军是怎样锻炼的？——我的红军生活回忆

李光著　广州抗日旬刊社　1938 年 2 月

书中内容涉及红军的各个方面，力图使读者对红军有一个全面的了解。书后所附《一个信基督教的医生在红军内的经验》系时任中央苏维埃医院院长傅连璋的自述。他的自述真实可信、朴实无华，富有感召力。此书在抗日战争初年出版，对于让国统区的广大人民群众更好地了解和认识中国共产党及其所领导的人民军队起到了一定的宣传作用。

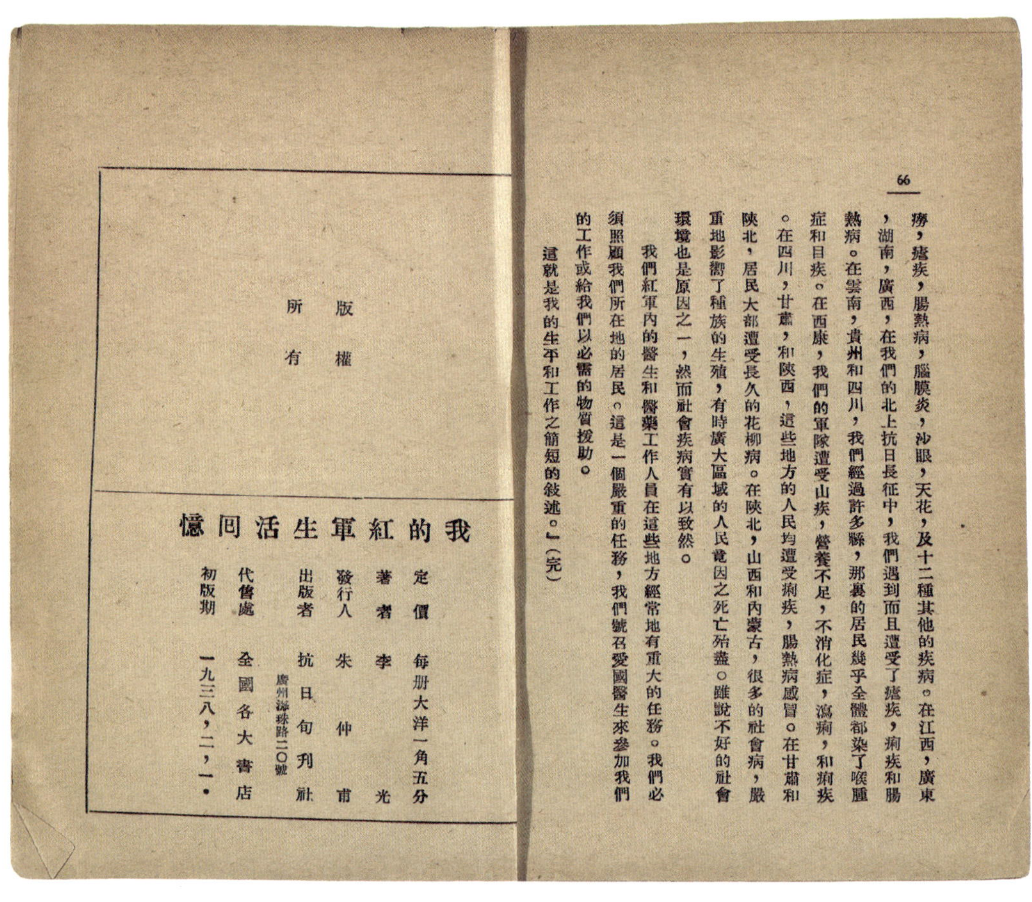

66

務，瘧疾，腸熱病，腦膜炎，沙眼，天花，及十二種其他的疾病。在江西，廣東，湖南，廣西，在我們的北上抗日長征中，我們遇到而且遭受了瘧疾，痢疾和腸熱病。在雲南，貴州和四川，我們經過許多縣，那裏的居民幾乎全體都染了喉腫症和目疾。在西康，我們的軍隊遭受山疾，營養不足，不消化症，瀉痢，和痢疾。在四川，甘肅，和陝西，這些地方的人民均遭受痢疾，腸熱病感冒。在甘肅和陝北，居民大部遭受長久的花柳病。在陝北，山西和內蒙古，很多的社會病，嚴重地影響了種族的生殖，有時廣大區域的人民竟因之死亡殆盡。雖說不好的社會環境也是原因之一，然而社會疾病實有以致然。

我們紅軍內的醫生和醫藥工作人員在這些地方經常地有重大的任務。我們必須照顧我們所在地的居民。這是一個嚴重的任務，我們號召愛國醫生來參加我們的工作或給我們以必需的物質援助。

這就是我的生平和工作之簡短的敘述。」（完）

版權

所有

我的紅軍生活回憶

定價　每册大洋一角五分

著者　李光

發行人　朱仲甫

出版者　抗日旬刊社　廣州海珠路二〇號

代售處　全國各大書店

初版期　一九三八，二，一。

红军十年

赵君辉编　上海新生出版社　1938年1月

本书从1927年国共分裂写起，一直写到1937年八路军的平型关大捷，详细描写了10年间红军的发展历程，其中也包括红军长征的内容，故本书名为“红军十年”。

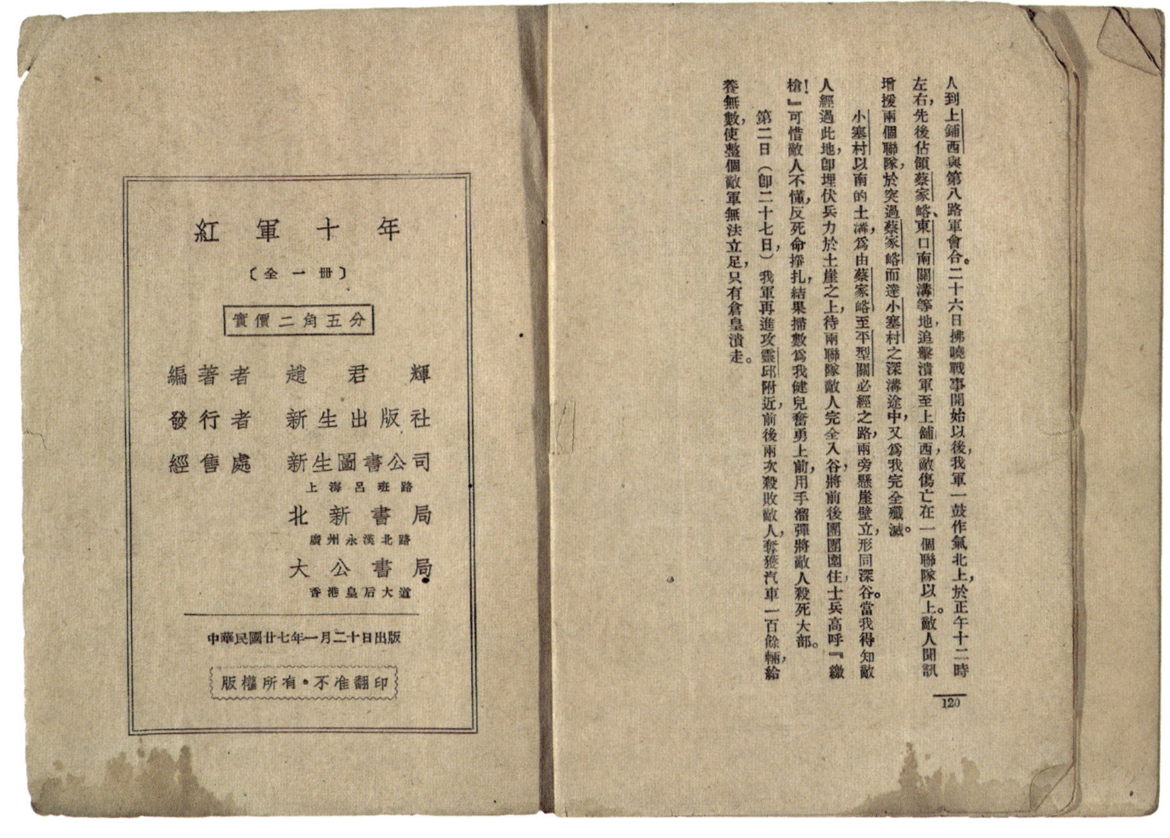

紅軍十年
〔全一冊〕
實價二角五分

編著者　趙君輝
發行者　新生出版社
經售處　新生圖書公司　上海呂班路
北新書局　廣州永漢北路
大公書局　香港皇后大道

中華民國廿七年一月二十日出版
版權所有·不准翻印

人到上鋪西與第八路軍會合。二十六日拂曉戰事開始以後，我軍一鼓作氣北上，於正午十二時左右，先後佔領蔡家峪、東口南關溝等地，追擊潰軍至上鋪西，敵傷亡在一個聯隊以上。敵人聞訊增援兩個聯隊，於突過蔡家峪而達小寨村之深溝途中，又爲我完全殲滅。

小寨村以南的土溝，爲由蔡家峪至平型關必經之路，兩旁懸崖壁立，形同深谷。當我得知敵人經過此地，即埋伏兵力於土崖之上，待兩聯隊敵人完全入谷，將前後團團圍住，士兵高呼『繳槍！』可惜敵人不懂，反死命掙扎，結果播數爲我健兒奮勇上前，用手溜彈將敵人殺死大部。

第二日（即二十七日），我軍再進攻靈邱附近，前後兩次殺敗敵人，奪獲汽車一百餘輛，給養無數，使整個敵軍無法立足，只有倉皇潰走。

120

南方八省红军游击队

1934年10月初，中央红军主力实施战略转移时，中共中央决定在中央苏区成立中共中央分局、中华苏维埃共和国中央政府办事处，统一领导中央苏区及各苏区的斗争。各部队突围转移过程中，受到很大损失。红军游击队在江西、福建、浙江、安徽、河南、湖北、湖南、广东8个省坚持斗争，逐步形成了赣粤边、闽赣边、闽西、闽粤边、皖浙赣边、浙南、闽北、闽东、闽中、鄂豫皖边、湘鄂赣边、湘赣边、湘南、鄂豫边、琼崖等15个红军游击区。

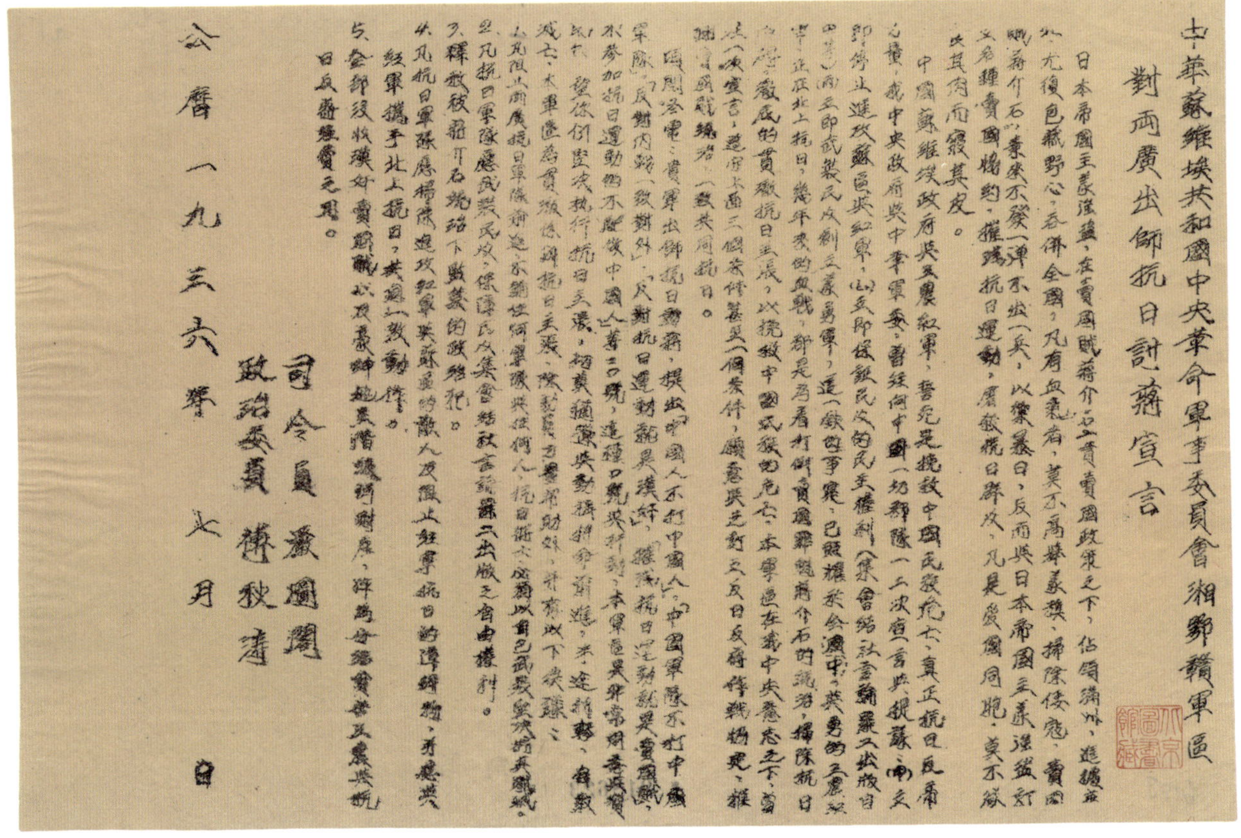
中華蘇維埃共和國中央革命軍事委員會湘鄂贛軍區
對兩廣出師抗日討蔣宣言

日本帝國主義強盜，在賣國賊蔣介石之賣國政策之下，佔領滿州，進攻華北，尤復包藏野心，吞併全國，凡有血氣者，莫不舉義旗，掃除倭寇，賣國賊蔣介石，竟然不發一彈不出一兵，以禦暴日，反而與日本帝國主義強盜訂立各種賣國條約，摧殘抗日運動，屠殺抗日群衆，凡是愛國同胞，莫不欲食其肉而寢其皮。

中國蘇維埃政府與工農紅軍，替死是挽救中國民族危亡，真正抗日反帝之旗，我中央政府與中革軍委，曾經向中國一切部隊一二次宣言與提議，即停止進攻蘇區與紅軍，（二）立即保証民衆的民主權利（集會結社言論罷工出版自由等），（三）立即武裝民衆創立義勇軍，[illegible]的事實，已經根據於會議中，英勇的工農紅軍正在北上抗日，幾年來的血戰，都是為着打倒賣國賊蔣介石的統治，掃除抗日的障礙，徹底的貫徹抗日主張，以挽救中國民族的危亡。本軍區在我中央意志之下，曾以一次宣言，遵守上面三個條件，願意與[illegible]反日反蔣作戰協定，推翻賣國賊蔣，一致共同抗日。

[illegible]電之貴軍出師抗日討蔣，提出「中國人不打中國人」，「中國軍隊不打中國軍隊」，「反對內戰一致對外」，「反對抗日運動就是漢奸」，「擁護抗日運動就是愛國[illegible]」，「不參加抗日運動的不配做中國人」等口號，這種口號與行動，本軍區異常同意與贊助，望你們堅決執行抗日主張，積極擴大與發動群衆鬥爭，[illegible]，本軍區為貫徹抗日主張，除熱烈擁護外，并提以下意見：

1.凡阻止兩廣抗日軍隊前進，不論任何軍隊與任何人，抗日群衆應以自己武裝堅決消滅其戰賊。
2.凡抗日軍隊應武裝民衆，保護民衆集會結社言論罷工出版之自由權利。
3.釋放被蔣介石統治下監禁的政治犯。
4.凡抗日軍隊應停止進攻紅軍與蘇區，撤兵，及阻止紅軍抗日的障礙物，并應與紅軍攜手北上抗日，共同一致動作。
5.全部沒收漢奸賣國賊以及豪紳地主的財產，作為抗日[illegible]及農民抗日反蔣經費之用。

司令員 嚴圖閣
政治委員 傅秋濤
公曆一九三六年七月 日

中华苏维埃共和国中央革命军事委员会湘鄂赣军区对两广出师抗日讨蒋宣言

严图阁、傅秋涛发布　湘鄂赣军区　1936年7月　复制件

本件是中华苏维埃共和国中央革命军事委员会湘鄂赣军区针对“两广事变”发出的抗日反蒋宣言，号召国人“停止内战，一致抗日”。

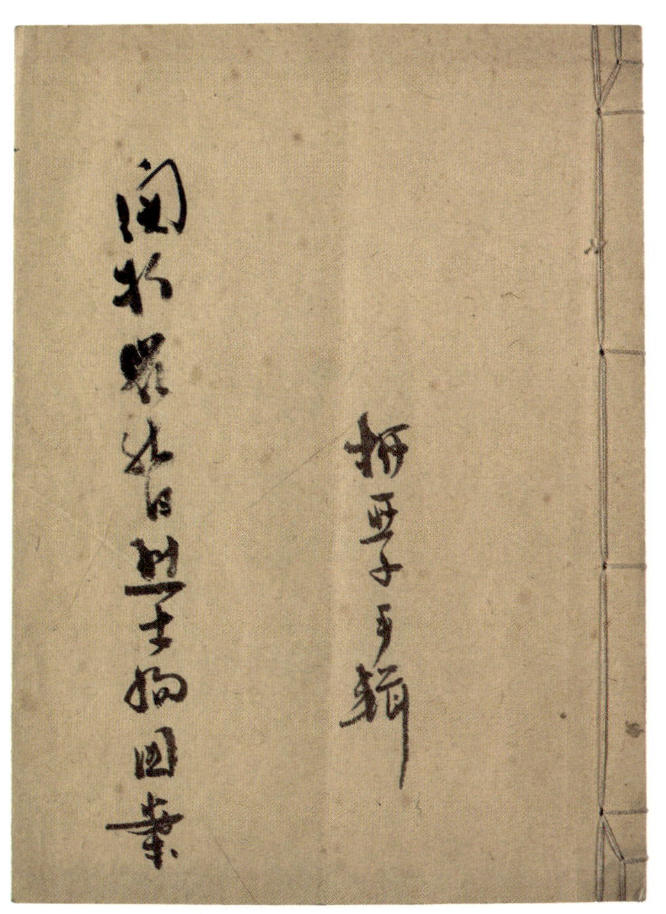

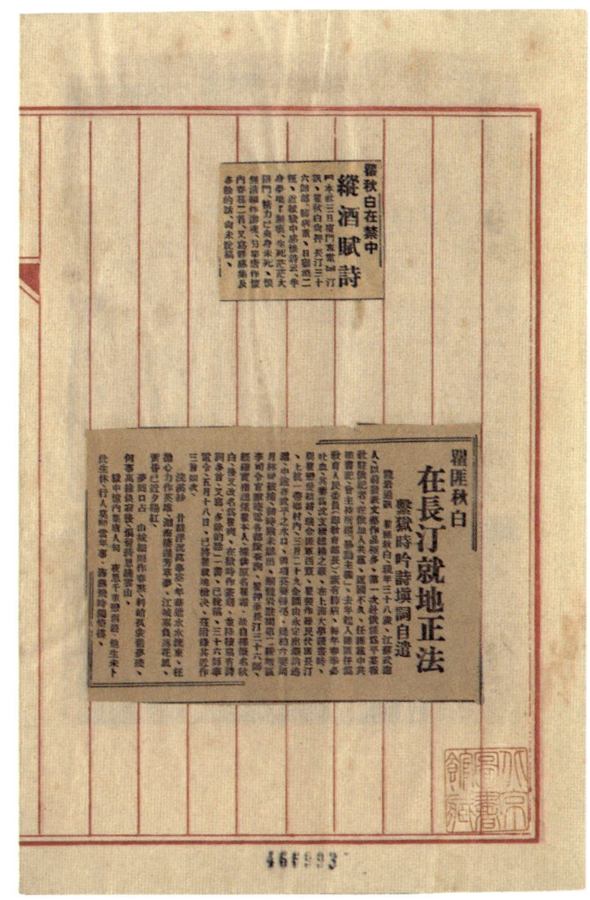

瞿秋白在禁中
縱酒賦詩

瞿匪秋白
在長汀就地正法
繫獄時吟詩塡詞自遣

关于瞿秋白烈士殉国案

柳亚子辑　上海市通志馆信笺　剪报 8 页　抄本 8 页

本件系柳亚子辑录瞿秋白烈士殉难前后的相关资料。剪贴当时报纸的新闻通讯 4 篇：《瞿秋白在禁中纵酒赋诗》《瞿秋白在长汀就地“正法”》《瞿秋白“伏法”记》《瞿秋白“伏法”前狱中访问记》。手抄瞿秋白给炎冰先生诗 3 首，题照 1 首（1935 年初夏长汀狱中）。手录瞿秋白给郭沫若书信一封（1935 年 5 月 28 汀州狱中）。

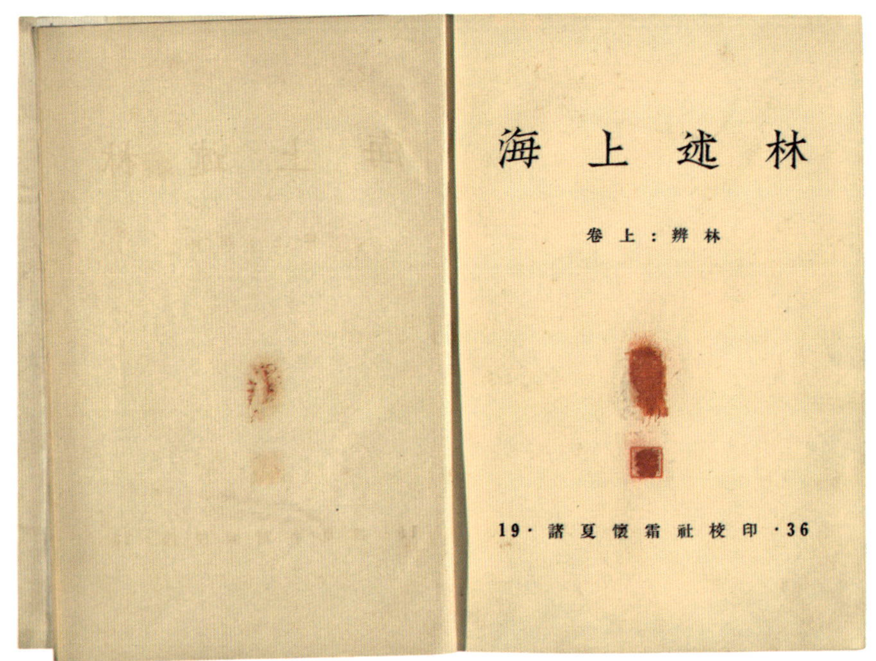

海上述林

卷上：辨林

19·諸夏懷霜社校印·36

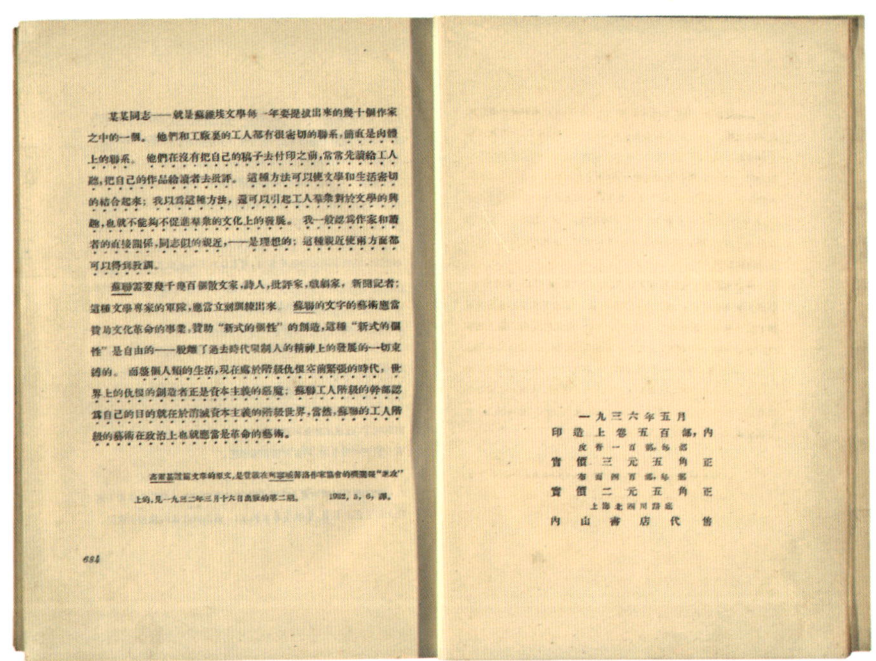

某某同志——就是蘇維埃文學每一年要提拔出來的幾十個作家之中的一個。他們和工廠裏的工人都有很密切的聯系，簡直是肉體上的聯系。他們在沒有把自己的稿子去付印之前，常常先讀給工人聽，把自己的作品給讀者去批評。這種方法可以使文學和生活密切的結合起來；我以為這種方法，還可以引起工人群衆對於文學的興趣，也就不能夠不促進群衆的文化上的發展。我一般認為作家和讀者的直接關係，同志似的親近，——是理想的；這種親近使兩方面都可以得到教訓。

蘇聯需要幾千幾百個散文家，詩人，批評家，戲劇家，新聞記者；這種文學專家的軍隊，應當立刻訓練出來。蘇聯的文字的藝術應當贊助文化革命的事業，贊助“新式的個性”的創造，這種“新式的個性”是自由的——脫離了過去時代壓制人的精神上的發展的一切束縛的。而整個人類的生活，現在處於階級仇恨空前緊張的時代，世界上的仇恨的創造者正是資本主義的惡魔；蘇聯工人階級的幹部認為自己的目的就在於消滅資本主義的階級世界，當然，蘇聯的工人階級的藝術在政治上也就應當是革命的藝術。

上的，見一九三二年三月十六日出版的第二期。 1932，5，6，譯。

一九三六年五月
印造上卷五百部，內
皮脊一百部，每部
實價三元五角正
布面四百部，每部
實價二元五角正
上海北四川路底
內山書店代售

海上述林

瞿秋白译　鲁迅编校　上海诸夏怀霜社　1936 年

内收瞿秋白编译的马克思、恩格斯、列宁、普列汉诺夫、拉法格等人的文艺理论论文，以及高尔基的作品和论文。1935 年 6 月，瞿秋白被国民党杀害。鲁迅得到消息后，带着悲愤的心情，支撑着病体，着手编选两大卷瞿秋白译文集，题作《海上述林》，托名“诸夏怀霜社”（瞿秋白名霜）出版。

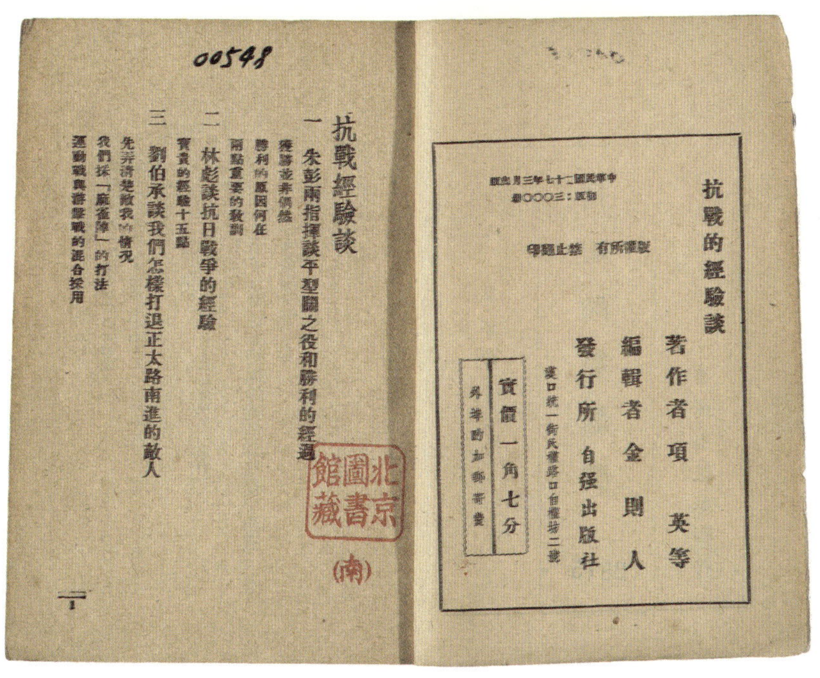
00548

抗戰經驗談

一 朱彭兩指揮談平型關之役和勝利的經過
獲勝並非偶然
勝利的原因何在
兩點重要的教訓

二 林彪談抗日戰爭的經驗
寶貴的經驗十五點

三 劉伯承談我們怎樣打退正太路南進的敵人
先弄清楚敵我的情況
我們採「麻雀陣」的打法
運動戰與游擊戰的混合採用

一

中華民國二十七年三月出版
初版：三〇〇〇冊

抗戰的經驗談
著作者 項 英等
編輯者 金則人
發行所 自强出版社
漢口統一街民權路口自強坊二號
實價一角七分
外埠酌加郵寄費

民族革命的游击战抗战经验谈

项英等著　金则人编　自强出版社　1938 年 3 月

本书包括《朱彭两指挥谈平型关之役和胜利的经过》《林彪谈抗日战争的经验》《刘伯承谈我们怎样打退正太路南进的敌人》《任弼时作山西抗战的回忆》《项英谈南方三年游击战争经验对于当前抗战的教训》5 个部分。书名页题《抗战的经验谈》。

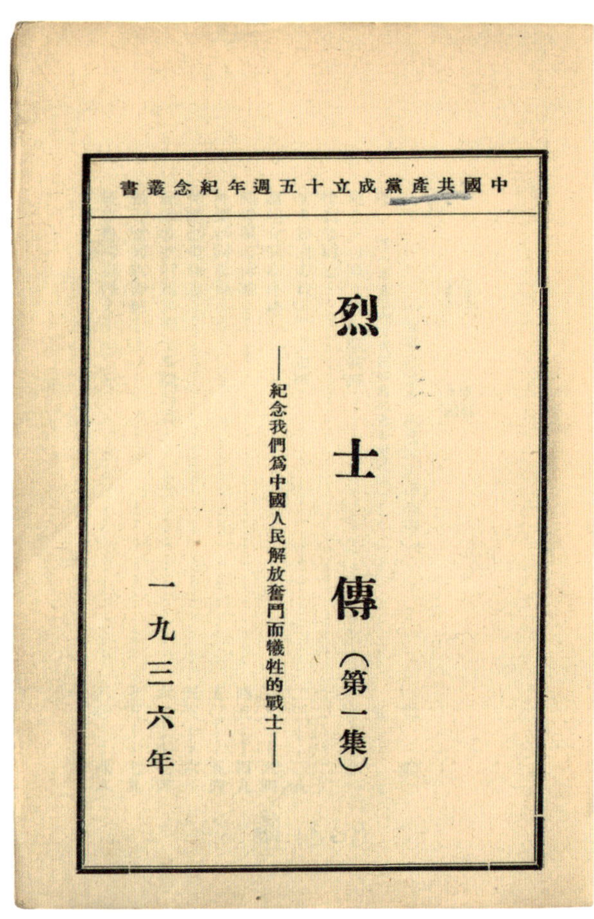
中國共產黨成立十五週年紀念叢書

烈士傳（第一集）

——紀念我們爲中國人民解放奮鬥而犧牲的戰士——

一九三六年

烈士传（第一集）——纪念我们为中国人民解放奋斗而牺牲的战士

王德、李明等著　1936 年

中国共产党成立十五周年纪念丛书。本书按烈士牺牲时间排序，首篇是《纪念反日战士顾正红同志》，依次刊载刘华、李大钊、萧楚女、熊雄、陈延年、赵世炎、马骏、张太雷、罗亦农、向警予、苏兆征、彭湃、杨殷、恽代英、蔡和森、黄公略、赵博生、罗登贤、邓中夏、吉鸿昌、瞿秋白、寻淮洲、方志敏、李斗文的纪念传略和事迹。此书为第十八集团军驻渝办事处赠。

战斗在白山黑水间

——东北抗联

1931 年九一八事变后，东北爱国军民拿起武器，组织各种名义的抗日义勇军，进行抗日斗争，活动地区几乎遍布东北全境。中共满洲省委遵照中共中央关于领导东北人民实行武装抗日的方针，帮助抗日义勇军开展斗争，并建立了由中共直接领导的巴彦、海伦、珠河、密山、宁安、汤原、饶河、磐石、海龙及东满等抗日游击队和抗日游击根据地。

1933 年起，在抗日游击队基础上组成东北人民革命军。1936 年 2 月 20 日，东北人民革命军领导人发布《东北抗日联军统一军队建制宣言》，决定将东北人民革命军等抗日武装部队统一改编为东北抗日联军，到 1937 年秋陆续编成 11 个军。东北抗日联军在极其困难的条件下，不畏艰危，坚持战斗，为夺取中国抗日战争和世界反法西斯战争的胜利作出了重要贡献。

东北抗日义勇军

1931 年九一八事变后，东北各地人民和驻东北的部分国民党爱国军队，自发组成抗日救国义勇军、抗日自卫军、青年义勇军、大刀会、红枪会、自卫团、山林队等抗日武装，通称“东北抗日义勇军”。1932 年发展至 30 余万人，给予日本侵略军以沉重打击。但因没有明确的政治纲领，缺乏统一的组织和领导，内部矛盾重重，在日寇军事打击和政治分化下，至 1933 年夏基本瓦解。后有少部分武装接受中国共产党领导，编入东北抗日联军。

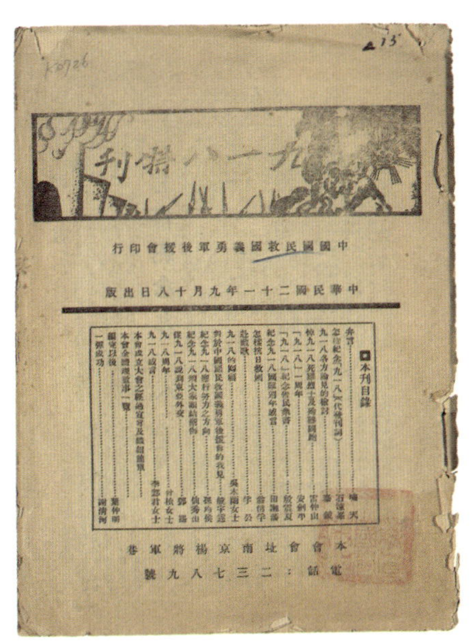

九一八特刊

中國國民救國義勇軍後援會印行

中華民國二十一年九月十八日出版

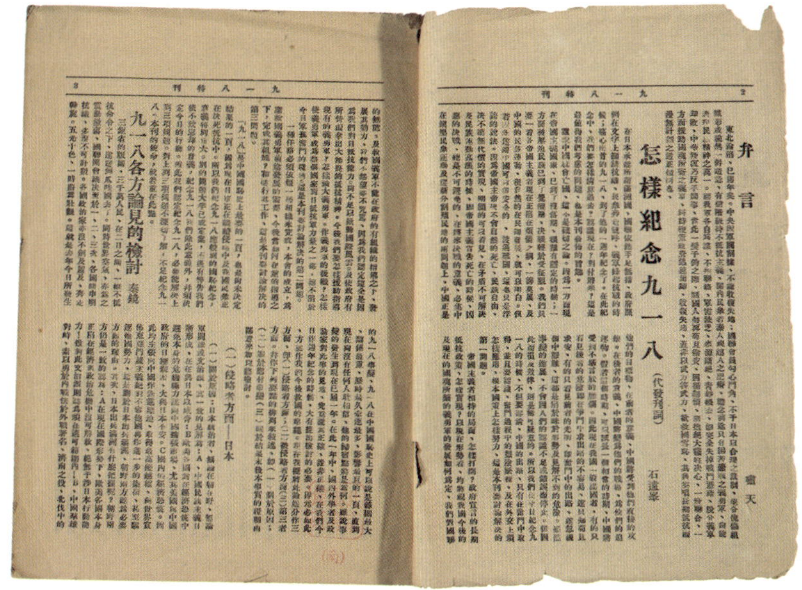

怎樣紀念九一八（代發刊詞）

九一八各方論見的檢討

九一八特刊

中国国民救国义勇军后援会编印　1932 年 9 月

本刊为中国国民救国义勇军后援会于九一八事变周年之际编印的特刊。收录《怎样纪念九一八》《九一八各方论见的检讨》《悼九一八死难烈士及殉难同胞》等纪念文章。中国国民救国义勇军后援会 1932 年 9 月 11 日在南京成立，以“本国民爱国之精神，援助各地抗日义勇军收复失地”为宗旨，内设理、监事会综理监督会务，理事会下设总务、组织、宣传三部。此外，还设有募捐委员会和保管委员会。会址设在南京羊皮巷 12 号。

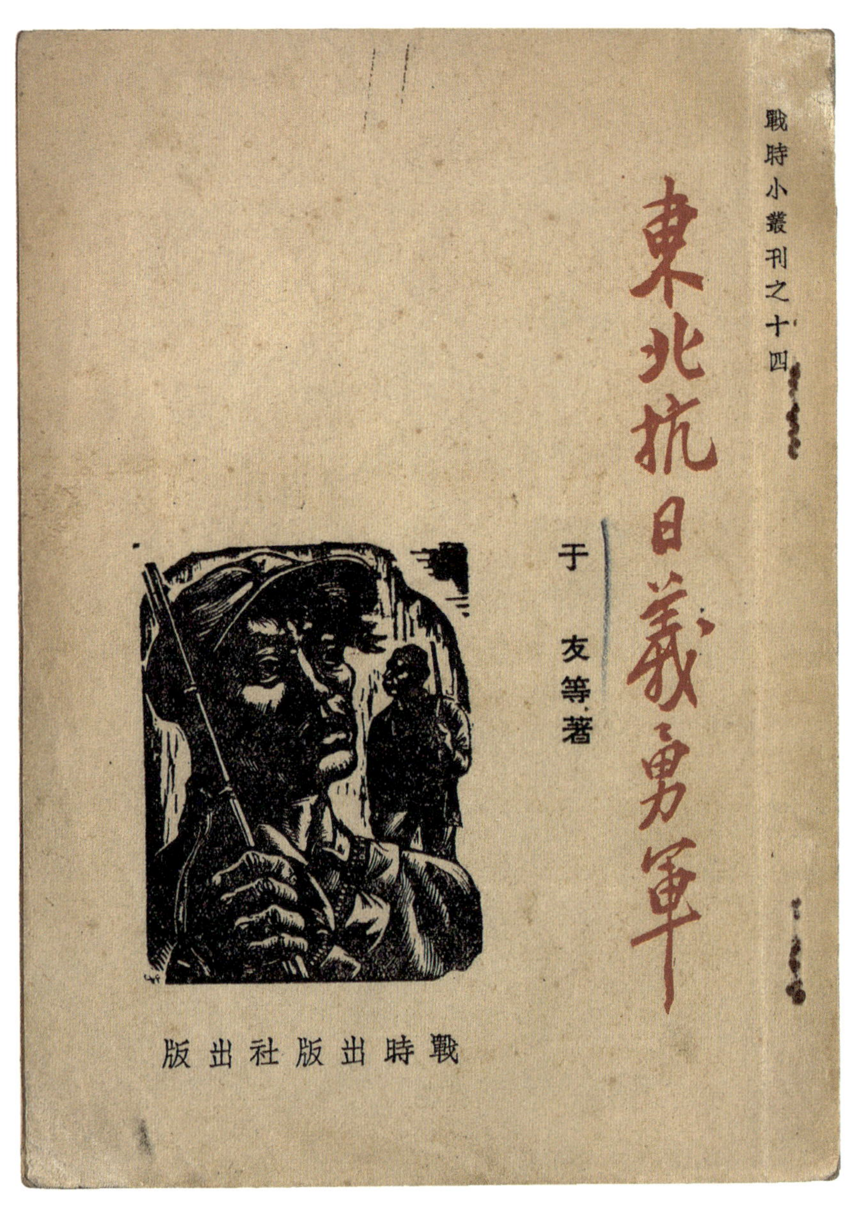

东北抗日义勇军

于友等著　战时出版社

战时小丛刊之十四。本书辑录《辛报》《救国时报》《救亡日报》《解放》《战线》等报刊有关东北抗日义勇军激于爱国义愤、喋血抗战的纪实和通讯 16 篇。并记述东北抗日联军第一军至第八军的诞生、领导人员、规模、主要战斗、活动区域，以及东北抗日联军中的朝鲜战士。并载有夏云杰、陈荣玖、李红光、史忠恒、傅显明等抗日烈士传记和东北义勇军告日本士兵大众书。

东北义勇军抗日血战记

东北义勇军总司令部宣传处编印　1934年9月

记述张禹亭、刘顺庆、柴世荣、周保中、吴义成等部1933年1月至1934年9月抗日战绩。附1934年9月18日义勇军总司令王德林、副总司令孔宪荣、吉林方面军总司令吴义成、热河方面军总司令李海峰暨全体将士为九一八国难三周年纪念告国人书。

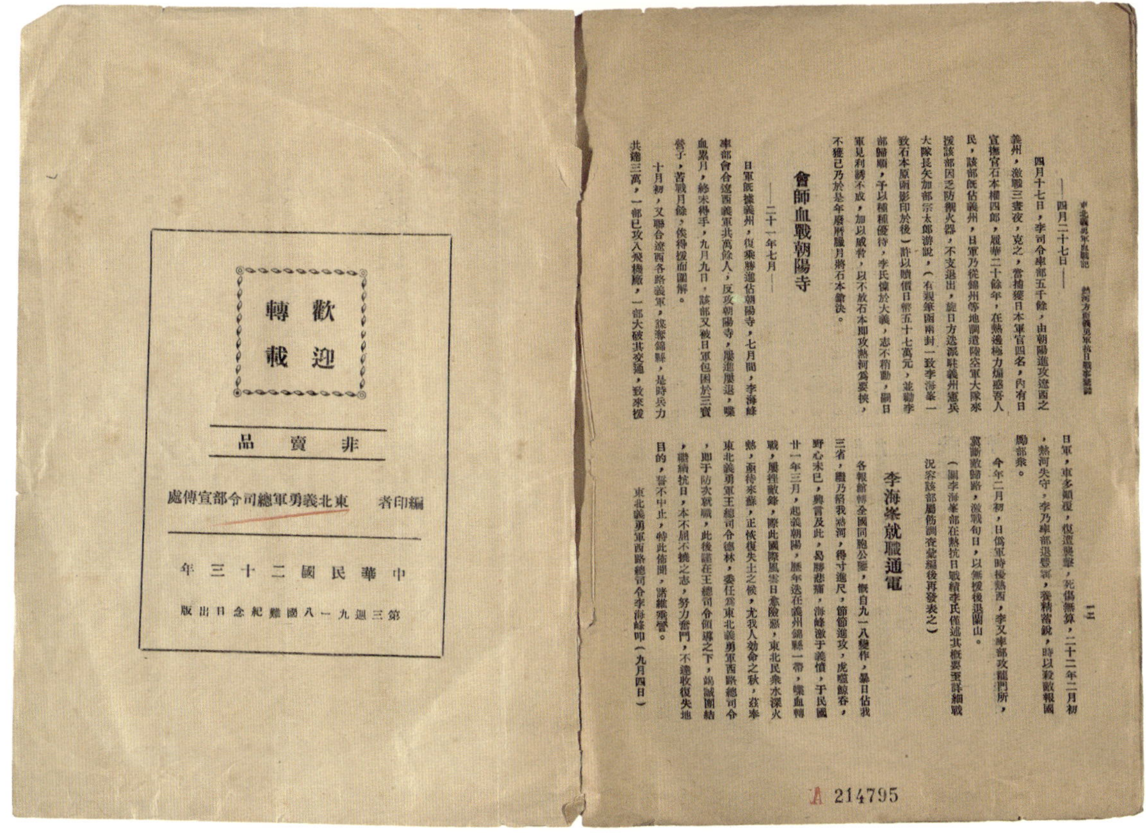

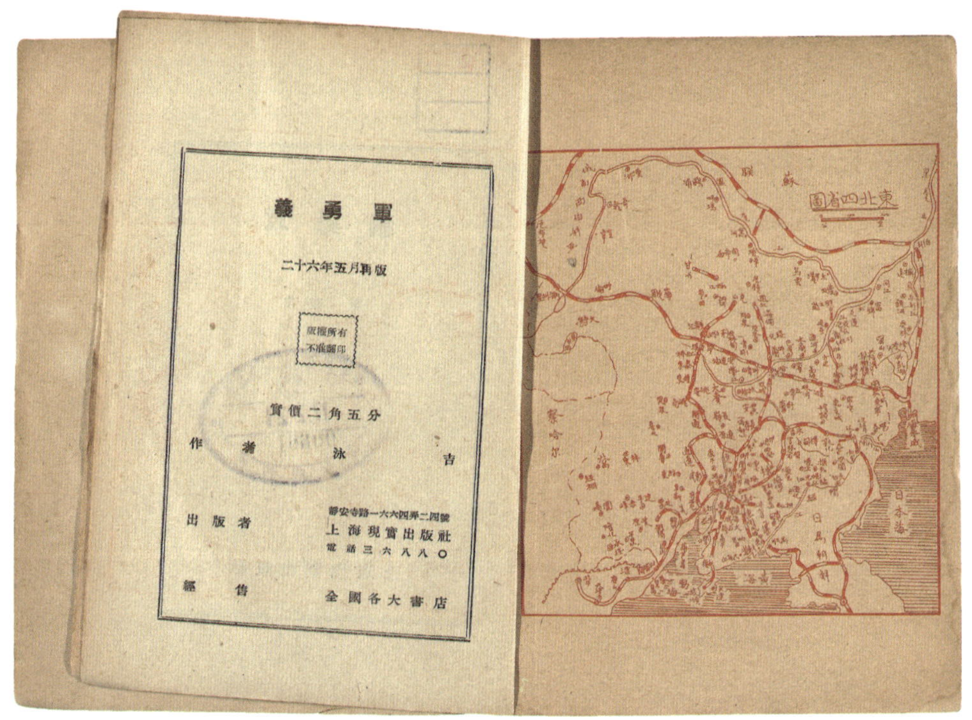
義勇軍

二十六年五月再版

版權所有
不准翻印

實價二角五分

作者 泳吉

出版者 靜安寺路一六六四弄二四號
上海現實出版社
電話三六八八〇

經售 全國各大書店

义勇军

泳吉著　上海现实出版社　1937 年 5 月

包括“义勇军的过去和现在”“东北的民族英雄”“义勇军战绩”部分，收录文章 28 篇。书前有东北四省图。

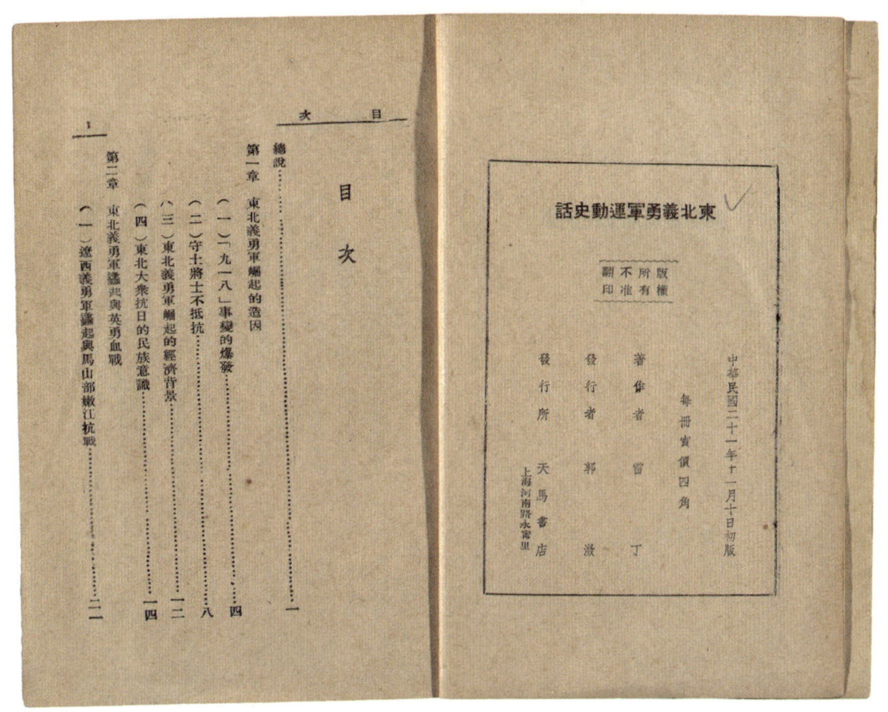

目次

東北義勇軍運動史話
版權所有 不准翻印
中華民國二十一年十一月十日初版
每冊實價四角
著作者 雷丁
發行者 郭澂
發行所 天馬書店 上海河南路水寓里

东北义勇军运动史话

雷丁著　天马书店　1932 年 11 月。

分 7 章介绍东北义勇军运动的产生、发展、战况、现状等。雷丁为石啸冲笔名。

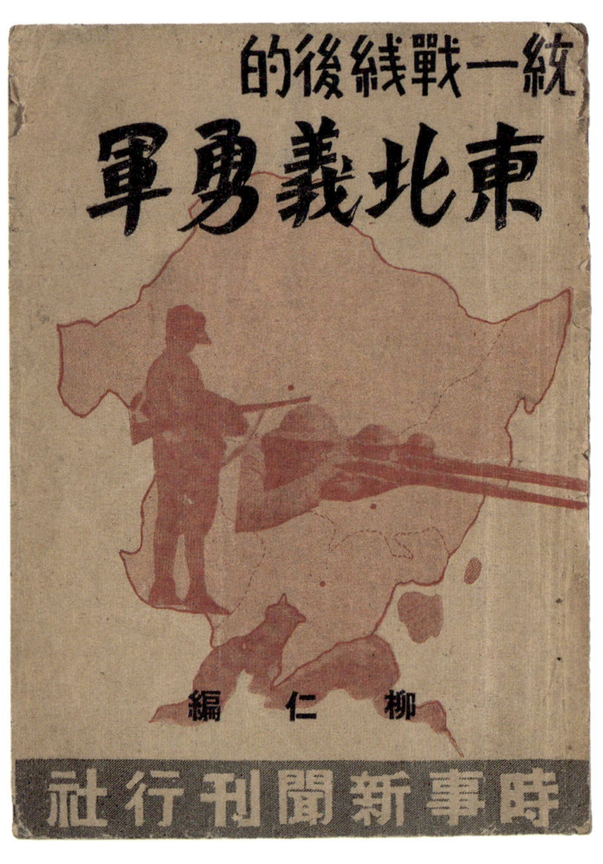

统一战线后的东北义勇军

柳仁编　时事新闻刊行社　1937年6月

本书介绍九一八事变后东北各界联合组织义勇军开展抗日斗争的情况。

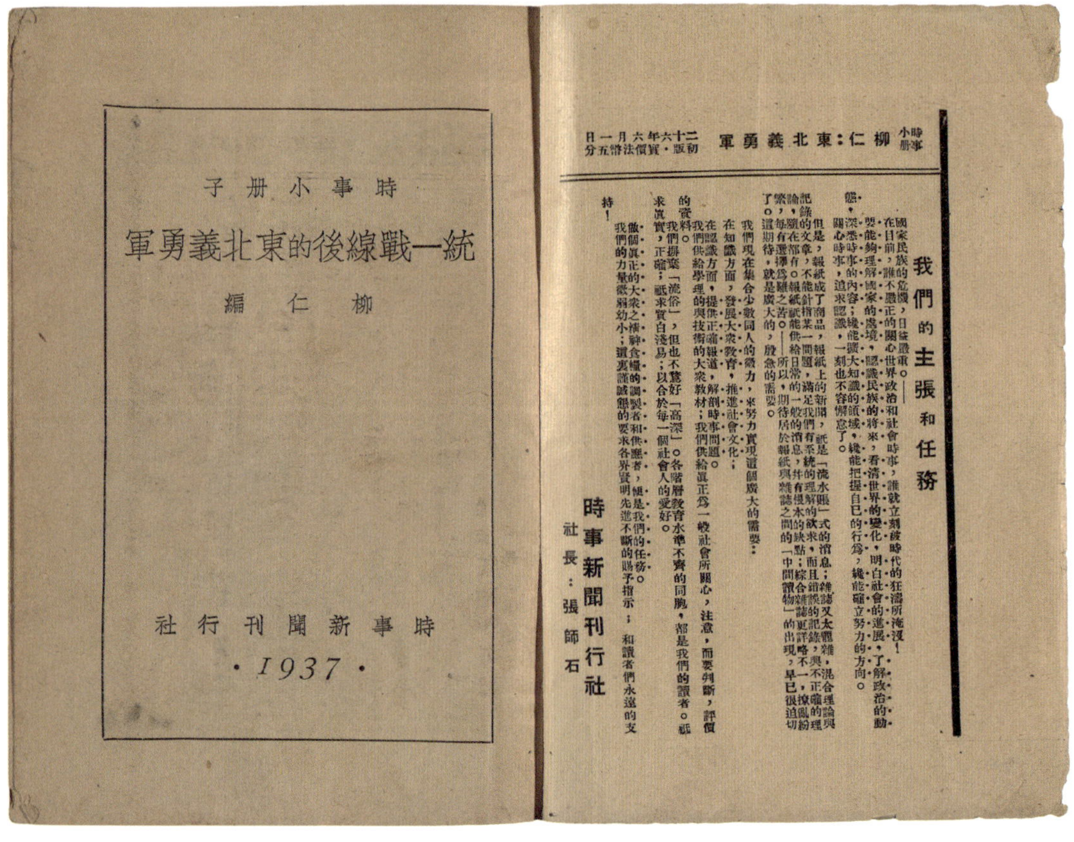

時事小冊子

統一戰線後的東北義勇軍

柳仁 編

時事新聞刊行社

·1937·

時事小冊　柳仁：東北義勇軍　二十六年六月一日初版・實價法幣五分

我們的主張和任務

國家民族的危機，日益嚴重。——在目前，誰不嚴正的關心世界政治和社會時事，誰就立刻被時代的狂濤所淹沒！要能夠理解國家的處境，認識民族的將來，看清世界的變化，明白社會的進展，了解政治的動態，深悉時事的內容；纔能擴大知識的領域，纔能把握自已的行爲，纔能確立努力的方向。關心時事，追求認識，一刻也不容懈怠了。

但是，報紙成了商品，報紙上的新聞，祇是「流水賬」式的消息；雜誌又太龐雜，不混合理論與記錄的文章，不能針指某一問題，滿足我們有系統的理解的欲求，而且錯誤的記錄，與不正確的理論，隨在都有。報紙祇能供給日常的一般的消息，統并有慢本的缺點；綜合雜誌的更詳略不一，繁，每有選擇爲難之苦。——所以，期待居於報紙與雜誌之間的「中間讀物」的出現，早已很迫切了。這期待，就是廣大的，殷急的需要。

我們現在集合少數同人的微力，來努力實現這個廣大的需要：

在知識方面，發展大衆教育，推進社會文化；

在認識方面，提供正確報道，解剖時事問題。

我們供給學理的與技術的大衆教材；我們供給眞正爲一般社會所關心，注意，而要判斷，評價的資料。

我們摒棄「流俗」，但也不鶩好「高深」。各階層教育水準不齊的同胞，都是我們的讀者。祇求眞實，正確；祇求實白淺易；以合於每一個社會人的愛好。

做個眞正的大衆之精神食糧的調製者和供應者，便是我們的任務。

我們的力量微弱幼小；這裏謹誠懇的要求各界賢明先進不斷的賜予指示；和讀者們永遠的支持！

時事新聞刊行社

社長：張師石

活跃着的东北抗日义勇军

1937 年 1 月

本书包括“日本强盗在东北”“义勇军的游击战争”“抗日战士、民族英雄及他们的光荣战史”三部分，辑录有关东北义勇军抗日斗争事迹文章 30 篇，以及《义勇军进行曲》等 3 首歌曲。书前有鲁阳 1937 年 1 月所作序言。

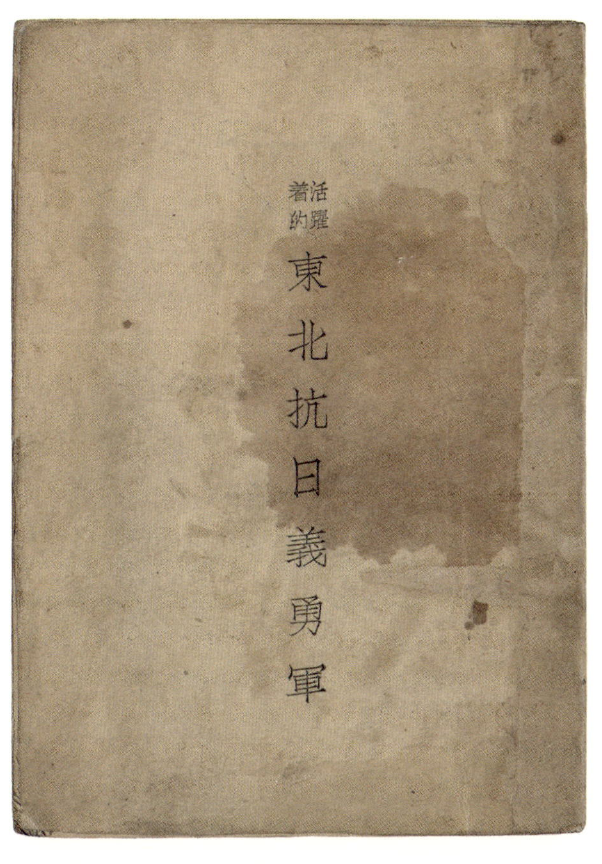

活躍着的

東北抗日義勇軍

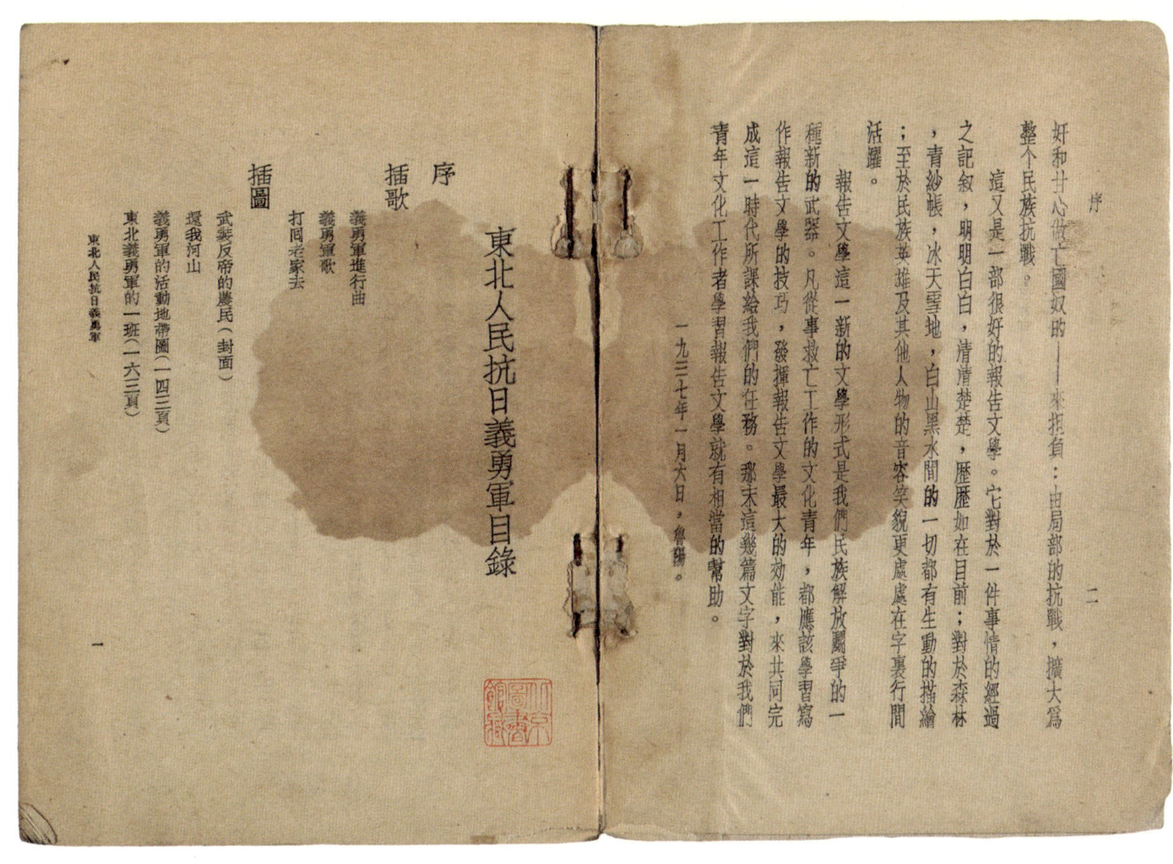

東北人民抗日義勇軍目錄

序

插歌

義勇軍進行曲

義勇軍頌歌

打回老家去

插圖

武裝反帝的農民（封面）

還我河山

義勇軍的活動地帶圖（一四三頁）

東北義勇軍的一班（一六三頁）

東北人民抗日義勇軍　一

序　二

好和甘心做亡國奴的——來担負：由局部的抗戰，擴大爲整个民族抗戰。

這又是一部很好的報告文學。它對於一件事情的經過之記叙，明明白白，清清楚楚，歷歷如在目前；對於森林，青紗帳，冰天雪地，白山黑水間的一切都有生動的描繪；至於民族英雄及其他人物的音容笑貌更處處在字裏行間活躍。

報告文學這一新的文學形式是我們民族解放鬭爭的一種新的武器。凡從事救亡工作的文化青年，都應該學習寫作報告文學的技巧，發揮報告文學最大的効能，來共同完成這一時代所課給我們的任務。那末這幾篇文字對於我們青年文化工作者學習報告文學就有相當的幫助。

一九三七年一月六日，魯陽。

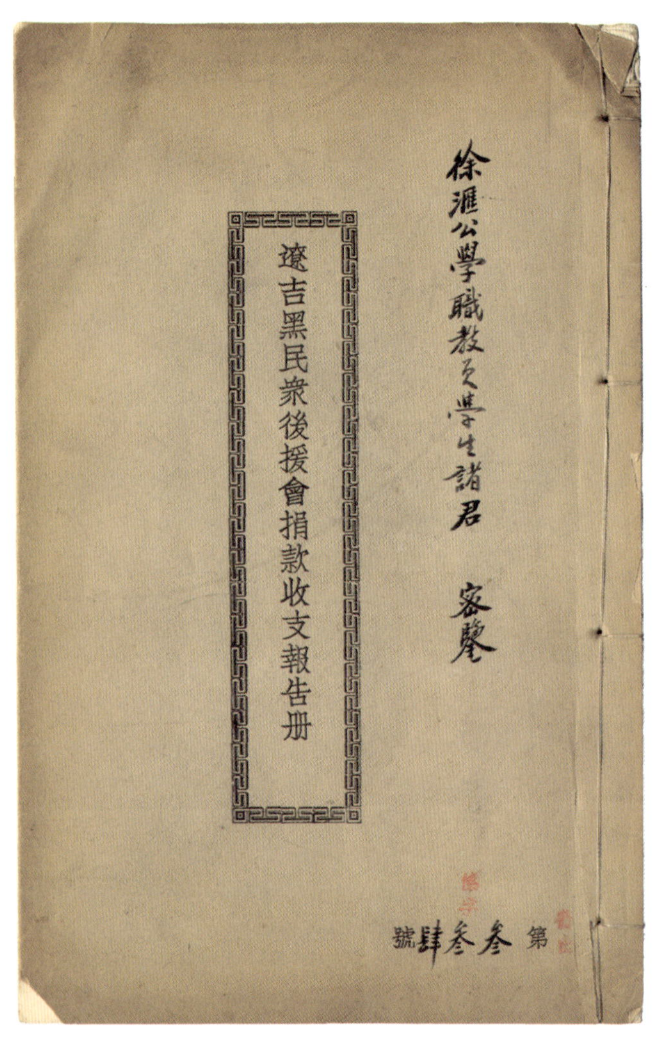
徐滙公學職教員學生諸君 密鑒

遼吉黑民衆後援會捐款收支報告册

第叁叁肆號

自九一八變作，東北四省相繼淪喪；苦戰之義軍固彼仆而此起，顚沛之災胞亦繼長而增多，故援助救濟胥有待於羣籌。乃者寇深事亟，國難頻仍，幸全國上下以及海外僑胞激於哀憤，本救亡惻人之心施義粟仁漿之助。或協力以推進，或捐欵而託交；熱忱咸出自動，成就類皆避名。國家民族精神之不泯有如此者，曷勝欣佩！於是有遼吉黑民衆後援會之組織，俾慶瀾綜其事。二十一年，由滬進駐北平。仰賴羣力，支持經年。嗣以時殊事異，會務遂告結束。念來日之大難，撫往事而增悲。慨未復之河山，孰能忍此以終古？爰將會中收支欵項先爲編印報告，以資徵信；並敘其顚末，藉備觀覽焉。

中華民國二十二年冬朱慶瀾序。

辽吉黑民众后援会捐款收支报告册

辽吉黑民众后援会编　1933 年

九一八事变后，朱庆澜组织辽吉黑民众后援会，募集资金，援助抗日武装。此件系民国二十年十一月十二日至民国二十一年八月廿一日的捐款人名册。编号 334 号，封面有“徐汇公学职教员学生诸君密鉴”题记。

东北人民革命军

中国共产党在支持抗日义勇军斗争的同时，开始创立党直接领导的抗日武装，在东北三省开展游击战争，抵抗日本帝国主义的侵略。1933 年底，组织了南满、东满、珠河、饶河、密山、宁安、汤原游击队和吉林反日工农义勇队、抗日救国游击军等。1934 年 11 月起，在各游击队的基础上，先后组成东北人民革命军第一至六军，部队发展到 6 千余人。东北人民革命军积极开展抗日斗争，以灵活的游击战术打击日伪军，在东北三省的 50 余个县境建立了 6 个较为巩固的抗日游击根据地。

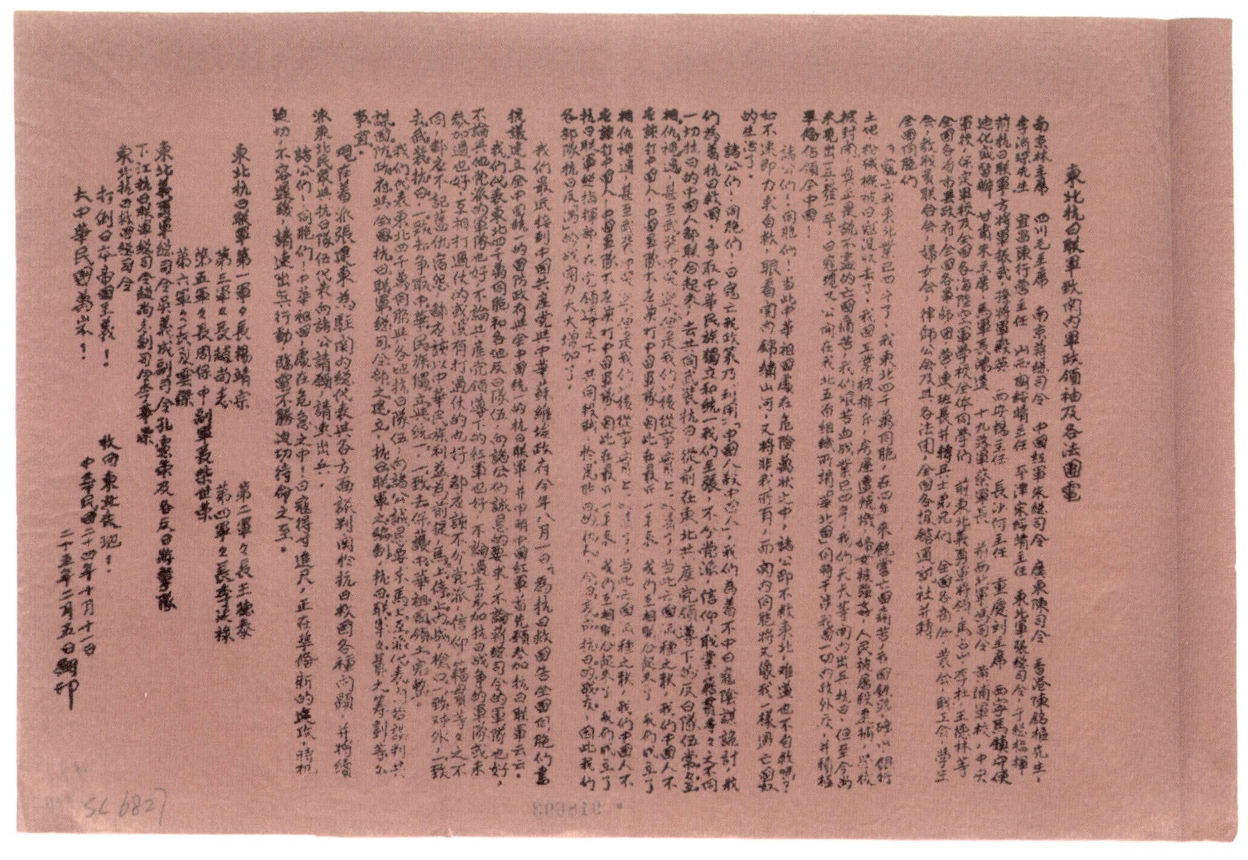
東北抗日聯軍致關內軍政領袖及各法團電

东北抗日联军致关内军政领袖及各法团电

东北抗日联军发布　1936 年 2 月　复制件

1935 年 6 月至 1936 年 1 月间，东北各抗日武装曾以“东北抗日联军”名义发表过一些电文。这封电文于 1935 年 10 月 11 日面向全国发布，这时的东北抗日联军尚未统一改编建立起来，但上述文件、宣言和通电使得“东北抗日联军”的旗帜从此名震中外。

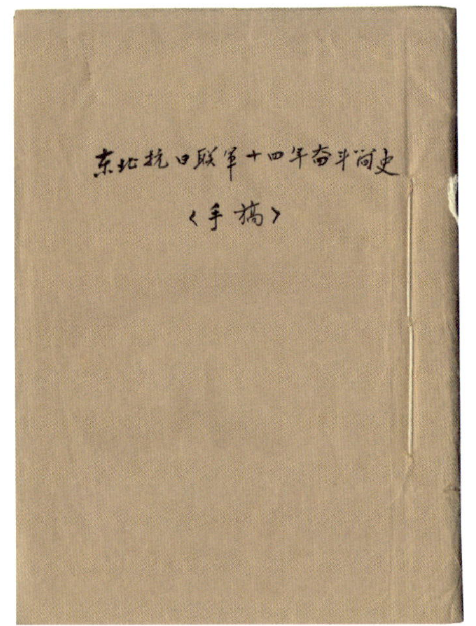

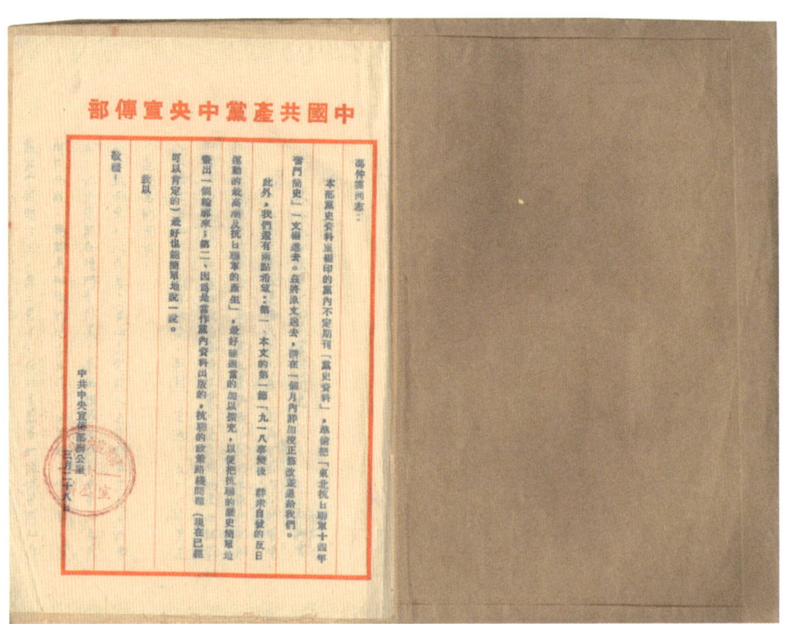

中國共產黨中央宣傳部

馮仲雲同志：

本部黨史資料室編印的黨內不定期刊「黨史資料」，擬會把「東北抗日聯軍十四年奮鬥簡史」一文編進去。茲將原文送去，請在一個月內詳加校正修改並退給我們。

此外，我們還有兩點希望：第一、本文的第一節「九一八事變後 群衆自發的反日運動的最高潮及抗日聯軍的產生」，最好能適當的加以擴充，以便把抗聯的歷史簡單地整出一個輪廓來；第二、因為是當作黨內資料出版的，抗聯的政策路綫問題（現在已經可以肯定的）最好也能簡單地說一說。

致以

敬禮！

中共中央宣傳部辦公室

三月二十八日

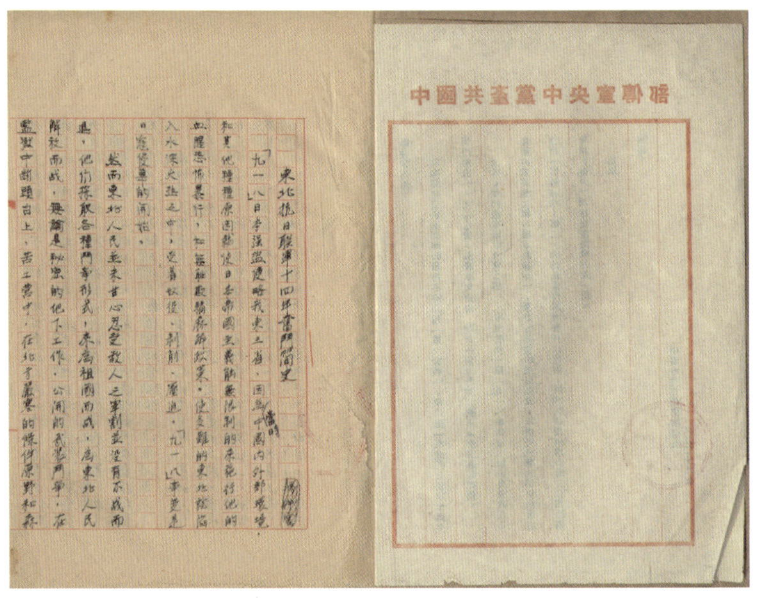

东北抗日联军十四年奋斗简史

冯仲云著　抄本　冯忆罗、冯松光、冯江华、冯丽雯、冯丹云捐赠

冯仲云作为东北14年惨烈抗日斗争的参加者、领导者和幸存者，接受陈云同志的指示，于抗日战争胜利后，以亲身经历和感悟，饱含激情，写出了《东北抗日联军十四年奋斗简史》，客观系统地介绍了东北抗日联军发生、发展和抗争的进程，翔实地揭示了杨靖宇、赵一曼、冷云、梁树林等人可歌可泣的事迹。本书自1946年1月16日起于《哈尔滨日报》《北光日报》连载，同年由青年出版社印制单行本发行。2008年为纪念冯仲云同志诞辰100周年，中央文献出版社重新出版此书，并加配了图片和注释说明。

东北抗日联军十四年奋斗简史

辽东建国书社　1946 年 5 月

记述东北抗日联军坚持抗战十四年的史实，着重描写周保中、李兆麟两位爱国将领在东北抗日战争中的英勇事迹及贡献，并有二位将军小传。

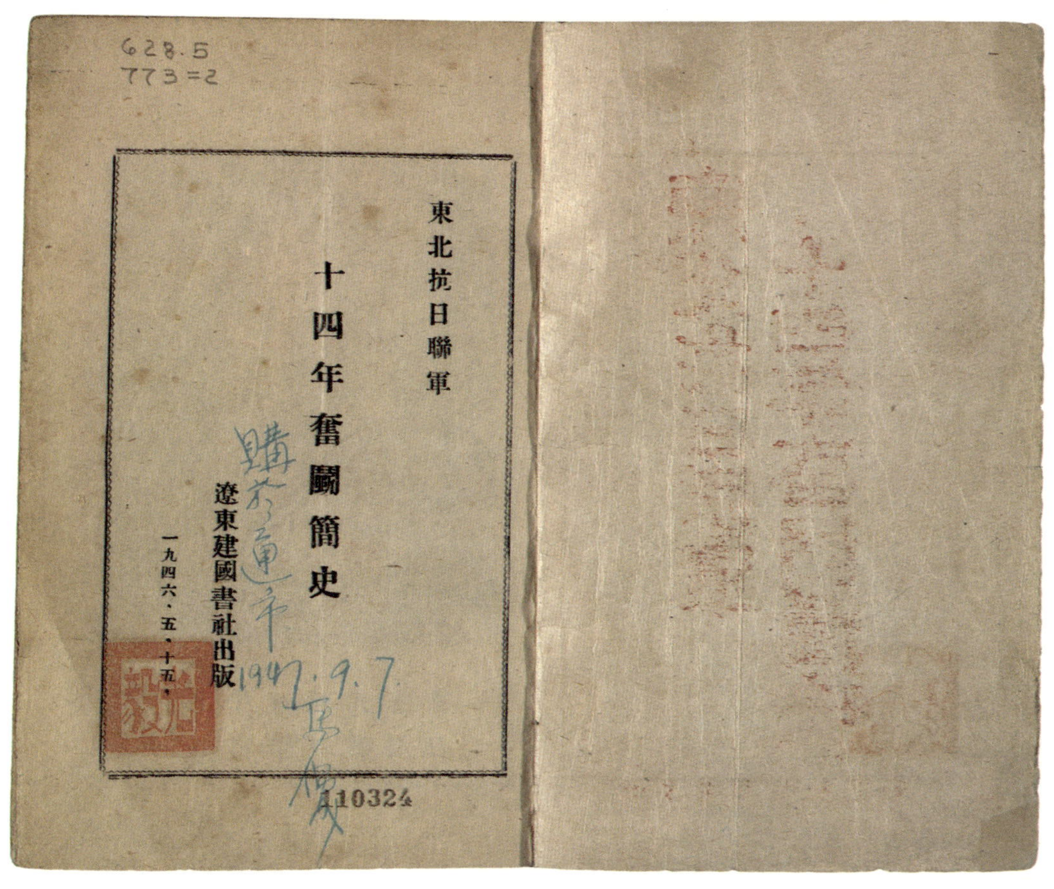

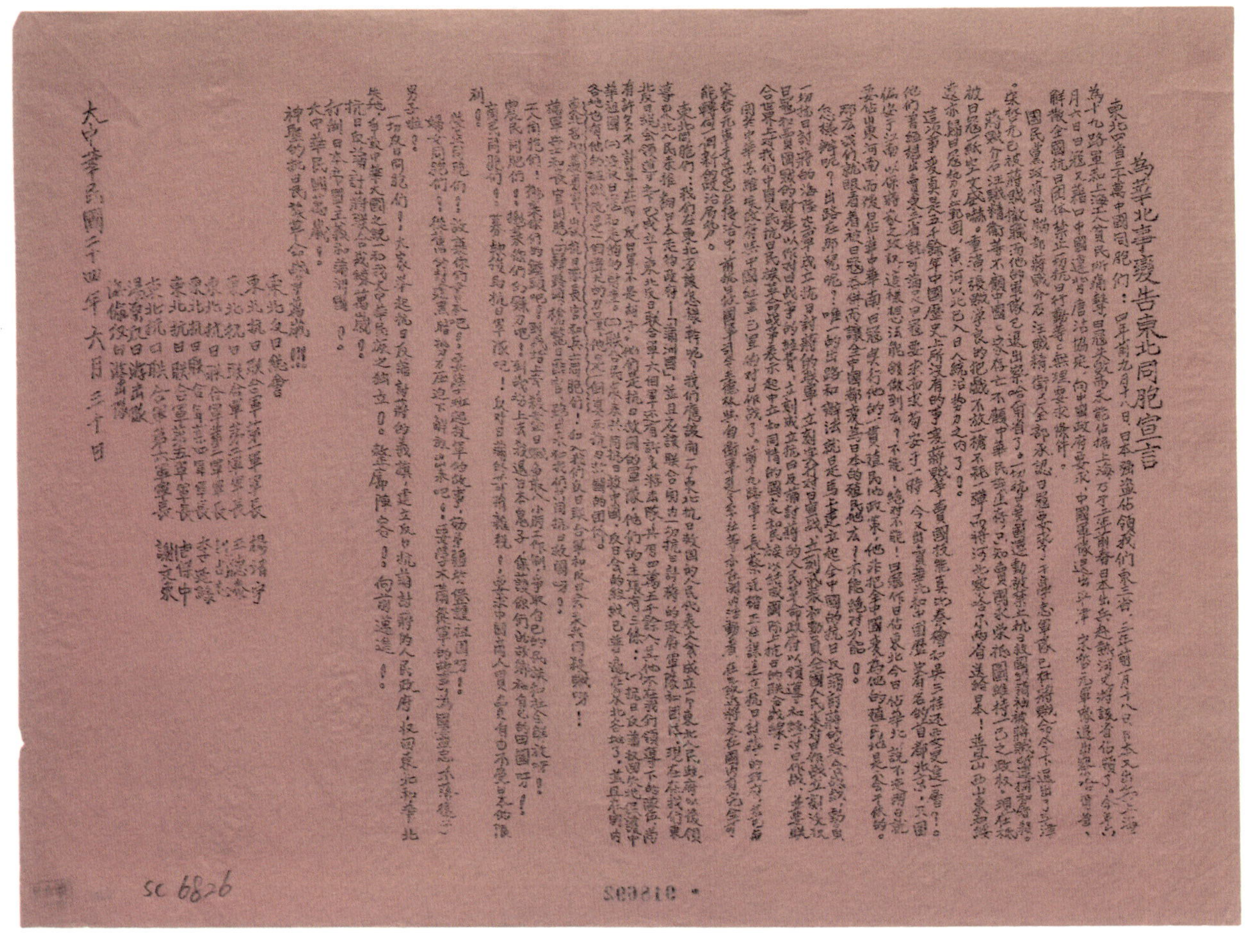

為華北事變告東北同胞宣言

東北反日總會
東北抗日聯合軍第一軍軍長 楊靖宇
東北抗日聯合軍第二軍軍長 王德泰
東北抗日聯合軍第三軍軍長 趙尚志
東北抗日聯合軍第四軍軍長 李延祿
東北抗日聯合軍第五軍軍長 周保中
東北抗日聯合軍第六軍軍長 謝文東
湯原抗日游擊隊
海倫抗日游擊隊

大中華民國二十四年六月三十日

为华北事变告东北同胞宣言

东北反日总会、东北抗日联军　1935 年 6 月　复制件

1935 年 5 月，日本帝国主义发动华北事变以后，中共驻共产国际代表团公开以“东北反日总会及抗日联军”名义于同年 6 月 30 日发表了本宣言，号召东北同胞收复东北和华北失地，为中华民族的独立而斗争。最后具衔除东北反日总会外，还有东北抗日联军第一军至第六军的军长杨靖宇、赵尚志、周保中等人。

东北抗日联军

1936 年 2 月 10 日，直接领导东北工作的中共驻共产国际代表团作出《为建立全东北抗日联军总司令部决议草案》，决定将东北人民革命军改编为“东北抗日联军”。20 日，《东北抗日联军统一军队建制宣言》发表。此后，以东北人民革命军为主体的东北抗日武装力量，陆续改编为东北抗日联军。到 1937 年 7 月，东北抗日联军发展到 10 个军、1 个独立师，3 万余人。东北抗日联军开展游击战争，开辟了东南满、吉东、北满三大抗日游击区，游击区域扩大到东北 70 余个县，沉重打击了日本帝国主义在东北的殖民统治，牵制了大量侵华日军，支援、鼓舞和推动了全中国的抗日救亡运动。

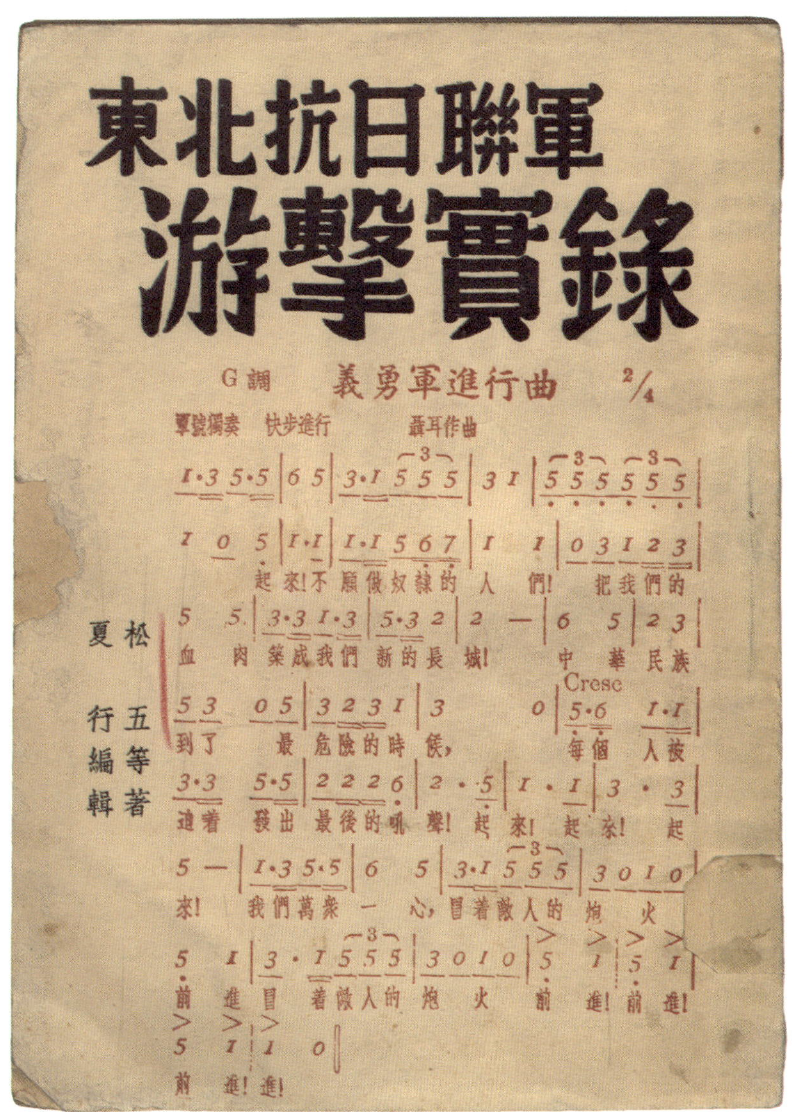

东北抗日联军游击实录

松五等著　夏行编辑　上海杂志公司　1937 年 12 月

本书记载了东北抗日联军第一至第八军的奋斗史，披露了许多抗日联军打击日本侵略军的英雄事迹。封面为红黑套印的《义勇军进行曲》。

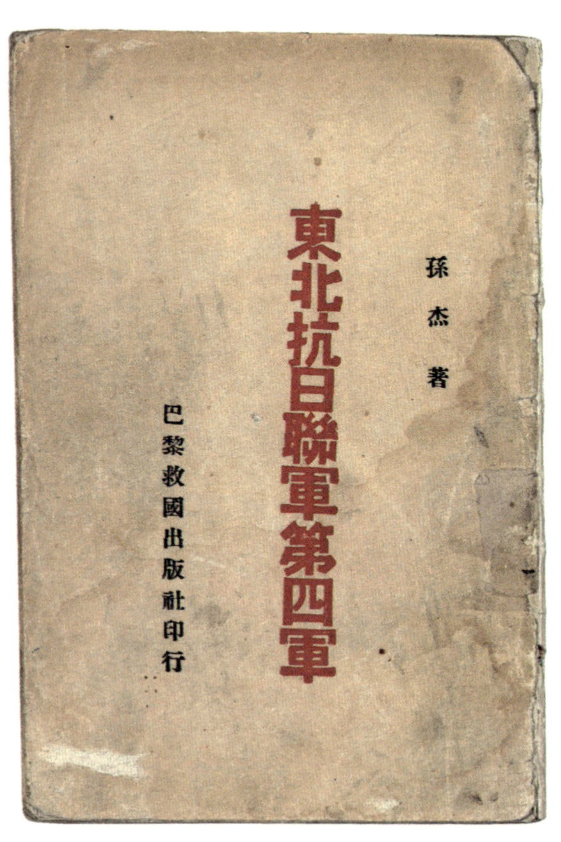
東北抗日聯軍第四軍
孫杰 著
巴黎救國出版社印行

东北抗日联军第四军

孙杰著　巴黎救国出版社　1936 年 8 月

东北抗日联军第四军由原东北抗日同盟第四军改编成立，李延禄任军长，黄玉清任政治部主任，下辖 4 个师 3 个游击团。书前有第四军活动及李延禄等照片多帧。

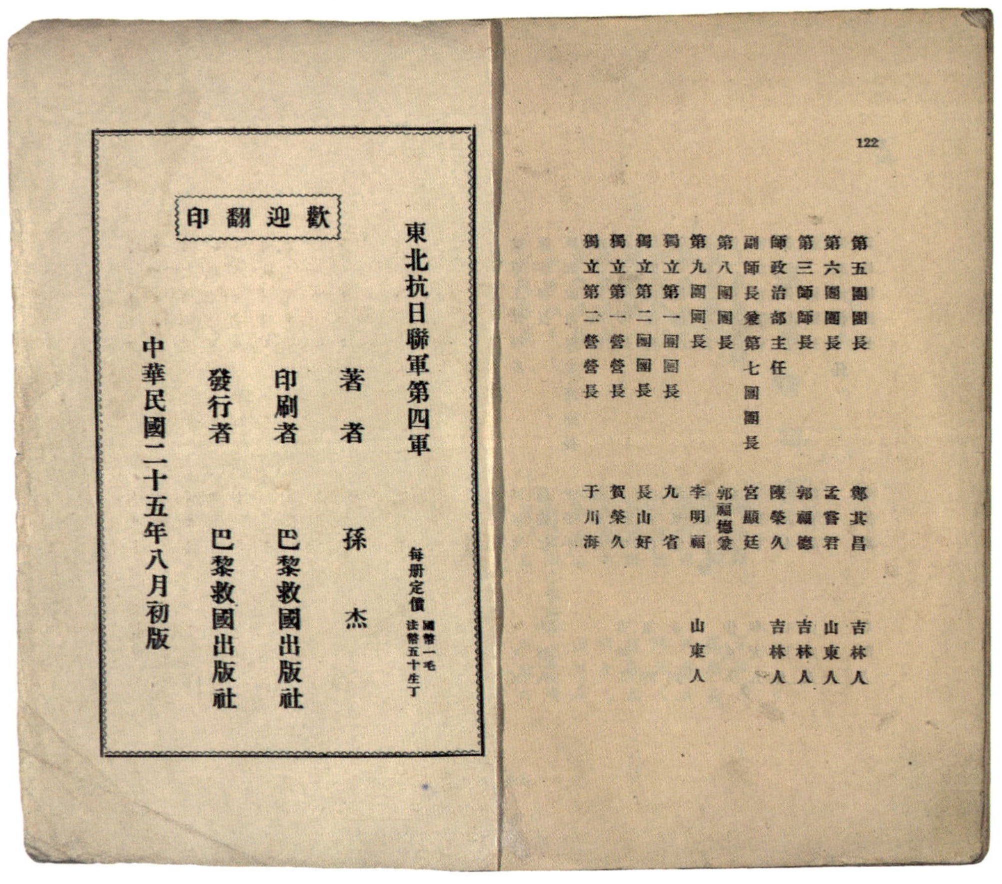
東北抗日聯軍第四軍

每册定價 國幣一毛 法幣五十生丁

著者 孫杰

印刷者 巴黎救國出版社

發行者 巴黎救國出版社

歡迎翻印

中華民國二十五年八月初版

122

第五團團長	鄭其昌	吉林人
第六團團長	孟嘗君	山東人
第三師師長	郭福德	吉林人
師政治部主任	陳榮久	吉林人
副師長兼第七團團長	宮顯廷	
第八團團長	郭福德兼	
第九團團長	李明福	山東人
獨立第一團團長	九省	
獨立第二團團長	長山好	
獨立第一營營長	賀榮久	
獨立第二營營長	于川海	

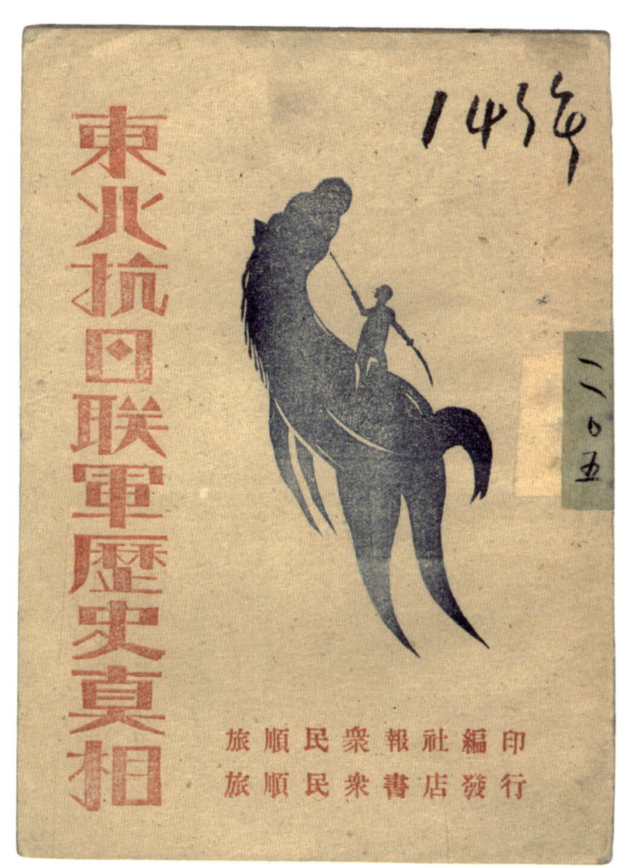

东北抗日联军历史真相

旅顺民众报社编印　1946 年 5 月

本书分 6 节：《东北是怎样沦亡的》《东北问题的历史真相》《日寇口中的东北抗日联军》《东北抗日领袖周保中将军》《中国共产党与东北人民的血肉关系》《解决东北问题的途径》。

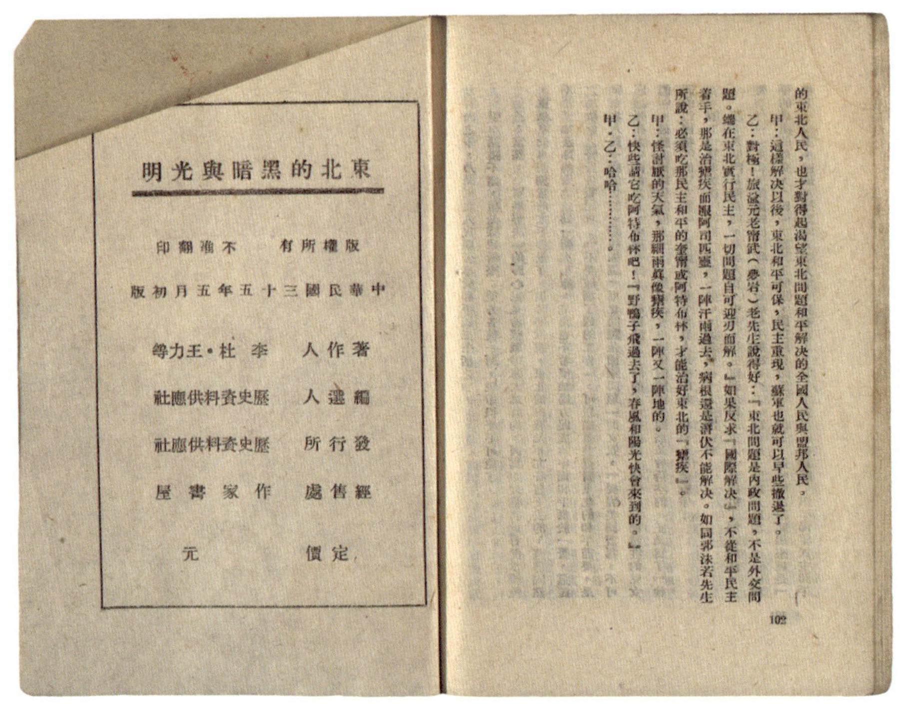

東北的黑暗與光明

版權所有 不准翻印

中華民國三十五年五月初版

著作人 李杜·王力等

編述人 歷史資料供應社

發行所 歷史資料供應社

經售處 作家書屋

定價 元

的東北人民，也才對得起渴望東北問題和平解決的全國人民與盟邦人民。

甲：這樣解決以後，東北和平可保，民主重現，蘇軍也就可以早些撤退了。

乙：對極！旅滬元老嚮武（參岩）老先生說得好：『東北問題是內政問題，不是外交問題。纔在東北實行民主，一切問題自可迎刃而解。』如果反求『國際解決』，不從和平民主着手，那是治獾疾而服阿司匹靈，一陣汗雨過去，病根還是潛伏不能解決。如同郭沫若先生所說：必須吃那民主和平的奎甯或阿特布林，才能治好東北的『獾疾』。

甲：怪討厭的天氣，那細雨眞像獾疾，一陣又一陣地的。

乙：快些請它吃阿特布林吧！『野鴨子飛過去了，春風和陽光快會來到的。』

甲·乙：哈哈……。

102

东北的黑暗与光明

李杜、周保忠等著　历史资料供应社编印　1946 年 5 月

本书包括东北抗日联军的光荣诗篇、中国反动派在东北的阴谋诡计两部分。书后附有《中共对东北问题的主张》《中苏关系与东北问题》。

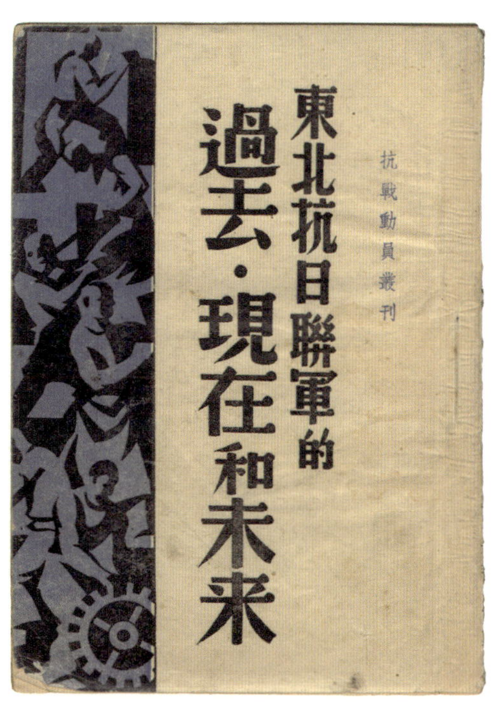

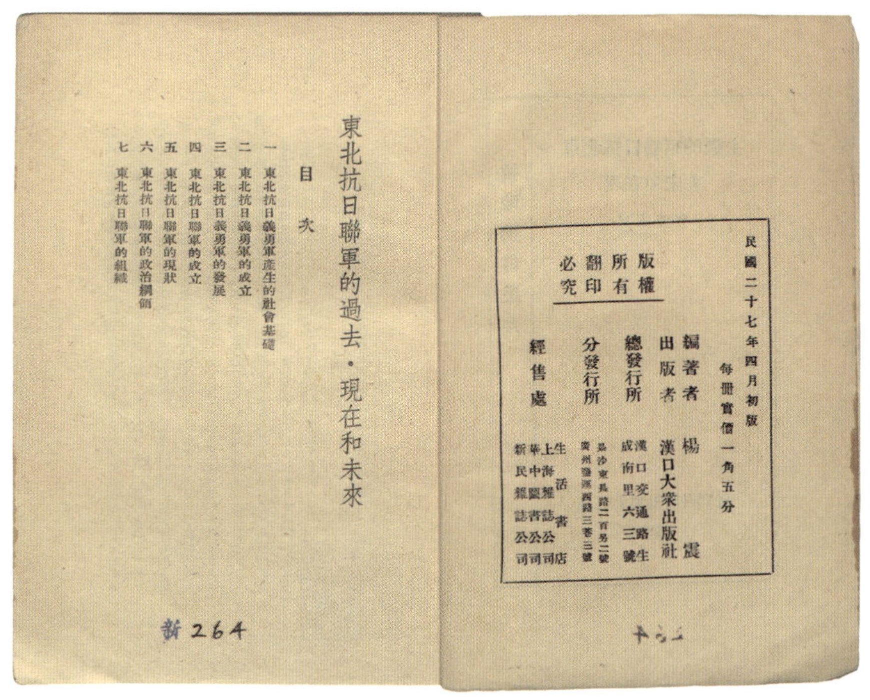

東北抗日聯軍的過去·現在和未來

目次

民國二十七年四月初版
每冊實價一角五分

版權所有 翻印必究

編著者 楊震
出版者 漢口大衆出版社
總發行所 漢口交通路生成衕里六三號
分發行所 長沙東長路二百另二號 廣州豐源西路三巷三號
經售處 生活書店 上海雜誌公司 華中圖書公司 新民雜誌公司

东北抗日联军的过去、现在和未来

杨震编著　汉口大众出版社　1938 年 4 月

抗战动员丛刊之一。介绍东北抗日义勇军的产生及其发展、政治纲领、组织结构、战术、与民众关系等，号召全国民众坚决抗日。

编入东北民主联军

进入1940年，东北抗日联军的活动更加困难，大片抗日游击根据地丢失，游击区缩小到不足10个县，队伍减至不足两千人，部分人员转入苏联境内。1942年5月18日，东北抗日联军缩编为1个旅，周保中任旅长，积极开展军事、政治整训。1945年7月，东北抗日联军教导旅配合苏联军队，进军东北。10月20日，东北抗日联军改名为东北人民自卫军。10月31日，东北人民自卫军与挺进到东北的八路军、新四军部队一起合编为东北人民自治军。至1946年1月14日，改称东北民主联军。

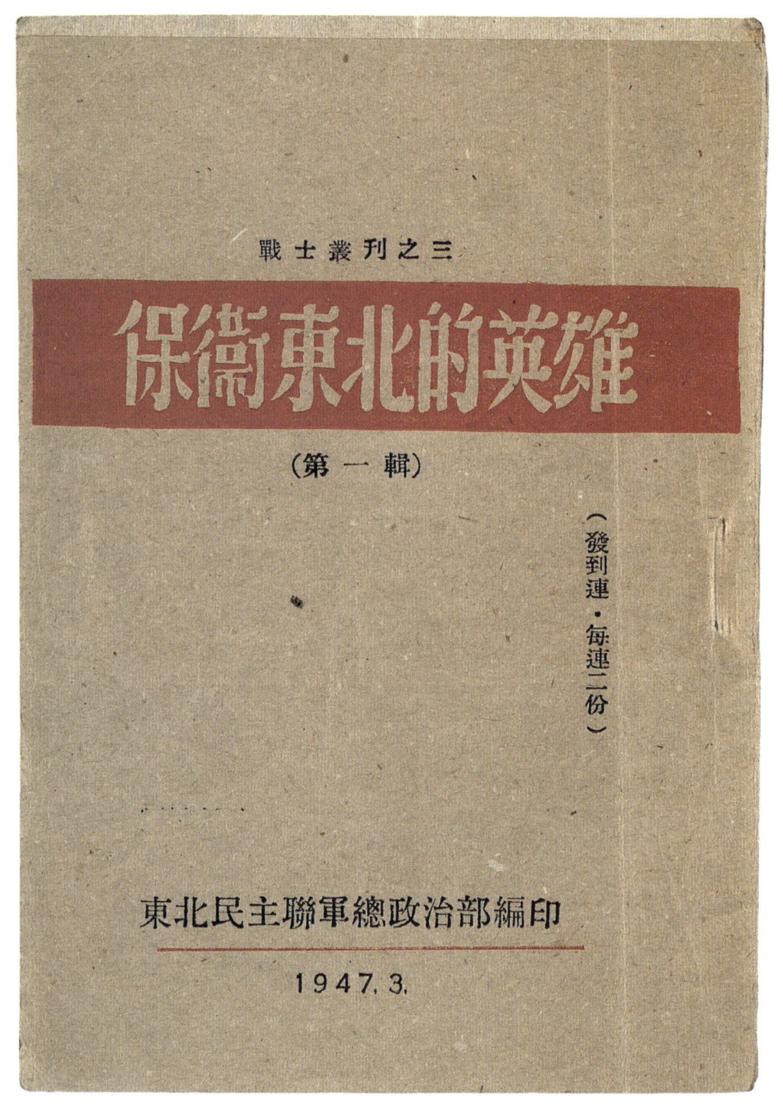

保卫东北的英雄

东北民主联军总政治部编印　1947年3月

战士丛刊之三。分四部分记述解放战争时期与国民党军队在东北其塔木、焦家岭、张麻子沟、沐石河四次战斗的经过和英雄事迹，共收19篇报道。

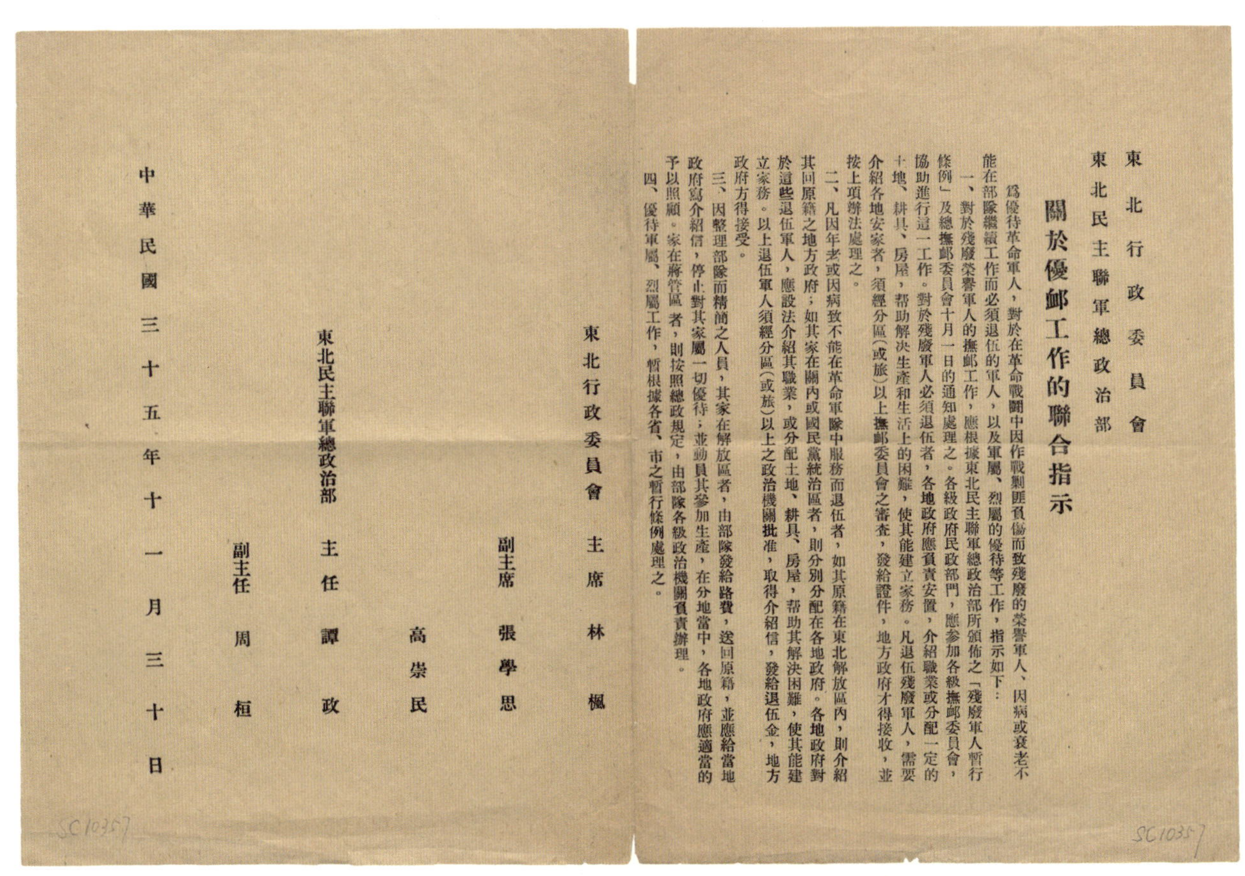
東北行政委員會
東北民主聯軍總政治部

關於優卹工作的聯合指示

爲優待革命軍人，對於在革命戰鬭中因作戰負傷而致殘廢的榮譽軍人、因病或衰老不能在部隊繼續工作而必須退伍的軍人，以及軍屬、烈屬的優待等工作，指示如下：

一、對於殘廢榮譽軍人的撫卹工作，應根據東北民主聯軍總政治部所頒佈之「殘廢軍人暫行條例」及總撫卹委員會十月一日的通知處理之。各級政府民政部門，應參加各級撫卹委員會，協助進行這一工作。對於殘廢軍人必須退伍者，各地政府應負責安置，介紹職業或分配一定的土地、耕具、房屋，帮助解決生產和生活上的困難，使其能建立家務。凡退伍殘廢軍人，需要介紹各地安家者，須經分區(或旅)以上撫卹委員會之審查，發給證件，地方政府才得接收，並按上項辦法處理之。

二、凡因年老或因病致不能在革命軍隊中服務而退伍者，如其原籍在東北解放區內，則介紹其回原籍之地方政府；如其家在關內或國民黨統治區者，則分別分配在各地政府。各地政府對於這些退伍軍人，應設法介紹其職業，或分配土地、耕具、房屋，帮助其解決困難，使其能建立家務。以上退伍軍人須經分區(或旅)以上之政治機關批准，取得介紹信，發給退伍金，地方政府方得接受。

三、因整理部隊而精簡之人員，其家在解放區者，由部隊發給路費，送回原籍，並應給當地政府寫介紹信，停止對其家屬一切優待；並動員其參加生產，在分地當中，各地政府應適當的予以照顧。家在蔣管區者，則按照總政規定，由部隊各級政治機關負責辦理。

四、優待軍屬、烈屬工作，暫根據各省、市之暫行條例處理之。

東北行政委員會 主席 林楓
副主席 張學思
高崇民

東北民主聯軍總政治部 主任 譚政
副主任 周桓

中華民國三十五年十一月三十日

SC1035

东北行政委员会东北民主联军总政治部关于优恤工作的联合指示

林枫、张学思、高崇民、谭政、周桓签发　1946 年 11 月

本件系东北军政机关签发的优待抚恤革命军人文件。林枫为东北行政委员会主席，张学思、高崇民为东北行政委员会副主席，谭政为东北民主联军总政治部主任，周桓为东北民主联军总政治部副主任。

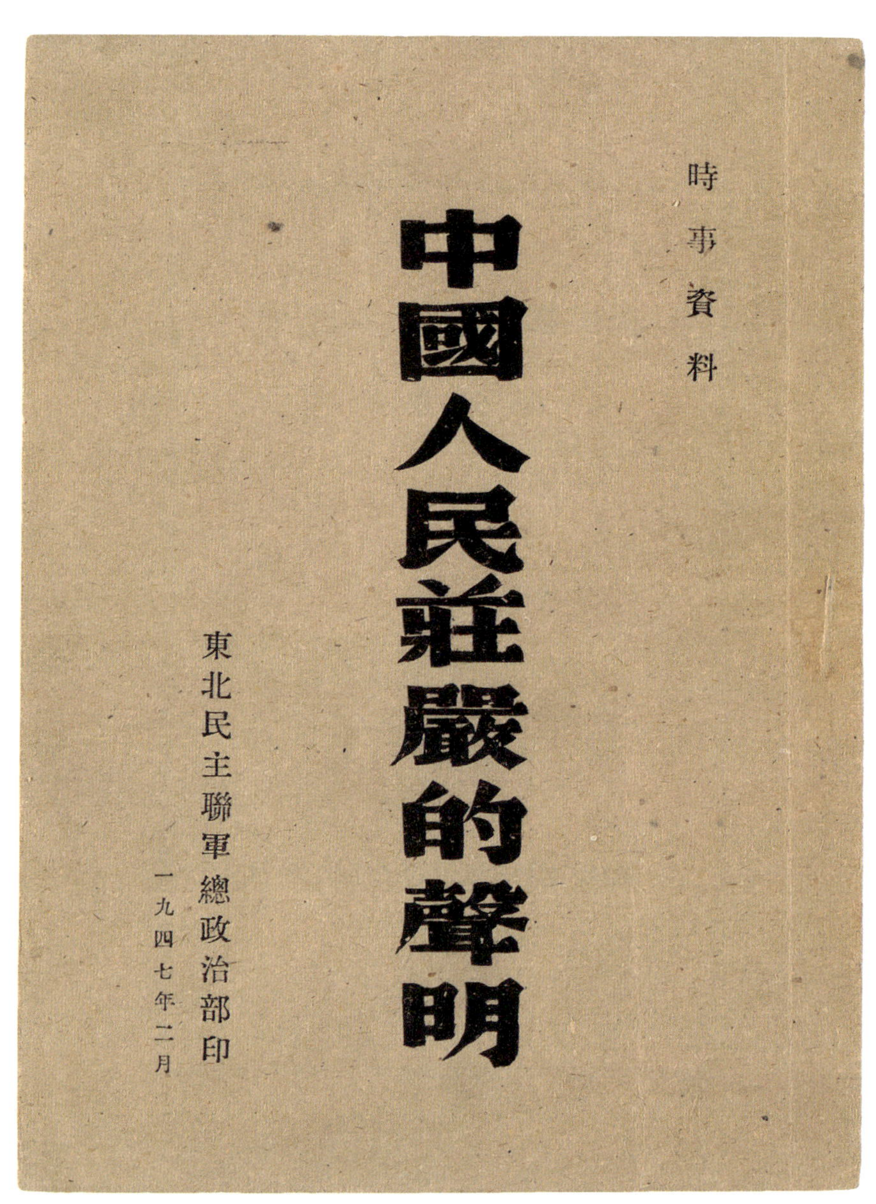

中国人民庄严的声明

东北民主联军总政治部辑印　1947 年 2 月

本书收录抗战胜利后到内战爆发前一段时间的重要文献 9 件，包括中共中央 1947 年 2 月 1 日声明、周恩来关于时局的谈话及《解放日报》社论等。

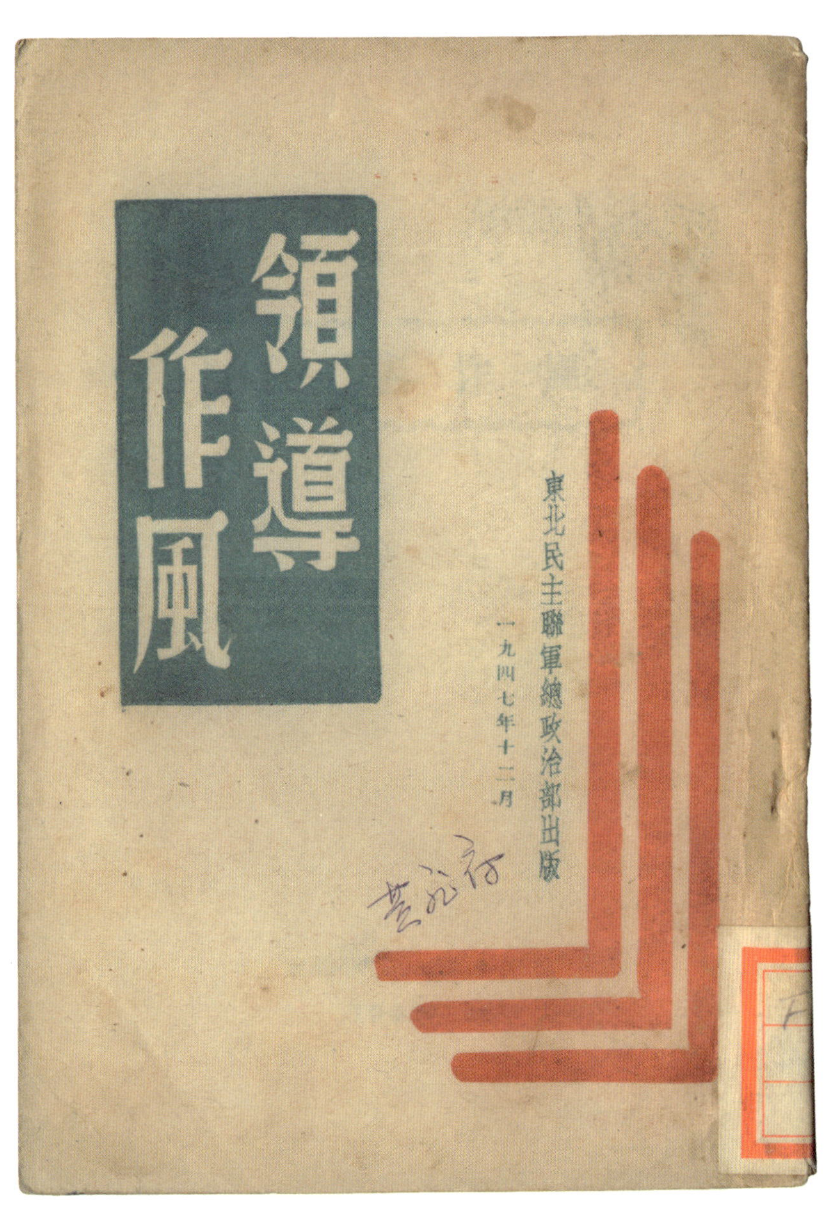

领导作风

东北民主联军总政治部　1947 年 12 月

怎样进行政治教育

东北民主联军总政治部　1947 年 8 月

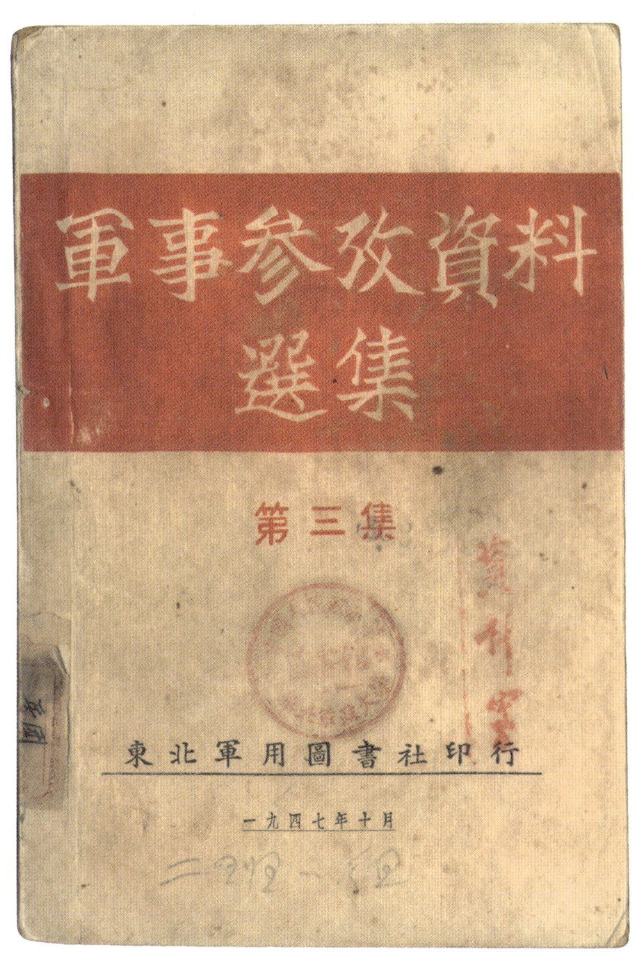

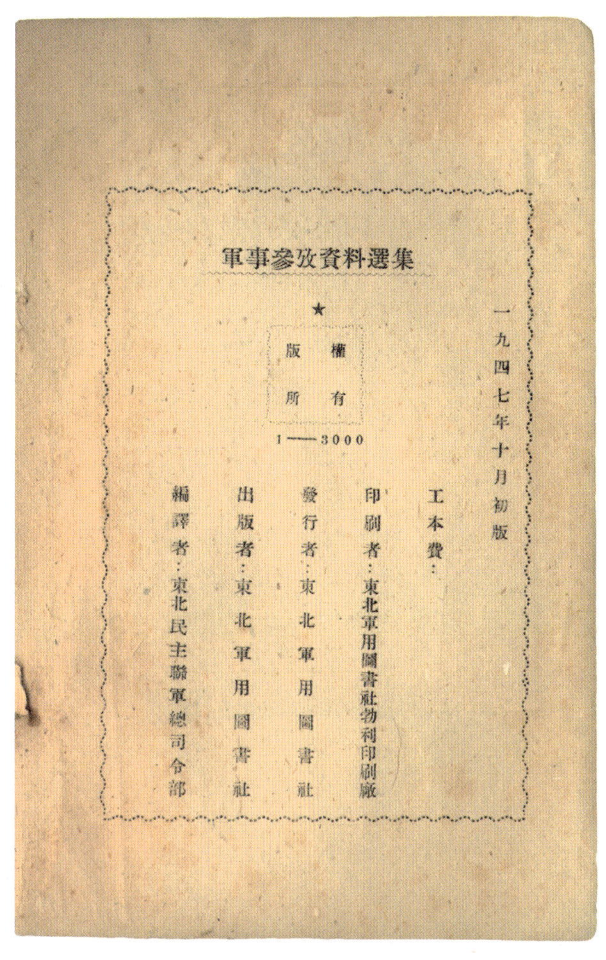

軍事参攷資料選集

★

版權所有

1——3000

一九四七年十月初版

工本費：

印刷者：東北軍用圖書社物利印刷廠

發行者：東北軍用圖書社

出版者：東北軍用圖書社

編譯者：東北民主聯軍總司令部

军事参考资料选集（第三集）

东北军用图书社编印　1947 年 10 月

本集收录《论现代战术的基础》《炮兵攻击》《现代工兵之任务》《地雷的研究及其使用》《红军各兵种的作战性能》等 20 篇文章。

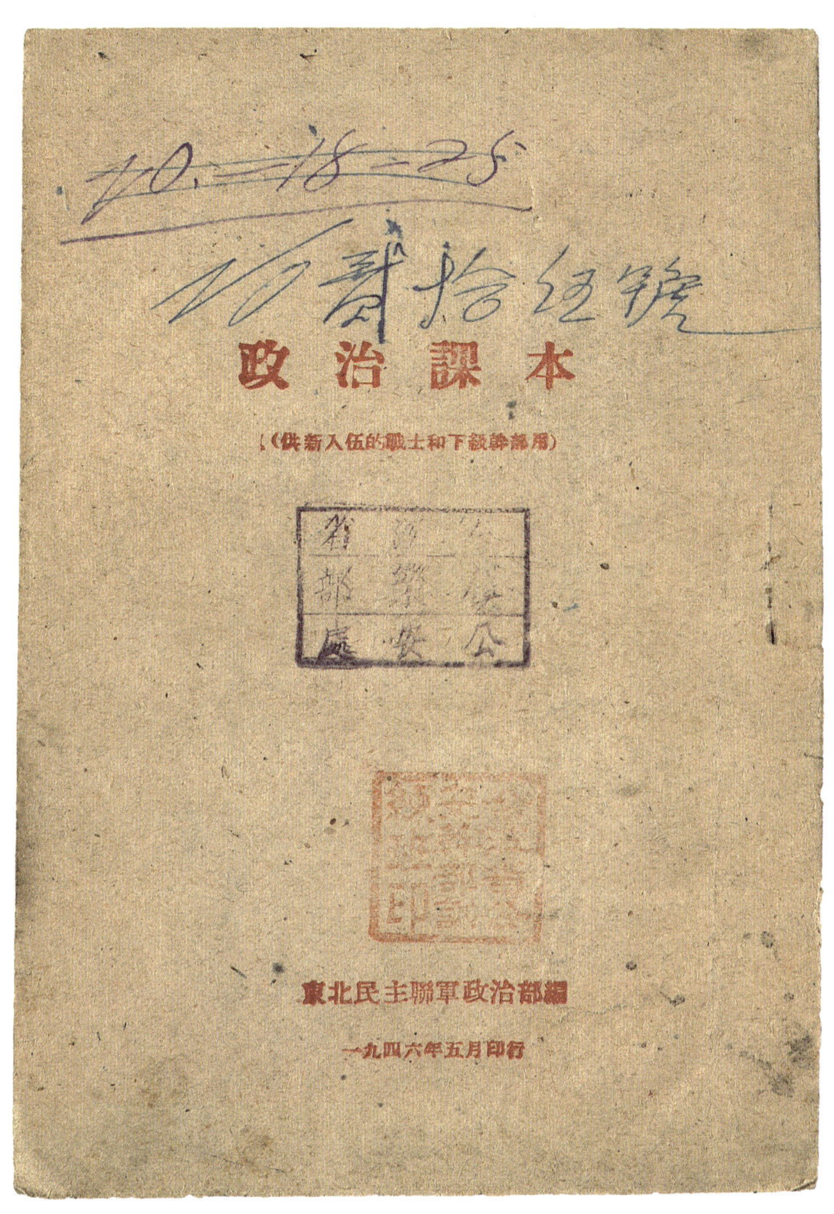

政治课本

东北民主联军政治部编印　1946 年 5 月

东北民主联军政治部编写的课本，供新入伍的战士和一般干部使用。

抗联英烈

东北抗日联军广大官兵在日伪残暴统治、军事“讨伐”和经济封锁之下，战斗在林海雪原，克服了难以想象的困难，体现了中华民族宁死不屈的精神和不怕艰难困苦的崇高品格。东北抗日联军仅师以上干部就有100余人战死疆场，军以上干部有杨靖宇、魏拯民、赵尚志等数十人英勇牺牲。冷云等八名抗联女战士“八女投江”的事迹广为传颂。

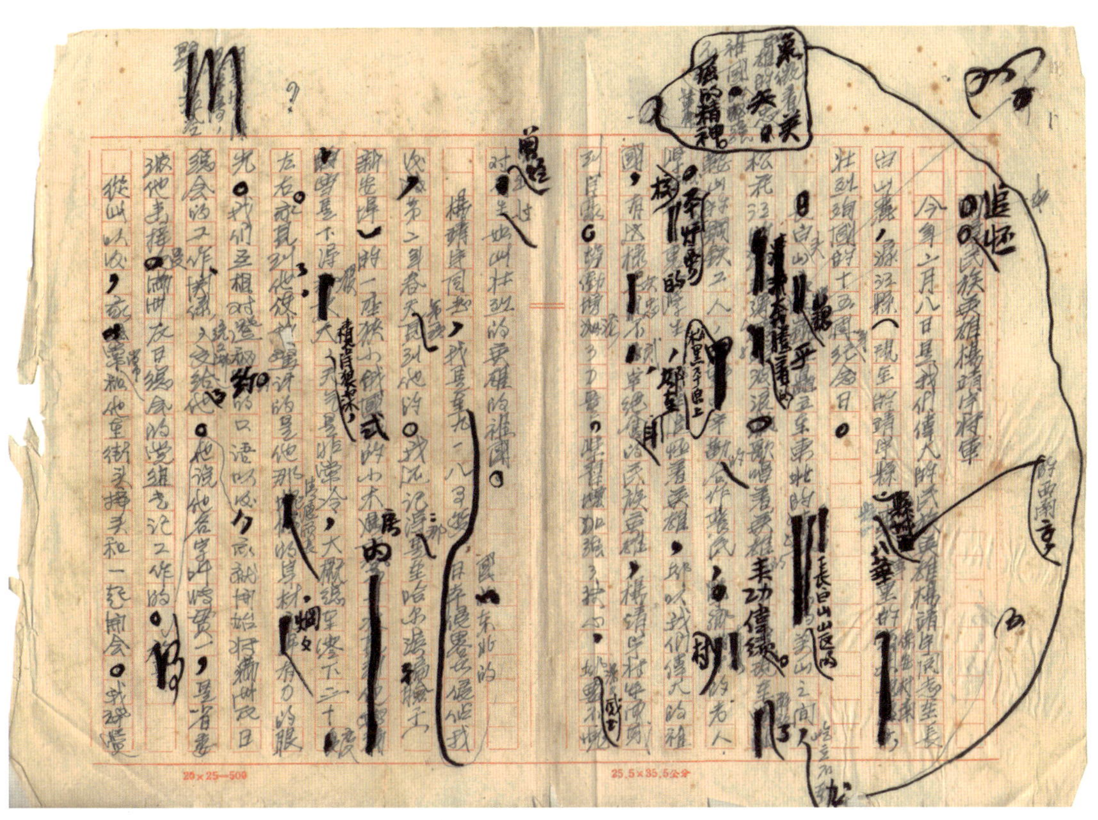

追怀民族英雄杨靖宇将军

冯仲云著　稿本　冯忆罗、冯松光、冯江华、冯丽雯、冯丹云捐赠

杨靖宇（1905—1940），原名马尚德，字骥生，河南省确山县人。1932年受党中央委托到东北组织抗日联军，历任抗日联军总指挥、政委等职。他率领东北军民与日寇血战于白山黑水之间，出生入死，屡立战功，最后孤身一人与大量敌人周旋战斗几昼夜后壮烈牺牲。冯仲云在杨靖宇牺牲十五周年之际撰写了此篇纪念文章。

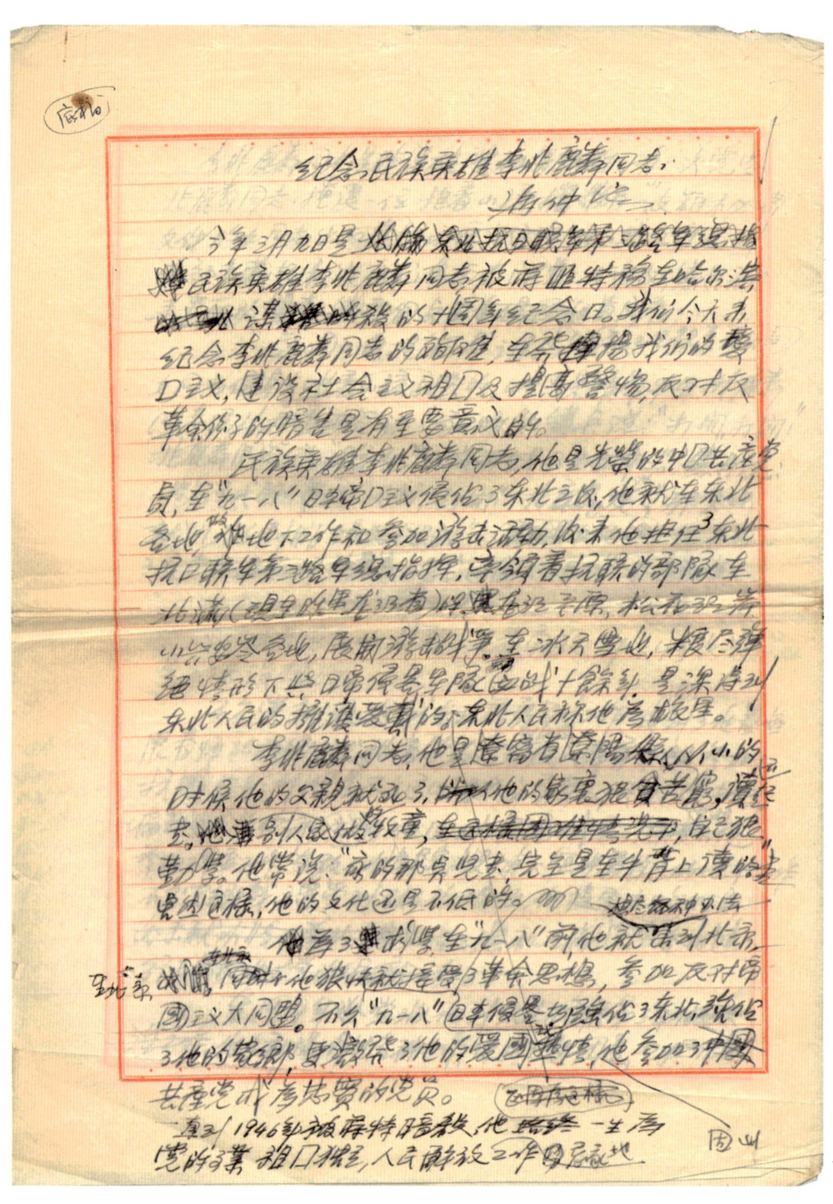

纪念民族英雄李兆麟同志

冯仲云

今年3月9日是民族英雄李兆麟同志被蒋匪特务在哈尔滨谋杀的十周年纪念日。我们今天来纪念李兆麟同志的牺牲，在今天对我们的爱国主义，建设社会主义祖国及提高警惕，反对反革命份子的阴谋是有重要意义的。

民族英雄李兆麟同志，他是光荣的中国共产党员，在"九一八"日本帝国主义侵占了东北之后，他就在东北各地做地下工作和参加游击活动，后来他担任了东北抗日联军第三路军总指挥，率领着抗联的部队在北满（现在的黑龙江省）的黑龙江平原，松花江岸，小兴安岭各地，展开游击战争，在冰天雪地，粮尽弹绝情形下与日帝侵略军队血战十余年，是深得东北人民的拥护爱戴的。东北人民称他为救星。

李兆麟同志，他是辽宁省辽阳县人，从小的时候他的父亲就死了，他的家里很贫苦，读不起书，他为别人家放牧童，自己很勤学。他常说："我的那点儿书，完全是在牛背上读的。"虽然这样，他的文化还是不低的。

他在"九一八"前他就去到北京，在北京他很快就接受了革命思想，参加反对帝国主义大同盟。不久"九一八"日本侵略者强占了东北，强占了他的家乡，更激发了他的爱国热情，他参加了共产党成为忠实的党员。

一直到1946年被蒋特暗杀，他一生为党的事业，祖国独立，人民解放工作……

纪念民族英雄李兆麟同志

冯仲云著　稿本　冯忆罗、冯松光、冯江华、冯丽雯、冯丹云捐赠

李兆麟（1910–1946），中共北满省委主要领导人、东北抗日联军创建人，1946 年 3 月 9 日在哈尔滨被国民党特务暗杀。李兆麟牺牲 10 周年之际，冯仲云撰写本文赞颂了烈士的英雄事迹。

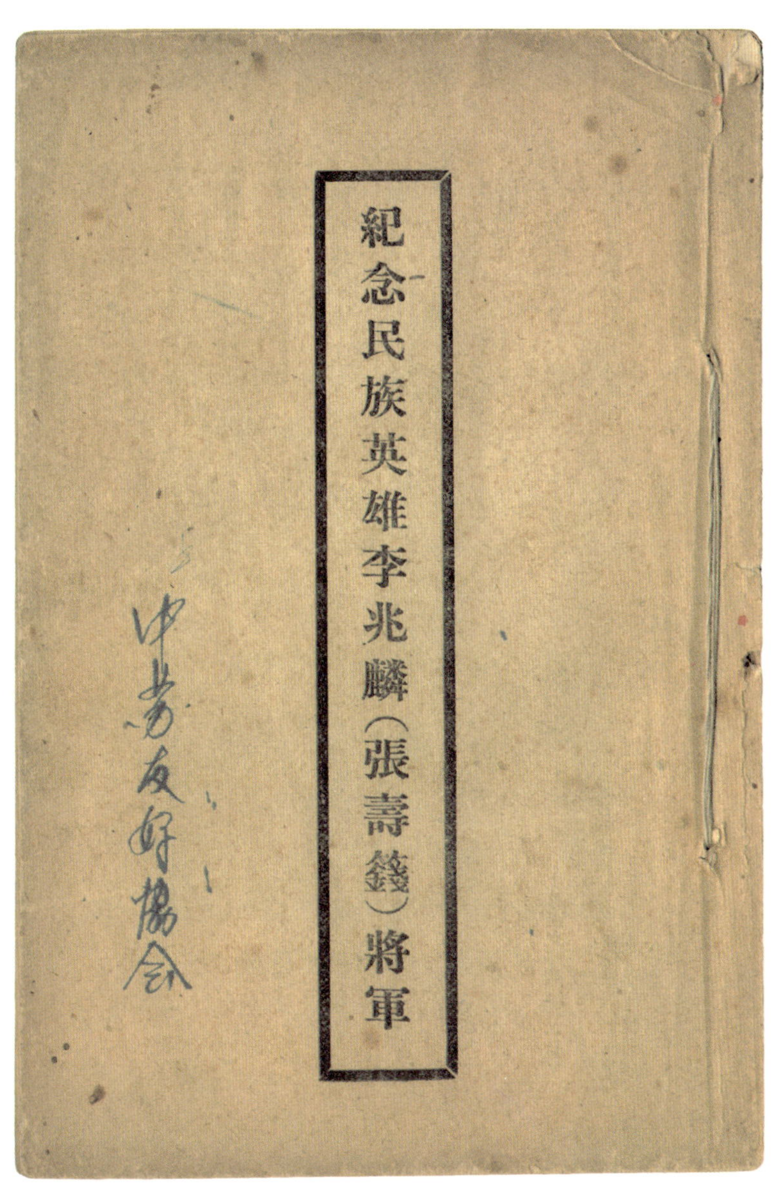

纪念民族英雄李兆麟（张寿篯）将军

兆麟纪念委员会　1946 年 3 月

本书为东北抗联领袖李兆麟将军的纪念册，收录东北抗联领导人之一、新中国成立后国家图书馆首任馆长冯仲云所作纪念李兆麟将军的 3 篇文章。

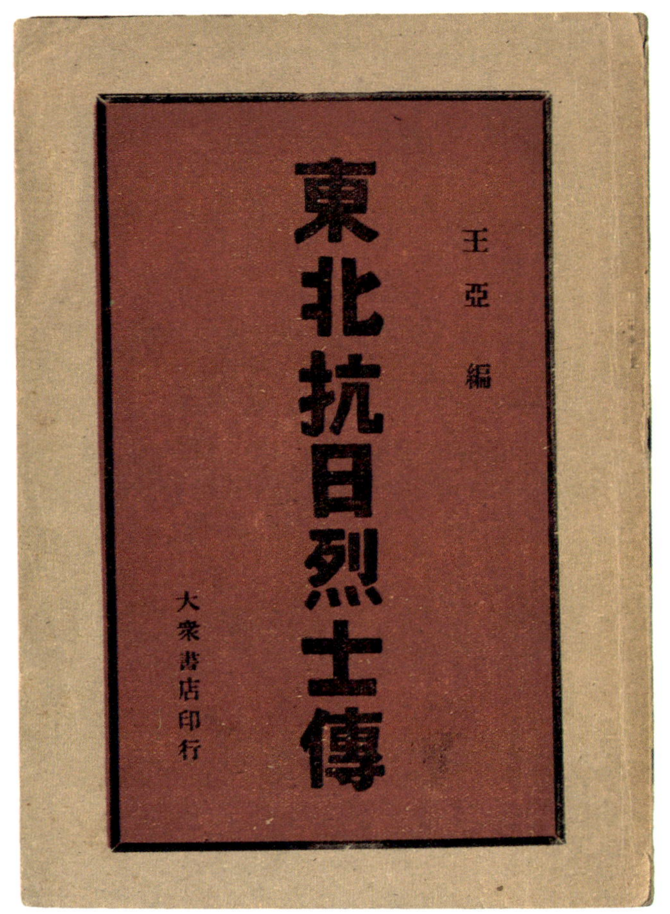

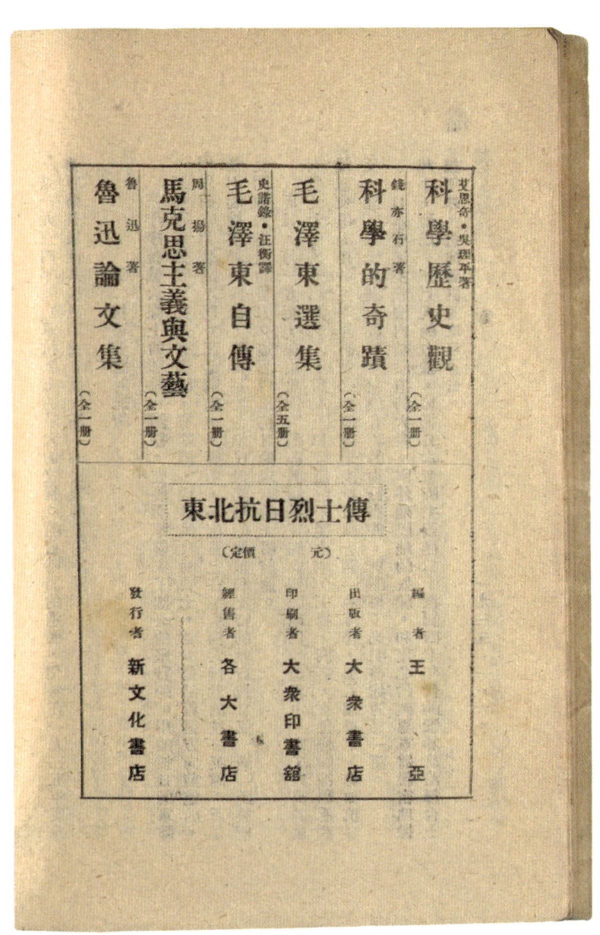

科學歷史觀 艾思奇·吳理平著 （全一册）
科學的奇蹟 錢亦石著 （全一册）
毛澤東選集 （全五册）
毛澤東自傳 史諾錄·汪衡譯 （全一册）
馬克思主義與文藝 周揚著 （全一册）
魯迅論文集 魯迅著 （全一册）

東北抗日烈士傳
（定價　元）
編者 王亞
出版者 大衆書店
印刷者 大衆印書舘
經售者 各大書店
發行者 新文化書店

东北抗日烈士传

王亚编　大众书店　1935 年 12 月

记述邓铁梅、吉鸿昌、安德馨、马宪章、李春润、孙水嘉、于兆麟、王宝良、张克巽、杜国邦、聂新、吴超徵、王海山、任长胜、曹雨臣、金伯阳、童长荣、张文楷、李斗文、胡泽民、张锡武、张海川、孙可朝、苗可秀等 60 余位抗日烈士以身殉国的英雄事迹。附有《东北四省四年来的反日游击战争》《三年来东北义勇军斗争的总检阅》两篇报刊文章。

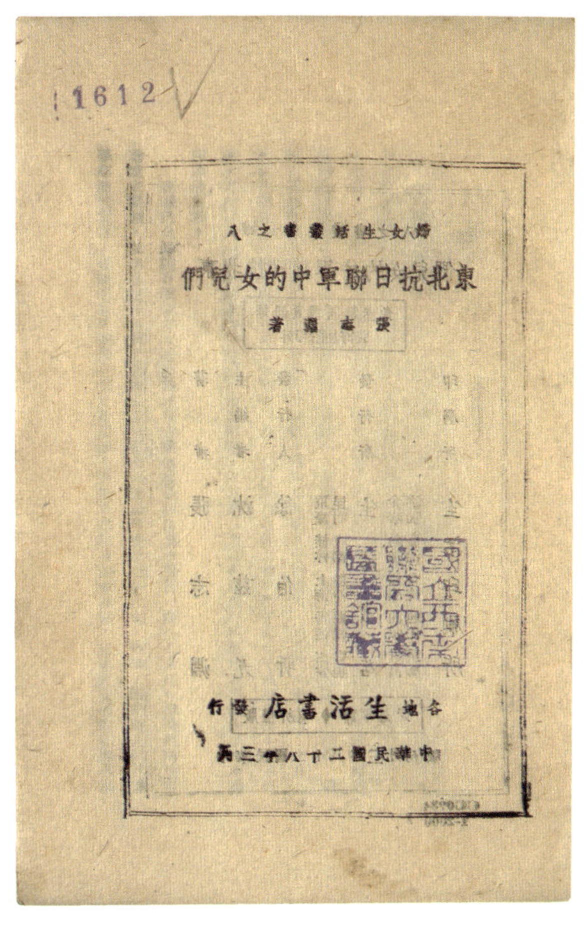

东北抗日联军中的女儿们

张志渊著　沈兹九主编　重庆生活书店　1939 年 3 月

本书记述东北抗日联军女战士的英雄事迹，内收《用温柔得来的代价》《舍了自己求民族的生存》等 12 篇文章。

抗日战场的中流砥柱

全国抗战爆发后，国共两党在民族危亡的紧要关头，捐弃前嫌，结成抗日民族统一战线，共赴国难。1937 年 8 月和 10 月，红军主力和南方 8 省红军游击队分别改编为八路军、新四军，开赴抗日前线，取得了平型关大捷等重大胜利，有力地配合了正面战场的作战。

面对日军的进攻和国民党的屡战屡败，中国共产党领导的八路军、新四军和华南抗日游击队深入敌后，开展游击战争，创建抗日根据地，打击日伪军，在华北和华中、华南开辟了广阔的敌后战场。

在战略防御阶段，敌后战场从战略上牵制了日军大批部队，有力配合正面战场对日作战。在战略相持阶段，敌后战场发挥出日益重要的战略作用，共产党领导的武装力量逐步成为持久抗战的中坚。在战略反攻阶段，八路军、新四军等人民抗日武装从敌后战场全面出击，解放了大片国土，抗日民主根据地迅速壮大。共产党领导的敌后抗战为抗战胜利作出了重大贡献。

抗日民族统一战线

九一八事变后，全国人民的抗日呼声不断高涨，为了民族利益，中国共产党多次发表抗日宣言，组织“北上抗日先遣队”，宣传抗日主张，扩大了共产党和红军的政治影响。

1935 年 8 月 1 日，中国共产党驻共产国际代表团草拟了《为抗日救国告全体同胞书》（即《八一宣言》），10 月 1 日以中华苏维埃共和国中央政府和中国共产党中央委员会名义在巴黎《救国报》上发表，号召各党派抛弃过去的成见，停止内战，一致对外，建立抗日民族统一战线。1935 年 12 月中共中央瓦窑堡会议正式确定建立抗日民族统一战线的战略方针。

1936 年 2 月，红军主力渡过黄河，进入晋西地区。东征期间，红军转战山西 50 余县，至 5 月下旬结束。东征扩大了红军，在山西播下了革命火种。

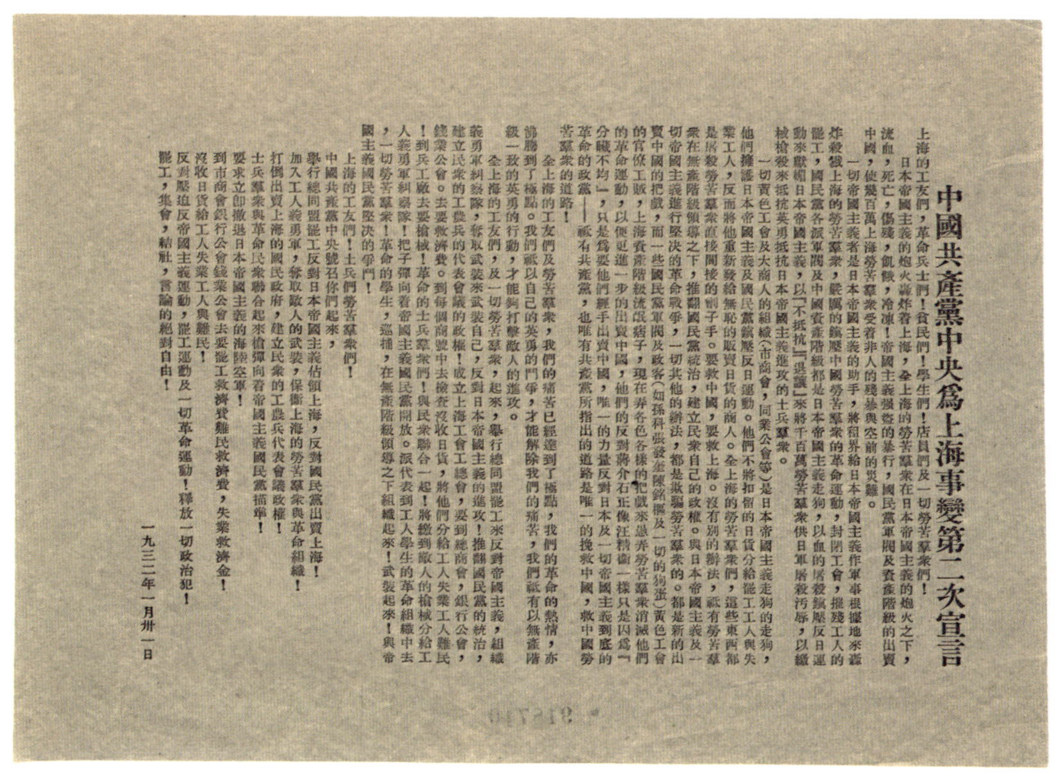

中國共產黨中央爲上海事變第二次宣言

上海的工友們，革命兵士們！貧民們！學生們！店員們及一切勞苦羣衆們！日本帝國主義的炮火轟炸着上海，全上海的勞苦羣衆在日本帝國主義的炮火之下，流血，死亡，傷殘，飢餓，冷凍！帝國主義强盜的暴行，國民黨軍閥及資產階級的出賣中國，使幾百萬上海勞苦羣衆受着非人的殘暴與空前的災難。

一切帝國主義者是日本帝國主義的助手，將租界給日本帝國主義作軍事根據地來轟炸殺戮上海的勞苦羣衆，嚴厲的鎮壓中國勞苦羣衆的革命運動，封閉工會，摧殘工人的罷工，國民黨各派軍閥及中國資產階級都是日本帝國主義走狗，以血的屠殺鎮壓反日運動來獻媚日本帝國主義，以「不抵抗」「退讓」來將千百萬勞苦羣衆供日軍屠殺汚辱，以繳械槍殺來抵抗英勇抵抗日本帝國主義進攻的士兵羣衆。

一切黃色工會及大商人的組織（市商會，同業公會等）是日本帝國主義走狗的走狗，他們擁護日本帝國主義及國民黨鎮壓反日運動。他們不將扣留的日貨分給罷工工人與失業工人，反而將他重新發給無恥的販賣日貨的商人。全上海的勞苦羣衆們，這些東西都是屠殺勞苦羣衆直接間接的劊子手。要救中國，要救上海。沒有別的辦法，祇有勞苦羣衆在無產階級領導之下，推翻國民黨統治，建立民衆自己的政權。與日本帝國主義及一切帝國主義進行堅決的革命戰爭，一切其他的辦法，都是欺騙勞苦羣衆的。都是新的出賣中國的把戲，而一些國民黨軍閥及政客（如孫科張發奎陳銘樞及一切的狗蛋）黃色工會的官僚工賊，上海資產階級流氓痞子，現在弄各色各樣的把戲來愚弄勞苦羣衆消滅他們的革命運動，以便更進一步的出賣中國，他們的反對蔣介石正像汪精衛一樣只是因爲「分贓不均」，只是爲要他們經手出賣中國，唯一的力量反對日本及一切帝國主義到底的革命的政黨——祇有共產黨，也唯有共產黨所指出的道路是唯一的挽救中國，救中國勞苦羣衆的道路！

全上海的工友們及勞苦羣衆，我們的痛苦已經達到了極點，我們的革命的熱情，亦沸騰到了極點。我們祇以自己的英勇的鬥爭，才能解除我們的痛苦，我們祇有以無產階級一致的英勇的行動，才能夠打擊敵人的進攻。

全上海的工友們，及一切勞苦羣衆，起來，舉行總同盟罷工來反對帝國主義，組織義勇軍糾察隊，奪取武裝來武裝自己，反對日本帝國主義的進攻！推翻國民黨的統治，建立民衆的工農兵的代表會議的政權！成立上海工會工總會，要到總商會，銀行公會，錢業公會。去要救濟費。到每個商號中去檢查沒收日貨，將他們分給工人失業工人難民！到兵工廠去要槍械！革命的士兵羣衆們！與民衆聯合一起！將繳到敵人的槍械分給工人義勇軍糾察隊！把子彈向着帝國主義國民黨開放。派代表到工人學生的革命組織中去，一切勞苦羣衆！革命的學生，巡捕，在無產階級領導之下組織起來！武裝起來！與帝國主義國民黨堅決的爭鬥！

上海的工友們！士兵們勞苦羣衆們！
中國共產黨中央號召你們起來，
舉行總同盟罷工反對日本帝國主義佔領上海，反對國民黨出賣上海！
加入工人義勇軍，奪取敵人的武裝，保衛上海的勞苦羣衆與革命組織！
打倒出賣上海的國民政府，建立民衆的工農兵代表會議政權！
士兵羣衆與革命民衆聯合起來槍彈向着帝國主義國民黨描準！
要求立即撤退日本帝國主義的海陸空軍！
到市商會銀行公會錢業公會去要罷工救濟費難民救濟費，失業救濟金！
沒收日貨給工人失業工人與難民！
反對壓迫反帝國主義運動，罷工運動及一切革命運動！釋放一切政治犯！
罷工，集會，結社，言論的絕對自由！

一九三二年一月卅一日

中国共产党中央为上海事变第二次宣言

中国共产党中央委员会　1932 年 1 月 31 日　复制件

上海事变即一·二八事变。此宣言再次号召武装群众，保卫上海。

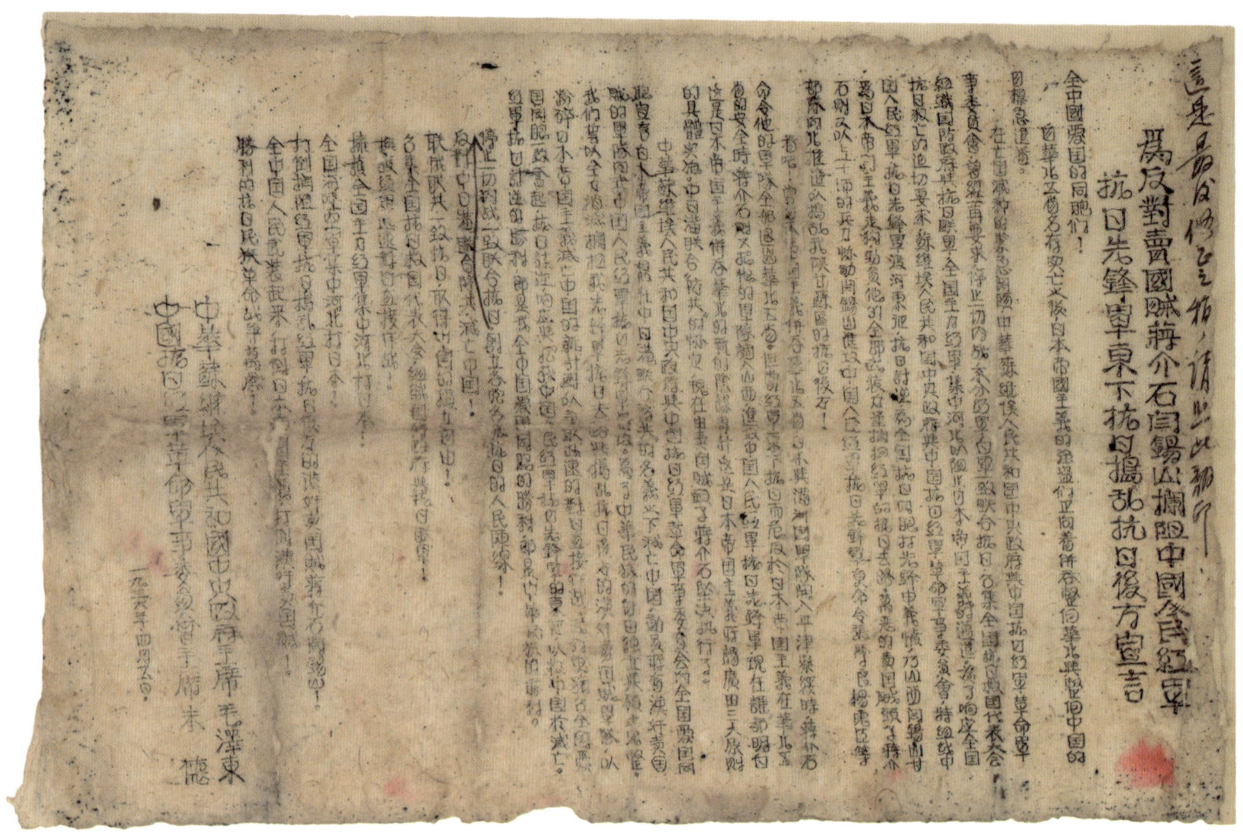
這是最後修正之稿，請照此翻印

為反對賣國賊蔣介石閻錫山攔阻中國人民紅軍抗日先鋒軍東下抗日搗亂抗日後方宣言

全中國愛國的同胞們！

中華蘇維埃人民共和國中央政府主席 毛澤東

中國抗日紅軍革命軍事委員會主席 朱德

一九三六年四月五日

为反对卖国贼蒋介石阎锡山拦阻中国人民红军抗日先锋军东下抗日捣乱抗日后方宣言

中华苏维埃人民共和国中央政府、中国抗日红军革命军事委员会发布　1936 年 4 月 5 日　黎小弟捐赠

这篇宣言由中华苏维埃人民共和国中央政府主席毛泽东和中国抗日红军革命军事委员会主席朱德共同签发，是反映红军东征抗日的重要史料。右上角有墨笔手书“这是最后修正之稿，请照此翻印”字样。

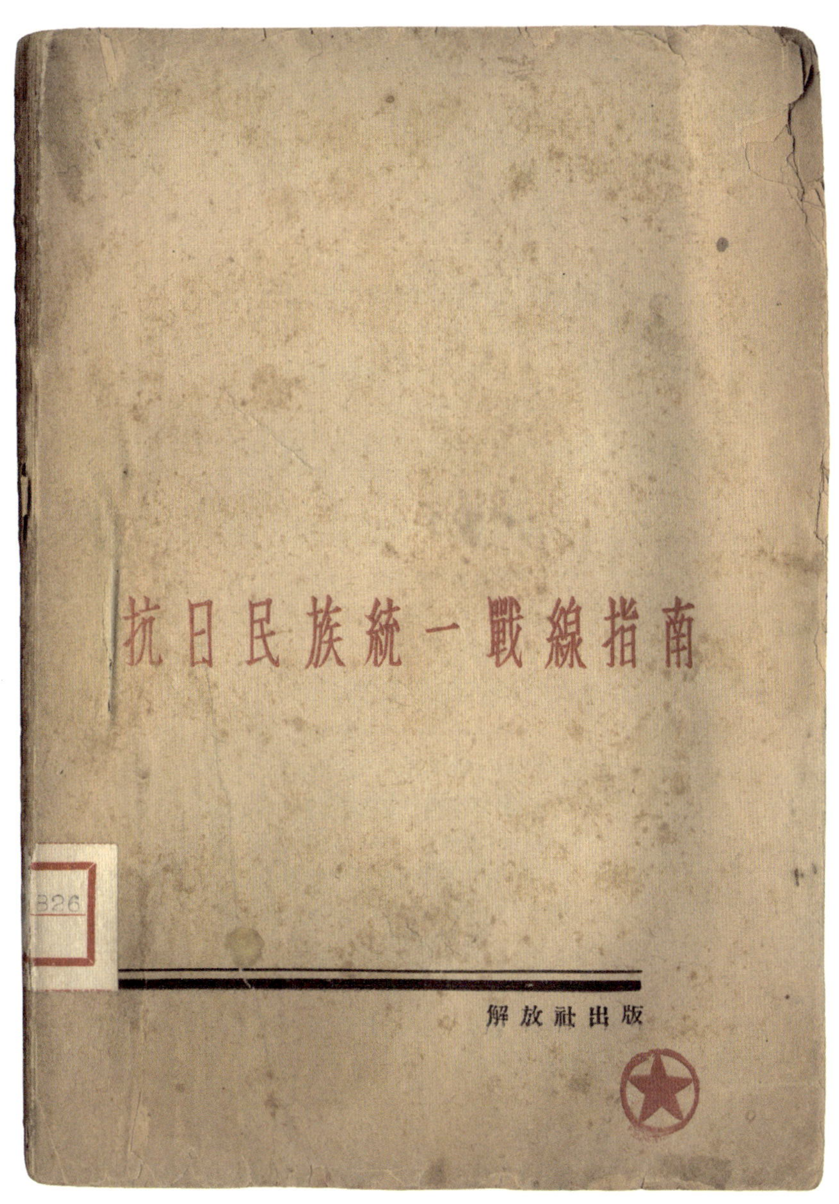

抗日民族统一战线指南

毛泽东、王明、洛甫等著　解放社　1937年

本书收录《八一宣言》《中国共产党中央告全党同志书》等12篇有关抗日民族统一战线的文献。附中共领袖毛泽东、王明、洛甫有关抗日民族统一战线的文章。

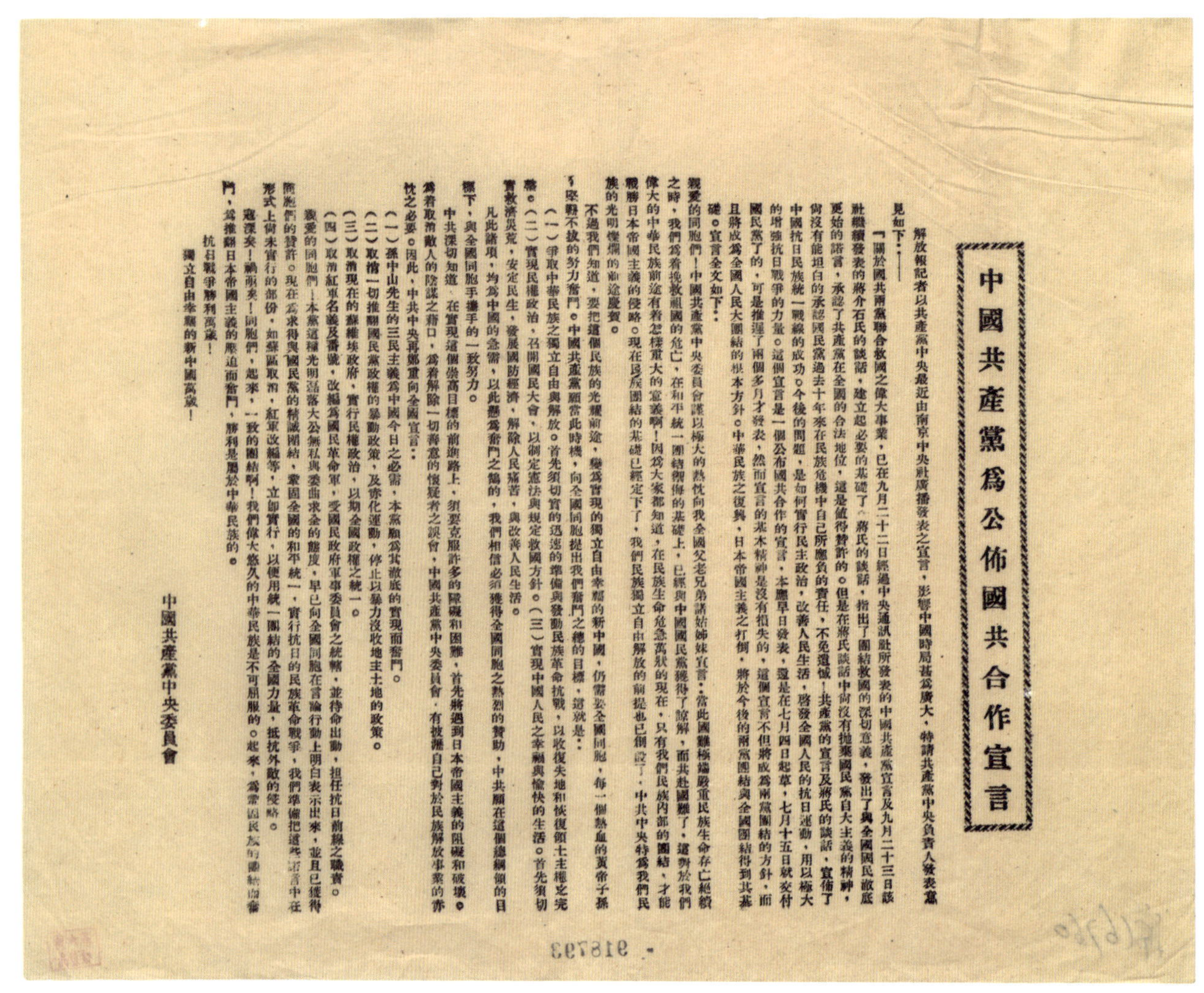

中國共產黨爲公佈國共合作宣言

解放報記者以共產黨中央最近由南京中央社廣播發表之宣言，影響中國時局甚爲廣大，特請共產黨中央負責人發表意見如下：——

「關於國共兩黨聯合救國之偉大事業，已在九月二十二日經過中央通訊社所發表的中國共產黨宣言及九月二十三日該社繼續發表的蔣介石氏的談話，建立起必要的基礎了。蔣氏的談話，指出了團結救國的深切意義，發出了與全國國民徹底更始的諾言，承認了共產黨在全國的合法地位，這是值得贊許的。但是在蔣氏談話中尚沒有拋棄國民黨自大主義的精神，尚沒有能坦白的承認國民黨過去十年來在民族危機中自己所應負的責任，不免遺憾！共產黨的宣言及蔣氏的談話，宣佈了中國抗日民族統一戰線的成功。今後的問題，是如何實行民主政治，改善人民生活，啓發全國人民的抗日運動，用以極大的增強抗日戰爭的力量。這個宣言是一個公布國共合作的宣言，本應早日發表，還是在七月四日起草，七月十五日就交付國民黨了的，可是推遲了兩個多月才發表，然而宣言的基本精神是沒有損失的，這個宣言不但將成爲兩黨團結的方針，而且將成爲全國人民大團結的根本方針。中華民族之復興，日本帝國主義之打倒，將於今後的兩黨團結與全國團結得到其基礎。」宣言全文如下：

親愛的同胞們！中國共產黨中央委員會謹以極大的熱忱向我全國父老兄弟諸姑姊妹宣言：當此國難極端嚴重民族生命存亡絕續之時，我們爲着挽救祖國的危亡，在和平統一團結禦侮的基礎上，已經與中國國民黨獲得了諒解，而共赴國難了。這對於我們偉大的中華民族前途有着怎樣重大的意義啊！因爲大家都知道，在民族生命危急萬狀的現在，只有我們民族內部的團結，才能戰勝日本帝國主義的侵略。現在民族團結的基礎已經定下了，我們民族獨立自由解放的前提也已創設了。中共中央特爲我們民族的光明燦爛的前途慶賀。

不過我們知道，要把這個民族的光耀前途，變爲實現的獨立自由幸福的新中國，仍需要全國同胞，每一個熱血的黃帝子孫，堅韌不拔的努力奮鬥。中國共產黨願當此時機，向全國同胞提出我們奮鬥之總的目標，這就是：

（一）爭取中華民族之獨立自由與解放。首先須切實的迅速的準備與發動民族革命抗戰，以收復失地和恢復領土主權之完整。（二）實現民權政治，召開國民大會，以制定憲法與規定救國方針。（三）實現中國人民之幸福與愉快的生活。首先須切實救濟災荒，安定民生，發展國防經濟，解除人民痛苦，與改善人民生活。

凡此諸項，均爲中國的急需，以此懸爲奮鬥之鵠的，我們相信必須獲得全國同胞之熱烈的贊助，中共願在這個總綱領的目標下，與全國同胞手攜手的一致努力。

中共深切知道，在實現這個崇高目標的前途路上，須要克服許多的障礙和困難，首先將遇到日本帝國主義的阻礙和破壞。爲着取消敵人的陰謀之藉口，爲着解除一切善意的懷疑者之誤會，中國共產黨中央委員會，有披瀝自己對於民族解放事業的赤忱之必要。因此，中共中央再鄭重向全國宣言：

（一）孫中山先生的三民主義爲中國今日之必需，本黨願爲其徹底的實現而奮鬥。

（二）取消一切推翻國民黨政權的暴動政策，及赤化運動，停止以暴力沒收地主土地的政策。

（三）取消現在的蘇維埃政府，實行民權政治，以期全國政權之統一。

（四）取消紅軍名義及番號，改編爲國民革命軍，受國民政府軍事委員會之統轄，並待命出動，担任抗日前線之職責。

親愛的同胞們！本黨這種光明磊落大公無私與委曲求全的態度，早已向全國同胞在言論行動上明白表示出來，並且已獲得同胞們的贊許。現在爲求得與國民黨的精誠團結，鞏固全國的和平統一，實行抗日的民族革命戰爭，我們準備把這些諾言中在形式上尚未實行的部份，如蘇區取消，紅軍改編等，立即實行，以便用統一團結的全國力量，抵抗外敵的侵略。

寇深矣！禍亟矣！同胞們，起來，一致的團結啊！我們偉大悠久的中華民族是不可屈服的。起來，爲鞏固民族的團結而奮鬥，爲推翻日本帝國主義的壓迫而奮鬥，勝利是屬於中華民族的。

抗日戰爭勝利萬歲！

獨立自由幸福的新中國萬歲！

中國共產黨中央委員會

中国共产党为公布国共合作宣言

中国共产党中央委员会　1937 年　复制件

抗日战争爆发后，中共中央为国共合作抗日发表的宣言，提出发动全民族抗战、实行民主政治和改善人民生活等三项基本要求，重申中共为实现国共合作的四项保证。9 月 22 日国民党中央通讯社发表了这个宣言，标志着抗日民族统一战线正式形成。

八路军开赴华北抗日前线

1935 年 12 月 25 日，中共中央政治局在陕北瓦窑堡举行会议，正式确定建立抗日民族统一战线的战略方针。西安事变发生后，中共力促和平解决，为国共合作准备了条件。卢沟桥事变后，抗日民族统一战线正式形成。1937 年 8 月，红军主力改编为国民革命军第八路军，不久改成第十八集团军，下辖三个师。

广州、武汉失守后，中共中央制定了巩固华北的战略方针，决定以八路军第 115 师主力挺进山东，第 120 师主力挺进冀中，第 129 师主力挺进冀南和鲁西北地区。1938 年 10 月起，八路军主力向冀、鲁、豫平原地区挺进，建立抗日民主政权，发展壮大抗日武装，在扩大和巩固华北抗日根据地的斗争中不断发展壮大。

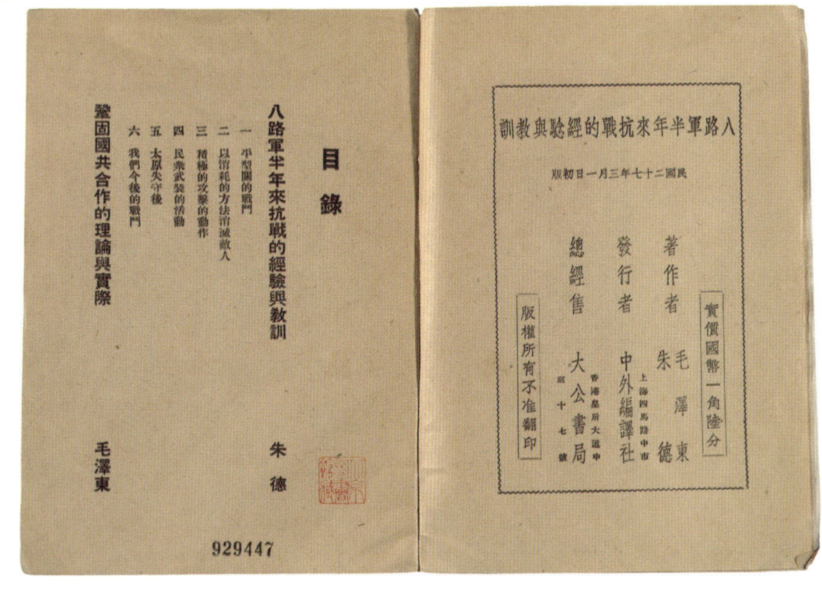

八路军半年来抗战的经验与教训

毛泽东、朱德著　上海中外编译社　1938 年 3 月

本书详细总结八路军半年来所取得的胜利经验和失败教训，提出今后的战斗主要是采用运动战和游击战并适当配合扼守要点的阵地战，强调民族统一战线的极端重要性，指出全民族的团结是抗战制胜的要诀，是全体国民革命军人乃至全国人民都应当努力争取的。

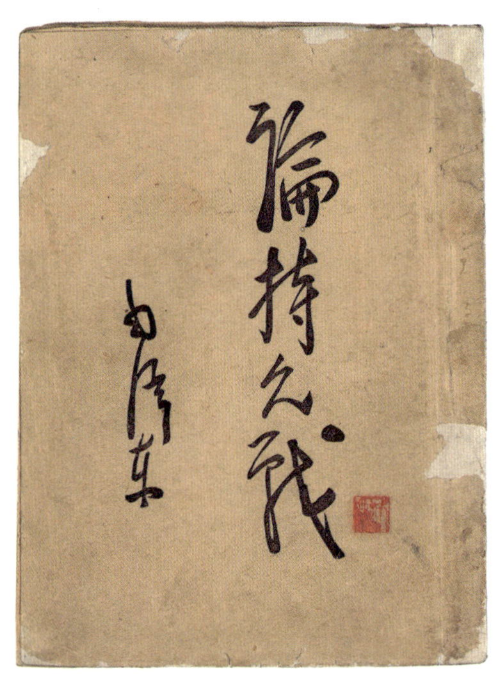

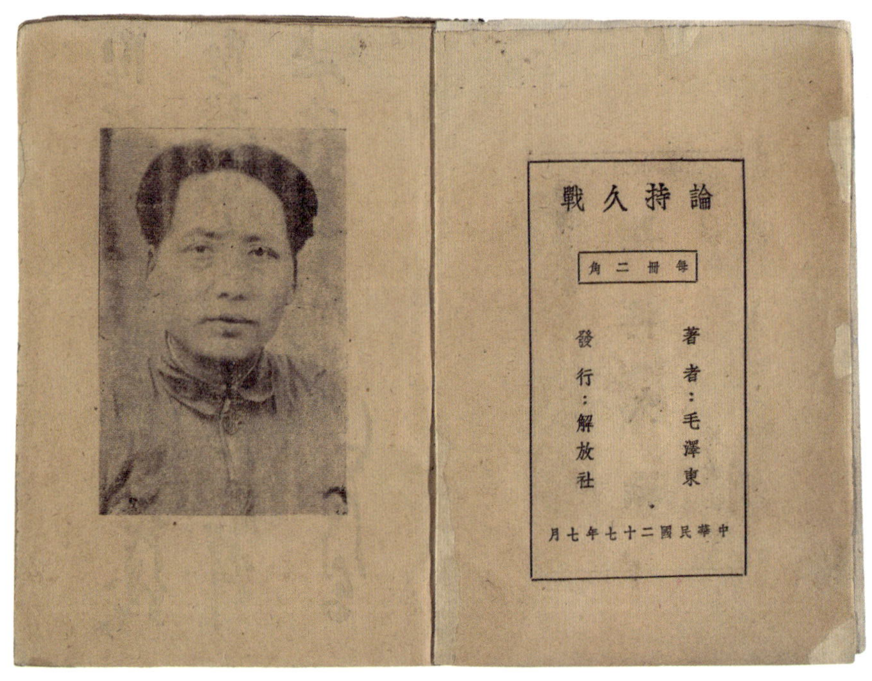

論持久戰

每冊二角

著者：毛澤東

發行：解放社

中華民國二十七年七月

论持久战

毛泽东著　解放社　1938 年 7 月

毛泽东于 1938 年 5 月 26 日至 6 月 3 日在延安抗日战争研究会上的演讲稿，是关于中国抗日战争方针的军事政治著作。同年 7 月在延安《解放》周刊上发表。本书是解放社出版的最早单行本。

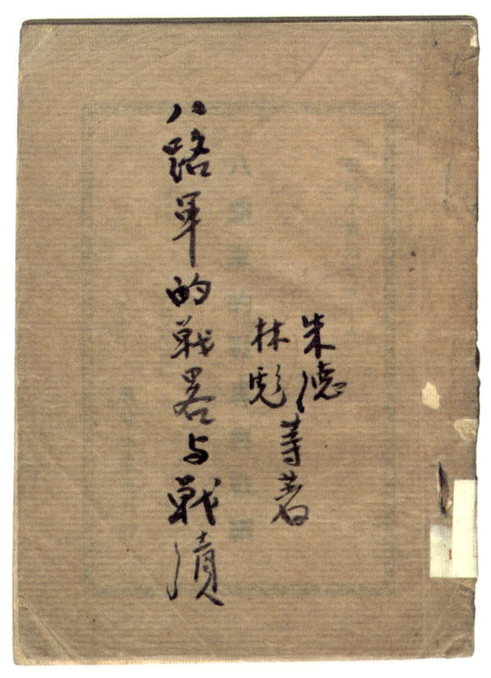

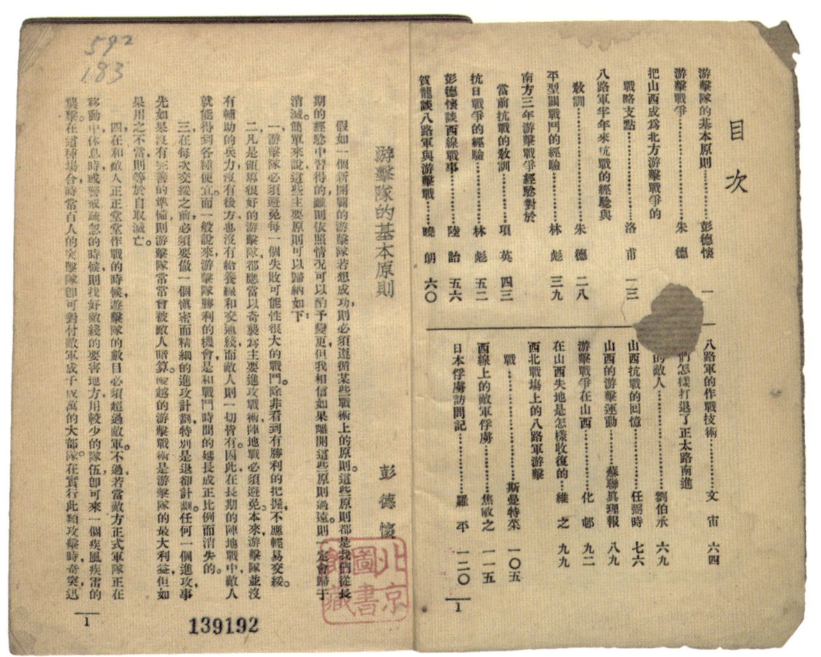

八路军的战略与战绩

朱德、林彪等著　战时出版社

战时小丛刊第 59 种。内收《游击队的基本原则》（彭德怀）、《游击战争》（朱德）、《把山西成为北方游击战争的战略支点》（洛甫）、《平型关战斗的经验》（林彪）、《南方三年游击战争的经验对于当前抗战的教训》（项英）等文章 18 篇。

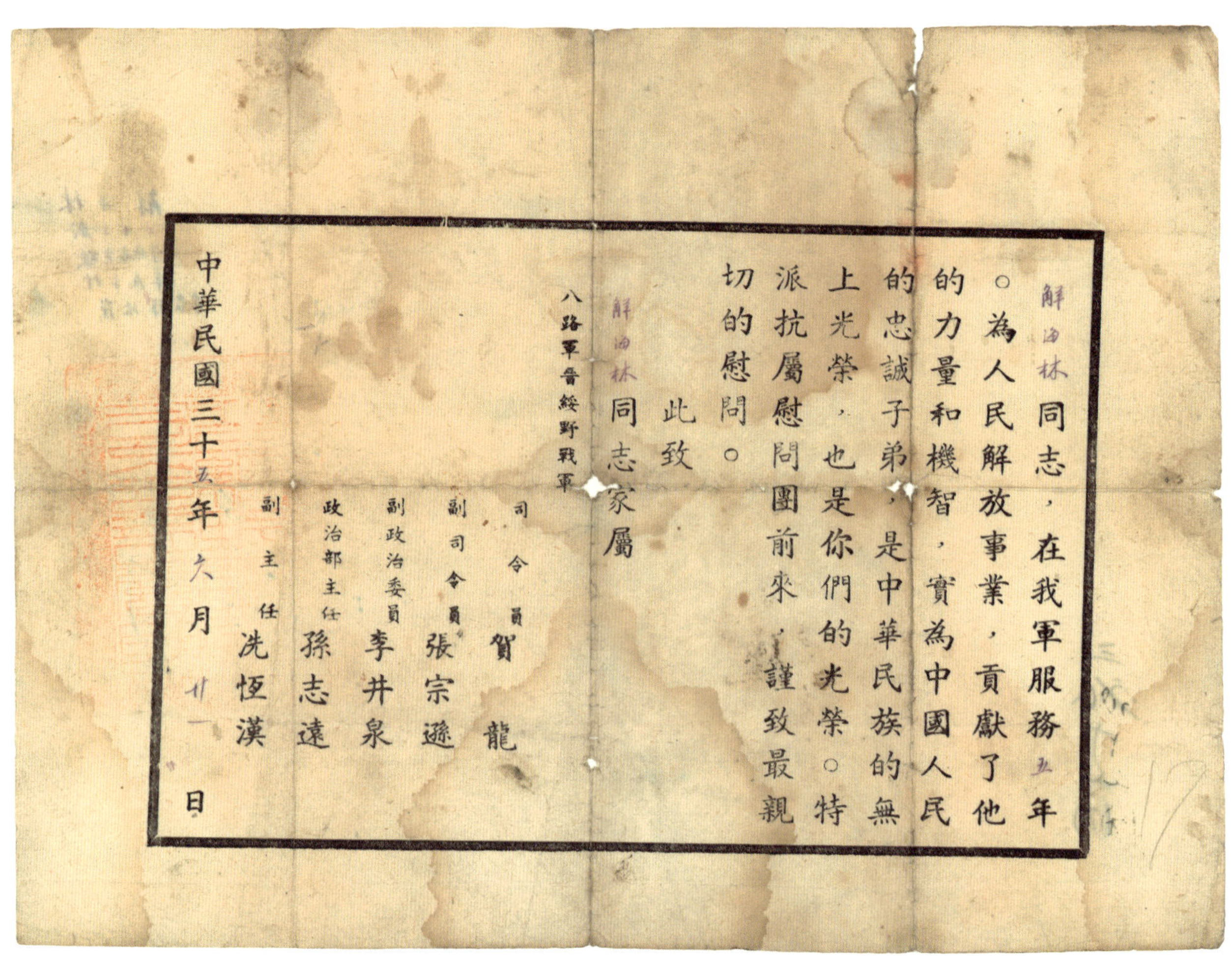

解海林同志，在我軍服務五年。為人民解放事業，貢獻了他的力量和機智，實為中國人民的忠誠子弟，是中華民族的無上光榮，也是你們的光榮。特派抗屬慰問團前來，謹致最親切的慰問。

此致

解海林同志家屬

八路軍晉綏野戰軍

司令員 賀龍

副司令員 張宗遜

副政治委員 李井泉

政治部主任 孫志遠

副主任 冼恒漢

中華民國三十五年六月廿一日

八路军晋绥野战军慰问状

贺龙、张宗逊、李井泉等签发　晋绥野战军司令部　1946 年 6 月 21 日

八路军晋绥野战军颁发给解海林同志家属的光荣证书。

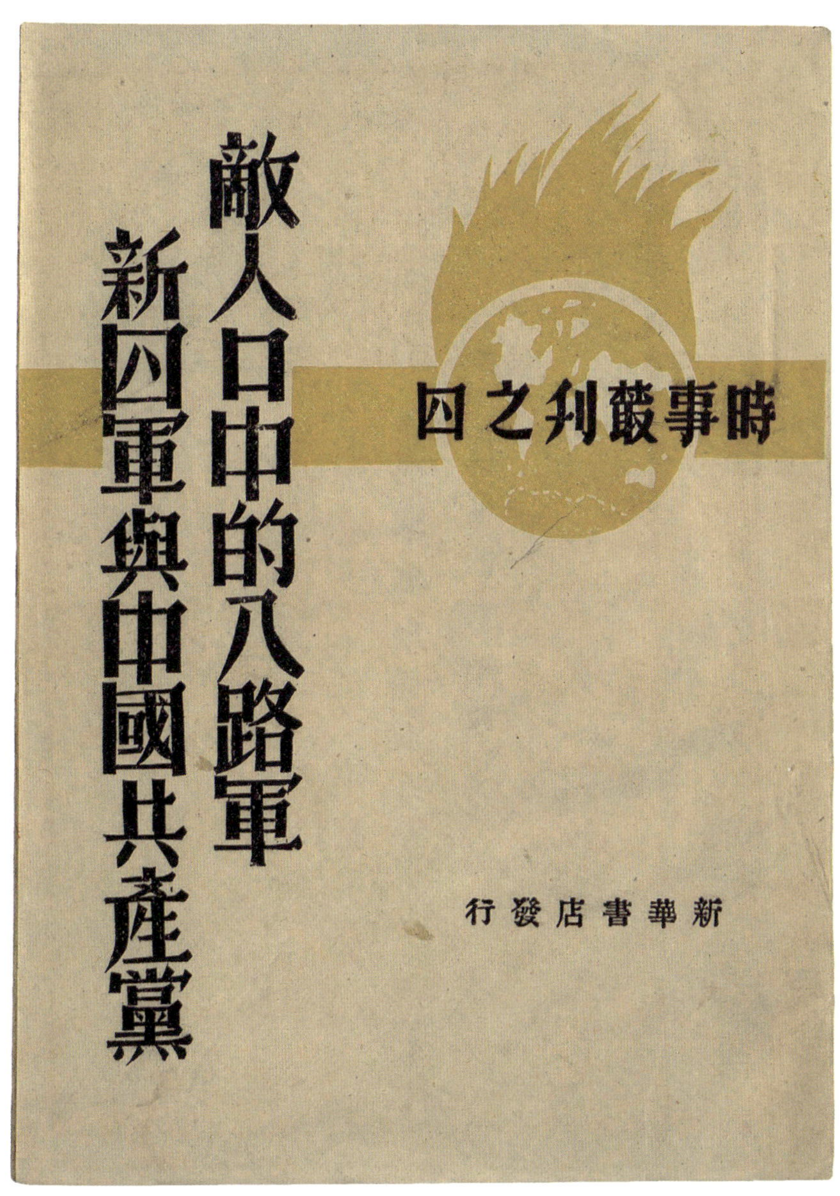

敌人口中的八路军新四军与中国共产党

新华书店　1944 年

时事丛刊之四。本书从敌人的报纸、杂志和文件中摘录材料，对八路军新四军“游而不击”“一九三七年以来就没有打过仗”等反共舆论进行了驳斥。扉页冠八路军新四军抗战形势图一幅。扉页冠八路军新四军抗战形势图一幅。

第八路军将领抗战回忆录

朱德等著　陈卓呆编　怒吼出版社　1938 年 3 月

收录八路军将领抗战回忆录 5 篇：《八路军半年来抗战经验与教训》（朱德）、《抗日战争的经验》（林彪）、《南方三年游击战争经验对于当前抗战的教训》（项英）、《山西抗战的回忆》（任弼时）、《我们怎样打退了正太路南进的敌人》（刘伯承）。

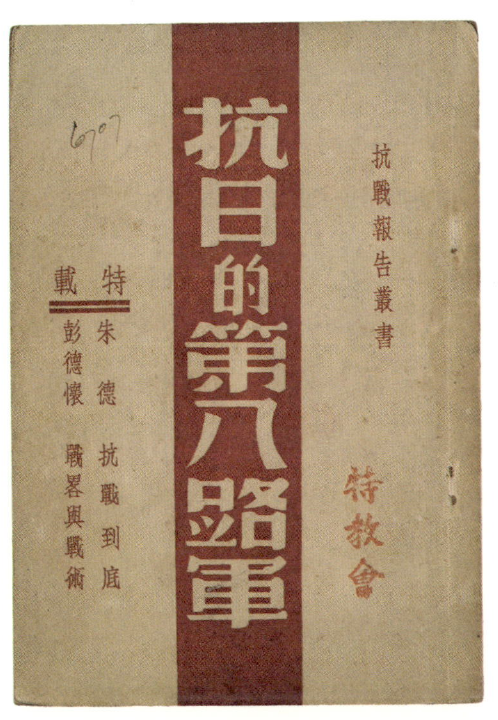

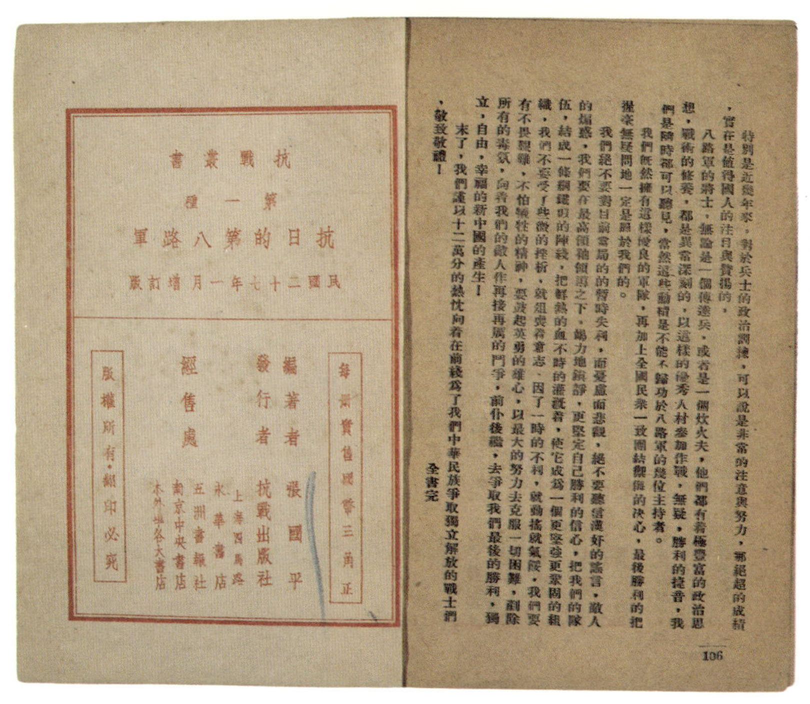

抗戰叢書

第一種

抗日的第八路軍

民國二十七年一月增訂版

每冊實售國幣三角正

編著者 張國平

發行者 抗戰出版社

經售處 上海四馬路永華書店 五洲書報社 南京中央書店 本外埠各大書店

版權所有·翻印必究

特別是近幾年來，對於兵士的政治訓練，可以說是非常的注意與努力，那絕超的成績，實在是值得國人的注目與贊揚的。

八路軍的將士，無論是一個傳達兵，或者是一個炊火夫，他們都有着極豐富的政治思想，戰術的修養，都是異常深刻的，以這樣的優秀人材參加作戰，無疑，勝利的捷音，我們是隨時都可以聽見，當然這些勳績是不能不歸功於八路軍的幾位主持者。

我們既然擁有這樣優良的軍隊，再加上全國民衆一致團結禦侮的決心，最後勝利的把握毫無疑問地一定是歸於我們的。

我們絕不要對目前當局的的暫時失利，而憂慮而悲觀，絕不要聽信漢奸的謠言，敵人的煽惑，我們要在最高領袖領導之下，竭力地鎮靜，更堅定自己勝利的信心，把我們的隊伍，結成一條鋼鐵般的陣綫，把鮮熱的血不時的灌溉着，使它成爲一個更堅強更鞏固的組織，我們不要受了些微的挫折，就沮喪着意志，因了一時的不利，就動搖就氣餒，我們要有不畏艱難，不怕犧牲的精神，要鼓起英勇的雄心，以最大的努力去克服一切困難，剷除所有的毒氛，向着我們的敵人作再接再厲的鬥爭，前仆後繼，去爭取我們最後的勝利，獨立，自由，幸福的新中國的產生！

末了，我們謹以十二萬分的熱忱向着在前綫爲了我們中華民族爭取獨立解放的戰士們，敬致敬禮！

全書完

106

抗日的第八路军

张国平编著　抗战出版社　1938 年 1 月

此为抗战丛书第一种。包括毛泽东《论抗战必胜》、朱德《实行对日抗战》、彭德怀《争取持久抗战胜利的先决问题》。

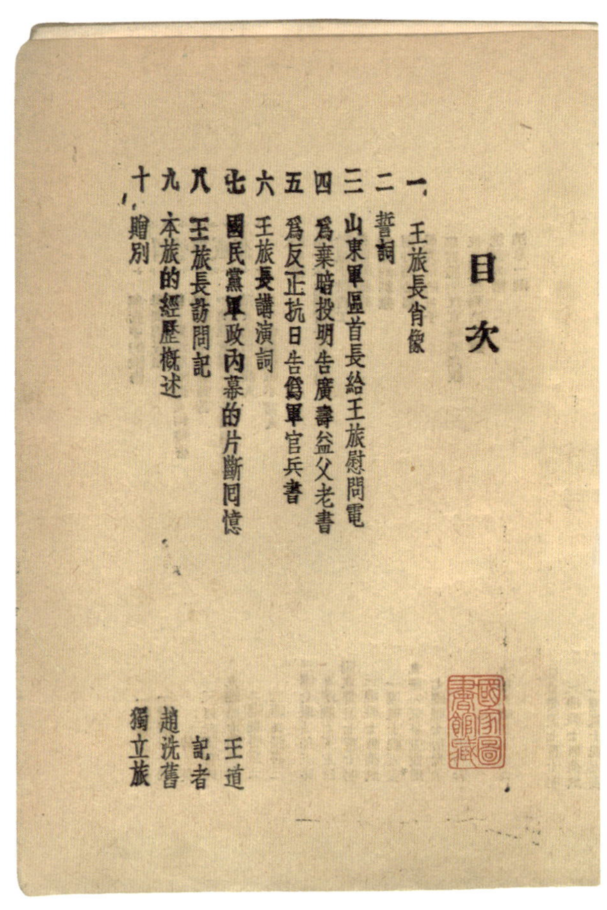

目次

弃暗投明记

八路军山东军区独立旅政治部汇编　1944 年 9 月

题名页题《反正抗日纪念册》。内容反映前伪灭共建国军第八团投诚八路军，被编为八路军山东军区独立旅的有关史实。其中《山东军区首长给王旅慰问电》由山东军区司令员兼政治委员罗荣桓、副政治委员黎玉、政治部主任肖华共同签发。

平型关大捷

1937 年 9 月 25 日，八路军第 115 师主力在平型关伏击日军，歼灭第 5 师团辎重队和第 21 旅团一部，缴获大量军用物资。平型关大捷是八路军出师抗日后的第一个大胜仗，也是全国抗战爆发后中国军队对日作战取得的第一个重大胜利，极大地振奋了全国军民的抗战信心。

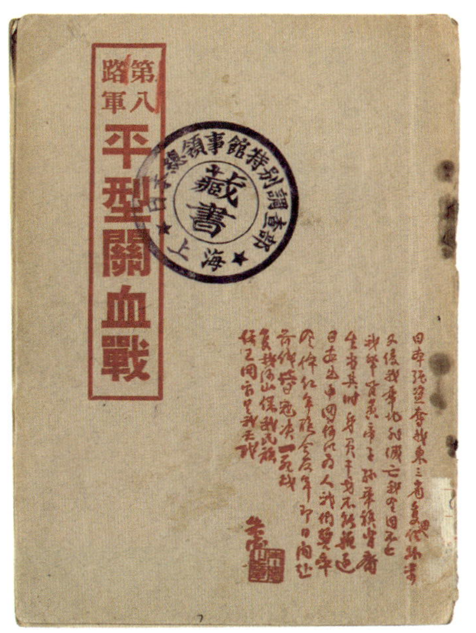

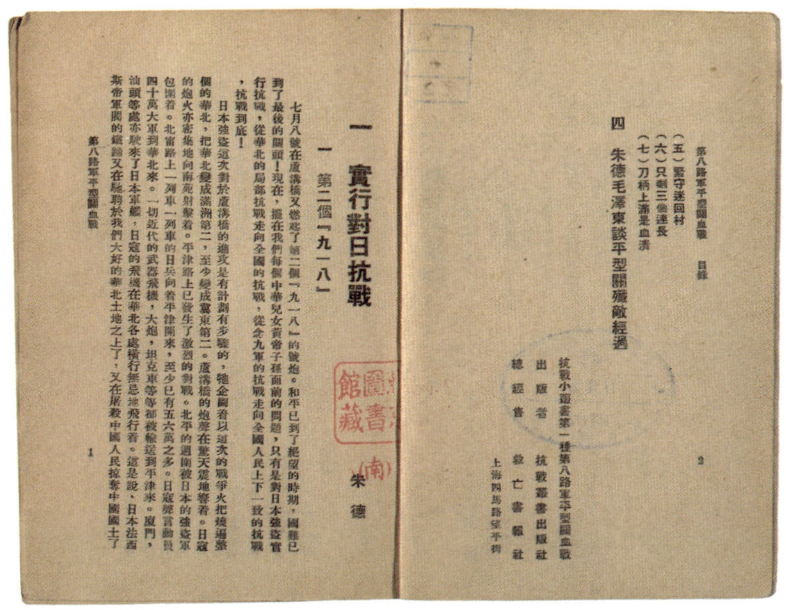

第八路軍平型關血戰　目錄　2

（五）緊守迷回村
（六）只剩三個連長
（七）刀柄上滿是血漬
四　朱德毛澤東談平型關殲敵經過

抗戰小叢書第一種第八路軍平型關血戰
出版者　抗戰叢書出版社
總經售　救亡書報社
上海四馬路望平街

一　實行對日抗戰

朱德

一　第二個「九一八」

七月八號在盧溝橋又燃起了第二個「九一八」的號炮。和平已到了絕望的時期，國難已到了最後的關頭！現在，擺在我們每個中華兒女黃帝子孫面前的問題，只有是對日本強盜實行抗戰，從華北的局部抗戰走向全國的抗戰，從念九軍的抗戰走向全國人民上下一致的抗戰，抗戰到底！

日本強盜這次對於盧溝橋的進攻是有計劃有步驟的，牠企圖着以這次的戰爭火把燒遍整個的華北，把華北變成滿洲第二，至少變成冀東第二。盧溝橋的炮聲在驚天震地響着。日寇的炮火亦密集地向南苑射擊着。平津路上已發生了激烈的對戰。北平的週圍被日本的強盜軍包圍着。北甯路上一列車一列車的日兵向着平津開來，至少已有五六萬之多。日寇聲言動員四十萬大軍到華北來。一切近代的武器飛機，大炮，坦克車等等都被輸送到平津來。廈門，汕頭等處亦駛來了日本軍艦，日寇的飛機在華北各處橫行無忌地飛行着。這是說，日本法西斯帝軍閥的鐵蹄又在踐踏於我們大好的華北土地之上了，又在屠殺中國人民掠奪中國國土了

第八路軍平型關血戰　1

第八路军平型关血战

朱德等著　上海抗战丛书出版社　1937 年 10 月

抗战小丛书第一种。封面印有朱德题词。收录《实行对日抗战》《八路军在陕北誓师出发》《平型关展开血战》《朱德毛泽东谈平型关歼敌经过》等文章。

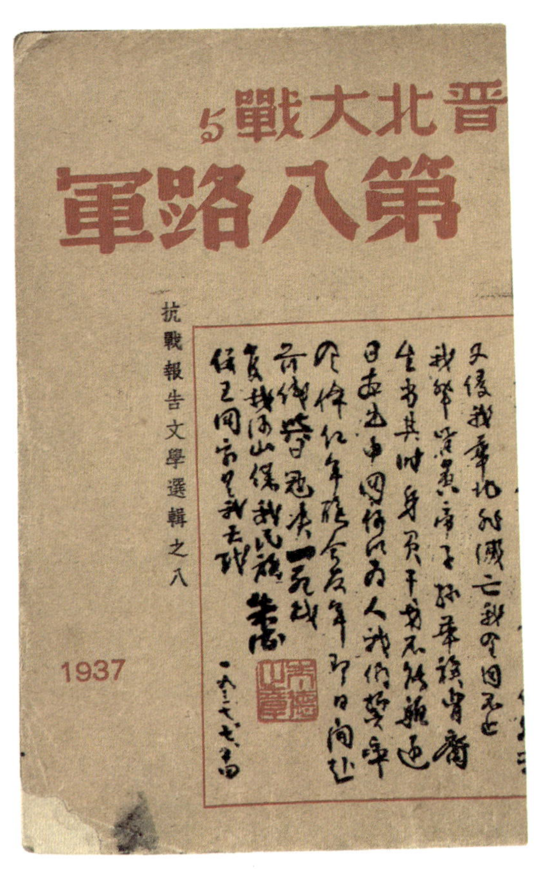

晋北大战与第八路军

华之国编纂　上海时代史料保存社　1937 年 12 月

抗战报告文学选辑之八。封面印有朱德题词。收录《西线的战况》《大战平型关》《平型关歼敌记》《平型关之回忆》《在西战场》《第八路军之将领》《在宁武遇八路军》《今日之朱彭》《一个典型的战士》等文章。

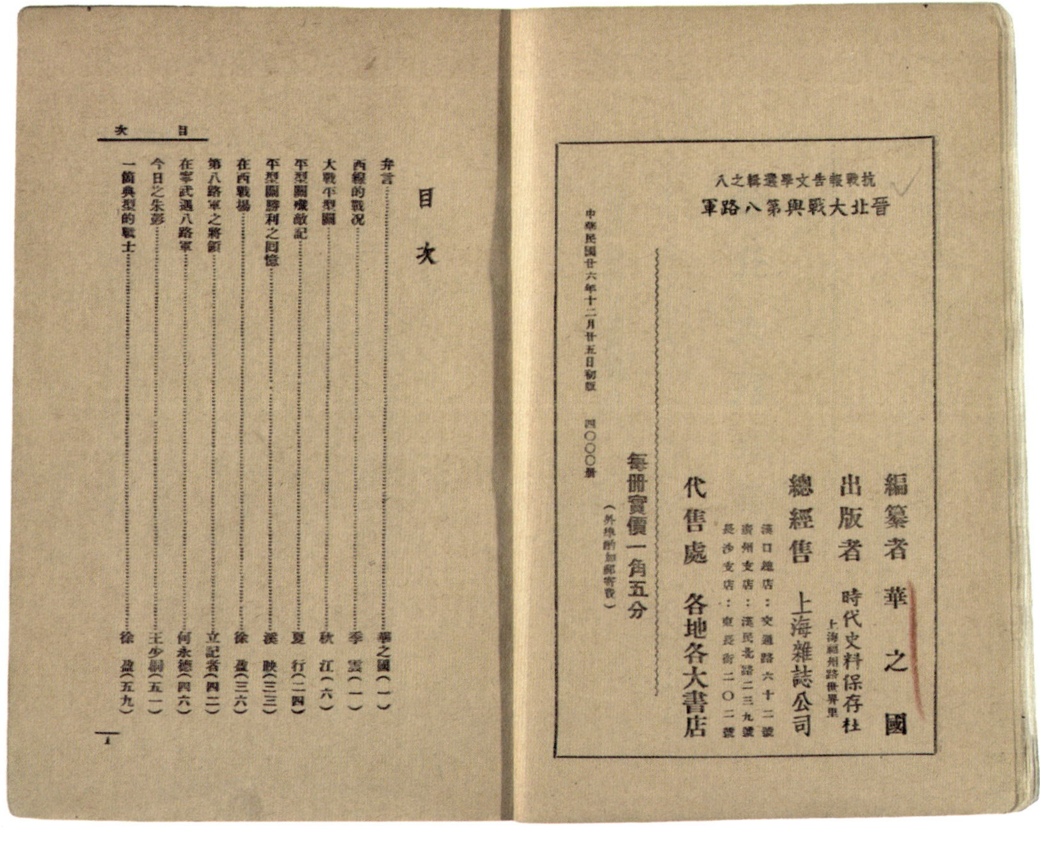

目次

抗戰報告文學選輯之八
晉北大戰與第八路軍
編纂者　華之國
出版者　時代史料保存社　上海福州路世界里
總經售　上海雜誌公司
漢口總店：交通路六十二號
廣州支店：漢民北路二三九號
長沙支店：南長街二〇二號
代售處　各地各大書店
每冊實價一角五分（外埠酌加郵寄費）
中華民國廿六年十二月廿五日初版　四〇〇〇冊

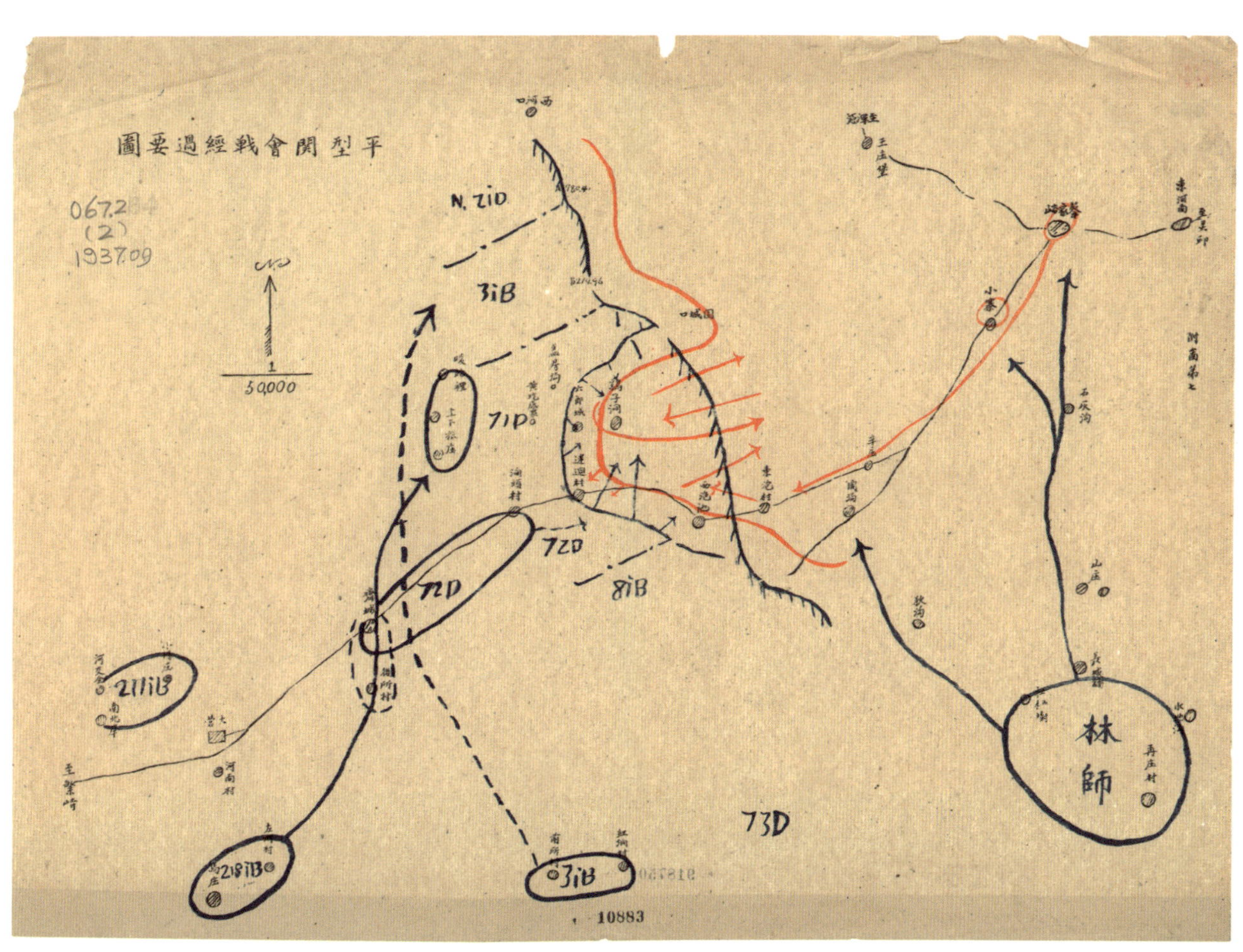

平型关会战经过要图

横 35 厘米，纵 47 厘米。双色。比例为 1:50000。本图反映了八路军 1937 年 9 月首战平型关歼敌的作战情况。

百团大战与反“扫荡”

1940年8月至1941年1月，为了打破敌人的“囚笼政策”，八路军先后出动105个团，向华北日军占领的交通线和据点发动大规模破击战役。至1940年12月初，参加百团大战的八路军共作战1824次，歼敌4万余人，给日本侵略者以沉重打击，鼓舞了全国人民抗战的决心和信心，提高了中国共产党和八路军的声望。

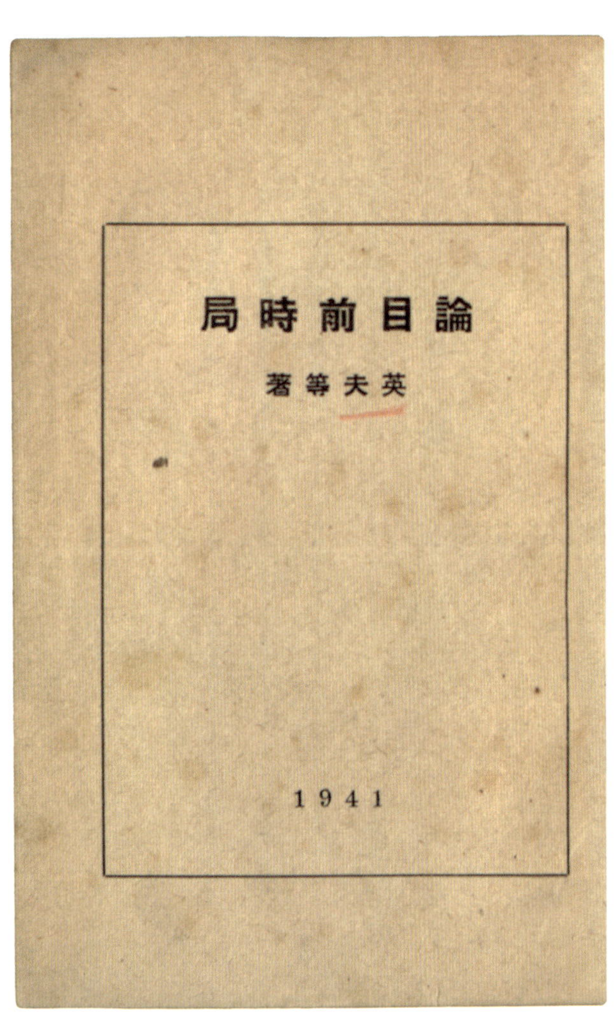

論目前時局

英夫等著

1941

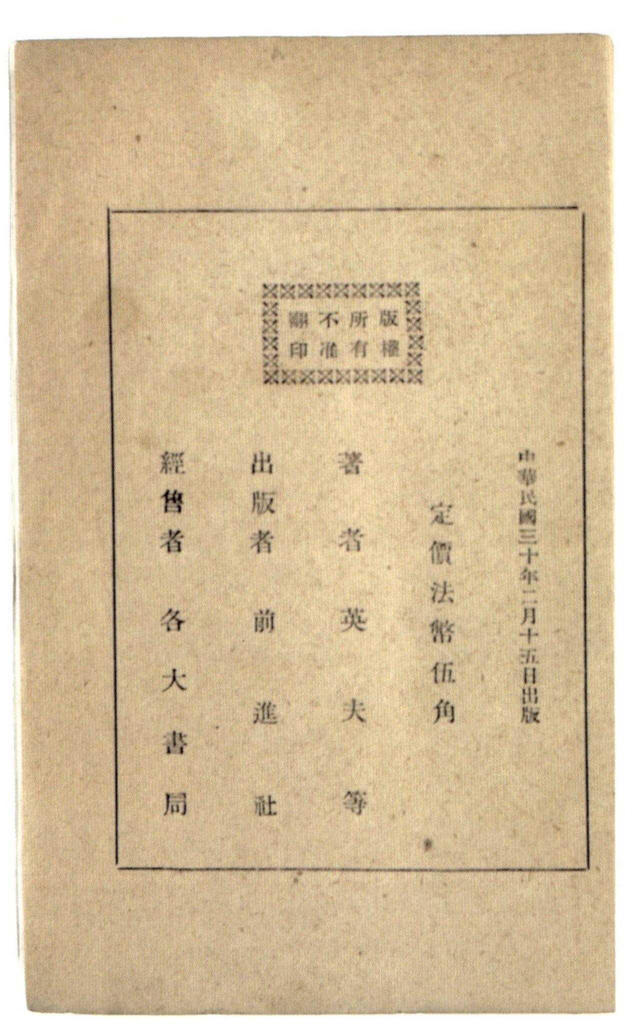

版權所有 不准翻印

中華民國三十年二月十五日出版

定價法幣伍角

著者 英夫等

出版者 前進社

經售者 各大書局

论目前时局

英夫等著　前进社　1941年2月

收录《论目前时局》（解放社）、《扩张百团大战的伟大胜利》（朱德著）、《三年来的敌军》（英夫著）、《反帝国主义战争的斗争》（季米特洛夫著）等文章。

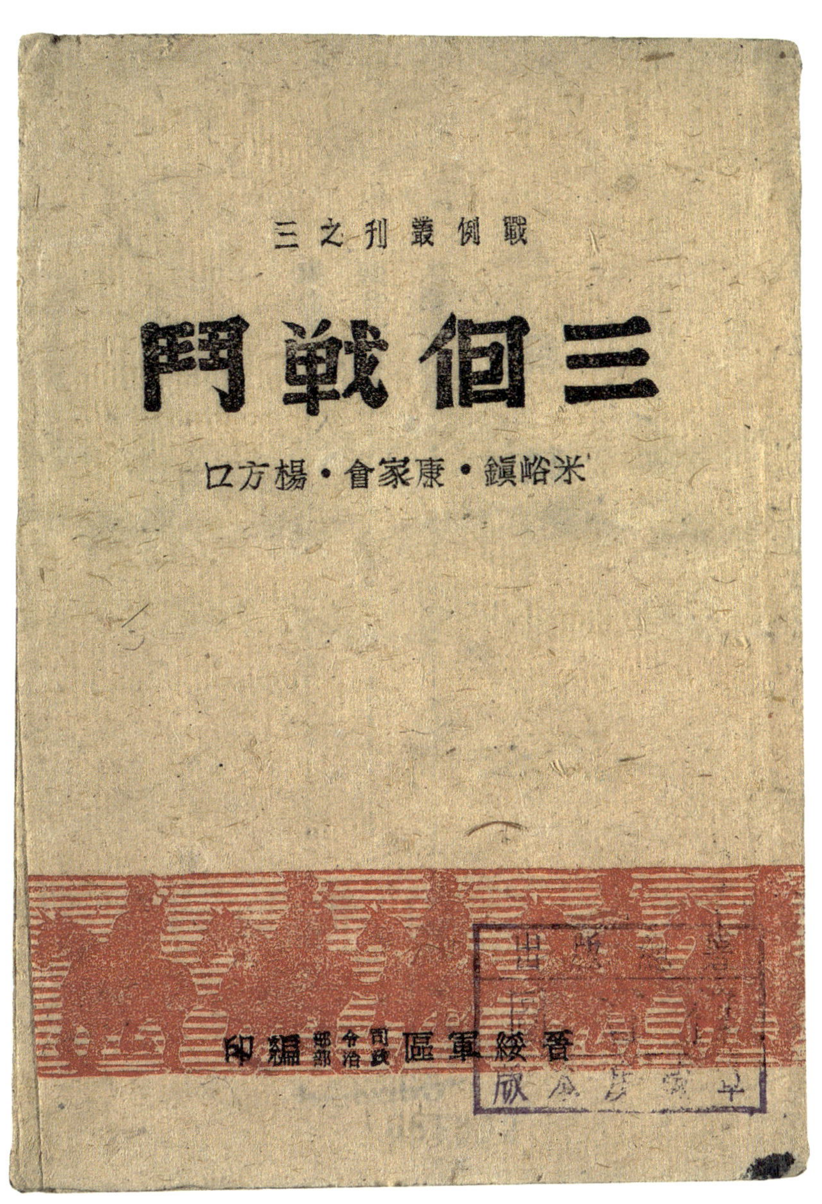

三个战斗

晋绥军区司令部政治部编印

战例丛刊之三。包括米峪镇战斗、康家会战斗、袭占杨方口三部分内容。

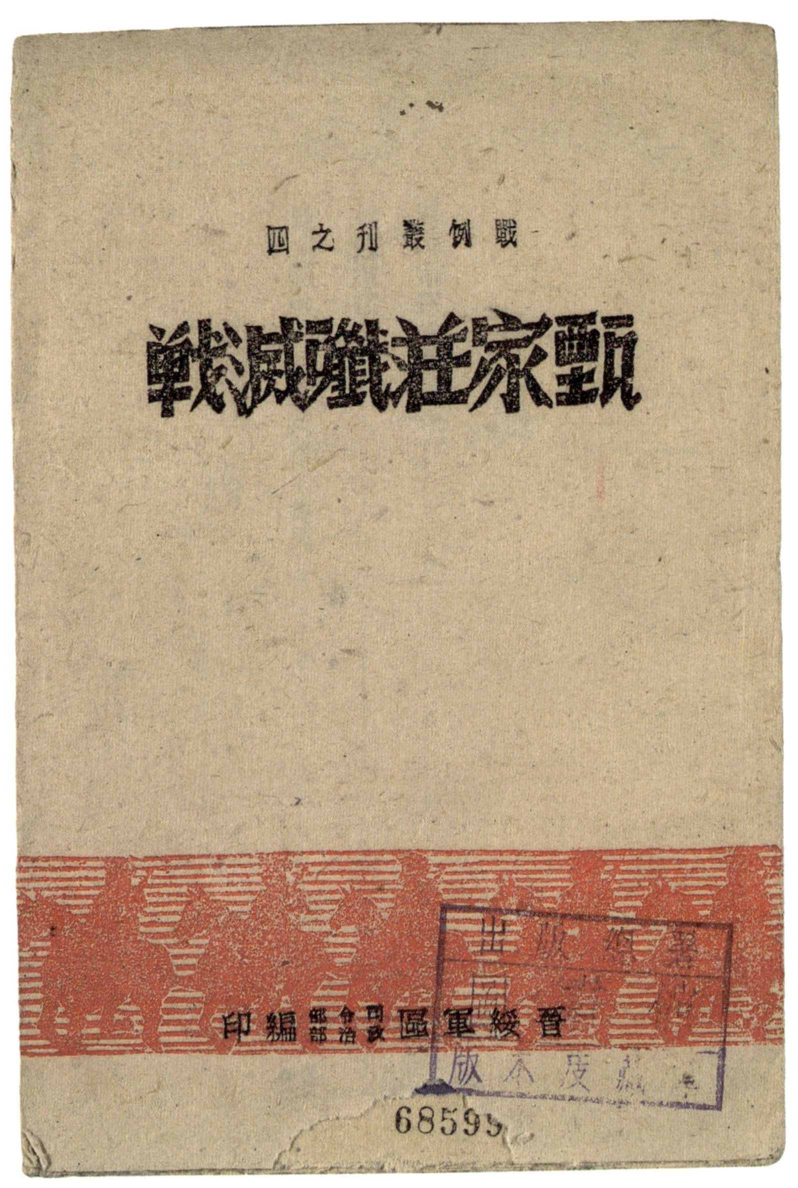

甄家庄歼灭战

晋绥军区司令部政治部编印

战例丛刊之四。包括论甄家庄的歼灭战、记甄家庄的战斗、甄家庄战斗中的民兵与群众等内容。

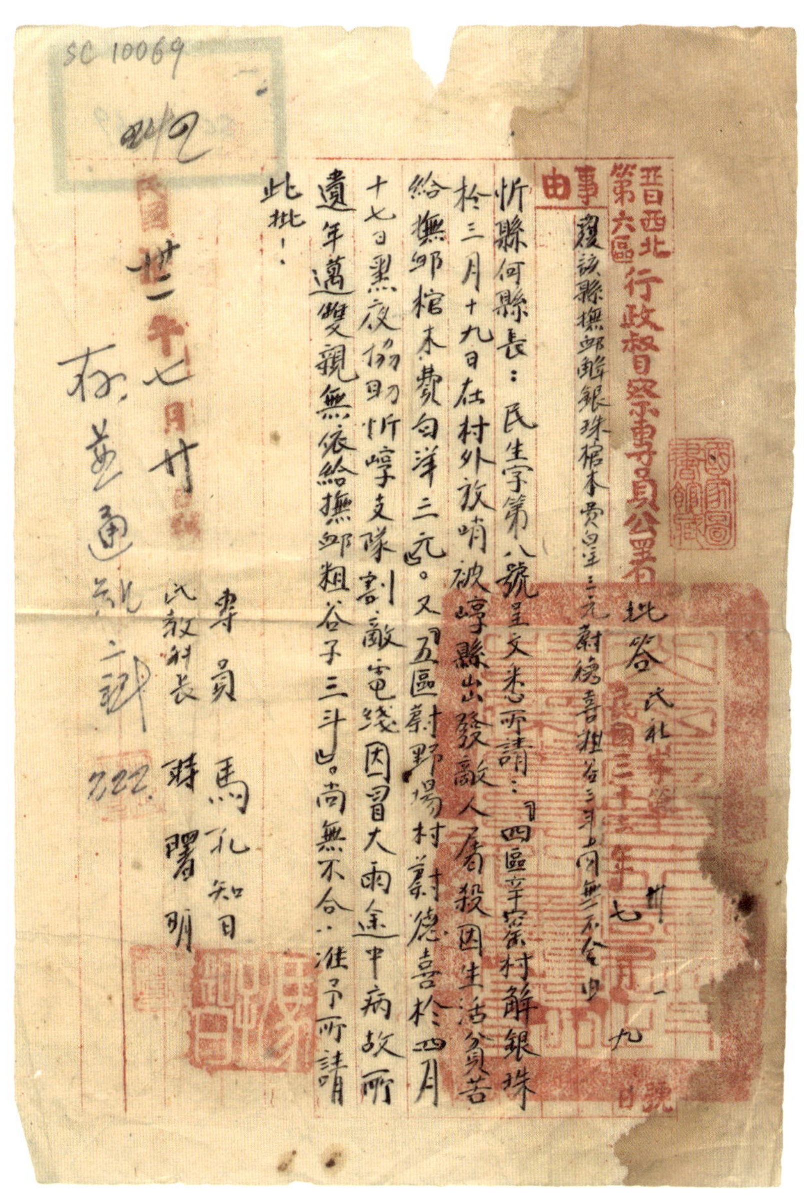

晋西北第六区行政督察专员公署 批答 民社字第卅一号

事由：覆该县抚恤解银珠棺木费白洋三元尉德喜粗谷三斗由

忻县何县长：民生字第八號呈文悉。所请：「四區辛安村解銀珠於三月十九日在村外放哨被崞縣出發敵人屠殺，因生活貧苦，給撫卹棺木費白洋三元。」又「五區尉野場村尉德喜於四月十七日黑夜協助忻崞支隊割敵電線，因冒大雨途中病故，所遺年邁雙親無依，給撫卹粗谷子三斗」，尚無不合，准予所請。此批！

專員 馬孔智

民國卅二年七月廿日

晋西北第六区行政督察专员公署批答（民社字第卅一号）

晋西北第六区行政督察专员公署签发 1943 年 7 月 20 号

本件系晋西北第六区行政督察专员公署给忻县县长关于抚恤抗日家属的批复。文末有专员马孔智签名并钤印。

新四军征战华中

1937 年 10 月，南方八省的红军游击队改编为国民革命军陆军新编第四军，叶挺任军长，下辖 4 个支队，计 10 个团又 1 个特务营。1938 年 2 至 5 月，新四军各部陆续集结于皖南、皖西，完成整编。新四军虽然兵力不多，装备落后，但主体是艰苦卓绝的南方三年游击战争中保存下来的骨干力量。经过多年的艰苦奋斗，新四军逐步发展壮大，成为华中抗战的主力军。

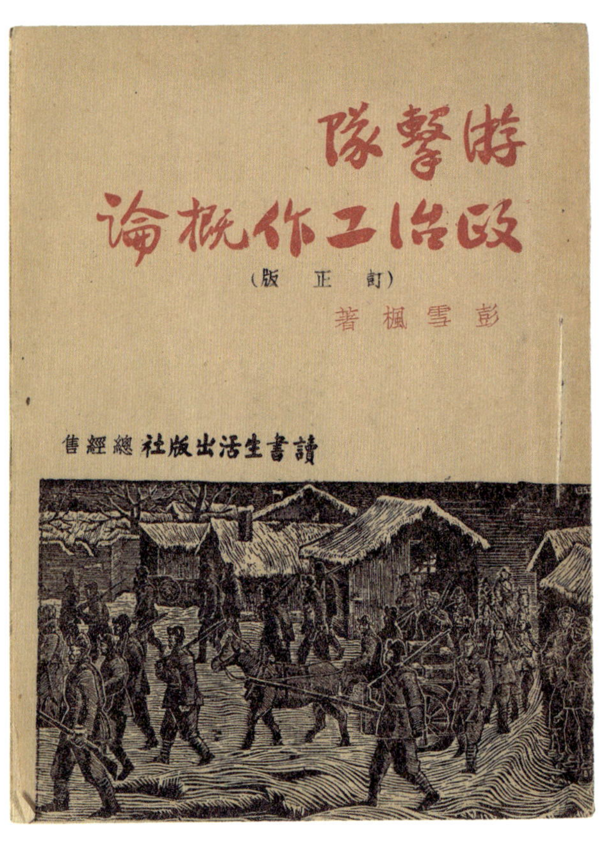

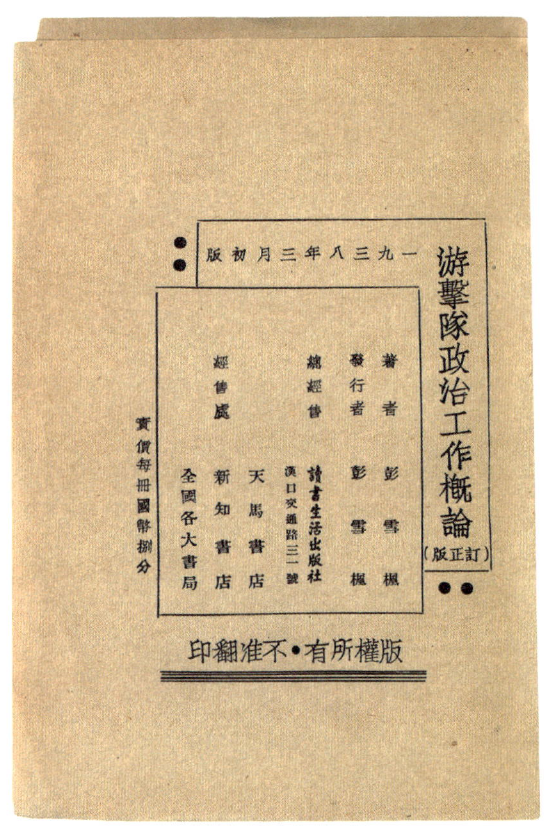

游击队政治工作概论

彭雪枫著　读书生活出版社　1938 年 3 月

此为彭雪枫应第二战区民族革命战争战地总动员委员会主任委员续范亭之邀，在山西大学演讲的稿件。1938 年 1 月延安解放社印成单行本。此为读书生活出版社出版的修正版。其内容包括政治工作的基本任务、政治工作的一般任务、对本部队的政治工作、对民众的政治工作、对敌军的政治工作、政治工作的一般原则、游击队政治机关的组织及工作人员的条件 7 个部分。

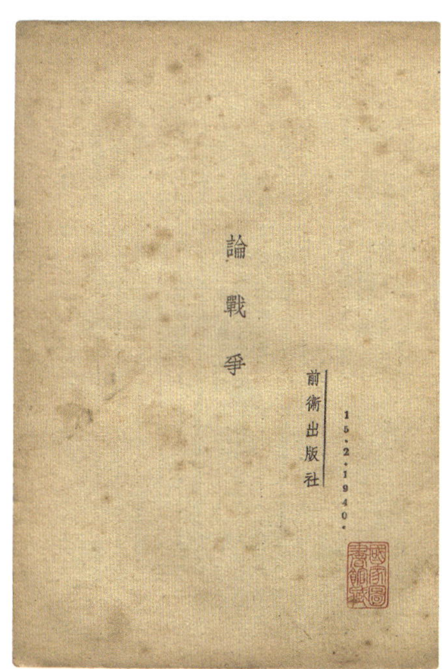

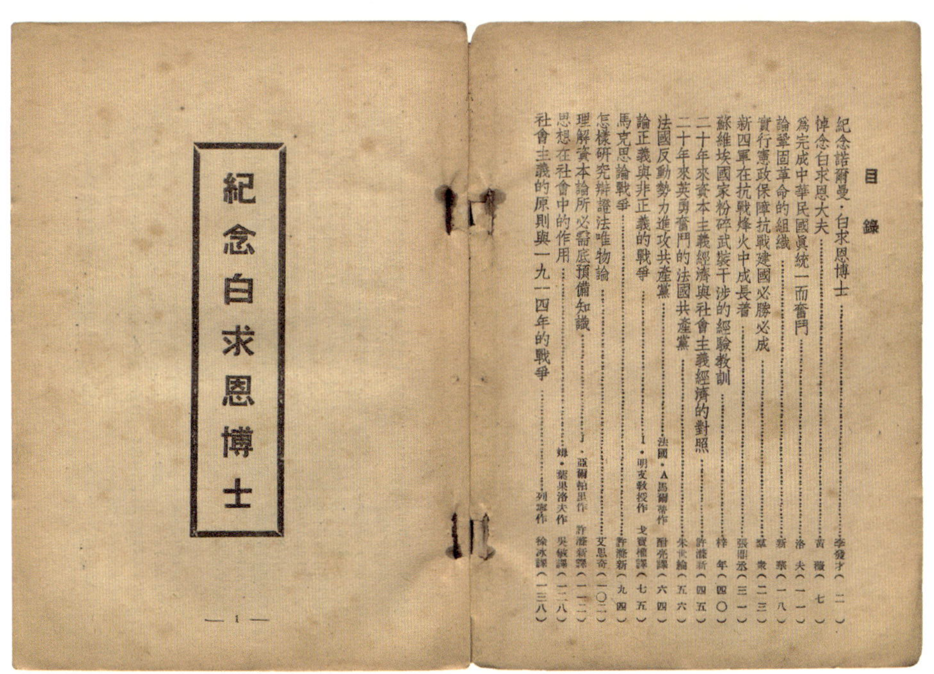

目錄

论战争（伪装本）

前卫出版社　1940 年 2 月 15 日

伪装题名“论战争”，托名“前卫出版社”出版。书中收入李发才《纪念诺尔曼·白求恩博士》、黄薇《悼念白求恩大夫》和张鼎丞《新四军在抗战烽火中成长着》等 16 篇文献。

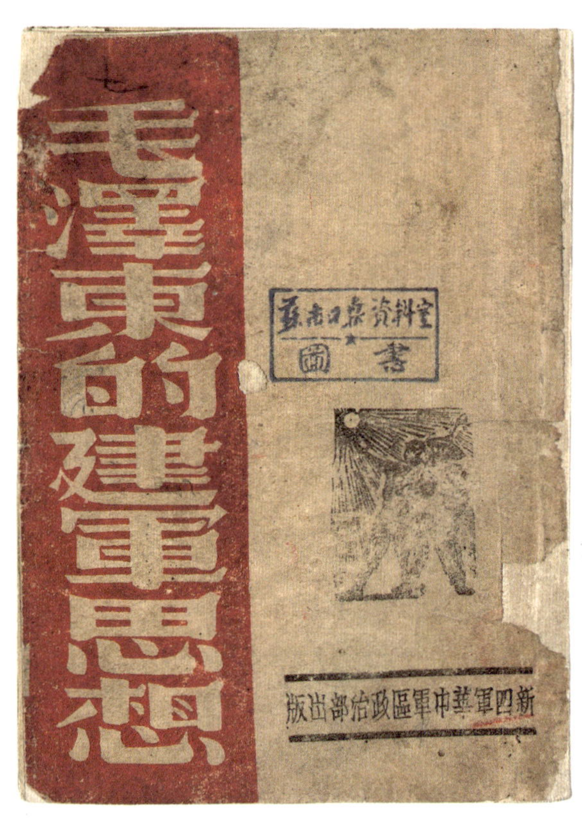

毛泽东的建军思想

毛泽东等著　新四军华中军区政治部　1946 年 3 月

本书收录文献 9 篇：《人民战争》（毛泽东）、《中国人民抗战的军事路线》（朱德）、《红军第四军第九次党代表大会（1929 年 12 月闽西古田会议）决议案》、《关于军队政治工作问题》（谭政）、《中国共产党在民族战争中的地位》（毛泽东）、《季米特洛夫论干部政策干部教育政策》、《肃清部队中军阀主义的倾向》（任弼时）、《彻底铲除军阀思想》（邓子恢）、《永久做人民最好的勤务员》（张鼎丞）。书前有张鼎丞撰写的《一定要研究这本书》代序。

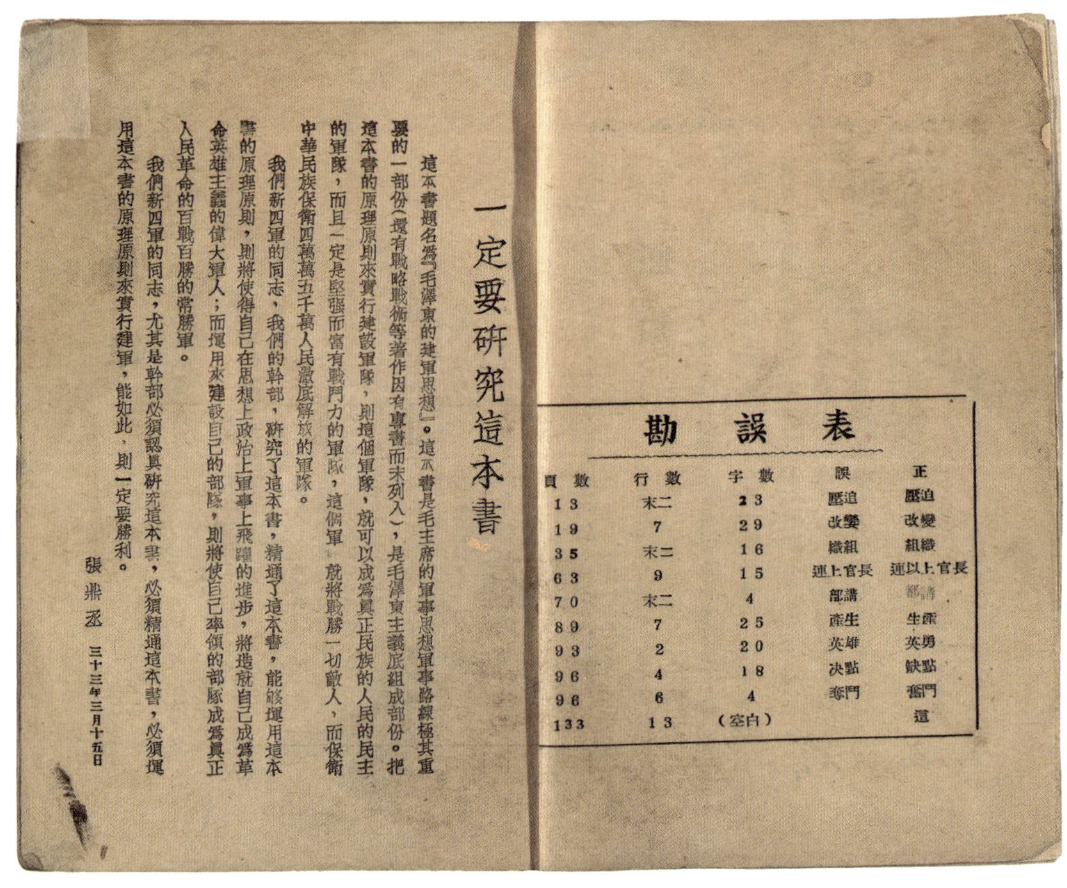

一定要研究這本書

這本書題名爲「毛澤東的建軍思想」。這本書是毛主席的軍事思想軍事路線極其重要的一部份（還有戰略戰術等著作因有專書而未列入），是毛澤東主義底組成部份。把這本書的原理原則來實行建設軍隊，則這個軍隊，就可以成爲眞正民族的人民的民主的軍隊，而且一定是堅强而富有戰鬥力的軍隊，這個軍，就將戰勝一切敵人，而保衛中華民族保衛四萬萬五千萬人民徹底解放的軍隊。

我們新四軍的同志，我們的幹部，研究了這本書，精通了這本書，能够運用這本書的原理原則，則將使得自己在思想上政治上軍事上飛躍的進步，將造就自己成爲革命英雄主義的偉大軍人；而運用來建設自己的部隊，則將使自己率領的部隊成爲眞正人民革命的百戰百勝的常勝軍。

我們新四軍的同志，尤其是幹部必須認眞研究這本書，必須精通這本書，必須運用這本書的原理原則來實行建軍，能如此，則一定要勝利。

張鼎丞　三十三年三月十五日

勘誤表

頁數	行數	字數	誤	正
13	末二	23	壓追	壓迫
19	7	29	改欒	改變
35	末二	16	織組	組織
63	9	15	連上官長	連以上官長
70	末二	4	部講	部請
89	7	25	產生	生產
93	2	20	英雄	英勇
96	4	18	決點	缺點
96	6	4	奪門	奮鬥
133	13	（空白）		這

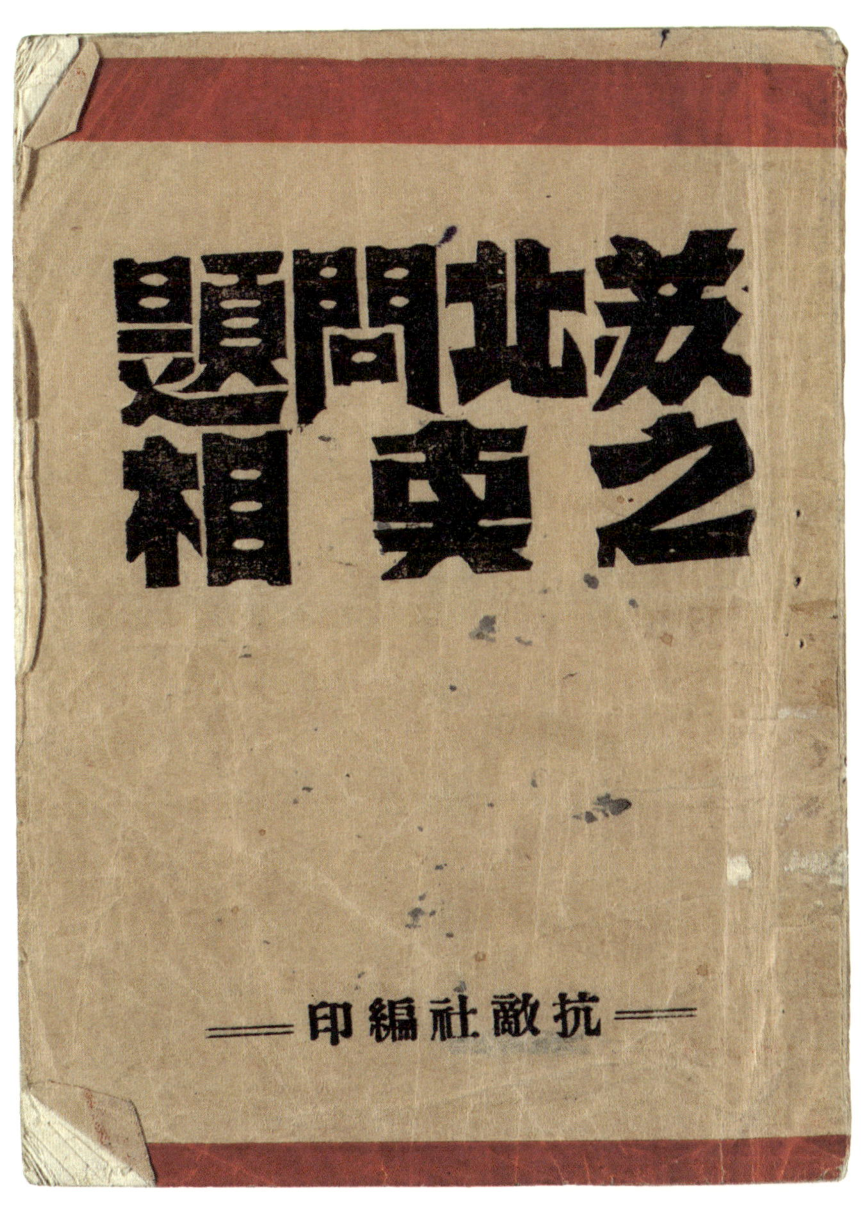

苏北问题之真相

抗敌社编印　1940 年 11 月

此书又名《苏北摩擦真相》。全书分 7 编：新四军被迫渡江、郭村之役至黄桥之役、张少华附逆通敌、新四军营溪应战与进入姜堰、新四军退出姜堰与保卫黄桥、黄桥战后省方及新四军之态度、附录。书后有补遗及《苏北事件何以善后》。

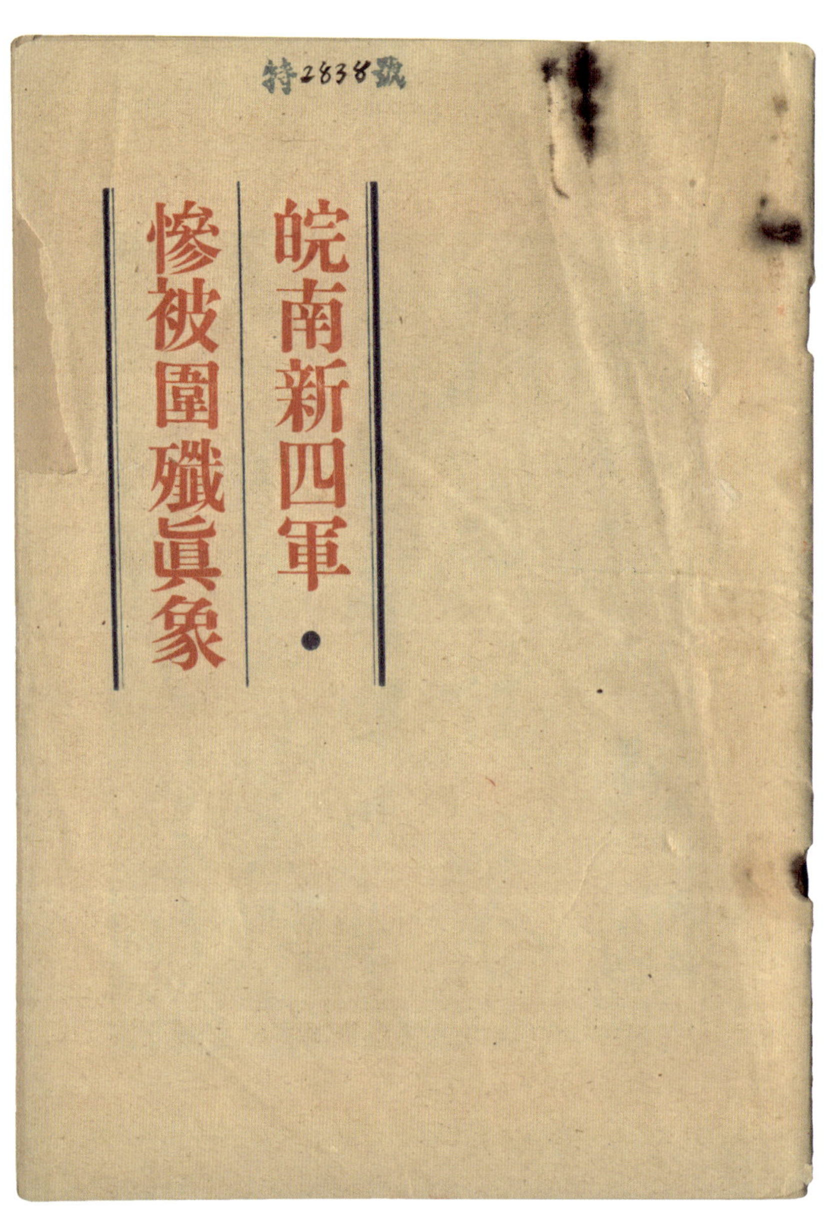

皖南新四军惨被围歼真象

上海图书杂志局　1941 年 1 月

即《新四军皖南部队惨被围歼真象》。由中共中央南方局军事组和其他有关同志集体编写，经周恩来审查修改而成。本文首先以传单的形式在重庆大量散发，迅速传播到国内外。文中以大量事实，揭露了国民党顽固派诬蔑、围歼新四军的罪行。

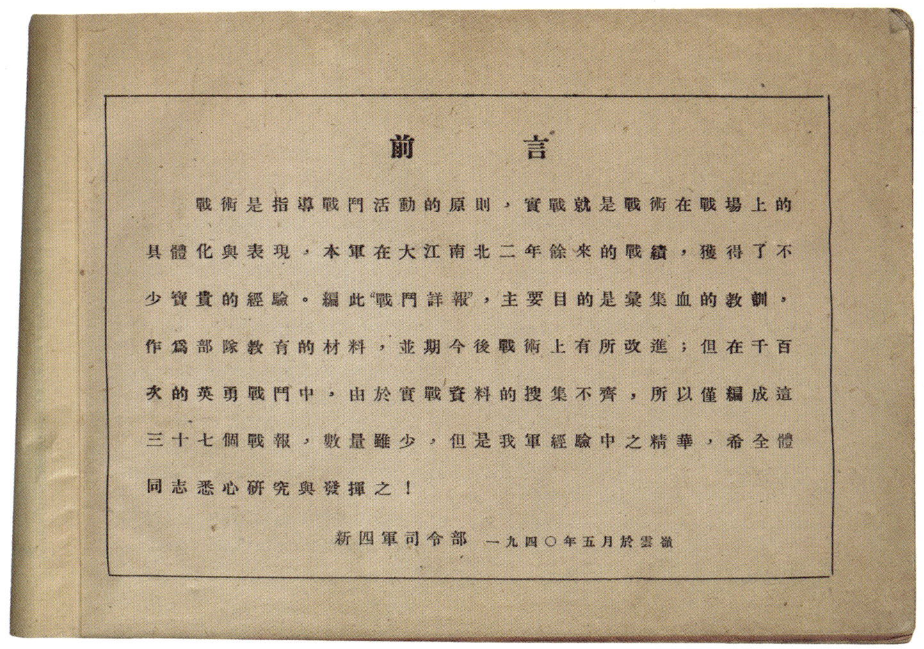

前　言

戰術是指導戰鬥活動的原則，實戰就是戰術在戰場上的具體化與表現，本軍在大江南北二年餘來的戰績，獲得了不少寶貴的經驗。編此"戰鬥詳報"，主要目的是彙集血的教訓，作爲部隊教育的材料，並期今後戰術上有所改進；但在千百次的英勇戰鬥中，由於實戰資料的搜集不齊，所以僅編成這三十七個戰報，數量雖少，但是我軍經驗中之精華，希全體同志悉心研究與發揮之！

新四軍司令部　一九四〇年五月於雲嶺

战斗详报

新四军司令部编印　1940 年 5 月 18 日

本书包括反“扫荡”的连续战斗、对村落据点的进攻战斗、河川攻击、阵地战、对抗分进合击、伏击、袭击、夜袭、抗击骑兵等 10 部分内容，共收战报 37 件。书前有奖电 54 条。附本军集中概况图等 8 种。

中国人民抗日军政大学

1936 年 6 月 1 日，原陕北中国工农红军大学改称中国人民抗日红军大学，1937 年 1 月迁至延安，改称中国人民抗日军事政治大学，简称抗大。学员主要是从部队中抽调的干部，也招收全国各地前往延安的爱国知识青年。后在晋东南、晋察冀、淮北、苏北、晋绥、淮南、苏中、鄂豫皖等抗日根据地建立 10 余个分校。抗大以“理论与实际并重、军事与政治并重”为办学原则，抗战期间培养了 10 余万军政干部。

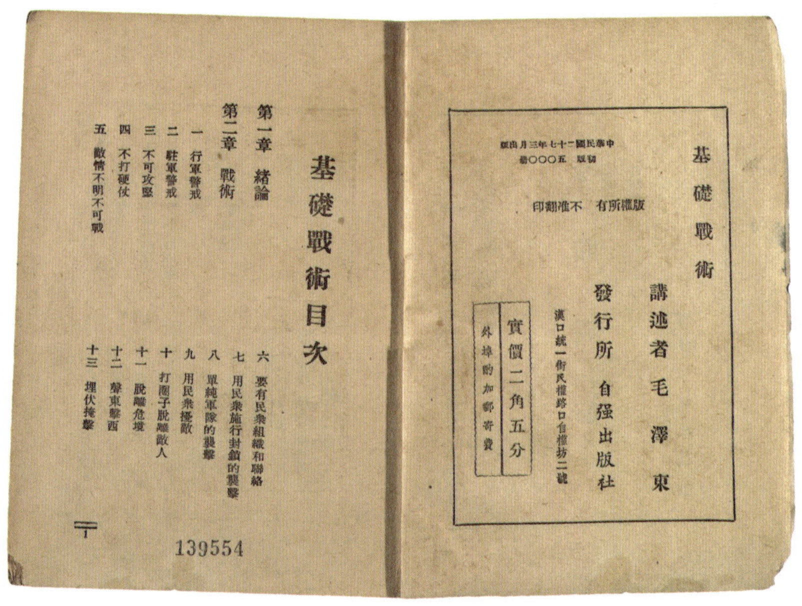
基礎戰術

講述者 毛澤東

發行所 自强出版社

漢口統一街民權路口自權坊二號

實價二角五分

外埠酌加郵寄費

中華民國二十七年三月出版

初版 五〇〇〇冊

版權所有 不准翻印

基礎戰術目次

第一章 緒論

第二章 戰術

一 行軍警戒

二 駐軍警戒

三 不可攻堅

四 不打硬仗

五 敵情不明不可戰

六 要有民衆組織和聯絡

七 用民衆施行封鎖的襲擊

八 單純軍隊的襲擊

九 用民衆擾敵

十 打圈子脫離敵人

十一 脫離危境

十二 聲東擊西

十三 埋伏掩擊

139554

基础战术

毛泽东讲述　自强出版社　1938 年 3 月

抗日军政大学讲义。

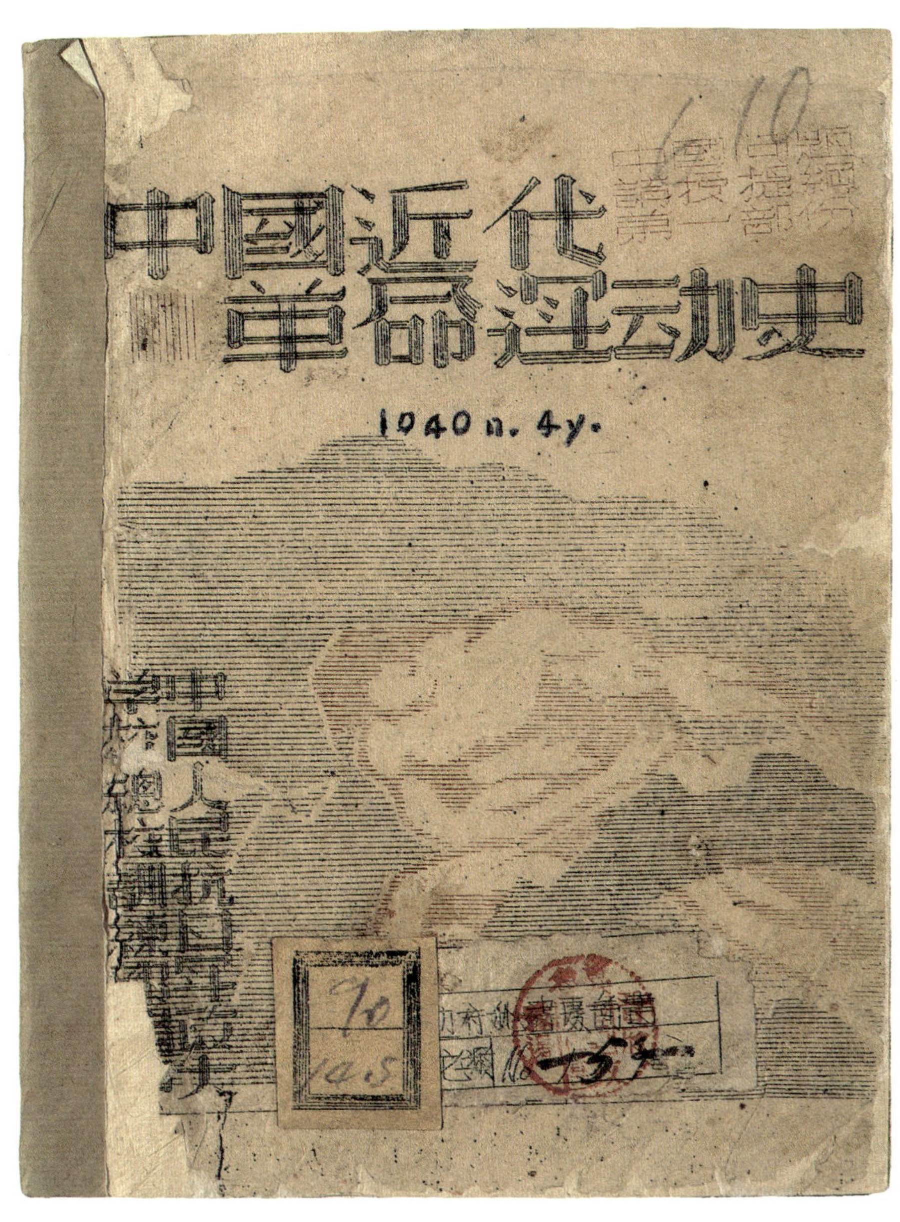

中国近代革命运动史

中国人民抗日军政大学校总校训练部编印　1940 年 4 月

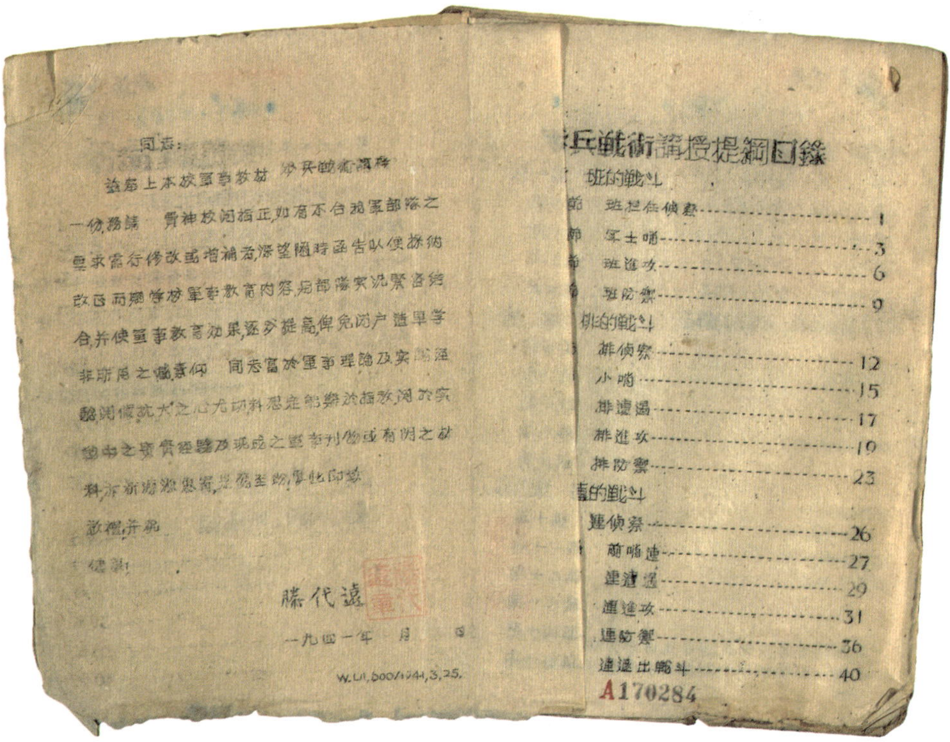

同志：

兹寄上本校军事教材 步兵战术讲授 一份……

敬礼并祝

健康！

滕代远

一九四一年 月 日

W.U.1,500/1941,3,25.

步兵戰術講授提綱目錄

步兵战术讲授提纲

中国人民抗日军政大学总校教材编审委员会编印 1941 年 3 月

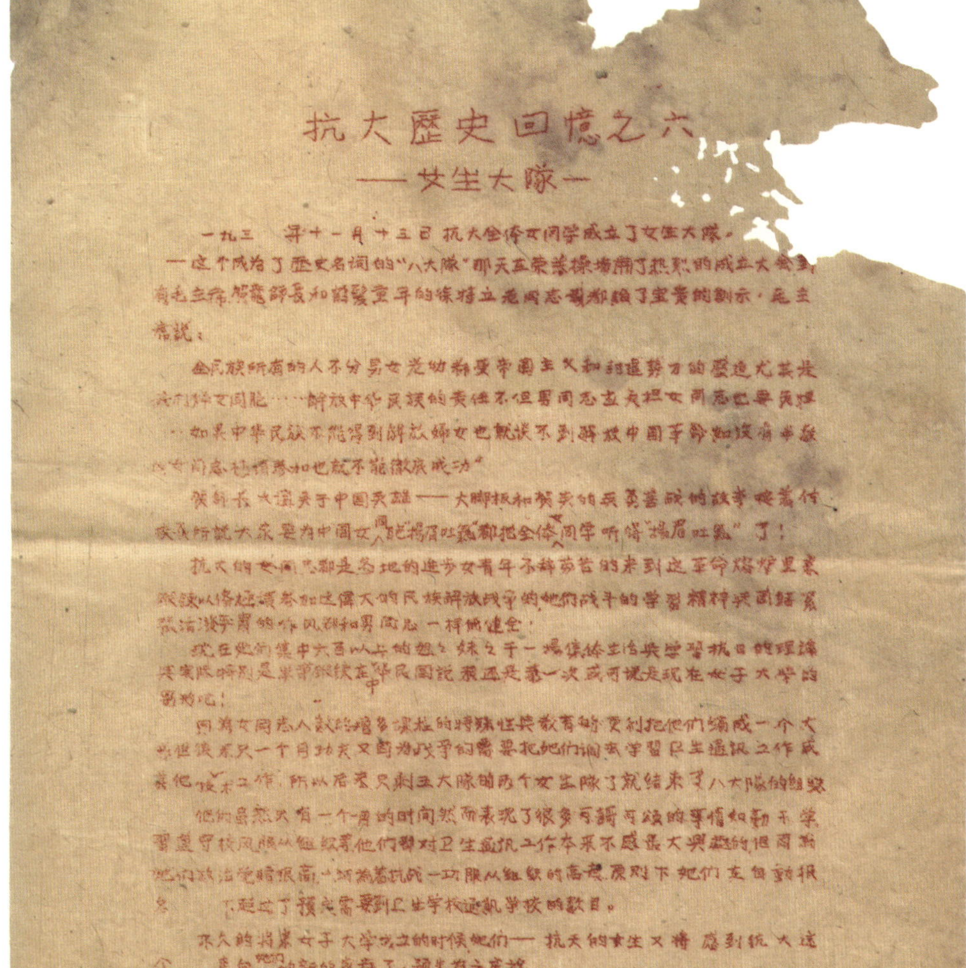

抗大歷史回憶之六

——女生大隊——

一九三 年十一月十三日抗大全体女同学成立了女生大隊。——这个成为了歷史名词的"八大隊"那天在荣誉操場開了热烈的成立大会，到有毛主席、賀龍師長和[illegible]的徐特立老同志都給了宝贵的訓示。毛主席説：

"全民族所有的人不分男女老幼都受帝国主义和封建势力的壓迫，尤其是我们婦女同胞……解放中华民族的责任不但男同志应负担，女同志也要负担……如果中華民族不能得到解放，婦女也就谈不到解放；中国革命如没有女同志的参加也就不能徹底成功"

賀師長大讲关于中国英雄——大脚板和賀英的英勇善战的故事，徐老付校长說大家要为中国女同胞扬眉吐气，都把全体女同学听得"扬眉吐气"了！

抗大的女同志都是各地的进步女青年，不辞劳苦的来到这革命熔炉里来，[illegible]参加这伟大的民族解放战争的，她们战斗的学习精神，[illegible]的作风都和男同志一样的健全。

现在她们集中六百以上的姐姐妹妹于一堂，集体生活共学习抗日的理论与实际，特别是[illegible]在中华民国說來还是第一次，或可說是现在女子大学的前奏吧！

因为女同志人数的增多，课程的特殊性与教育的便利，把他们编成一个大队，但後来只一个月功夫又因为战争的需要，把她们调去学習卫生、通讯工作或其他技术工作，所以后来只剩三大隊的两个女生隊了，就结束了八大隊的組织。

他们虽然只有一个月的时间，然而表现了很多可歌可颂的事情，如勤于学習，遵守校風，服从组织，有他们对卫生、通讯工作本来不感甚大興趣的，但因为她们政治觉悟很高，为着抗战一切服从组织的高贵原则下，她们[illegible]

下趕上了預定需要到卫生学校、通讯学校的数目。

不久的將来女子大学成立的时候，她们——抗大的女生又將感到抗大这个走向她们的新的家庭了，预先為之庆祝。

校政治部

一九三九、六、一 紀念日

抗大历史回忆之六——女生大队

［抗大］校政治部编印　1939 年 6 月 1 日

回忆抗大女生大队。文中有毛泽东、贺龙、徐特立在女生大队成立大会上的讲话片段。

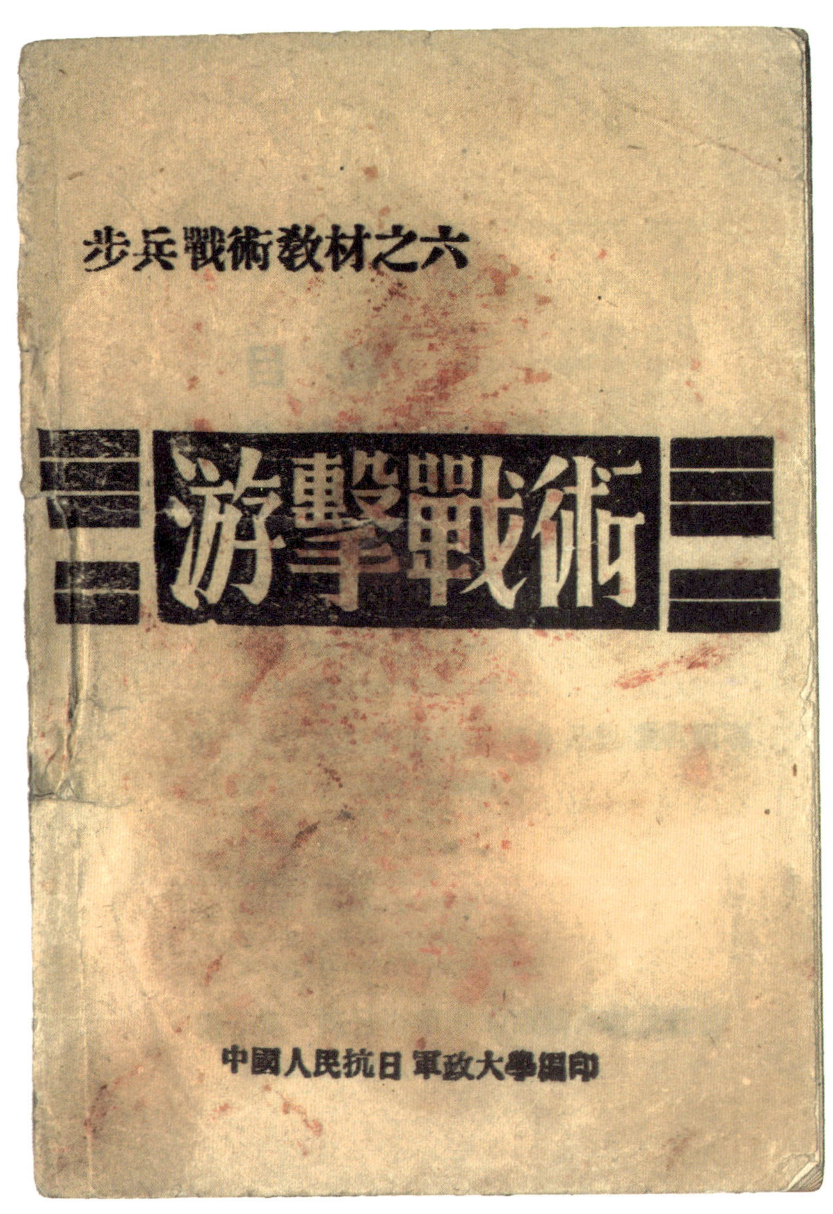

游击战术

中国人民抗日军政大学编印　1940 年

步兵战术教材之六。书中引用了毛泽东、朱德、彭雪枫等人的文章。

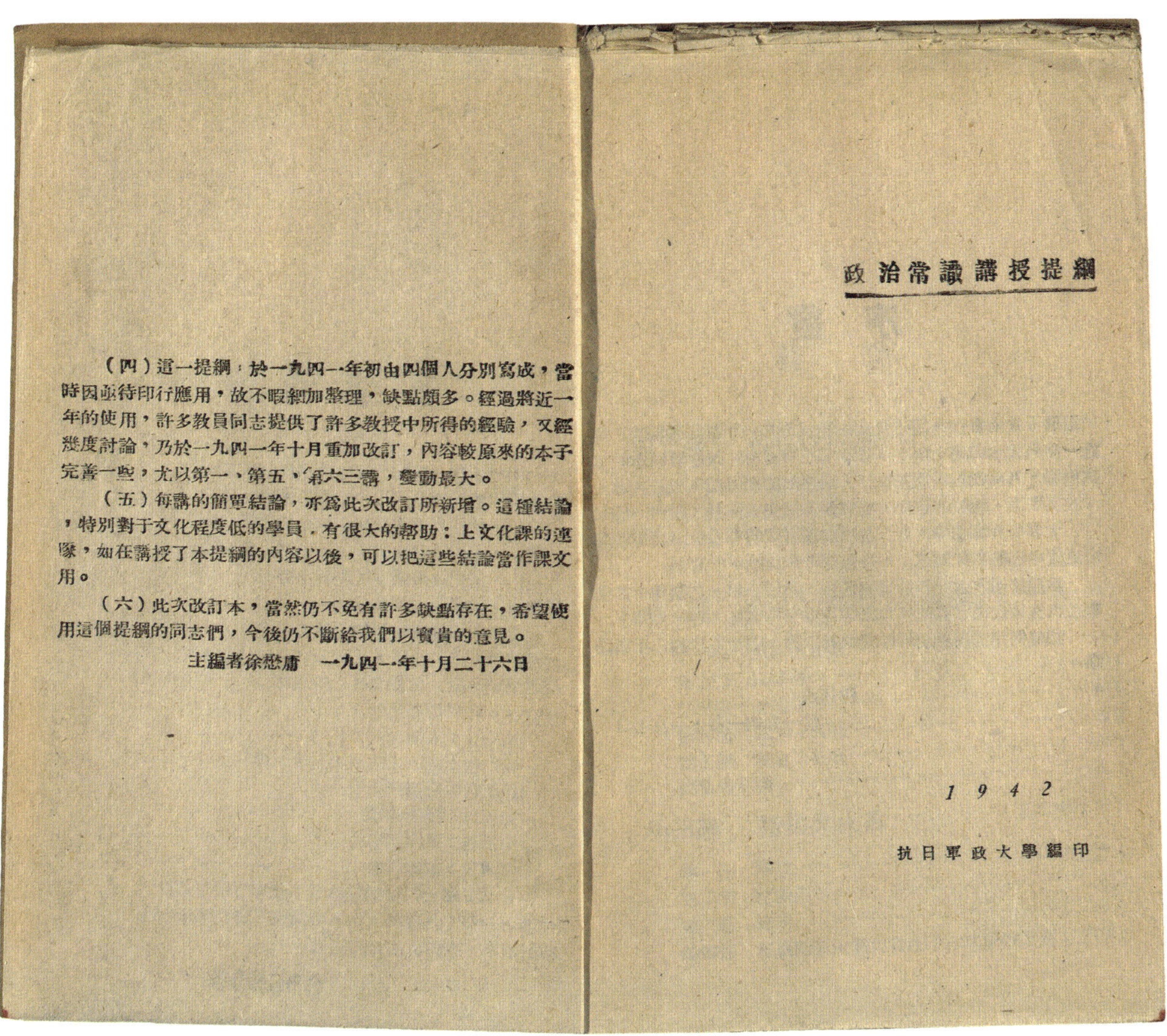

（四）這一提綱，於一九四一年初由四個人分別寫成，當時因亟待印行應用，故不暇細加整理，缺點頗多。經過將近一年的使用，許多教員同志提供了許多教授中所得的經驗，又經幾度討論，乃於一九四一年十月重加改訂，內容較原來的本子完善一些，尤以第一、第五、第六三講，變動最大。

（五）每講的簡單結論，亦爲此次改訂所新增。這種結論，特別對于文化程度低的學員，有很大的幫助：上文化課的連隊，如在講授了本提綱的內容以後，可以把這些結論當作課文用。

（六）此次改訂本，當然仍不免有許多缺點存在，希望使用這個提綱的同志們，今後仍不斷給我們以寶貴的意見。

主編者徐懋庸　一九四一年十月二十六日

政治常識講授提綱

1942

抗日軍政大學編印

政治常识讲授提纲

抗日军政大学编印　1942 年

大生产运动

1941 年，由于日本侵略军的残酷“扫荡”和包围封锁，抗日民主根据地发生严重的财政经济困难。中国共产党提出“自己动手，丰衣足食”的号召，制订了“发展经济，保障供给”的财经工作总方针，各根据地相继开展大生产运动，政府机关、军队、学校举办了各种自给或半自给的经济事业。八路军 359 旅开进南泥湾，成为大生产运动的旗帜。至 1944 年，各抗日民主根据地都克服了困难，建立和发展了以自给为目标的农业、工业和商业。大生产运动减轻了人民负担，密切了军民关系，为坚持抗战、持久抗战创造了条件。

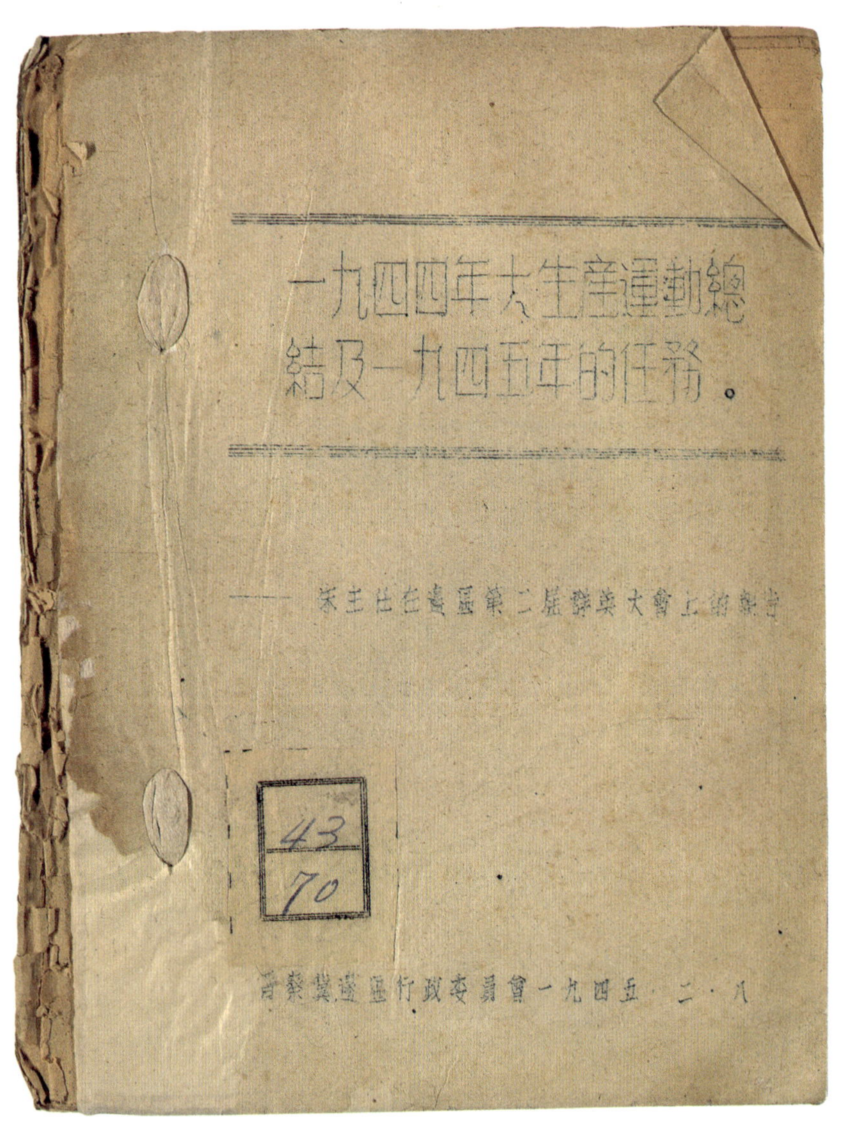

一九四四年大生產運動總結及一九四五年的任務。

——宋主任在邊區第二屆群英大會上的報告

晉察冀邊區行政委員會一九四五·二·八

一九四四年大生产运动总结及一九四五年的任务

晋察冀边区行政委员会　1945 年 2 月

宋劭文在第二届群英大会上所作的报告。报告分 1944 年大生产运动估计、组织起来、精耕细作、部队机关学校生产、1945 年大生产运动的任务 5 个部分。

歌唱南泥湾

师田手著　东北书店　1947 年 9 月

师田手原名田质成，吉林扶余县人，现代作家。九一八事变后流亡到关内，1933 年加入“左联”，1934 年考入北京大学。1938 年加入中国共产党，同年 10 月赴延安。抗战时期，曾任中央组织部训练班班长、三五九旅七一八团文艺工作队秘书等职务。1947 年 9 月长篇叙事诗《歌唱南泥湾》由东北书店出版。

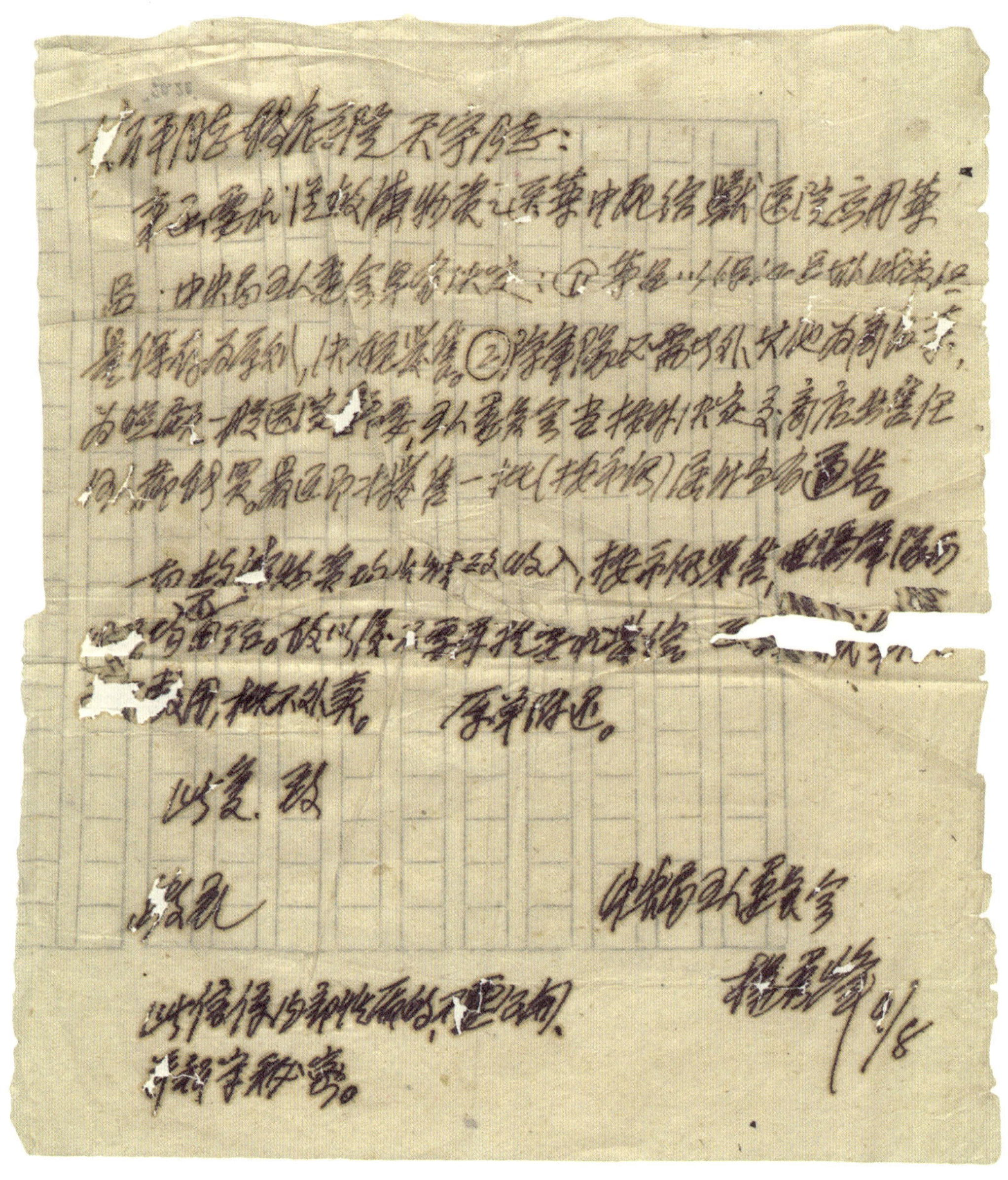

晋冀鲁豫中央局主席杨秀峰致乐天宇的密信

这是杨秀峰以晋冀鲁豫中央局五人委员会主席的名义就乐天宇为华北农大申请购买药品事宜给乐天宇的回复函，在信中传达了晋冀鲁豫中央局五人委员会关于药品管理的规定。乐天宇是毛泽东友人，开垦南泥湾的策划者，曾任华北农大校长。

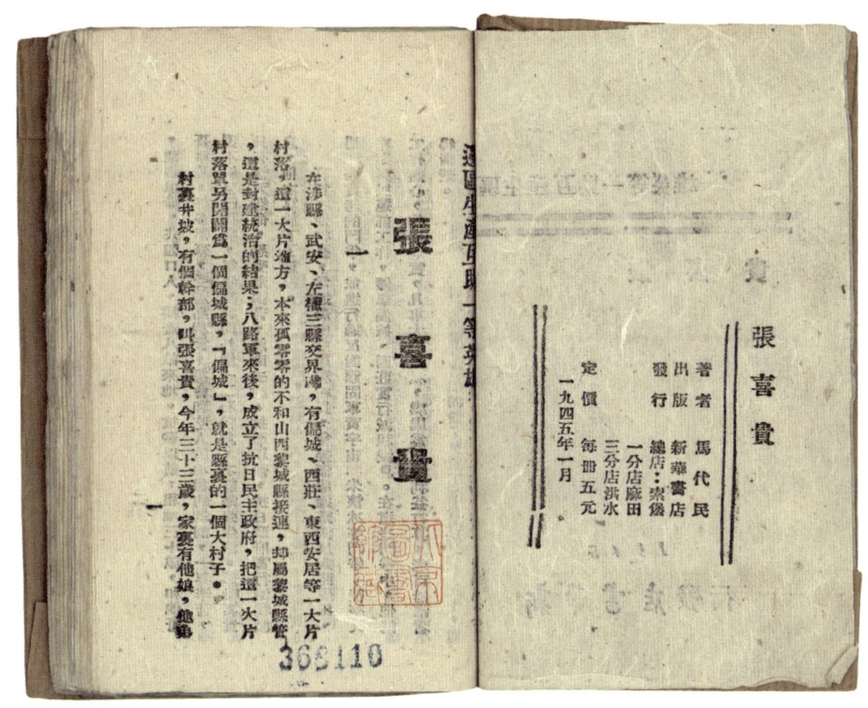

边区生产互助一等英雄——张喜贵

马代民著　新华书店　1945 年 1 月

本书介绍边区生产互助一等英雄张喜贵的故事。附录《劳动英雄李马保的思想与领导作风》《边区生产互助一等英雄郝二蛮》《吴满有和吴家枣园》等文章 3 篇。

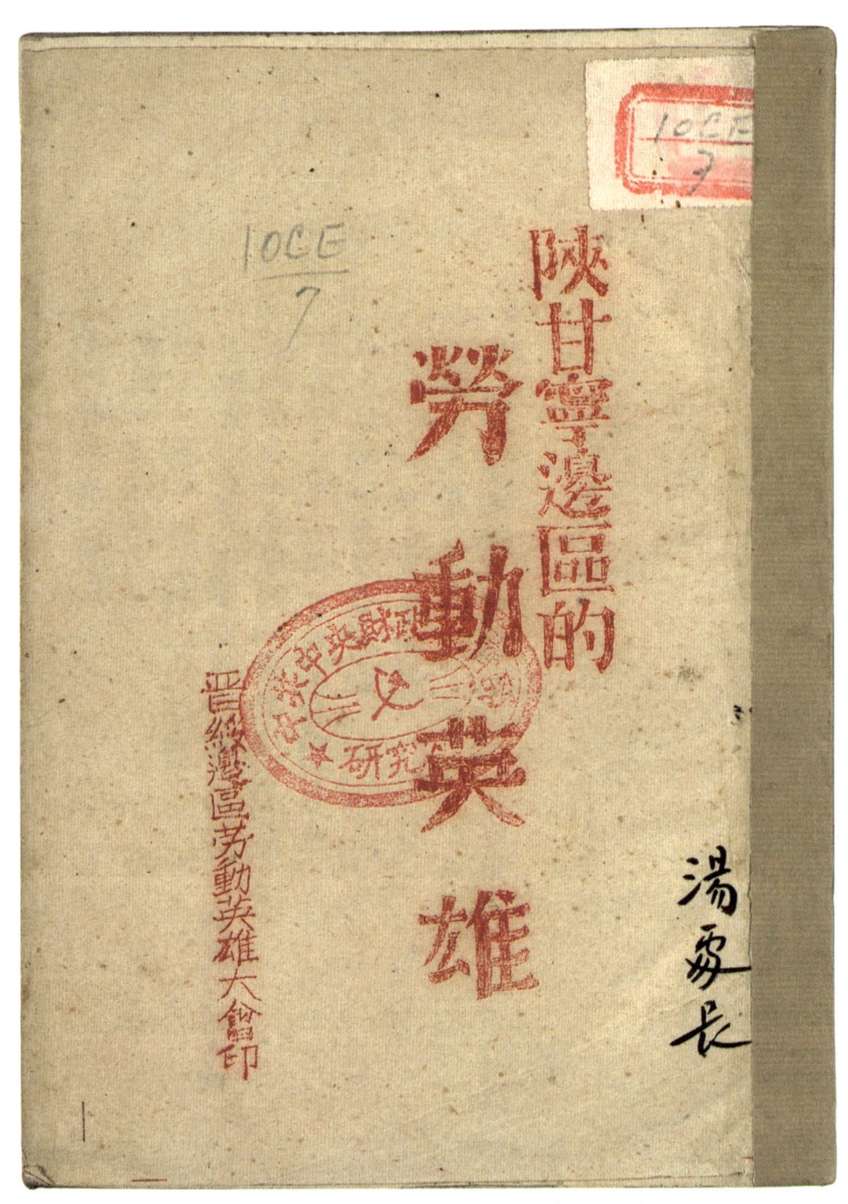

陕甘宁边区的劳动英雄

晋绥边区劳动英雄大会编印　1943 年

一九四三年的勞動英雄

第三分冊

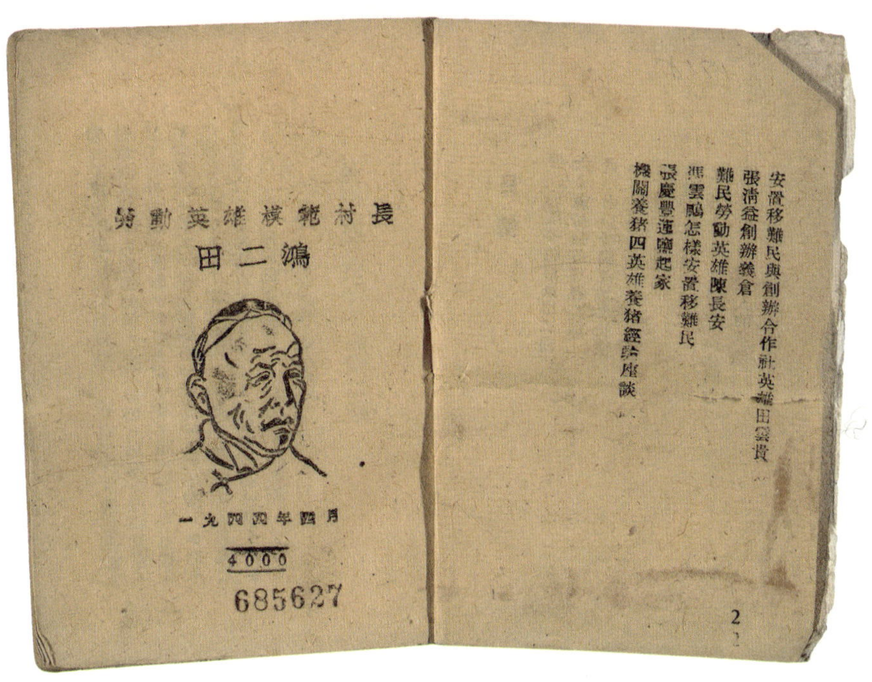

勞動英雄模範村長

田二鴻

一九四四年四月

4000

685627

安置移難民與創辦合作社英雄田雲貴

張清益創辦義倉

難民勞動英雄陳長安

馮雲鵬怎樣安置移難民

慶豐運鹽起家

機關養豬四英雄養豬經驗座談

2

一九四三年的劳动英雄（第三分册）

本册收录《劳动英雄模范村长田二鸿》《六十岁劳动英雄孙万福》《青年农业劳动英雄李长清》《植棉英雄郭秉仁》《农业畜牧英雄贺保元》等介绍 1943 年陕甘宁边区劳动英雄事迹的文章 15 篇。

抗战胜利

到1945年，八路军、新四军建立了陕甘宁、晋绥、晋察冀、冀热辽、晋冀豫、冀鲁豫、山东、苏北、苏中、苏南、淮北、淮南、皖江、浙东、东江、琼崖、湘鄂赣、鄂豫皖、河南等19块抗日民主根据地，总面积近100万平方千米，人口1亿多，为夺取抗日战争的最后胜利和全国的解放创造了良好条件。

1945年8月，美国军队在太平洋战场上对日作战取得胜利，逼近日本本土。8月8日，苏联对日宣战，出兵中国东北。8月9日，毛泽东发表《对日寇的最后一战》的声明，人民军队向日伪军发动全面反攻。8月14日，日本政府宣布接受《波茨坦公告》。次日，日本天皇裕仁宣布无条件投降，抗日战争取得了最终胜利。

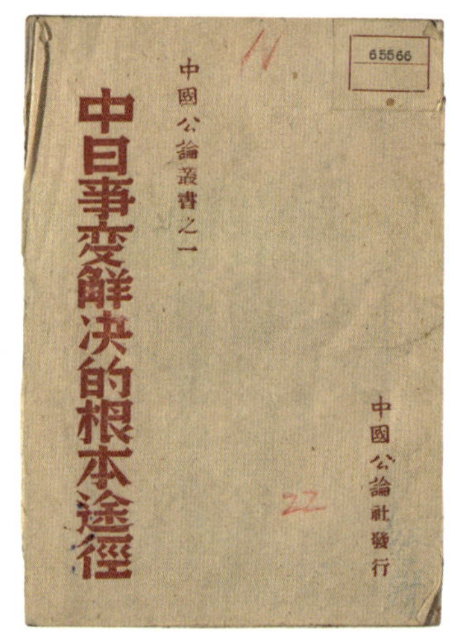

中國公論叢書之一

中日事變解決的根本途徑

中國公論社發行

民國三十一年十月

中國公論叢書之一

中日事變解決的根本途徑

中國公論社發行

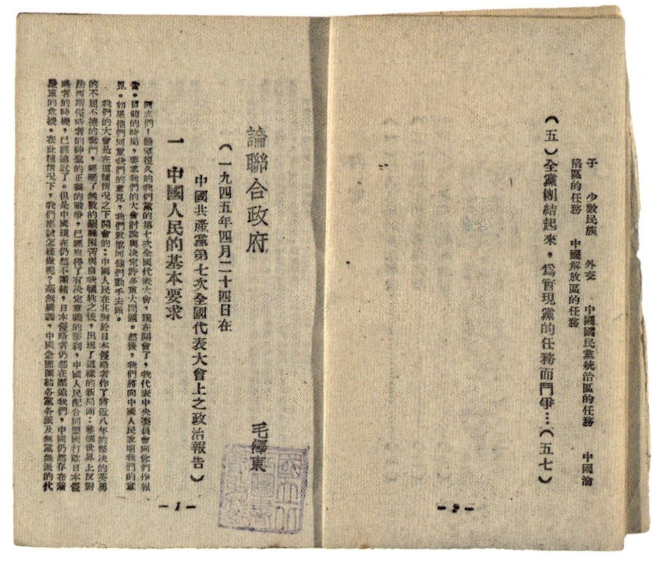

論聯合政府

（一九四五年四月二十四日在中國共產黨第七次全國代表大會上之政治報告）

毛澤東

一 中國人民的基本要求

—1—

于 少數民族 外交

中國解放區的任務 中國國民黨統治區的任務 中國淪陷區的任務

（五）全黨團結起來，爲實現黨的任務而鬥爭……（五七）

—2—

中日事变解决的根本途径（伪装本）

中国公论社　1942年10月

本书为毛泽东在中国共产党第七次全国代表大会上所作政治报告《论联合政府》的伪装本，伪装题名“中日事变解决的根本途径”，假托中国公论社于民国三十一年（1942）十月发行。

大陸作戰之新認識

民國三十四年二月

青少年半月刊社編

北京西長安街二號

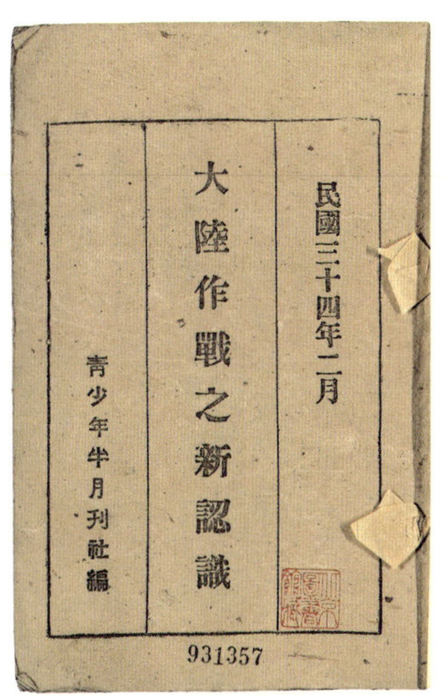

民國三十四年二月

大陸作戰之新認識

青少年半月刊社編

931357

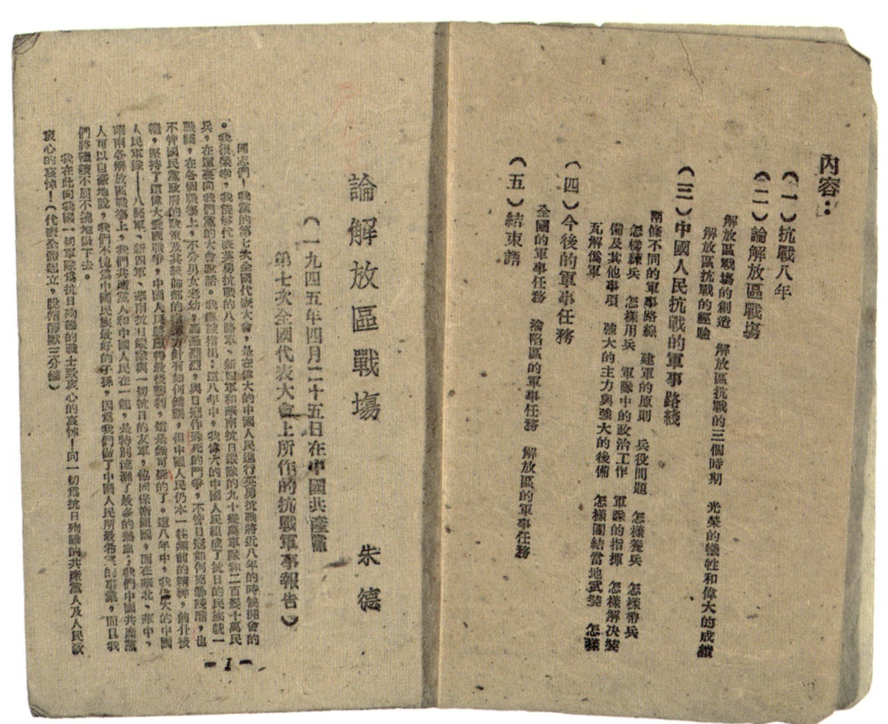

論解放區戰場

（一九四五年四月二十五日在中國共產黨第七次全國代表大會上所作的抗戰軍事報告）

朱德

-1-

內容：

（一）抗戰八年

（二）論解放區戰場

解放區戰場的創造　解放區抗戰的三個時期　光榮的犧牲和偉大的成績　解放區抗戰的經驗

（三）中國人民抗戰的軍事路線

兩條不同的軍事路線　建軍的原則　兵役問題　怎樣養兵　怎樣帶兵　怎樣練兵　怎樣用兵　軍隊中的政治工作　軍隊的指揮　怎樣解決裝備及其他事項　強大的主力與強大的後備　怎樣團結當地武裝　怎樣瓦解僞軍

（四）今後的軍事任務

全國的軍事任務　淪陷區的軍事任務　解放區的軍事任務

（五）結束語

大陆作战之新认识（伪装本）

青少年半月刊社编　1945 年 2 月

本书为朱德 1945 年 4 月 25 日在中国共产党第七次全国代表大会上所作抗战军事报告《论解放区战场》的伪装本，封面伪装题名、编者、出版时间分别为“大陆作战之新认识”“青少年半月刊社编”“民国三十四年二月”。

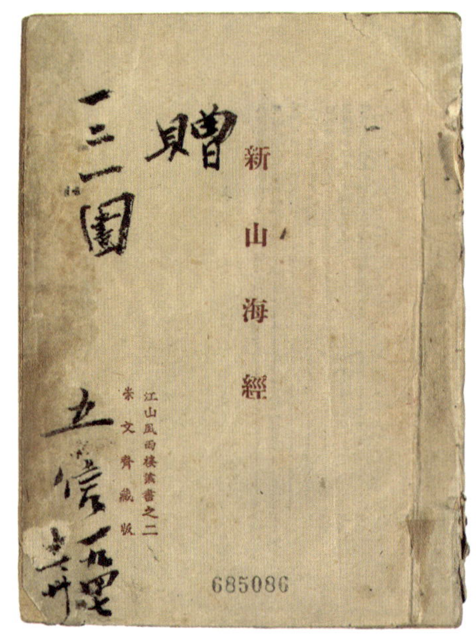

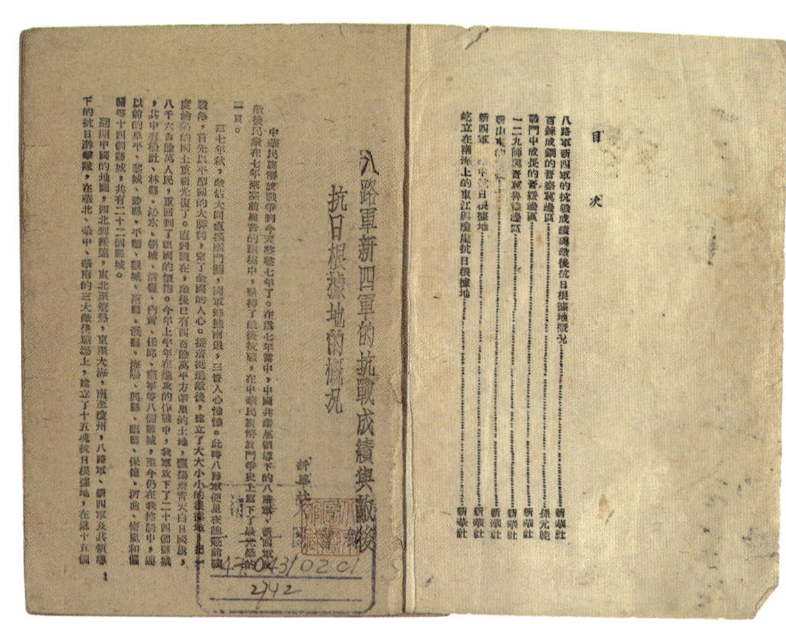

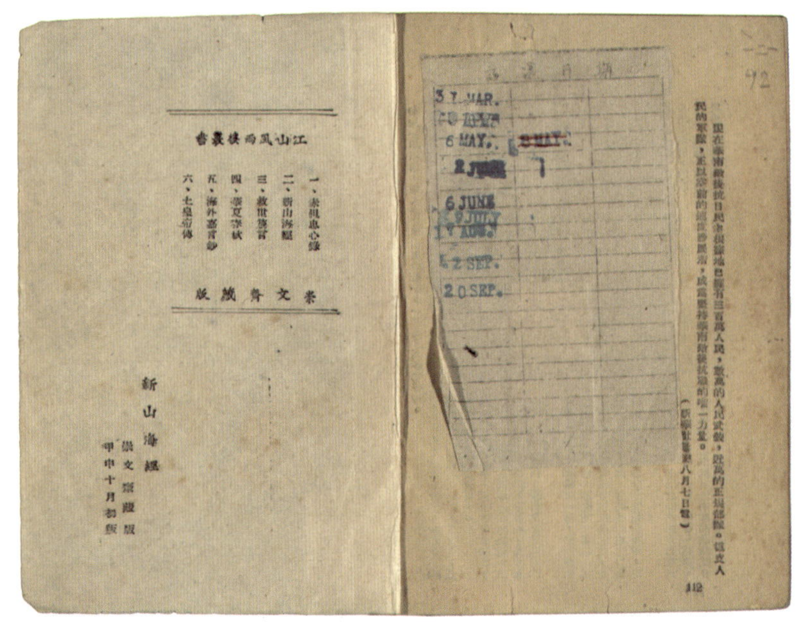

新山海经（伪装本）

崇文斋藏版　甲申（1944 年）十月

本书为《中国共产党对于中华民族的贡献》伪装本，伪装题名“新山海经”，伪托“崇文斋藏板”“江山风雨楼丛书之二”。收录《八路军新四军的抗战成绩与敌后抗日根据地的概况》《百炼成钢的晋察冀边区》《一二九师与晋冀鲁豫边区》《新山东的成长》《战斗中生长的晋绥边区》《新四军和华中抗日根据地》《屹立在南海上的东江与琼崖抗日根据地》等 7 篇文章。

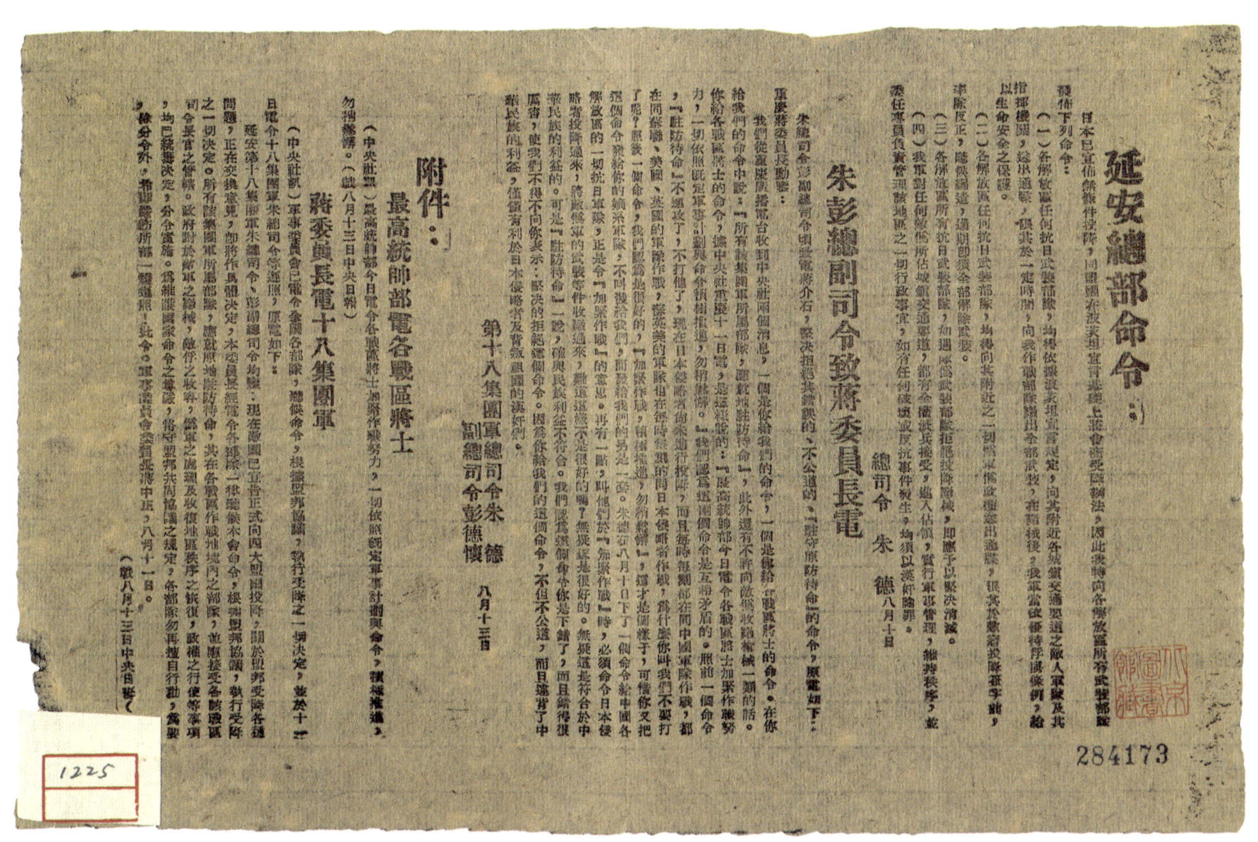

延安總部命令：

日本已宣佈無條件投降，同盟國在波茨坦宣言基礎上將會商受降辦法，因此我特向各解放區所有武裝部隊發佈下列命令：

（一）各解放區任何抗日武裝部隊，均得依據波茨坦宣言規定，向其附近各城鎮交通要道之敵人軍隊及其指揮機關，送出通牒，限其於一定時間，向我作戰部隊繳出全部武裝，在繳械後，我軍當依優待俘虜條例，給以生命安全之保護。

（二）各解放區任何抗日武裝部隊，均得向其附近之一切偽軍偽政權送出通牒，限其於敵寇投降簽字前，率隊反正，聽候編遣，過期即須全部繳除武裝。

（三）各解放區所有抗日武裝部隊，如遇敵偽武裝部隊拒絕投降繳械，即應予以堅決消滅。

（四）我軍對任何敵偽所佔城鎮交通要道，都有全權派兵接受，進入佔領，實行軍事管理，維持秩序，並委任專員負責管理該地區之一切行政事宜，如有任何破壞或反抗事件發生，均須以漢奸論罪。

總司令 朱 德 八月十日

朱彭總副司令致蔣委員長電

朱總司令彭副總司令電蔣介石，堅決拒絕其錯誤的、不公道的「駐守原防待命」的命令，原電如下：

重慶蔣委員長勳鑒：

我們從重慶廣播電台收到中央社兩個消息，一個是你給我們的命令，一個是你給各戰區將士的命令。在你給我們的命令中說：「所有該集團軍所屬部隊，應就原地駐防待命」，此外還有不許向敵偽收繳槍械一類的話。你給各戰區將士的命令，據中央社重慶十一日電，是這樣說的：「最高統帥部今日電令各戰區將士加緊作戰努力，一切依照既定軍事計劃與命令積極推進，勿稍鬆懈。」我們認為這兩個命令是互相矛盾的。照前一個命令，「駐防待命」不進攻了，不打仗了，現在日本侵略者尚未進行投降，而且每時每刻都在同中國軍隊作戰，都在同蘇聯、美國、英國的軍隊作戰，蘇英美的軍隊也在每時每刻的同日本侵略者作戰，為什麼你叫我們不要打了呢？照後一個命令，我們認為是很好的，「加緊作戰，積極推進，勿稍鬆懈」，這才是個樣子，可惜你又把這個命令發給你的嫡系軍隊，不叫發給我們，而發給我們的另是一個。朱德在八月十日下了一個命令給中國各解放區的一切抗日軍隊，正是命「加緊作戰」的意思。再有一點，叫他們於「加緊作戰」時，必須命令日本侵略者投降過來，將敵偽軍的武裝等件收繳過來，難道這樣不是很好的嗎？無疑這是很好的。無疑這是符合於中華民族的利益的。可是「駐防待命」一說，確與民族利益不符合。我們認為這個命令你是下錯了，而且錯得很厲害，使我們不得不向你表示：堅決的拒絕這個命令。因為你給我們的這個命令，不但不公道，而且違背了中華民族的利益，僅僅有利於日本侵略者及背叛祖國的漢奸們。

第十八集團軍總司令朱 德
副總司令彭德懷
八月十三日

附件：

最高統帥部電各戰區將士

（中央社訊）最高統帥部今日電令各戰區將士加緊作戰努力，一切依照既定軍事計劃與命令，積極推進，勿稍鬆懈。（載八月十三日中央日報）

蔣委員長電十八集團軍

（中央社訊）軍事委員會已電令全國各部隊，聽候命令，根據盟邦協議，執行受降之一切決定，並於十一日電令十八集團軍朱總司令遵照，原電如下：

延安第十八集團軍朱總司令、彭副總司令均鑒：現在敵國已宣告正式向四大盟國投降，關於盟邦受降各種問題，正在交換意見，即將作具體決定，本委員長經電令各部隊一律聽候本會命令，根據盟邦協議，執行受降之一切決定。所有該集團軍所屬部隊，應就原地駐防待命，其在各戰區作戰地境內之部隊，並應接受各該戰區司令長官之管轄。政府對於敵軍之繳械，敵俘之收容，偽軍之處理及收復地區秩序之恢復，政權之行使等事項，均已統籌決定，分令實施。為維護國家命令之尊嚴，恪守盟邦共同協議之規定，各部隊勿再擅自行動，為要，除分令外，希即遵照。此令。軍事委員會委員長蔣中正，八月十一日。

（載八月十三日中央日報）

延安总部命令

延安总部颁布　1945 年 8 月

1945 年 8 月 10 日 24 时至 1945 年 8 月 11 日 18 时，八路军总部连续发布了七号由朱德总司令签发的关于对日军开展全面反攻的命令，这里展出的是第一号命令。

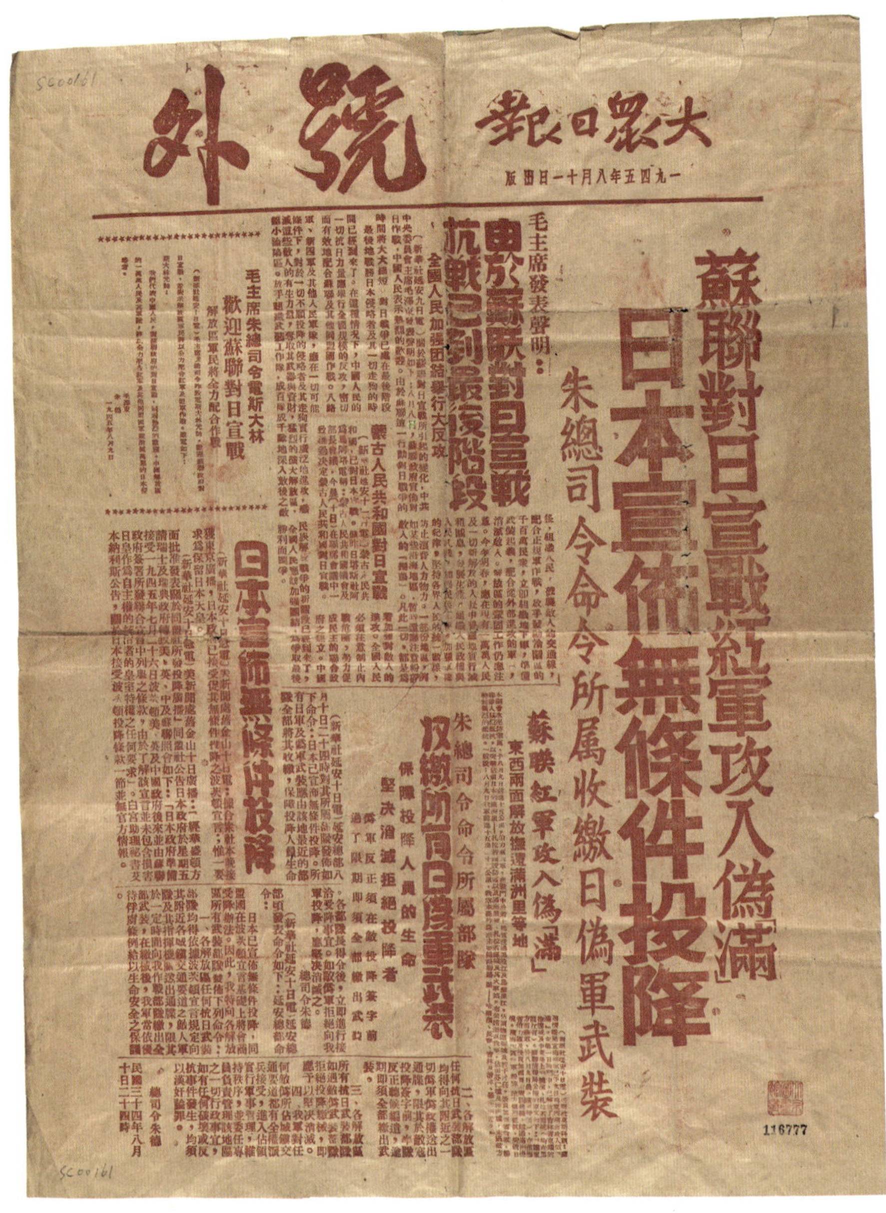
號外

大衆日報

一九四五年八月十一日出版

蘇聯對日宣戰紅軍攻入偽「滿」

日本宣佈無條件投降

朱總司令命令所屬收繳日偽軍武裝

毛主席發表聲明：

由於蘇聯對日宣戰 抗戰已到最後階段

全國人民加強團結舉行大反攻

蒙古人民共和國對日宣戰

毛主席朱總司令電斯大林 歡迎蘇聯對日宣戰

解放區軍民將全力配合作戰

日本宣佈無條件投降

朱總司令命令所屬部隊 收繳所有日偽軍武裝

保障投降人員的生命 堅決消滅拒絕投降者

蘇聯紅軍攻入偽「滿」

東西兩面解放海拉爾滿洲里等地

苏联对日宣战红军攻入伪满日本宣布无条件投降

《大众日报》号外　1945 年 8 月 11 日

1945 年 8 月 11 日，《大众日报》号外抢先发布日本无条件投降的消息。本件号外红色铅印，由《苏联对日宣战红军攻入伪满》《日本宣布无条件投降》及毛主席发表的《由于苏联对日宣战抗战已到最后阶段》声明等相关报道组成。

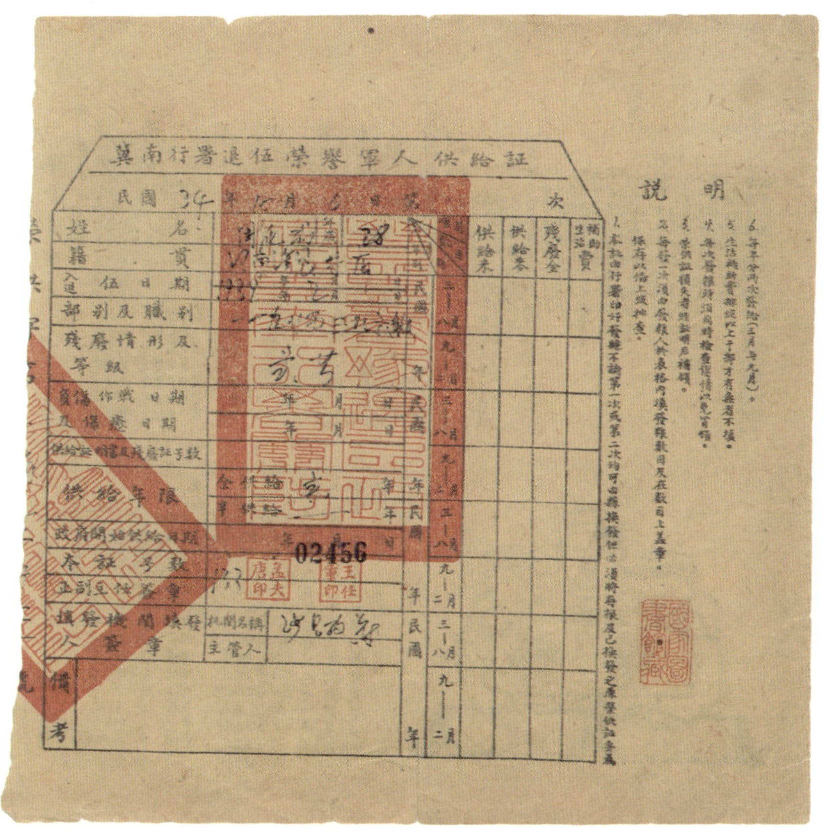

冀南行署退伍榮譽軍人供給証

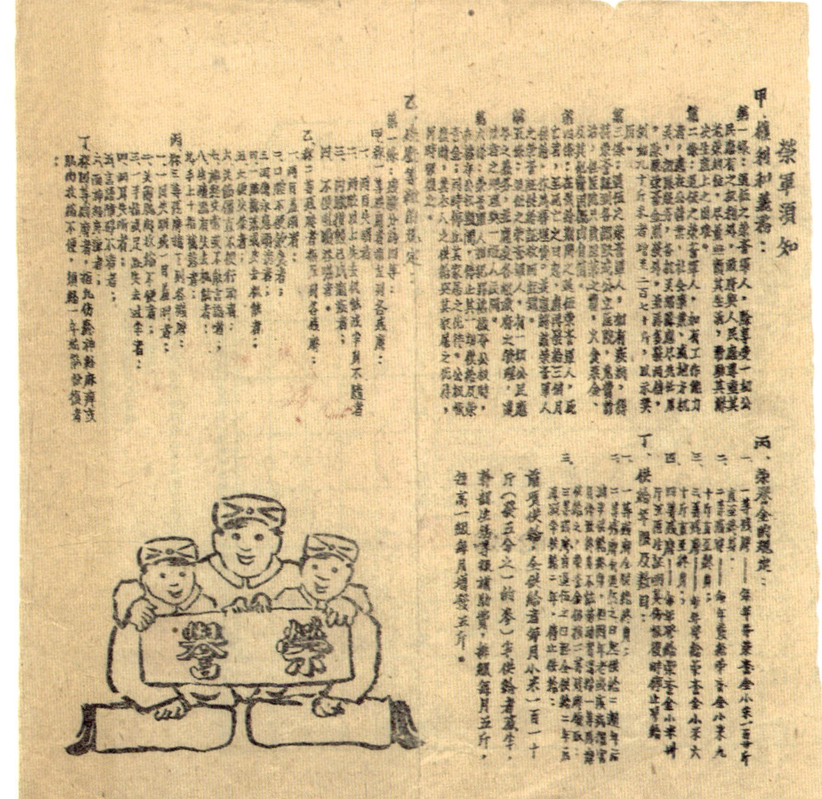

榮軍須知

冀南行署退伍荣誉军人供给证

冀南行署颁发　1945 年 10 月 6 日

证书上钤有王任重等 2 人名章及“晋冀鲁豫边区政府冀南行署关防”，背附《荣军须知》。

解放全中国

抗日战争胜利后，全国人民迫切期望和平建国，国共两党在重庆进行和平谈判，签订了《双十协定》。并在政治协商会议开幕之前，于 1946 年 1 月 5 日达成了关于停止国内军事冲突的协定。1946 年 6 月底，国民党撕毁停战协定和政协决议，发动全面进攻。中国共产党领导的人民军队在广大人民群众的支援下，开始了推翻国民党统治、解放全中国的人民解放战争。

解放战争时期，中国人民解放军由以游击战为主转为以运动战为主，新建和扩建了特种兵，部队的军政素质、战术水平和作战能力等方面都有了明显提高。

1950 年 6 月，解放战争大规模作战结束，人民军队解放了除西藏和台湾、澎湖、金门、马祖、西沙、南沙等岛屿以外的广大国土。这一伟大成就，给中国和世界历史的发展带来了深远的影响。

人民解放军准备自卫战争

抗战胜利后，中共中央审时度势，制定“向北发展，向南防御”的战略方针。中央军委迅速抽调大批军队进军东北；撤出已被国民党军包围的广东、浙江、苏南、皖南、皖中、湖北、湖南、河南（豫北除外）八个地区的人民武装；调整全军的体制编制，编组野战兵团，从而形成了应对国民党发动全面内战的有利态势，从组织体制上完成了由游击战为主向运动战为主的军事战略转变。全面内战爆发后，八路军、新四军、华南游击队、东北民主联军等人民武装陆续改称中国人民解放军。

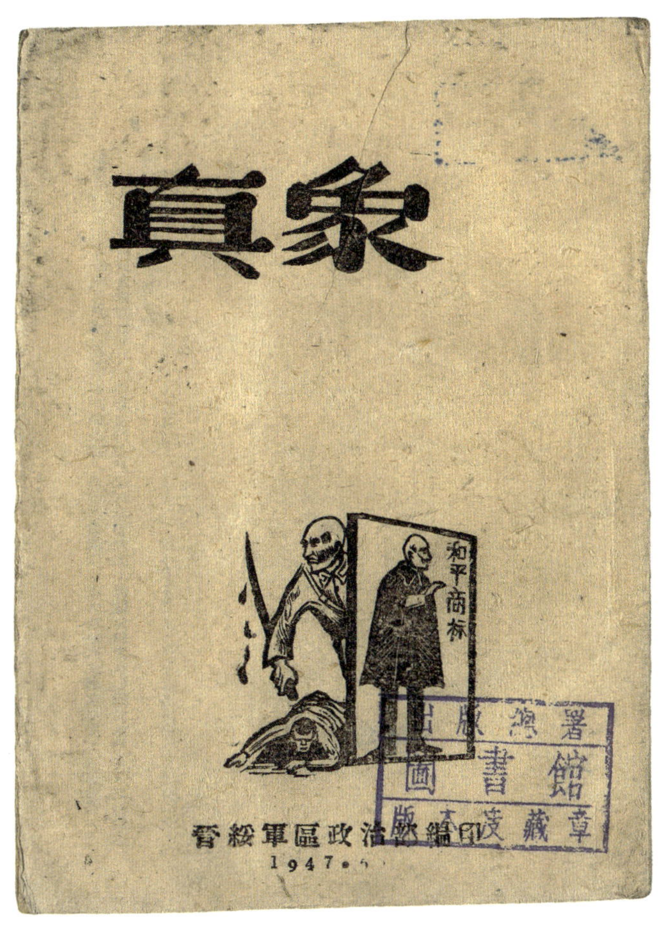

真象

晋绥军区政治部编印　1947 年 6 月

本书辑录了 1945 至 1947 年国民党反动派破坏和平的卖国真相，另有周恩来同志谈话三则。

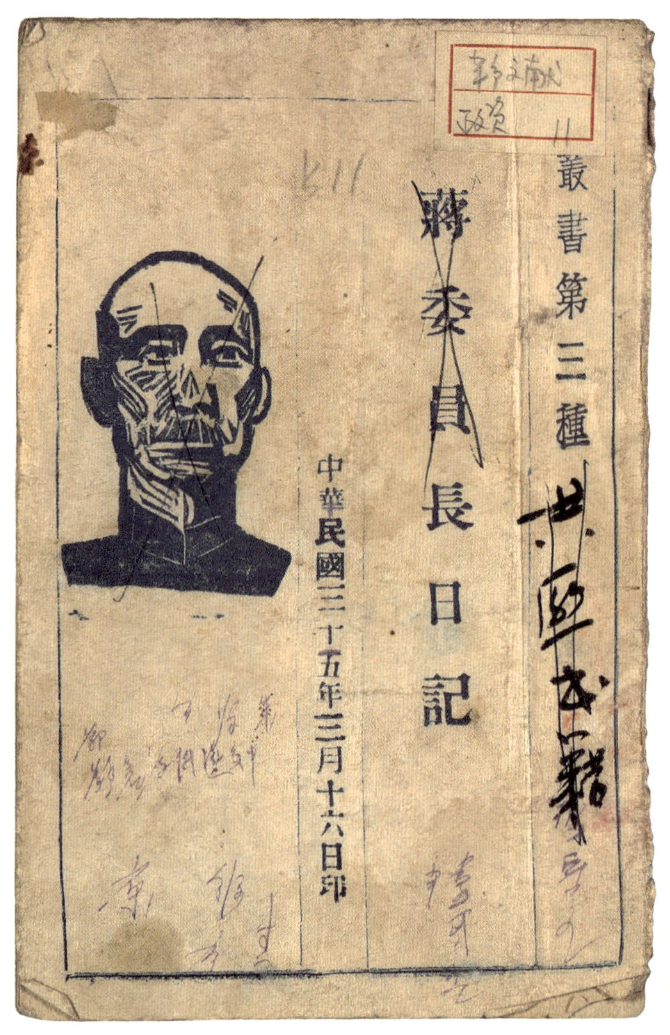

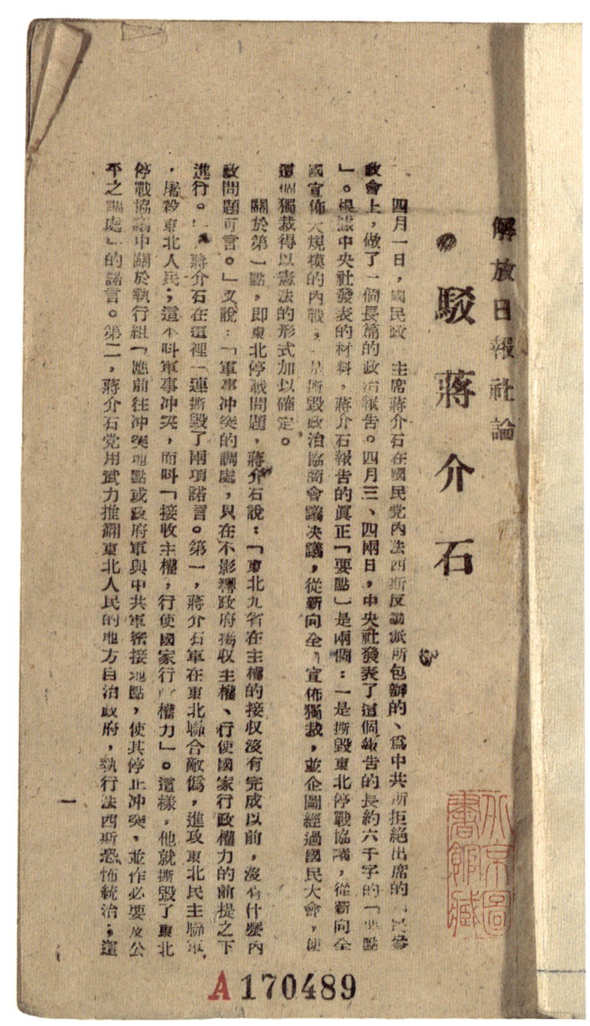

解放日報社論

(一) 駁蔣介石

四月一日，國民政府主席蔣介石在國民党內法西斯反動派所包辦的、爲中共所拒絕出席的「參政會」上，做了一個長篇的政治報告。四月三、四兩日，中央社發表了這個報告的長約六千字的「要點」。根據中央社發表的材料，蔣介石報告的真正「要點」是兩個：一是撕毀東北停戰協議，從新向全國宣佈大規模的內戰，一是撕毀政治協商會議決議，從新向全國宣佈獨裁，並企圖經過國民大會，使這個獨裁得以憲法的形式加以確定。

關於第一點，即東北停戰問題，蔣介石說：「東北九省在主權的接收沒有完成以前，沒有什麼內政問題可言。」又說：「軍事冲突的調處，只在不影響政府接收主權、行使國家行政權力的前提之下進行。」蔣介石在這裡一連撕毀了兩項諾言。第一，蔣介石軍在東北聯合敵偽，進攻東北民主聯軍，屠殺東北人民；這不叫軍事冲突，而叫「接收主權，行使國家行政權力」。這樣，他就撕毀了東北停戰協議中關於執行組「應前往冲突地點或政府軍與中共軍接觸地點，使其停止冲突，並作必要及公平之調處」的諾言。第二，蔣介石党用武力推翻東北人民的地方自治政府，執行法西斯恐怖統治，這

一

A 170489

蒋委员长日记（伪装本）

1946 年 3 月

本书系地下出版物，托名“蒋委员长日记”，封面左上部有蒋介石的木刻画像，右下角有墨笔书写“共匪书籍”字样。其内容为《解放日报》社论汇编。

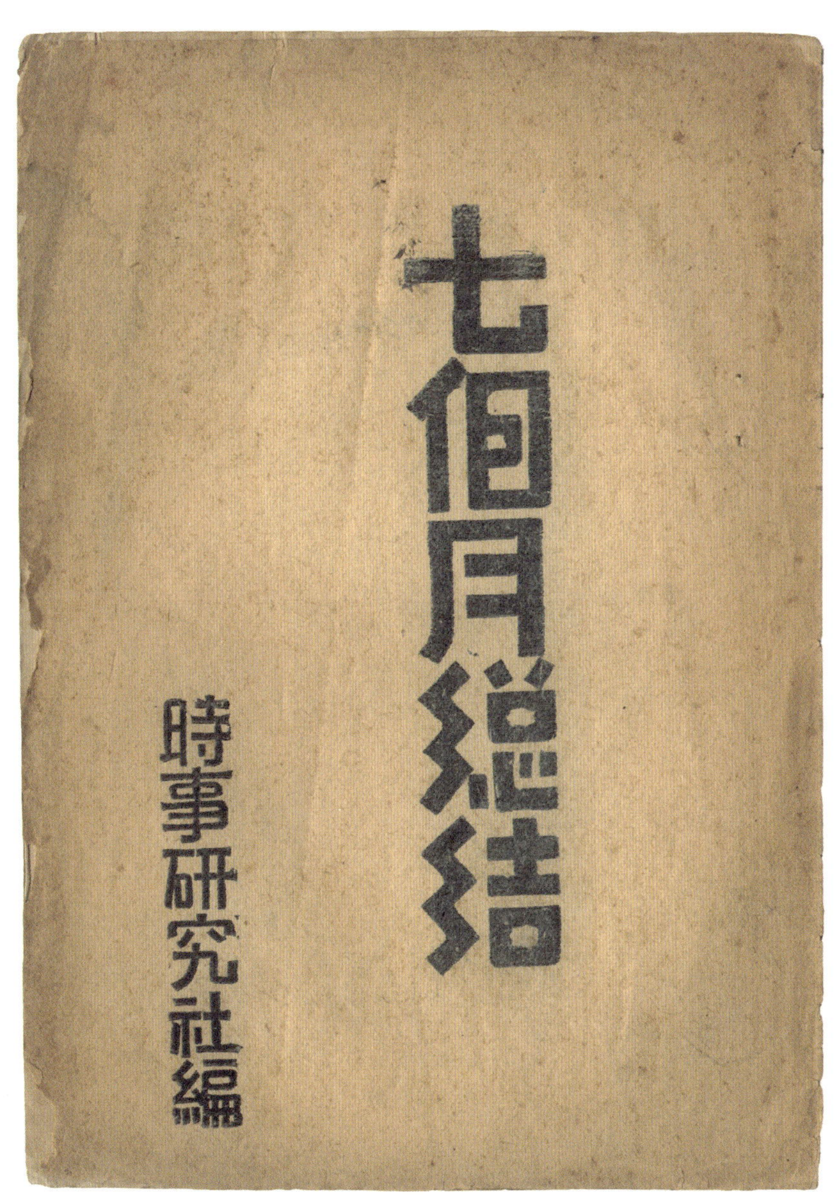

七个月总结（伪装本）

时事研究社编印

本书为伪装本，伪装题名“七个月总结”，伪托时事研究社编。收入 1946 年 8 月 16 日延安《解放日报》发表的由毛泽东亲自修改定稿的社论《七个月总结——评马、司联合声明》，以及同年 8 月 20 日《解放日报》社论《全解放区人民动员起来粉碎蒋介石的进攻》。

六纵战斗在四平：英模功臣集

东北军区第六纵队编印　1946 年

本书记录了东北军区第六纵队在第二次四平战役中的英勇战绩。

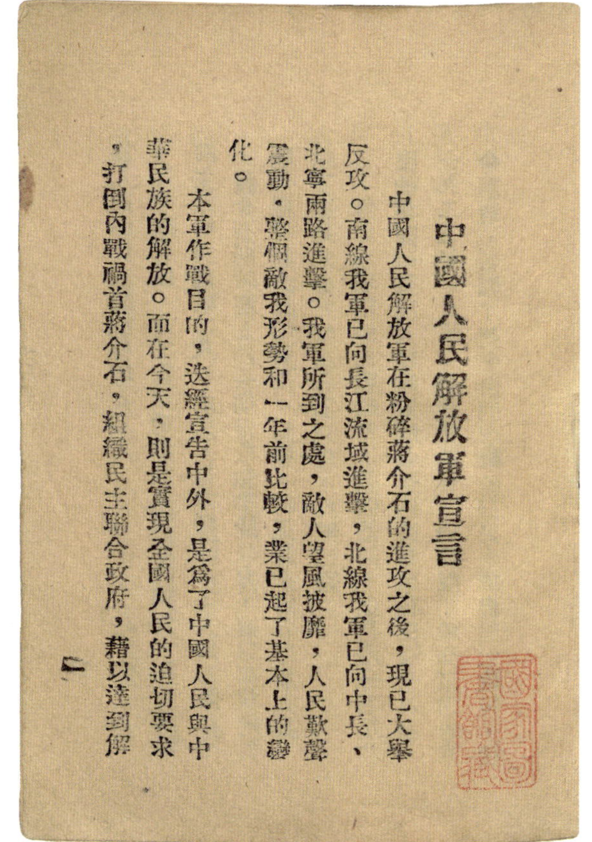
中國人民解放軍宣言

中國人民解放軍在粉碎蔣介石的進攻之後，現已大舉反攻。南線我軍已向長江流域進擊，北線我軍已向中長、北寧兩路進擊。我軍所到之處，敵人望風披靡，人民歡聲震動。整個敵我形勢和一年前比較，業已起了基本上的變化。

本軍作戰目的，迭經宣告中外，是為了中國人民與中華民族的解放。而在今天，則是實現全國人民的迫切要求，打倒內戰禍首蔣介石，組織民主聯合政府，藉以達到解

复兴宣言（伪装本）

北平时事研究会编　北平崇文书局印行　1947 年

中国人民解放军总部于 1947 年 10 月 10 日公布了《中国人民解放军宣言》（亦称《双十宣言》），宣言由毛泽东起草，朱德、彭德怀署名发布。本书系该宣言伪装本，托名“复兴宣言”，伪托北平时事研究会编，北平崇文书局印行。

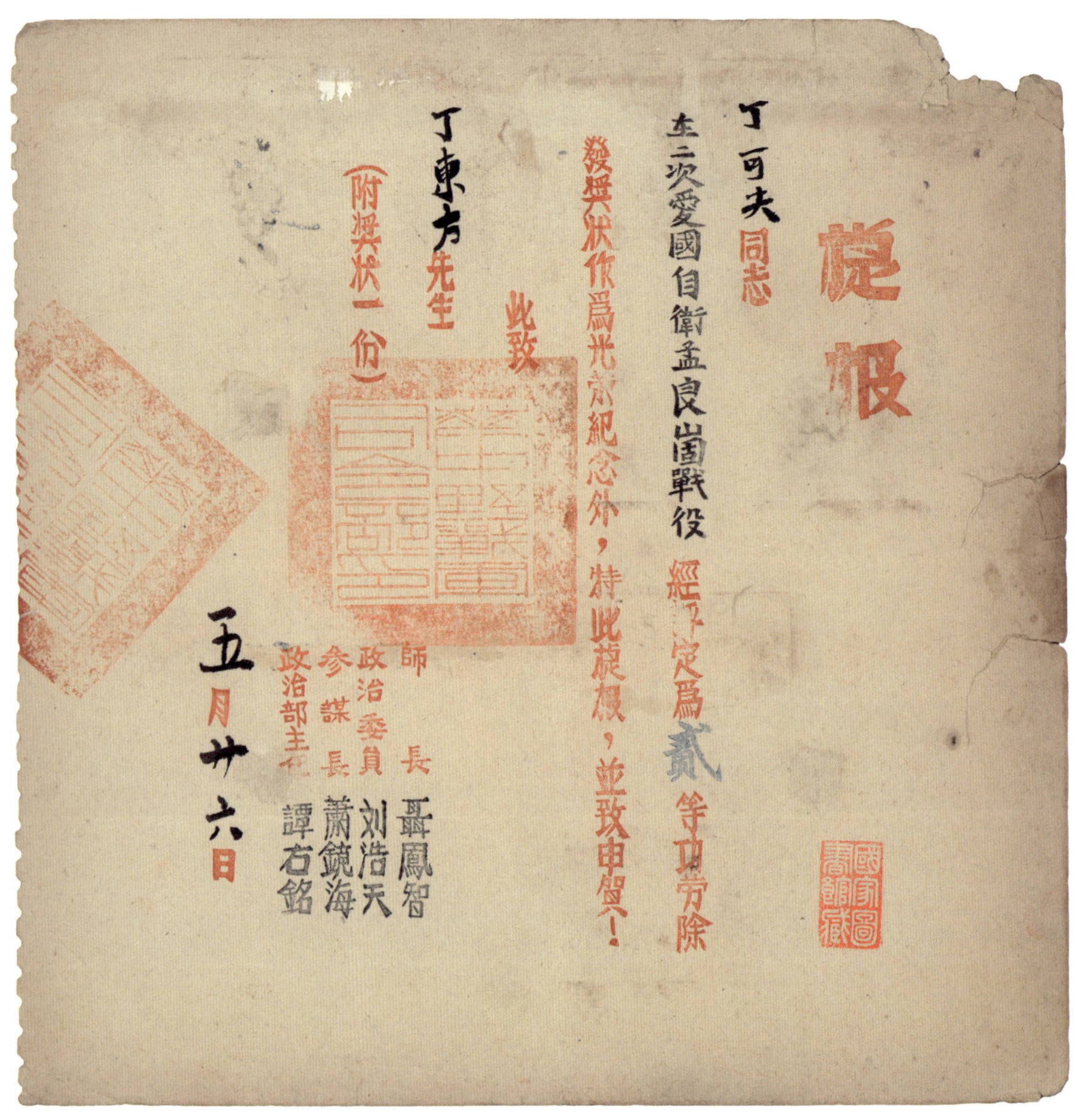
捷報

丁可夫同志

在二次愛國自衛孟良崮戰役經[illegible]定為貳等功勞除

發獎狀作爲光榮紀念外，特此捷報，並致申賀！

此致

丁東方先生

（附獎狀一份）

師長 聶鳳智

政治委員 刘浩天

參謀長 蕭鏡海

政治部主任 譚右銘

五月廿六日

捷报：二次爱国自卫孟良崮战役立功捷报

华中野战军司令部颁发 1947 年 5 月 26 日

1947 年 5 月，由陈毅、粟裕指挥的华东野战军于孟良崮全歼国民党军整编第 74 师，这是中国人民解放军在华东战场上取得的改变战局的巨大胜利。本件是颁发给立功人丁可夫的捷报，文末有师长聂凤智等人的署名，署名上方有“华中野战军司令部”正方形阳文朱印。

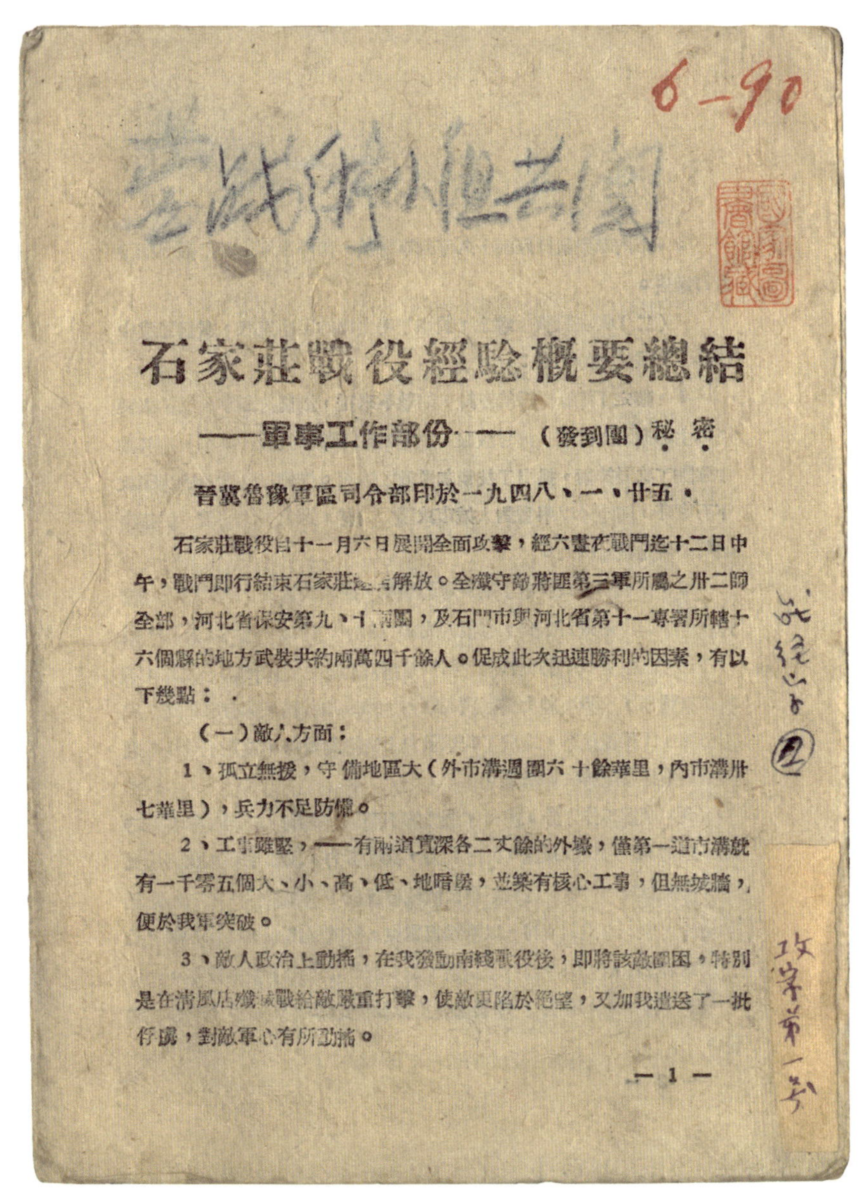

石家莊戰役經驗概要總結

——軍事工作部份—— （發到團）秘密

晉冀魯豫軍區司令部印於一九四八、一、廿五

石家莊戰役自十一月六日展開全面攻擊，經六晝夜戰鬥迄十二日中午，戰鬥即行結束石家莊遂告解放。全殲守敵蔣匪第三軍所屬之卅二師全部，河北省保安第九、十兩團，及石門市與河北省第十一專署所轄十六個縣的地方武裝共約兩萬四千餘人。促成此次迅速勝利的因素，有以下幾點：

（一）敵人方面：

1、孤立無援，守備地區大（外市溝週圍六十餘華里，內市溝卅七華里），兵力不足防備。

2、工事雖堅，——有兩道寬深各二丈餘的外壕，僅第一道市溝就有一千零五個大、小、高、低、地暗堡，並築有核心工事，但無城牆，便於我軍突破。

3、敵人政治上動搖，在我發動南綫戰役後，即將該敵圍困，特別是在清風店殲滅戰給敵嚴重打擊，使敵更陷於絕望，又加我遣送了一批俘虜，對敵軍心有所動搖。

—1—

石家庄战役经验概要总结

晋冀鲁豫军区司令部　1948 年 1 月 25 日

1947 年 11 月，晋冀鲁豫野战军杨得志、罗瑞卿兵团攻克国民党战略重镇石门市，史称石家庄战役。此役不仅打通了晋察冀、晋冀鲁豫两大解放区，还开创了人民解放军夺取大城市的先例，为此后解放军进行的城市作战提供了重要经验。本书封面有“发到团”“秘密”字样。

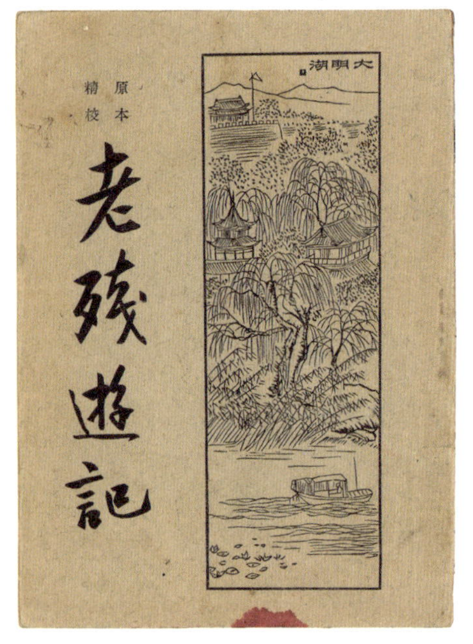

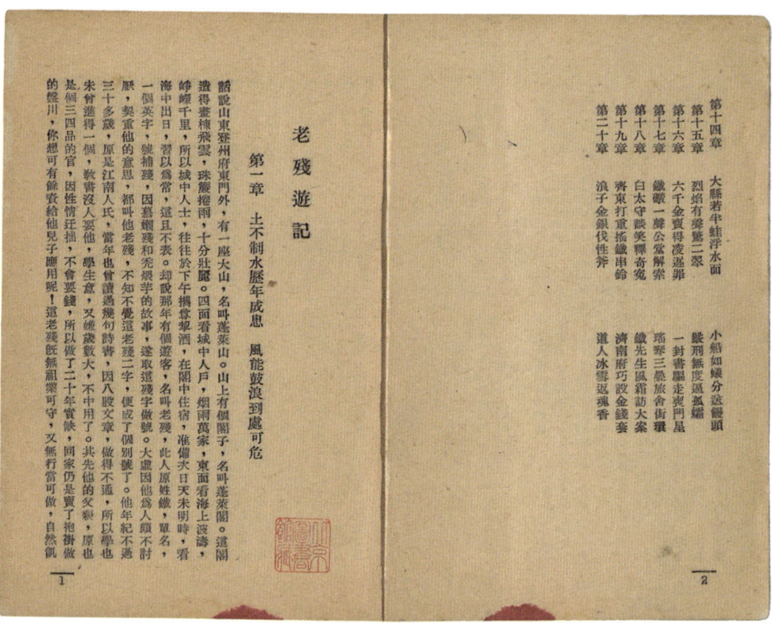

老殘遊記

第一章　土不制水歷年成患　風能鼓浪到處可危

話說山東登州府東門外，有一座大山，名叫蓬萊山。山上有個閣子，名叫蓬萊閣。這閣造得畫棟飛雲，珠簾捲雨，十分壯麗。四面看城中人戶，烟雨萬家，東面看海上波濤，崢嶸千里，所以城中人士，往往於下午攜尊挈酒，在閣中住宿，准備次日天未明時，看海中出日，習以爲常，這且不表。却說那年有個遊客，名叫老殘，此人原姓鐵，單名，一個英字，號補殘，因慕懶殘和尚煨芋的故事，遂取這殘字做號。大家因他爲人頗不討厭，契重他的意思，都叫他老殘，不知不覺這老殘二字，便成了個別號了。他年紀不過三十多歲，原是江南人氏，當年也曾讀過幾句詩書，因八股文章，做得不通，所以學也未曾進得一個，教書沒人要他，學生意，又嫌歲數大，不中用了。其先他的父親，原也是個三四品的官，因性情迂拙，不會要錢，所以做了二十年實缺，回家仍是賣了袍褂做的盤川，你想可有餘資給他兒子應用呢！這老殘既無祖業可守，又無行當可做，自然飢

1

2

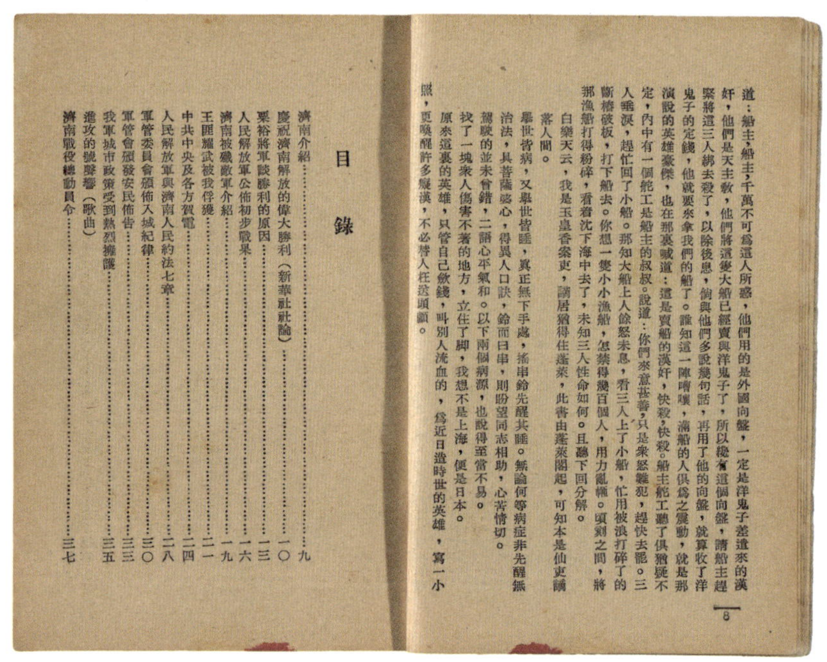

目錄

道：船主，船主，千萬不可爲這人所惑，他們用的是外國向盤，一定是洋鬼子差遣來的漢奸，他們是天主教，他們將這隻大船已經賣與洋鬼子了，所以纔有這個向盤，請船主趕緊將這三人綁去殺了，以除後患，倘與他們多說幾句話，再用了他的向盤，就算收了洋鬼子的定錢，他就要來拿我們的船了。誰知這一陣嘈嚷，滿船的人俱爲之震動，就是那演說的英雄豪傑，也在那裏喊道：這是賣船的漢奸，快殺，快殺。船主舵工聽了俱猶疑不定，內中有一個舵工是船主的叔叔。說道：你們來意甚善，只是衆怒難犯，趕快去罷。三人垂淚，趕忙回了小船。那知大船上人餘怒未息，看三人上了小船，忙用被浪打碎了的斷樁破板，打下船去。你想一隻小小漁船，怎禁得幾百個人，用力亂擲。頃刻之間，將那漁船打得粉碎，看着沈下海中去了，未知三人性命如何。且聽下回分解。

白樂天云，我是玉皇香案吏，謫居猶得住蓬萊，此書由蓬萊閣起，可知本是仙吏謫落人間。

舉世皆病，又舉世皆睡，眞正無下手處，搖串鈴先醒其睡。無論何等病症非先醒無治法，具菩薩婆心，得異人口訣，鈴而曰串，則盼望同志相助，心苦情切。

駕駛的並未曾錯，二語心平氣和。以下兩個病源，也說得至當不易。

找了一塊衆人傷害不著的地方，立住了脚，我想不是上海，便是日本。

原來這裏的英雄，只管自己斂錢，叫別人流血的，爲近日遺時世的英雄，寫一小照，更喚醒許多癡漢，不必替人枉送頭顱。

8

老残游记（伪装本）

1948 年 10 月

本书为庆祝济南解放文集伪装本。封面左侧书名“原本精校”“老残游记”，右侧绘“大明湖”。书前是《老残游记》第一至二十章目录，第 1 页至 8 页是《老残游记》相关内容，第 9 页至 60 页是济南解放文集 19 篇。

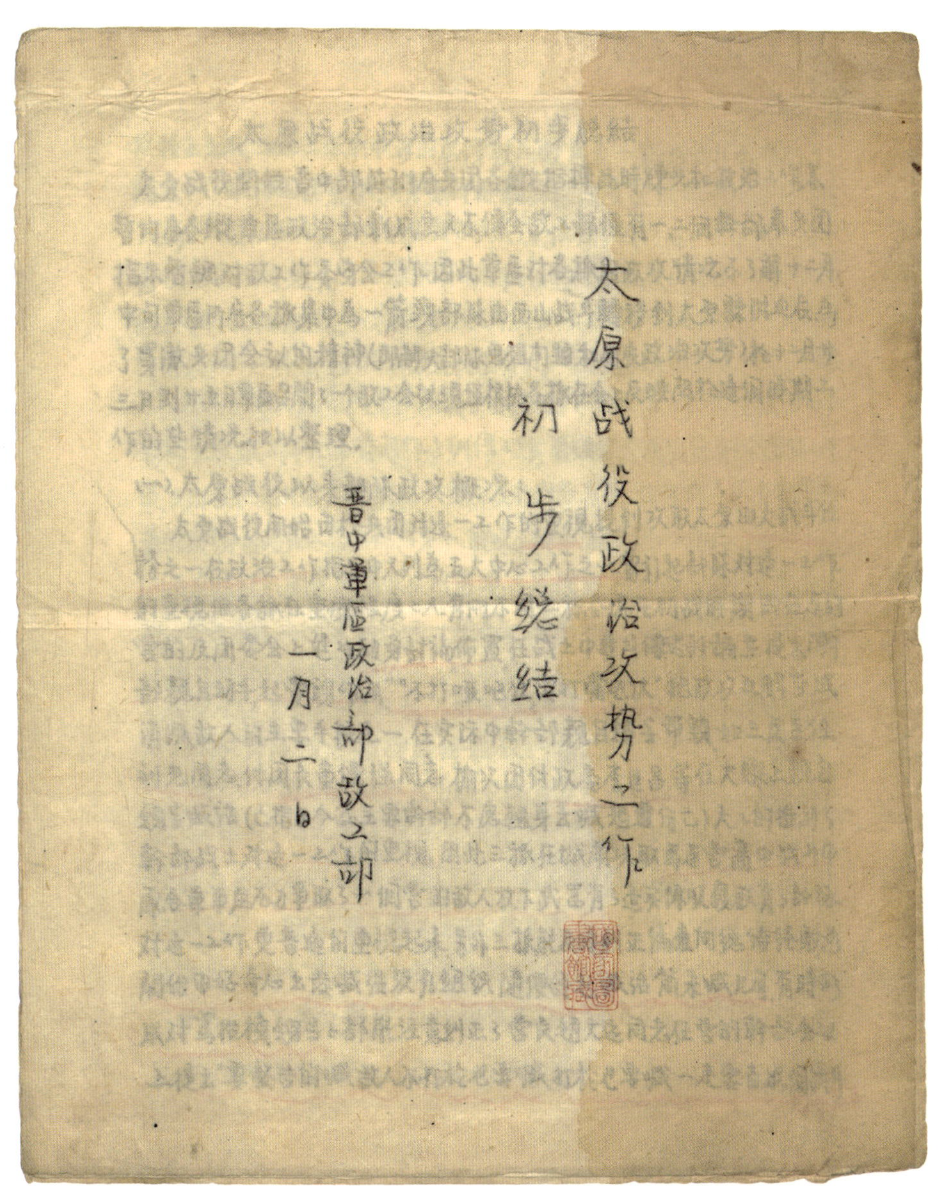
太原战役政治攻势工作初步总结

晋中军区政治部敌工部

一月二日

太原战役政治攻势工作初步总结

晋中军区政治部敌工部　1949 年 1 月 2 日　复写本

太原战役是解放战争后期的一场大型战役，自 1948 年 10 月开始，华北野战军等部在徐向前的指挥下，经历六个月激烈的战斗，于 1949 年 4 月 24 日攻克太原，获得战役的最终胜利。太原战役终结了阎锡山在山西近 40 年的军阀统治，也使山西全境得到解放。

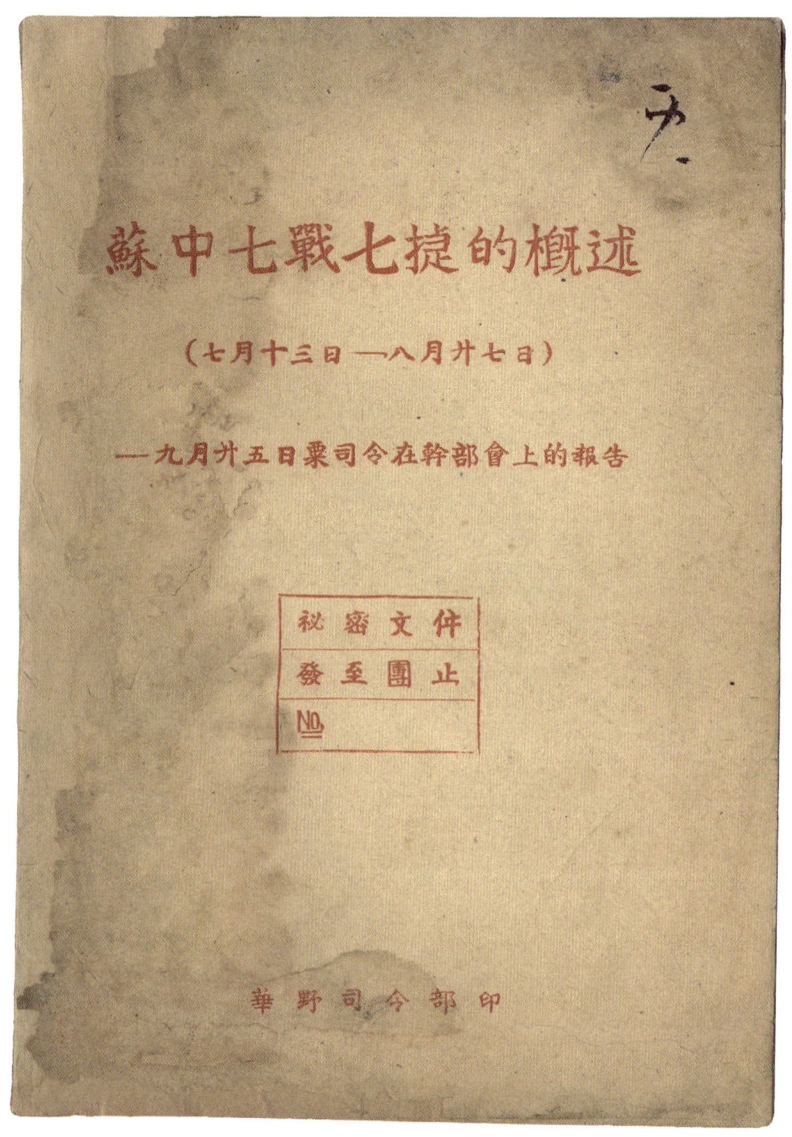

苏中七战七捷的概述：九月廿五日粟司令在干部会上的报告

粟裕著　华野司令部　1946 年

自 1946 年 7 月 13 日至 8 月 31 日，华中野战军在粟裕、谭震林指挥下，在江苏苏中地区连续取得宣泰战斗、如南战斗、海安战斗、李堡战斗、丁林战斗、邵伯战斗、如黄路战斗的七次胜利，史称苏中七战七捷，也称为苏中战役。这次战役是解放战争以来人民解放军第一次大规模作战的胜利，不仅粉碎了国民党占领苏中解放区的企图，也大大激励了解放区军民的士气。本书为编号本，封面有“秘密文件，发至团止”字样。附战斗详报图及战略图多幅。

人民功臣第一连

山东新华书店总店编印　1947 年 10 月

1947 年的莱芜战役中，华东野战军第一纵队第一团第一连坚守莱芜城外战略要地小洼村，顶住十倍于己的敌人的疯狂进攻，将企图夺路突围的敌人堵在莱芜城内，为我军调整部署、最后聚歼敌人争取了宝贵的时间，奠定了莱芜战役胜利的基础。全连 140 多人，战后留在连队的仅剩 36 人。该连队也被华东野战军和纵队首长授予“人民功臣第一连”的光荣称号。本书记录了第一连在山东莱芜小洼的光荣战绩。

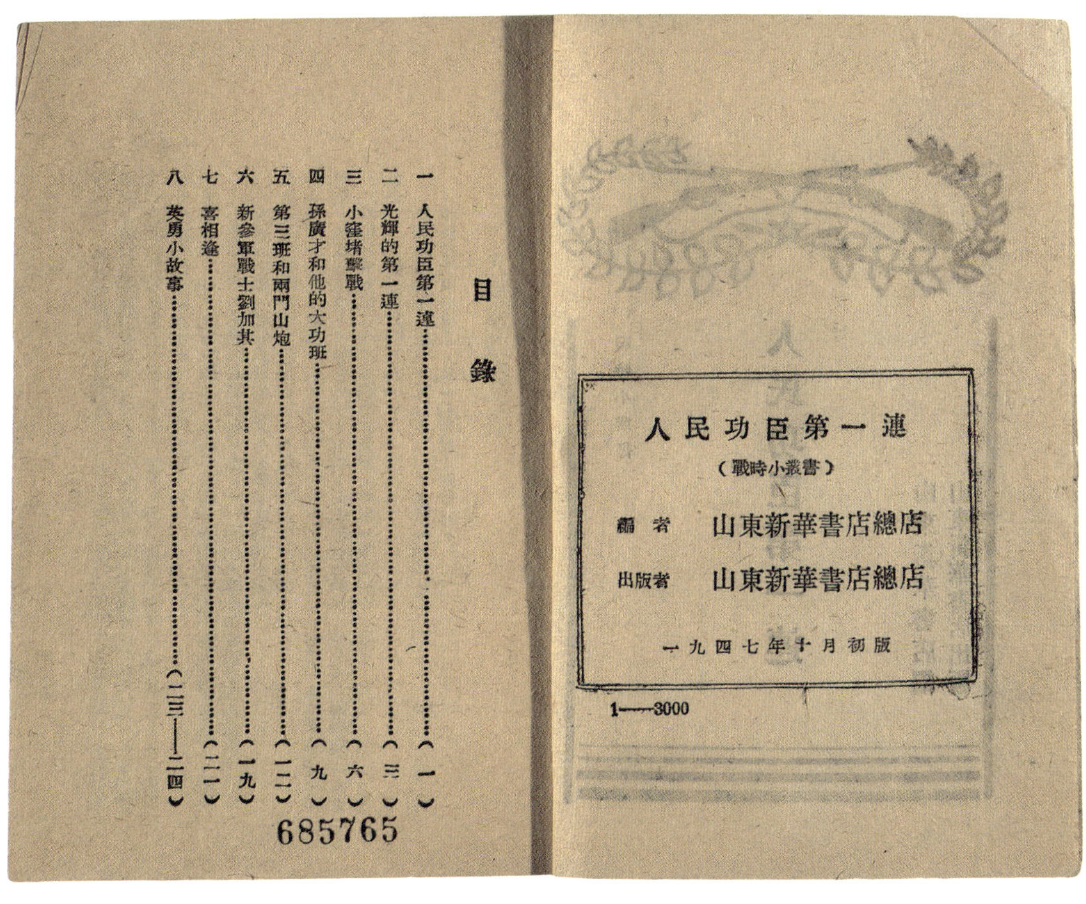

目錄

685765

人民功臣第一連
（戰時小叢書）
編者　山東新華書店總店
出版者　山東新華書店總店
一九四七年十月初版
1——3000

挺进中原

1947 年上半年，中共中央军委决定人民解放军由内线作战转为外线作战，实行战略反攻，将进攻重点放在战略上最敏感且最薄弱的中原地区。晋冀鲁豫野战军主力南渡黄河直趋大别山，晋冀鲁豫野战军第 4 纵队等部自山西南部挺进豫西，华东野战军外线兵团从鲁西南挺进豫皖苏，三路大军呈品字形，在江、淮、河、汉之间互相声援，机动歼敌。刘伯承、邓小平率部于 8 月进入大别山地区，随后建立了鄂豫、皖西、桐柏、江汉等根据地。

挺進大別山
曾克著
中原新華書店出版

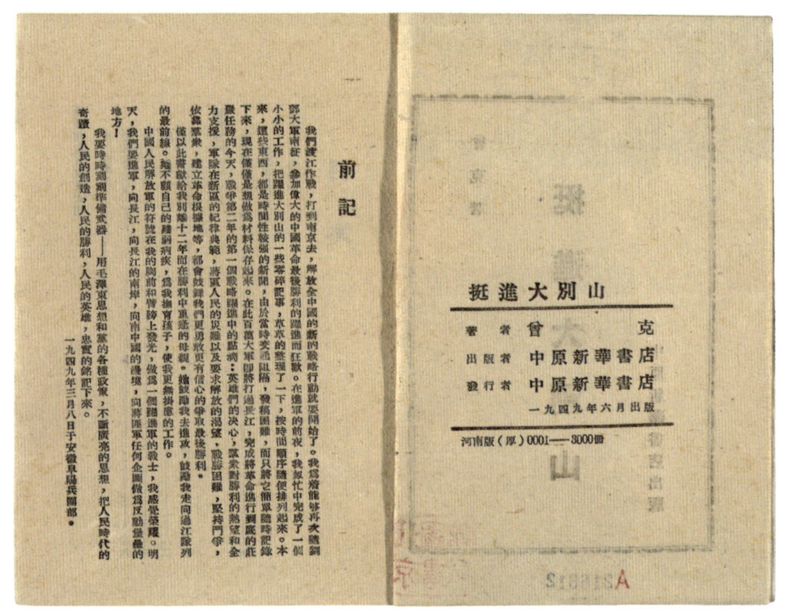
一

前記

我們渡江作戰，打到南京去，解放全中國的新的戰略行動就要開始了。我爲將能夠再次隨劉鄧大軍南征，參加偉大的中國革命最後勝利的躍進而狂歡。在進軍的前夜，我匆忙中完成了一個小小的工作，把躍進大別山的一些零碎記事，草草的整理了一下，按時間順序隨便排列起來。本來，這些東西，都是時間性較強的新聞，由於當時交通阻隔，發稿困難，而只將它簡單隨時記錄下來，現在僅僅是想做爲材料保存起來。在此百萬大軍即將打過長江，完成將革命進行到底的莊嚴任務的今天，戰爭第二年的第一個戰略躍進中的點滴：英雄們的決心，對勝利的熱望和全力支援，軍隊在新區的紀律典範，蔣管人民的災難以及要求解放的渴望，戰勝困難，堅持鬥爭，依靠羣衆，建立革命根據地等，都會鼓舞我們更勇敢更有信心的爭取最後勝利。

僅以此書獻給我別離十二年而在勝利中重逢的母親。她鼓勵我去進攻，鼓勵我走向過江隊列的最前線。她不顧自己的羸弱病疾，爲我撫育孩子，使我更無掛慮的工作。

中國人民解放軍的符號在我的胸前和臂膀上發光，做爲一個躍進軍的戰士，我感覺榮耀。明天，我們要進軍，向長江，向長江的南岸，向南中國的邊境，向蔣匪軍任何企圖做爲反動堡壘的地方！

我要時時刻刻準備武器——用毛澤東思想和黨的各種政策，不斷擦亮的思想，把人民時代的奇蹟，人民的創造，人民的勝利，人民的英雄，忠實的銘記下來。

一九四九年三月八日于安徽阜陽兵團部。

挺進大別山

著者 曾克

出版者 中原新華書店

發行者 中原新華書店

一九四九年六月出版

河南版（厚）0001——3000冊

挺进大别山

曾克著　中原新华书店　1949 年 6 月

本书作者于 1947 年参加第二野战军，作为战地记者随军挺进大别山，报告文学《挺进大别山》记录了刘邓大军实行伟大战略转移的珍贵史实，茅盾为本书撰写了序言。

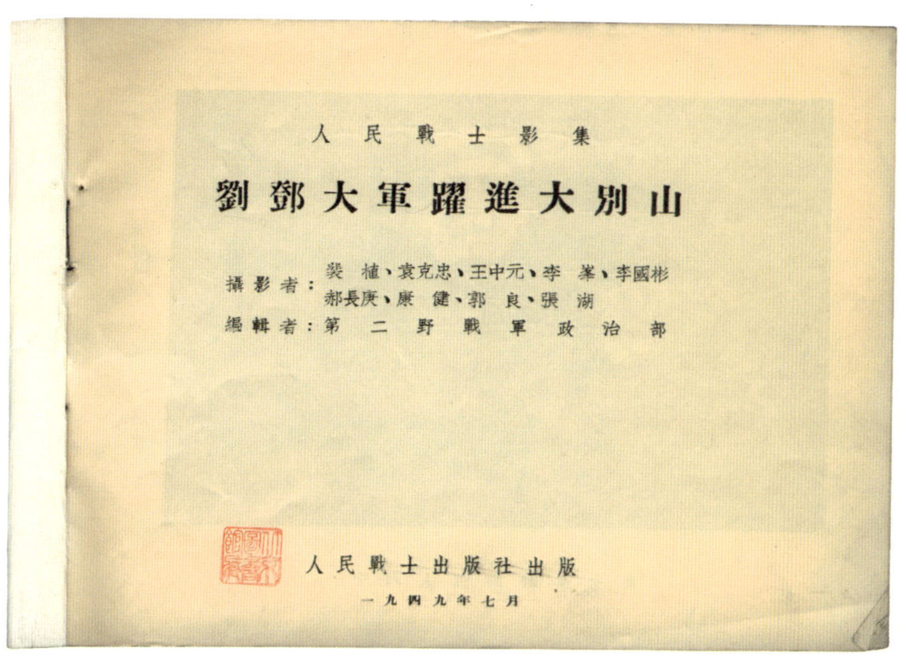

人民戰士影集

劉鄧大軍躍進大別山

攝影者：裴 植、袁克忠、王中元、李 峯、李國彬
郝長庚、康 健、郭 良、張 湖
編輯者：第二野戰軍政治部

人民戰士出版社出版

一九四九年七月

刘邓大军跃进大别山

野战军政治部编辑　人民战士出版社　1949 年 7 月

摄影是人民解放军宣传工作的一种重要武器，挺进大别山的艰难路程也留下了珍贵的照片资料。本书刊登照片 82 幅，配有文字说明及缴获敌人武器数目，由晋冀鲁豫野战军张际春副政委亲自审定。影集的摄影者为裴植、袁克忠、王中元、李峰、李国斌、郝长庚、康健、郭良、张湖等。

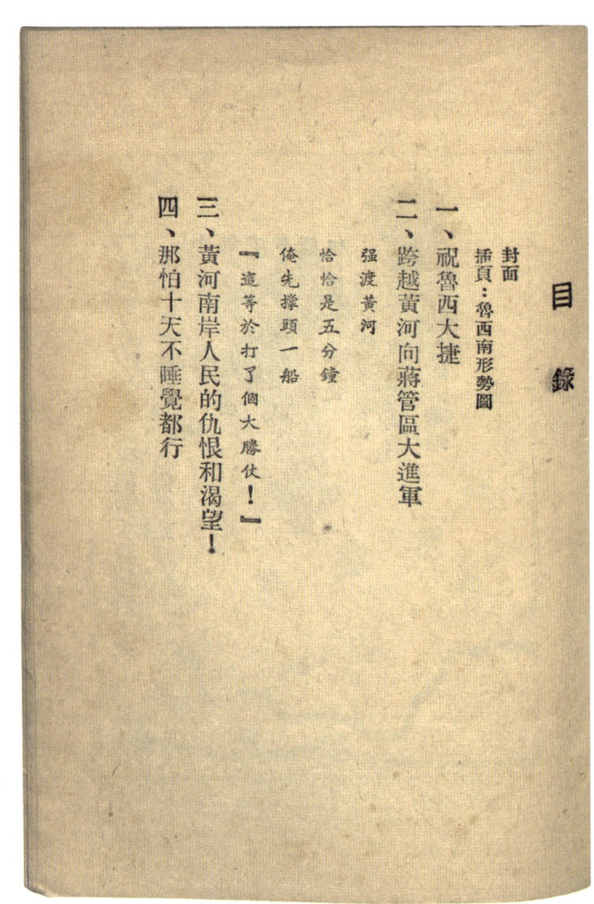

目錄

刘邓大军强渡黄河天险

中国人民解放军华北军区政治部编印

本书收录《祝鲁西大捷》《跨越黄河向蒋管区大进军》《哪怕十天不睡觉都行》等8篇报道，封面为强渡黄河的照片。

打到南京去：刘邓大军南下记

胡征等著　太行群众书店编印　1947 年 12 月

本书记述了 1947 年刘邓大军南渡黄河、逐鹿中原的战况。收录《强渡黄河》《南下风云》《随军南下日记》《随刘邓大军南渡的东阿担架队》《过八路》《打垮老蒋快分田》《回到革命故乡大别山》等 14 篇报道。

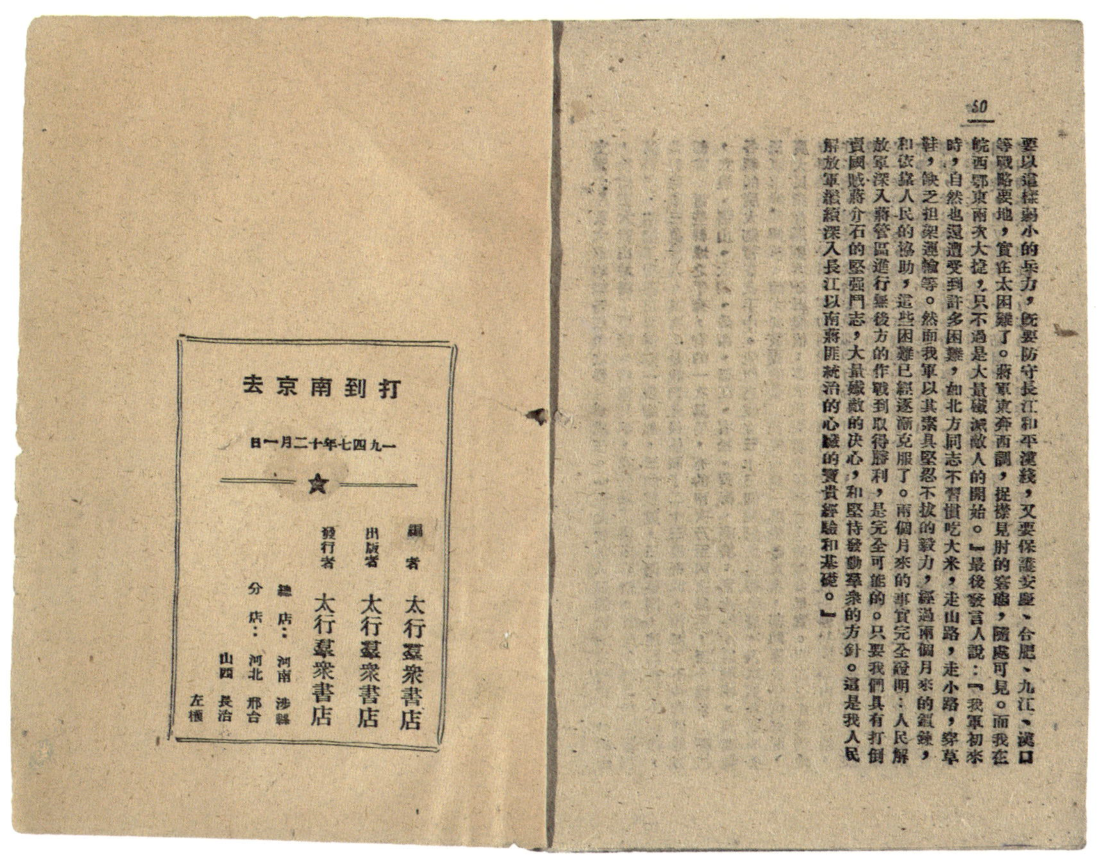

打到南京去

一九四七年十二月一日

編者　太行羣衆書店
出版者　太行羣衆書店
發行者　太行羣衆書店
總店：河南　涉縣
分店：河北　邢台　山西　長治　左權

50

要以這樣弱小的兵力，既要防守長江和平漢綫，又要保護安慶、合肥、九江、漢口等戰略要地，實在太困難了。蔣軍東奔西調，捉襟見肘的窘蹙，隨處可見。而我在皖西鄂東兩次大捷，只不過是大量殲滅敵人的開始。」最後發言人說：「我軍初來時，自然也還遭受到許多困難，如北方同志不習慣吃大米，走山路，走小路，穿草鞋，缺乏担架運輸等。然而我軍以其素具堅忍不拔的毅力，經過兩個月來的鍛鍊，和依靠人民的協助，這些困難已經逐漸克服了。兩個月來的事實完全證明：人民解放軍深入蔣管區進行無後方的作戰到取得勝利，是完全可能的。只要我們具有打倒賣國賊蔣介石的堅強鬥志，大量殲敵的決心，和堅持發動羣衆的方針。這是我人民解放軍繼續深入長江以南蔣匪統治的心臟的寶貴經驗和基礎。」

三大战役

1948 年 9 月至 1949 年 1 月，人民解放军与国民党军队展开战略决战。1948 年 9 月 12 日至 11 月 2 日，东北野战军进行辽沈战役，解放东北全境。1948 年 11 月 6 日至 1949 年 1 月 10 日，华东、中原两大野战军进行淮海战役。1948 年 11 月 29 日至 1949 年 1 月 31 日，东北野战军和华北军区部队主力协同发起平津战役。三大战役的胜利，使国民党军队的精锐主力丧失殆尽，长江以北的广大地区获得解放，中国人民解放战争取得了决定性胜利。

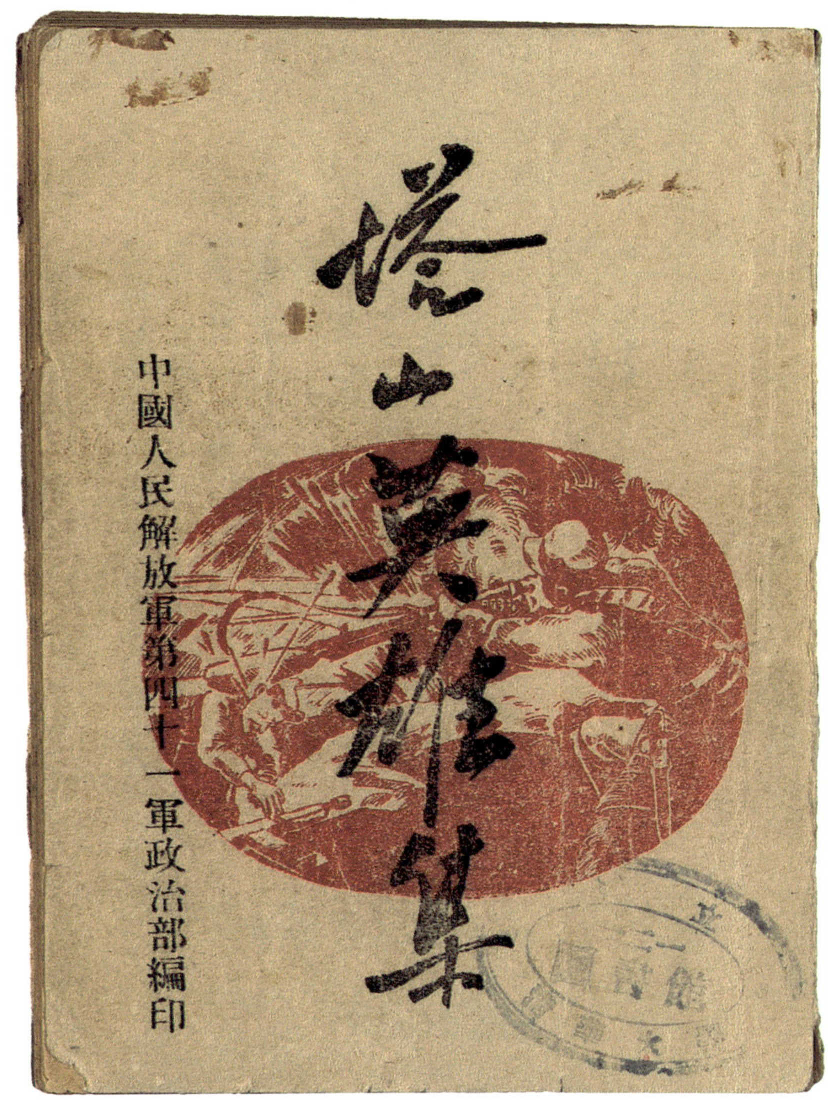

塔山英雄集

中国人民解放军第四十一军政治部编印　1949 年 3 月

塔山阻击战是辽沈战役期间东北野战军为保障主力夺取锦州，于锦州塔山地区对增援锦州的国民党军所进行的一次防御作战。本书收录 40 余篇通讯报道，介绍塔山阻击战的英雄事迹。书前有毛泽东题词，并有英雄照片多幅。

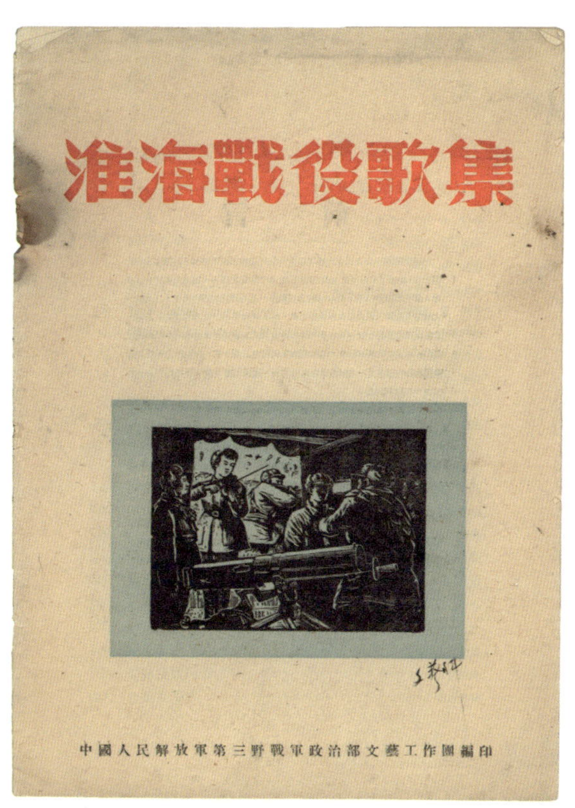

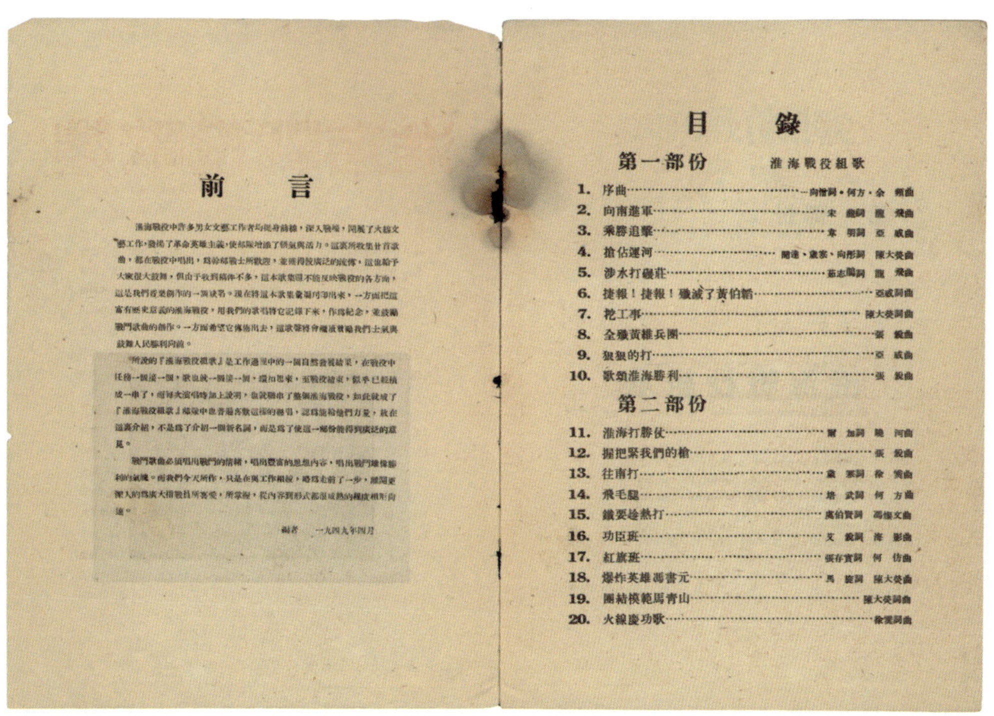

前　言

淮海戰役中許多男女文藝工作者均挺身前線，深入戰壕，開展了大量文藝工作，發揚了革命英雄主義，使部隊增添了朝氣與活力。這裏所收集廿首歌曲，都在戰役中唱出，爲前線戰士所歡迎，並獲得較廣泛的流傳，這也給予大家很大鼓舞，但由于收到稿件不多，這本歌集還不能反映戰役的各方面，這是我們在集體創作的一個缺陷。現在將這本歌集彙編付印出來，一方面把這富有歷史意義的淮海戰役，用我們的歌唱將它記錄下來，作爲紀念，並鼓勵戰鬥歌曲的創作。一方面希望它傳佈出去，這歌聲將會繼續鼓勵我們士氣與鼓舞人民勝利向前。

所說的『淮海戰役組歌』是工作過程中的一個自然發展結果，在戰役中任務一個接一個，歌也就一個接一個，彙加起來，至戰役結束，似乎已經積成一串了，而將大家唱時加上說詞，也就聯串了整個淮海戰役，如此就成了『淮海戰役組歌』。部隊中也普遍喜歡這樣的聯唱，認爲能給他們力量，故在這裏介紹，不是爲了介紹一個新名詞，而是爲了使這一部份能得到廣泛的意見。

戰鬥歌曲必須唱出戰鬥的情緒，唱出豐富的思想內容，唱出戰鬥總像勝利的氣魄。而我們今天所作，只是在與工作結合，略爲走前了一步，離開更深入的爲廣大指戰員所喜愛，所掌握，從內容到形式都很成熟的程度相距尚遠。

編者　一九四九年四月

目　錄

第一部份　淮海戰役組歌

第二部份

淮海战役歌集

中国人民解放军第三野战军政治部文艺工作团编印　1949 年 4 月　影印本

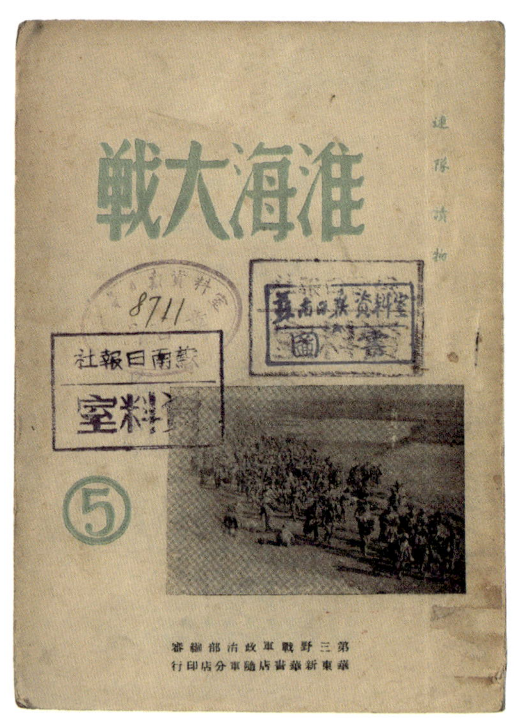

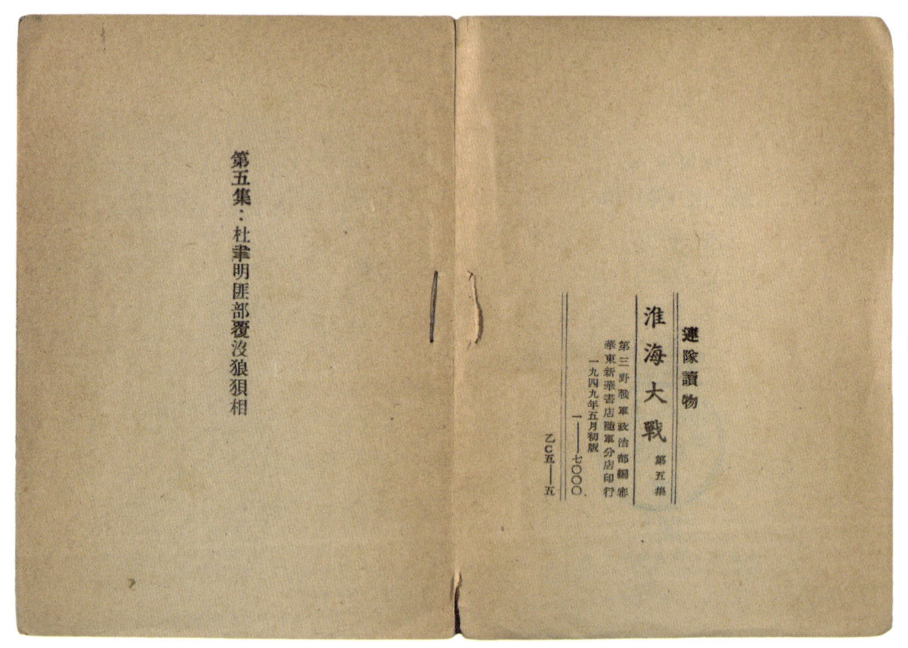

淮海大战（第五集）

第三野战军政治部编审　华东新华书店随军分店　1949 年 5 月

第五集为《杜聿明匪部覆没狼狈相》。杜聿明是国民党著名将领，淮海战役开始后，杜聿明任徐州“剿匪”总司令部副总司令兼前进指挥部主任，1949 年 1 月 10 日在河南永城县陈官庄被俘。

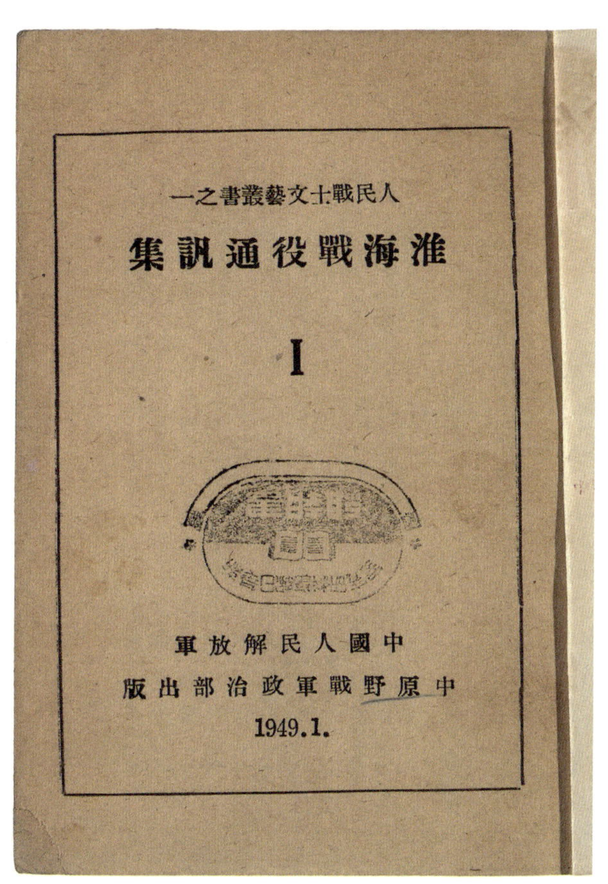

淮海战役通讯集

李同芸著　中国人民解放军中原野战军政治部　1949 年 1 月

人民战士文艺丛书之一。本书分 4 辑，收录《向淮海前线挺进》《宿县战斗经过》《淝河阻击战》《战壕小故事》等 89 篇通讯。附《蒋匪黄维兵团被歼经过》等 3 篇。

徐州大會戰
光榮負傷証
中原野戰軍四縱隊製

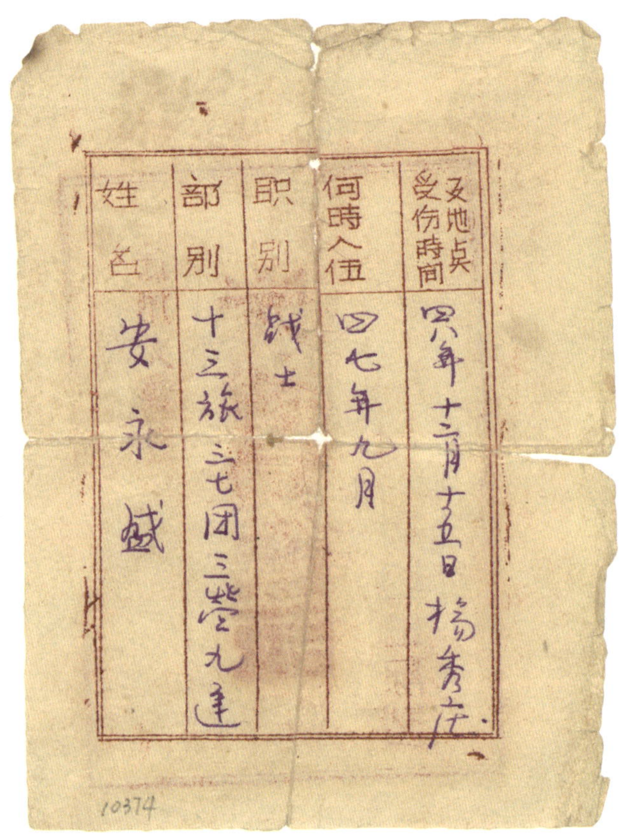

姓名	部别	職别	何時入伍	受傷時間地點
安永盛	十三旅三七团三营九连	战士	四七年九月	四八年十二月十五日 杨秀庄

10374

徐州大会战光荣负伤证

中原野战军四纵队　1948 年

中原野战军 4 纵 13 旅是陈赓大将旗下的王牌旅，在淮海战役中立下了赫赫战功。本件系该旅 37 团 3 营 9 连安永盛的光荣负伤证。

中國人民解放軍平津前線司令部佈告

本軍奉命殲滅國民黨匪軍，解放北平、天津、唐山、張家口諸城市。茲特宣佈約法八章，願與我全體人民共同遵守：

(1)保護各城市全體人民的生命財產。望我全體人民嚴守秩序，各安生業。如有反革命分子或其他破壞分子乘機搗亂，搶刼破壞者，一經查出，定予嚴辦。

(2)保護民族工商業。凡屬私人經營之工廠、商店、銀行、倉庫等，一律保護，不受侵犯。望各業員工照常生產，各行商店照常營業。

(3)沒收官僚資本。凡屬國民黨反動政府經營的工廠、商店、銀行、倉庫、鐵路、郵政、電報、電燈、電話、自來水等，均由民主政府接管。其中如有一部分民營資本、經調查屬實者，當承認其所有權。所有在官僚資本企業中供職之人員，在民主政府接管前，均須照舊供職，並負責保護資財、機器、圖表、賬冊、檔案等，聽候清點和接管。保護有功者獎，怠工破壞者罰。其願繼續服務者，在民主政府接管後，准予量才錄用。

(4)保護學校、醫院、文化教育機關、體育場所，及其他一切公共建築，任何人不得破壞。學校教職員，文化教育衛生機關，及其他社會公益機關供職的人員，均望照常供職。本軍一律保護，不受侵犯。

(5)除首要的戰爭罪犯及罪大惡極的反革命分子外，凡屬國民黨省、市、縣各級政府機關的官員，警察人員，區鎮鄉保甲人員，凡不持槍抵抗，不陰謀破壞者，本軍一律不加俘虜或逮捕。並責成上述人員各安職守，服從本軍及民主政府的命令，負責保護各機關資財、檔案等，聽候接收處理。這些人員中，凡有一技之長，而無反動行為或嚴重劣跡者，民主政府准予分別錄用。如有乘機破壞，偷盜舞弊，攜帶公款、公物、檔案潛逃，或拒不交代者，定予依法懲辦。

(6)為確保城市治安，安定社會秩序，一切散兵游勇均應向當地本軍部隊及警備司令部或公安局投誠報到。凡自動投誠報到，並將所有武器交出者，概不追究；其逃不報到及隱藏武器者，即予逮捕查究，決不姑寬；窩藏不報者，亦須受應得的處分。

(7)保護外國僑民生命財產的安全。一切外國僑民，必須遵守本軍及民主政府的法令，不得進行間諜活動，不得有反對中國革命事業的行為，不得隱匿戰爭罪犯、反革命分子及其他罪犯；否則，當受本軍及民主政府的法律制裁。

(8)無論在本軍進城以前和進城以後，城內一切市民及各界人士，均須共同負責，維持全城秩序，免遭破壞。凡保護有功者獎，陰謀破壞者罰。

本軍紀律嚴明，公買公賣，不取民間一針一線，望我全體人民一律安居樂業，切勿輕信謠言，自相驚擾。切切此佈！

中國人民解放軍平津前線司令部司令員 林彪
政治委員 羅榮桓

一九四八年十二月二十二日

2586

中国人民解放军平津前线司令部布告

平津前线司令部发布　1948 年 12 月　石印本

1948 年 12 月 22 日，中共中央以林彪、罗荣桓名义发布，其中规定了中国共产党对新解放区的八项基本政策。

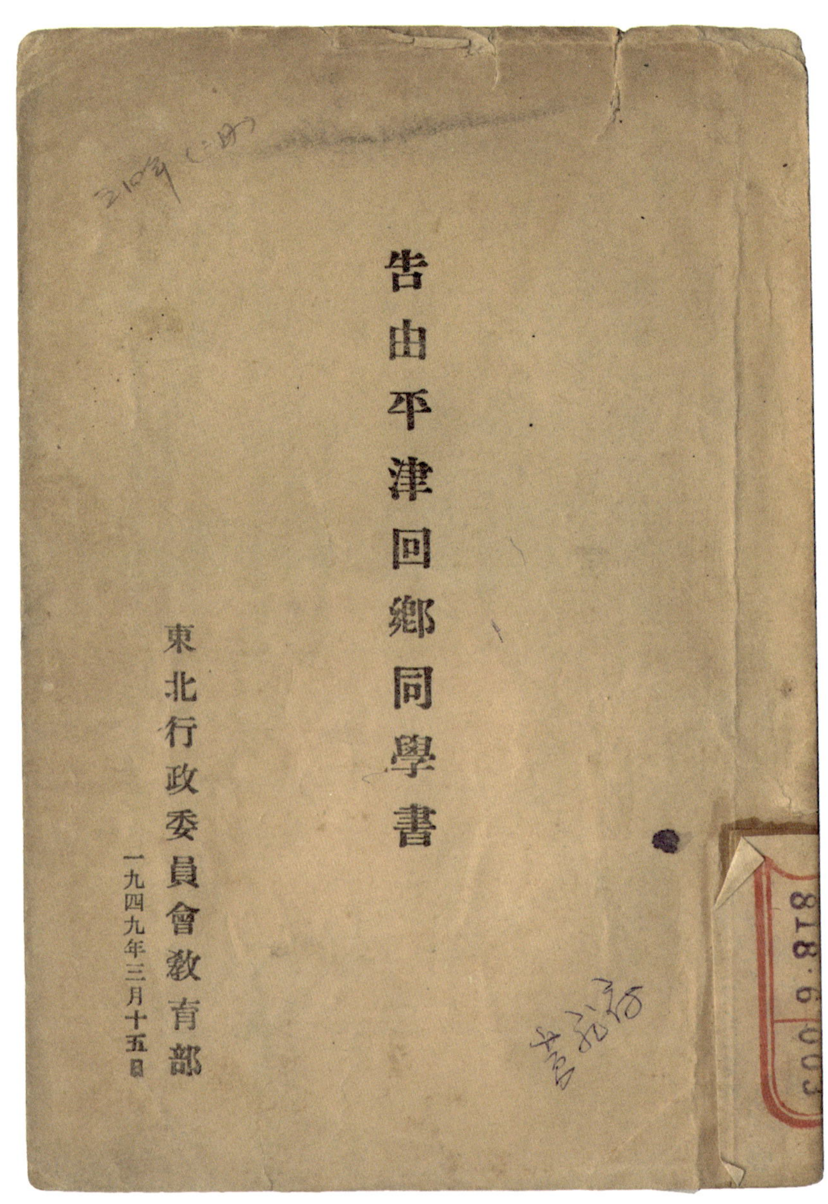

告由平津回鄉同學書

東北行政委員會教育部

一九四九年三月十五日

告由平津回乡同学书

东北行政委员会教育部编印　1949 年 3 月 15 日

东北全境解放后，流寓平津的东北学子重新回到了东北。东北行政委员会教育部发布此文，欢迎东北学子回到家乡，号召学生努力学习，参加到建设新东北和新中国的伟大事业中来。

冀中区贸易公司关于建立平津外围战地商店的决定

冀中区贸易公司颁发　1949 年 1 月 9 号

业付字第五号。由经理赵介、监委吴健中签发并有二人钤印。

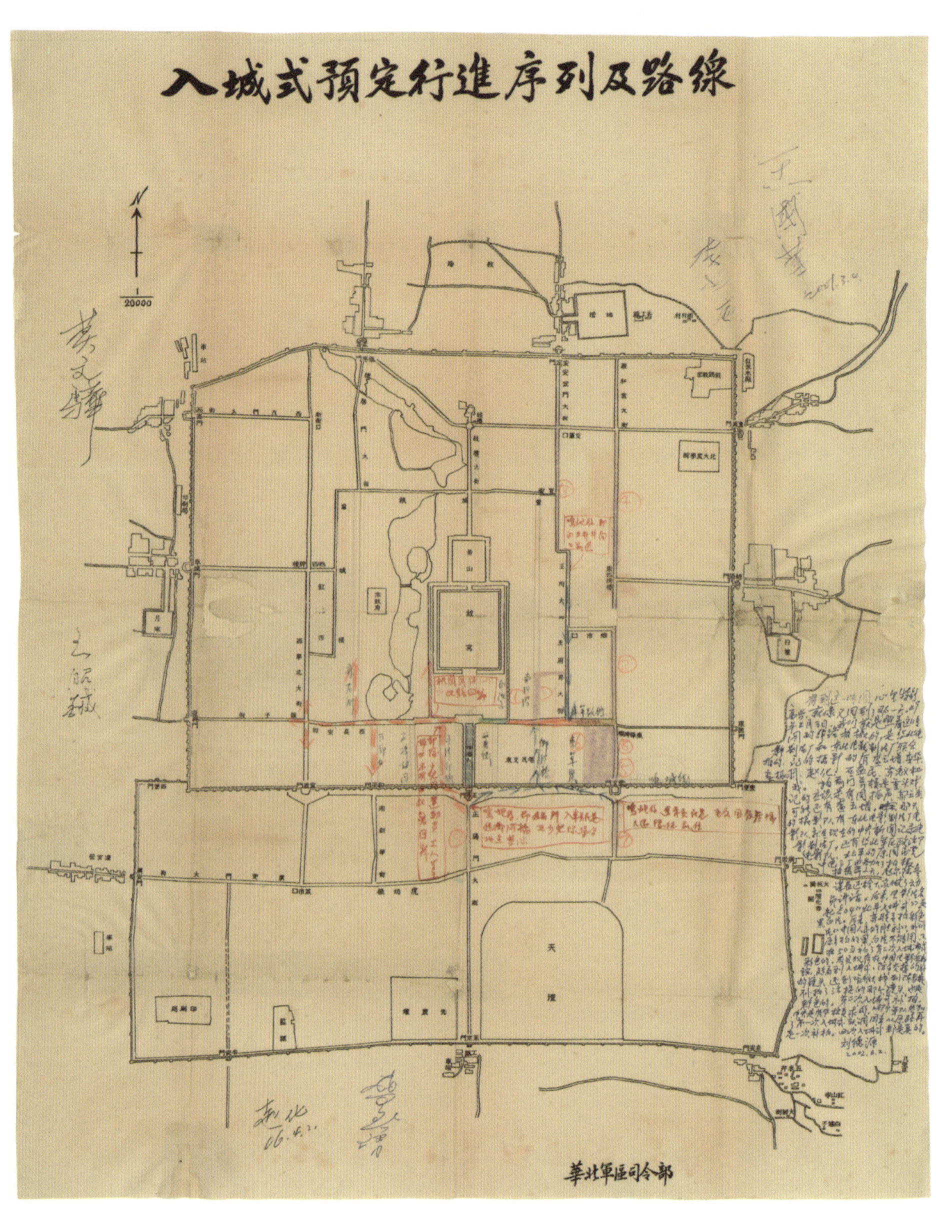

入城式预定行进序列及路线

图横 48.5 厘米，纵 70 厘米。民国印本，手工着色。比例为 1:20000。此图为单色印刷，图下标有“华北军区司令部”字样。本图是中国人民解放军和平解放北平后，军队准备进入北平城的入城式计划用图。图中有红笔和蓝笔手写标注，对入城式的行进序列及路线进行了说明。

百万雄师过大江

1949 年 4 月 20 日，国民党政府拒绝签署国内和平协定。21 日，毛泽东、朱德发布向全国进军命令，人民解放军第二、第三野战军在第四野战军一部的配合下，在九江至江阴长达五百余公里的战线上，分东、西、中三路强渡长江，国民党军队的千里江防全线崩溃。4 月 23 日南京解放。各路大军乘胜南进，5 月 3 日解放杭州，17 日解放武汉，22 日解放南昌，27 日解放上海。此次战役解放了苏、浙、闽、皖、赣、鄂等省的广大地区，为进军中南、西南、华南创造了有利条件。

百万雄师渡江南进

苏北新华书店南通分店

1949 年 5 月

本书收录《毛主席朱总司令下令进军》《江南人民渴望大军过江》《江南人民的使者》《万船云集准备过江》《保证送过江去》等 30 余篇记述人民解放军渡江作战的通讯报道。

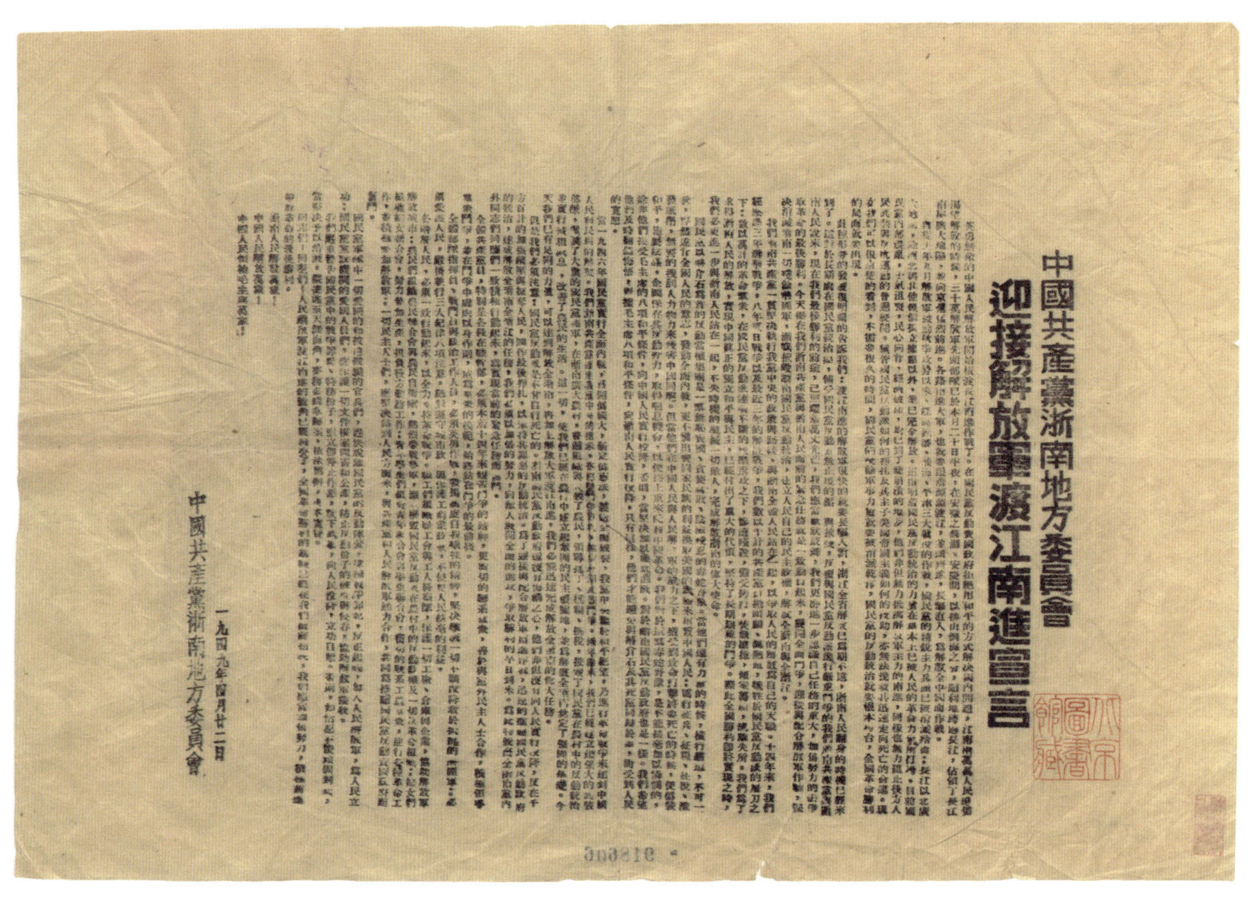

中國共產黨浙南地方委員會

迎接解放軍渡江南進宣言

中國共產黨浙南地方委員會

一九四九年四月廿二日

中国共产党浙南地方委员会迎接解放军渡江南进宣言

中共浙南地委会发布　1949 年 4 月 22 日　复制本

1949 年 4 月 21 日至 6 月 2 日，中国人民解放军强渡长江，发起大规模战略进攻。此役结束后，解放军攻占了南京、杭州、武汉、上海等大城市和苏、浙、赣、皖、闽、鄂广大地区，为此后进军福建及华南、西南地区创造了有利条件，加速了夺取全中国政权的进程。

血战观音堂：渡江作战英勇故事

二十三军政治部编印　1949 年

1949 年 2 月，华东野战军第 4 纵队改称中国人民解放军第 23 军，同年 4 到 5 月，23 军参加渡江战役，先后参加解放杭州、上海的战斗。本书为木刻连环画，记录了 23 军在渡江战役中的英勇战绩。

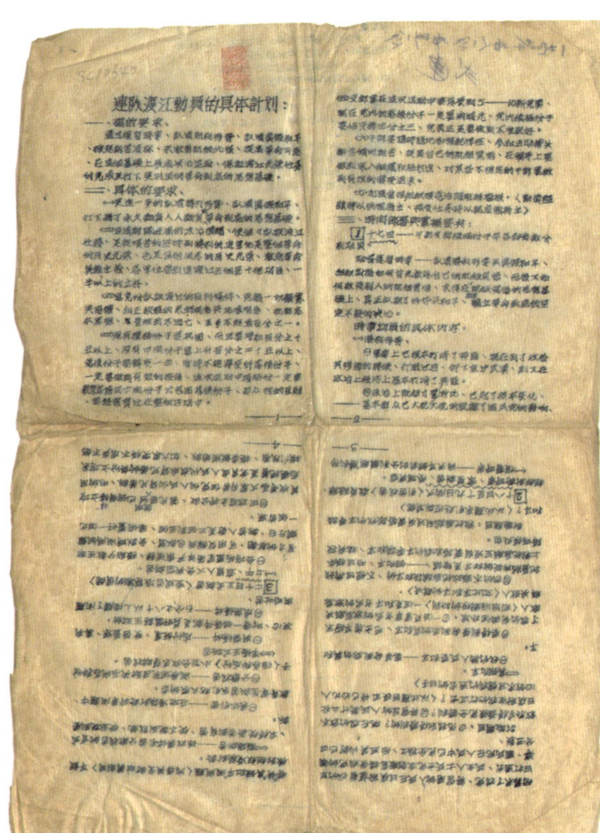

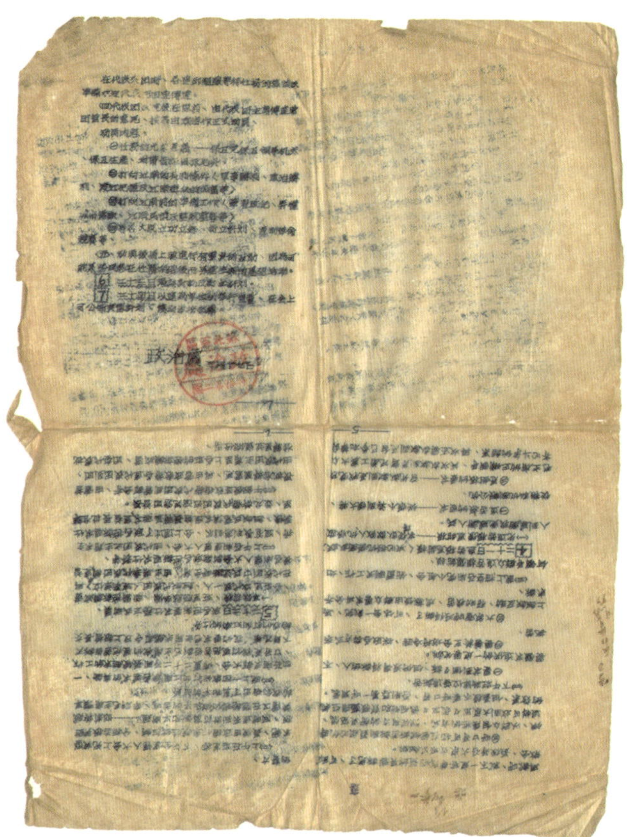

连队渡江动员的具体计划

苏北军区政治处编印　1949 年 3 月 17 日

本件是中国人民解放军渡江战役前动员工作的具体部署，文末钤有“苏北军区政治处特务第二团”红色印章。

渡江、淞沪战役政治工作总结

中国人民解放军第 27 军政治部编印　1949 年

1949 年 2 月，华东野战军第 9 纵队改称中国人民解放军第 27 军，在渡江战役中，作为主力参加解放上海的战斗，率先攻入上海市区。解放上海当夜，该军上自军长下至马夫全部露宿街头，秋毫无犯，为上海市民所称道。

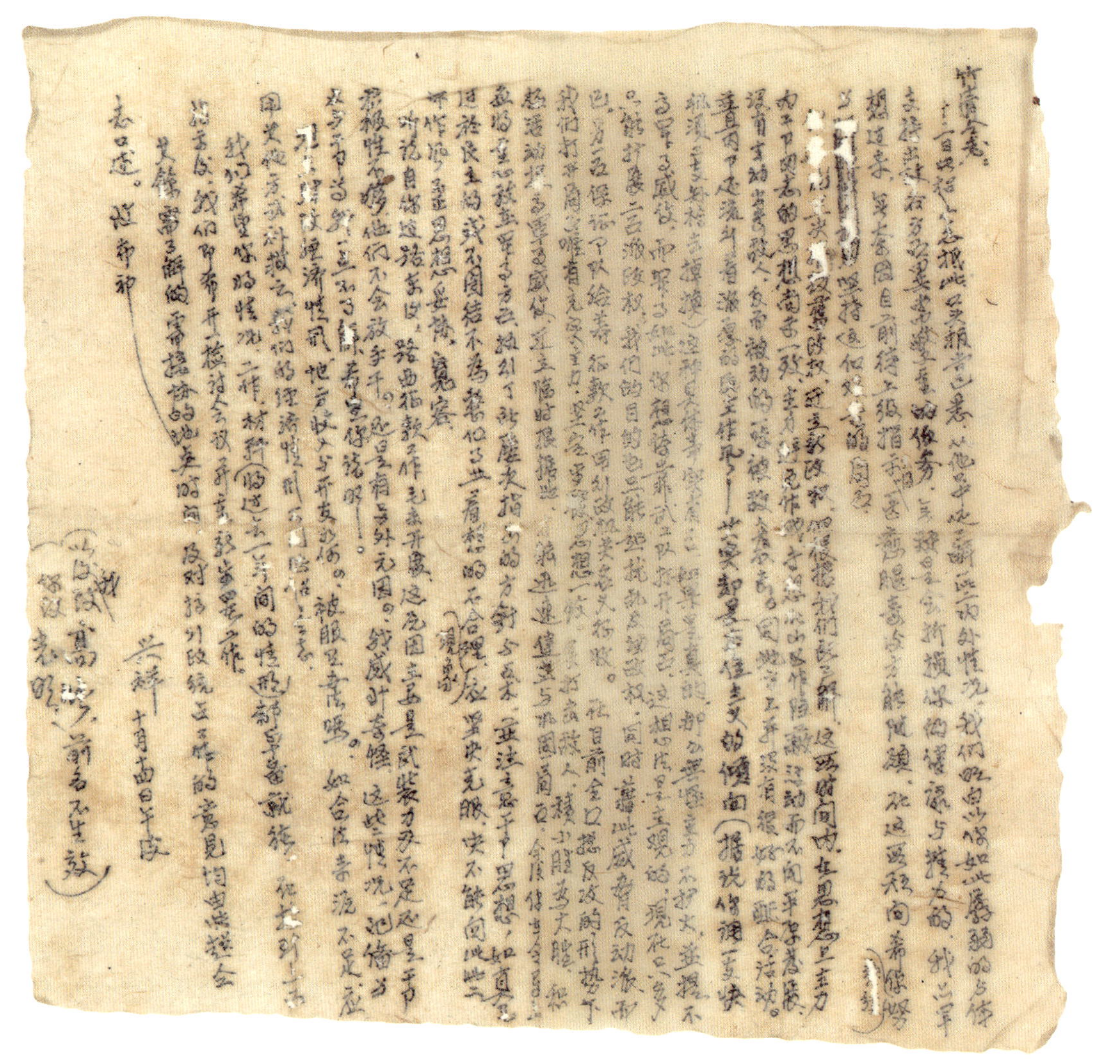

兴祥致竹清同志绝密函

钢笔手书原稿　1947 年 10 月 14 日　石云山捐赠

这是 1947 年 10 月 14 日时任浙东游击纵队司令员马青（化名兴祥）写给浙东游击纵队金萧支队支队长蒋明达（化名竹青）的绝密函。密函在肯定成绩的同时，严肃指出一些领导思想混乱、举措不当的问题，要求做出检讨并重新部署工作。密函还按照地下工作的化名或代码要经常变更的纪律，由纵队司令员通知支队长："以后我改为'高涨'，你改为'光明'。前名不生效。"

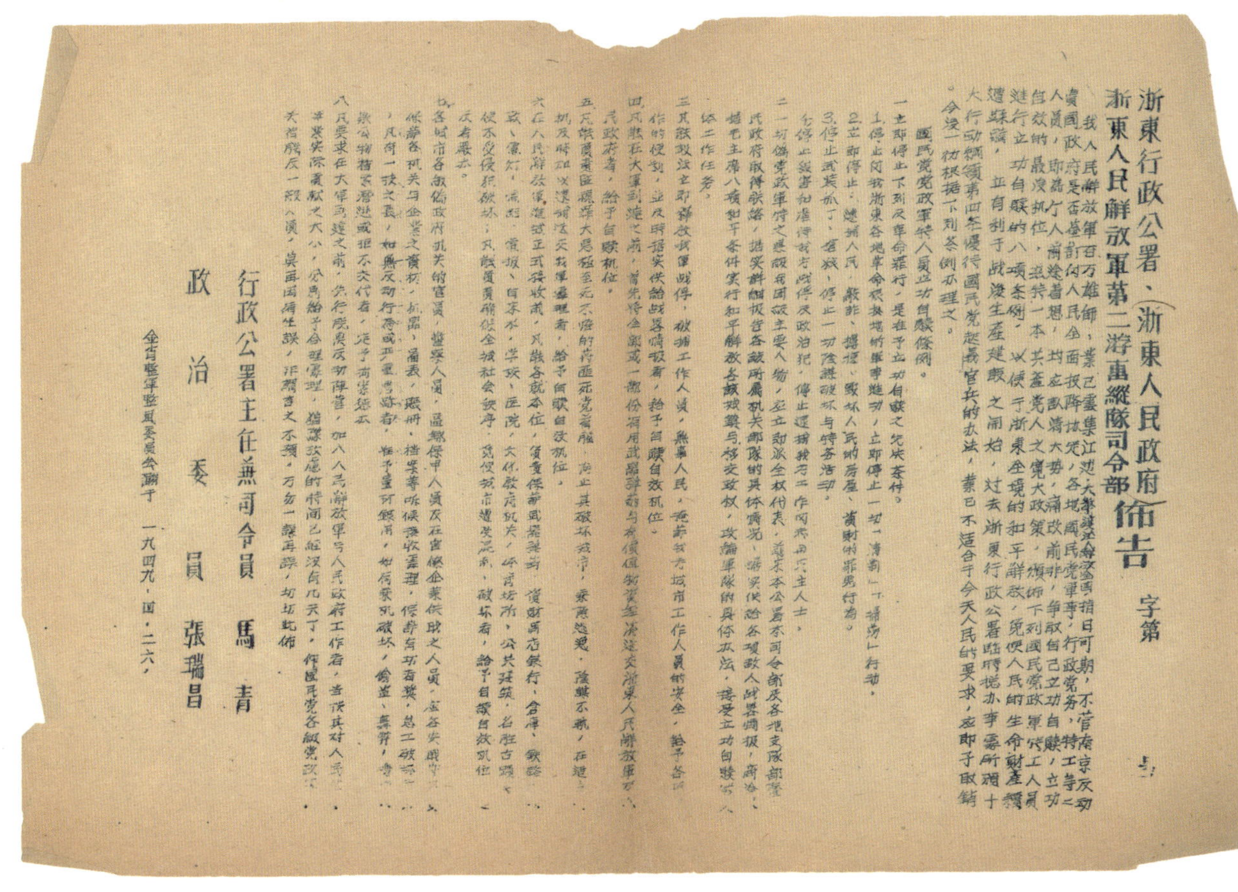

浙東行政公署、浙東人民政府
浙東人民解放軍第二游擊縱隊司令部
佈告
字第　號

行政公署主任兼司令員　馬　青
政　治　委　員　張瑞昌
一九四九·四·二六

浙东行政公署、浙东人民政府、浙东人民解放军第二游击纵队司令部布告

浙东行政公署、浙东人民政府、浙东人民解放军第二游击纵队司令部发布　1949年4月26日　*石云山捐赠*

为了迎接中国人民解放军百万雄师渡江作战，浙东行政公署、浙东人民政府、浙东纵队人民解放军第二游击纵队司令部针对国民党党政军特人员颁布了8条立功自赎条例，“以便于浙东全境的和平解放”。由行政公署主任兼司令员马青、政治委员张瑞昌签发。

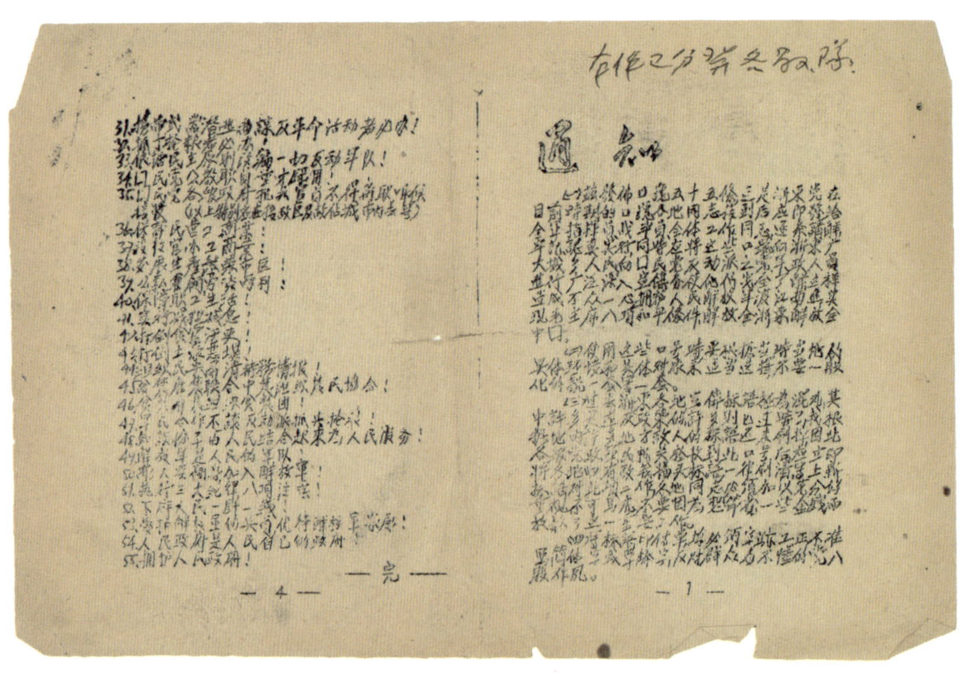

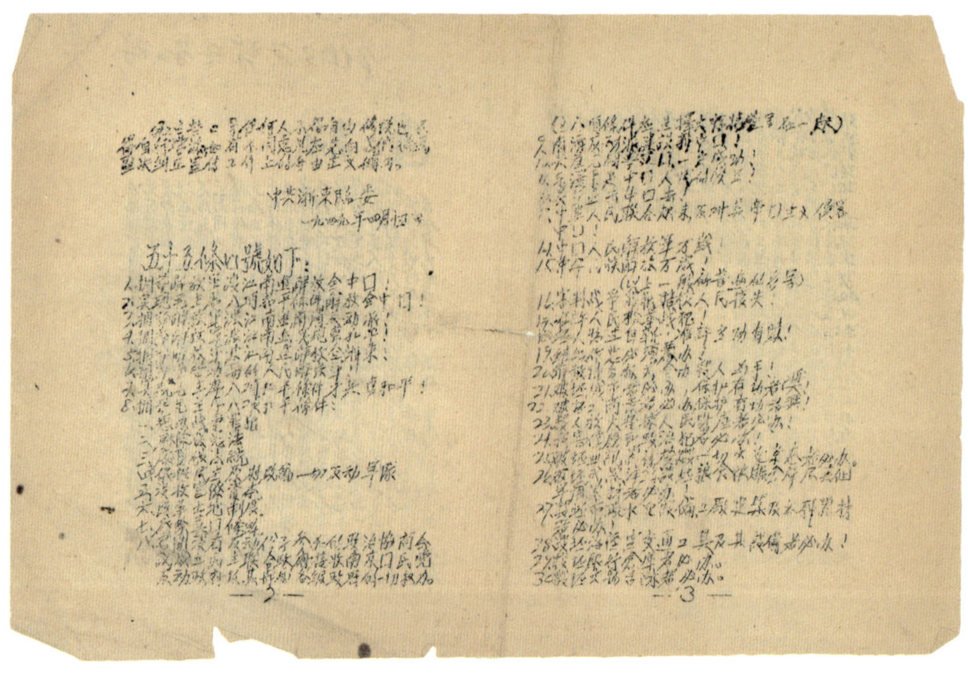

中共浙东临委关于发布口号五十五条的通知

中共浙东临委发布　1949 年 4 月 15 日　石云山捐赠

1949 年 4 月，国共和平谈判即将破裂，中国人民解放军已做好渡江作战的准备。渡江战役前夕，中共浙东临委根据战争形势发布了 55 条口号，如“拥护解放军渡江南进，解放全中国！”“实现毛主席八项和平条件，解放全中国！”“拥护解放军渡江南进，解放全浙东！”等，具有鲜明的时代特色。

解放全国大陆，巩固人民政权

1949 年 10 月 1 日，中华人民共和国成立，此时国民党正规军大部已被歼灭。人民解放军进一步展开战略追击作战，进军西南、中南、华东、西北、新疆、西藏。至 1951 年 5 月 23 日西藏和平解放，我国大陆全部解放。

新中国成立之初，国民党军队残部网罗旧官僚、恶霸地主、地痞流氓、反动会道门成员及惯匪，聚众结伙，打着“救国军”“自卫军”“保民军”等旗号，企图推行“游击计划”，伺机配合台湾国民党军反攻大陆。1949 年下半年开始，中国人民解放军在地方武装和人民群众的配合下，在华东、中南、西南、西北和华北，展开大规模的剿匪斗争。剿匪作战至1953年底基本完成，结束了中国存在久远、危害甚深的匪患，安定了社会秩序，为顺利进行社会主义建设打下了坚实基础。

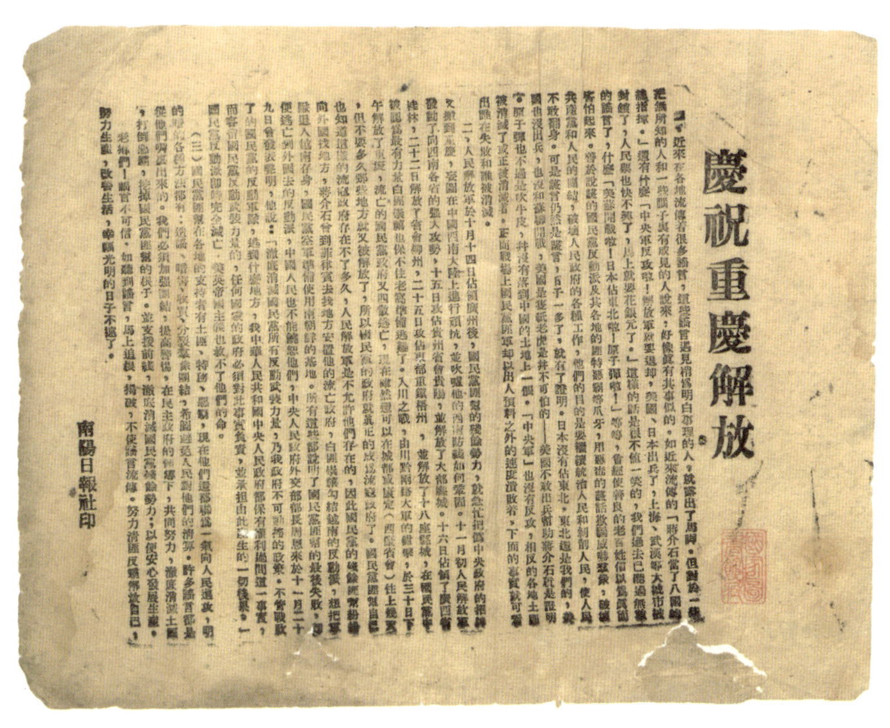

慶祝重慶解放

南陽日報社印

庆祝重庆解放

南阳日报社编印　1949 年

1949 年 11 月 30 日，人民解放军强渡长江，解放重庆，西南地区的政治、军事、经济、文化中心重新回到人民手中，国民党妄图以西南为“复兴”基地的美梦彻底破灭。重庆解放是中国人民解放军解放全中国战略的重要一环，为解放西南全境进而和平解放西藏奠定了基础。

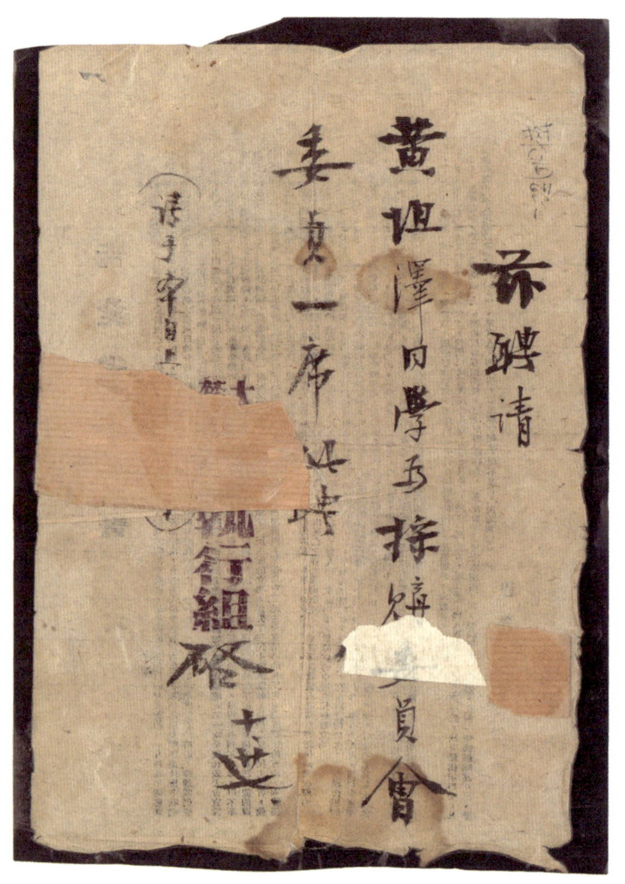

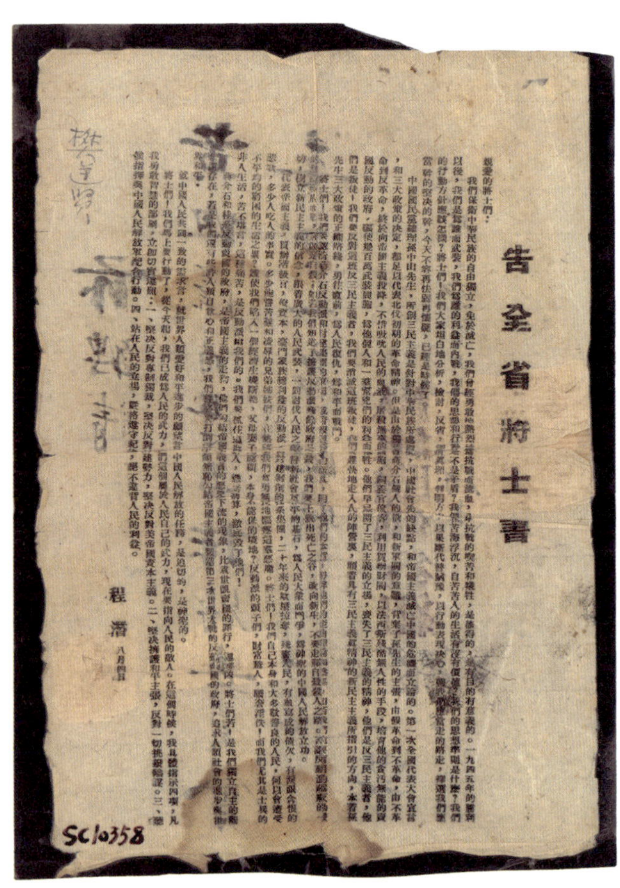

告全省將士書

親愛的將士們：

程潛 八月四日

告全省将士书

程潜著　1949 年

1949 年 5 月，人民解放军第 4 野战军挥戈南下，直指湖南。在人民解放军节节胜利的形势下，在中国共产党的积极引导下，1949 年 8 月 4 日，国民党长沙绥靖公署主任兼湖南省主席程潜与第 1 兵团司令官陈明仁率部起义，长沙及湘中地区获得和平解放。本件系 1949 年 8 月 4 日程潜率部起义时发布的电文，是长沙起义的珍贵文物。

人民军队保护文化遗产

在革命战争的烽火硝烟中，人民军队始终重视文化遗产的保护。抗战时期，八路军从日军虎口中抢救出《赵城金藏》四千余卷，辗转数年，最终于1949年调拨入北平图书馆，妥善收藏。此外，八路军对“中日战事史料征辑会”的工作也给予了支持。平津战役中，人民解放军委托梁思成提供文物古建筑清单，避免北平古迹受到炮击。渡江作战中，遵照周恩来的指示，人民解放军特别调派军队，保护南浔嘉业堂、宁波天一阁等著名藏书楼。这些事例从一个侧面反映出，中国共产党领导下的人民军队，不仅是一支威武之师，而且是一支文明之师。

赵城金藏

《赵城金藏》是金皇统年间刊刻的佛教大藏经，在印刷史和佛教研究方面有极高的文献价值。1938年2月，日军侵占赵城。为了安全起见，广胜寺住持力空法师将《赵城金藏》封存于寺内飞虹塔。1942年春，日伪通知力空法师要登飞虹塔观庙会。为防日军掠夺，八路军太岳军区于4月27日夜紧急将全部经卷运出。此后又多次辗转迁移，历经艰危。1949年4月30日，4300多卷《赵城金藏》运至北平，移交北平图书馆收藏。

毛澤東救國言論選集

新華叢書第二十六種

新華日報館印行

毛澤東救國言論選集

毛澤東著

新華日報館印行

中華民國二十八年五月

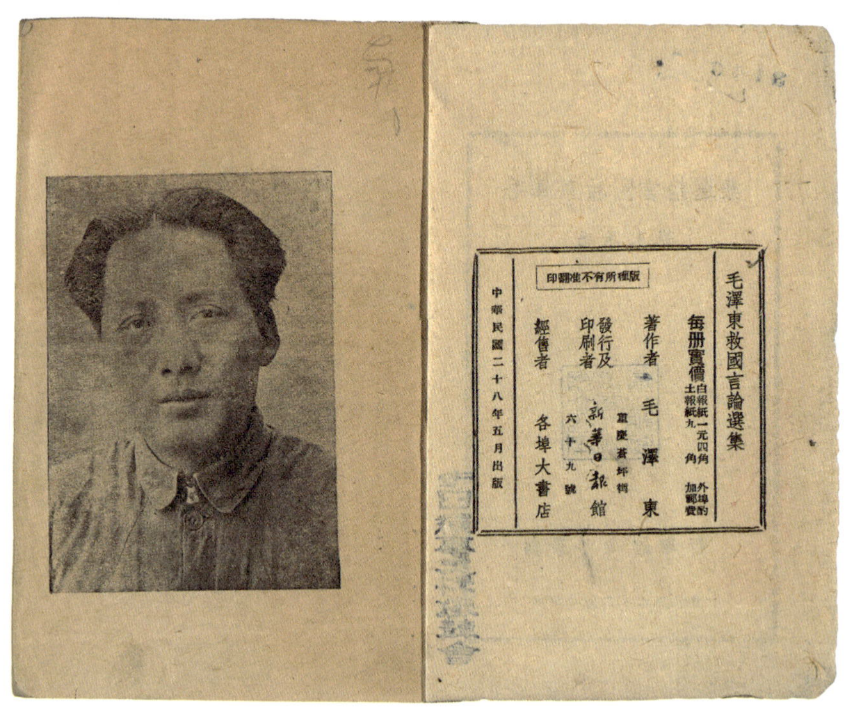

毛澤東救國言論選集

每冊實價 白報紙一元四角 土報紙九角 外埠酌加郵費

著作者 毛澤東

發行及印刷者 新華日報館 重慶蒼坪街六十九號

總售者 各埠大書店

版權所有不准翻印

中華民國二十八年五月出版

毛泽东救国言论选集

毛泽东著　新华日报馆　1939 年 5 月

1939 年 1 月 1 日，国立北平图书馆与西南联合大学在昆明联合组建了中日战事史料征辑会，曾得到周恩来和驻陕办事处林伯渠的热情支持。本书即为当时征集的文献，题名页钤有“国立西南联合大学图书馆藏”和“中日战事史料征辑会”蓝色印章。

关于城市政策的几个文献

华北新华书店　1948 年 12 月

本书收录《中共东北中央局关于保护新收复城市的指示》《人民解放军华东军区与济南人民约法七章》《济南军管会颁布入城守则十一条》《人民解放军总部发布惩处战争罪犯命令》《关于中国职工运动当前任务的决议》《中共中原局宣传部关于宣传工作的指示》等解放区有关城市政策的文件 10 篇。

關於城市政策的幾個文獻

華北新華書店印行

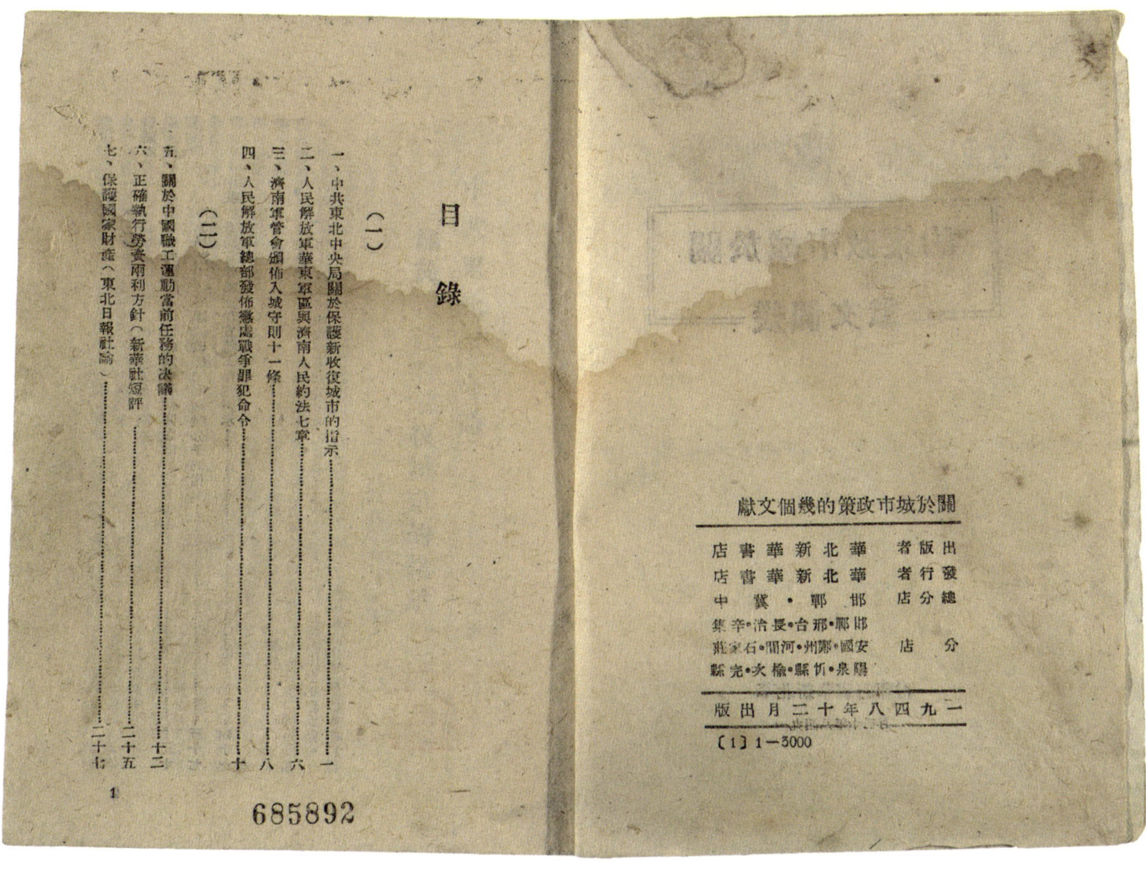

目錄

（一）

（二）

1

685892

關於城市政策的幾個文獻

出版者　華北新華書店
發行者　華北新華書店
總分店　邯鄲・冀中
分店　邯鄲・邢台・長治・辛集
安國・鄭州・河間・石家莊
陽泉・忻縣・榆次・完縣

一九四八年十二月出版

〔1〕1—3000

结　语

九十年来的历史证明，中国人民解放军是中国革命胜利的中坚力量，是保卫祖国的钢铁长城，是社会主义物质文明和精神文明建设的重要力量。中国革命与建设的事实证明："没有一个人民的军队，便没有人民的一切。"

当前，在实现全面建成小康社会和建成富强民主文明和谐的社会主义现代化国家这两个百年梦想、实现中华民族伟大复兴的中国梦的伟大征程中，人民军队肩负着维护国家主权和领土完整、为国家建设和人民生活提供安全保障的重要责任，同时在维护世界和平、促进共同发展的全人类共同事业中发挥重要作用。

强军梦是强国梦的重要组成部分。习近平总书记指出："要统筹经济建设和国防建设，努力实现富国和强军的统一，进一步做好军民融合式发展这篇大文章。"让我们携起手来，积极努力，共同营造军民融合发展的良好格局，实现中华民族伟大复兴的中国梦。